国家图书馆文津出版基金资助项目

国家图书馆参考工作史研究

李 凡 著

国家图书馆出版社

图书在版编目(CIP)数据

国家图书馆参考工作史研究/李凡著. —北京:国家图书馆出版社,2018.7
(图书馆史书系)
ISBN 978 - 7 - 5013 - 6517 - 3

Ⅰ.①国… Ⅱ.①李… Ⅲ.①图书馆工作—参考咨询—史料
Ⅳ.①G252.6

中国版本图书馆 CIP 数据核字(2018)第 186960 号

书　　名　国家图书馆参考工作史研究
著　　者　李　凡　著
丛 书 名　图书馆史书系
责任编辑　张　颀
封面设计　得铭文化 + 邢毅

出版发行　国家图书馆出版社(北京市西城区文津街 7 号　　100034)
　　　　　(原书目文献出版社　北京图书馆出版社)
　　　　　010 - 66114536　63802249　nlcpress@ nlc. cn(邮购)
网　　址　http://www. nlcpress. com
排　　版　京荷(北京)科技有限公司
印　　装　河北鲁汇荣彩印刷有限公司
版次印次　2018 年 7 月第 1 版　2018 年 7 月第 1 次印刷

开　　本　710 × 1000　1/16
印　　张　22
字　　数　320 千字
书　　号　ISBN 978 - 7 - 5013 - 6517 - 3
定　　价　118.00 元

目　　录

前　言

　　自 1909 年国家图书馆①筹建以来,参考工作与国家图书馆同命运共成长,已经历百年沧桑。其间,国家图书馆的参考工作发生过多少鲜为人知的事情,又经过几度沉浮? 直到目前,还未有人对这段历史进行过全面梳理和系统研究。

　　参考工作是图书馆读者服务工作的重要一环,它起源于图书馆员对读者个人的帮助,后逐渐发展出解答咨询、编制书目索引、举办图书展览、研究参考工具书、向读者推荐文献信息和参考工作方法研究等多种工作内容。今天,作为参考工作中重要内容的立法决策服务被视为国家图书馆所应履行的重要职能,还被写入《中华人民共和国公共图书馆法》之中,在国家图书馆的工作中占有越来越重要的地位。然而,对我国参考工作历史的研究却与其地位不甚相称。尽管早在 1931 年刘国钧就发表过《图书馆内之参考事业》一文,2003 年国家图书馆参考研究部组织完成了馆级科研课题项目"国家图书馆参考工作发展战略研究",对中国图书馆参考工作的历史发展曾经做过一定的梳理,2004 年武汉大学詹德优在《信息咨询理论与方法》一书中也曾对图书馆参考工作的历史进行过简单阐述,但迄今尚无专门研究我国图书馆参考工作史的专著问世。本书基于国家图书馆参考咨询部申报馆级科研项目"国家图书馆参考咨询工作史研究"成果,不仅是对国家图书馆参考工作历程进行的全面梳理和总结,也是对国家图书馆馆史研究的重要补充。

　　在国家图书馆的前身京师图书馆建立之初,参考工作就以读者服务工作的形式出现了。现代意义上的参考工作形成于 20 世纪初的"新图书馆运动"时期,1928 年 9 月设立的北京图书馆参考科是国内公共图书馆内最早建立的

---

　　①　国家图书馆在不同历史时期有不同的名称。由 1909 年筹建时的京师图书馆,先后更名为国立北平图书馆、北京图书馆,1998 年 12 月 12 日正式改称国家图书馆。

专业参考咨询机构,该机构随后成为国际联合会智育互助委员会①在中国的咨询机关。从那时开始,国家图书馆的参考工作从未间断,并且在与阅览、采访、编目、古籍善本、数字资源等其他部门的协同发展中,其内涵不断丰富和完善。可以说,国家图书馆参考工作史就是一部不断满足读者日益增长的文献信息需求的历史。纵观全国各个图书馆,没有哪一个图书馆像国家图书馆这样拥有悠久而完整的参考工作历史。因此,国家图书馆参考工作史不但是国家图书馆发展历程的重要组成部分,也是我国参考工作发展的一个缩影。

当前,参考工作的服务手段和文献资源类型更加多样化,服务理念不断更新,推动参考咨询服务向更深、更广的方向发展。参考工作的每一次进步无不植根于参考咨询工作的经验积累,无不需要从传统中汲取营养。"前事不忘,后事之师",研究国家图书馆参考咨询的历史,记录老一代参考咨询专家的卓越成就,学习和了解他们的服务精神和工作方法,总结提炼参考咨询工作的业务规律,不仅是对国家图书馆历史的纪念,也将为后人提供镜鉴。

笔者在全面掌握第一手史料的基础上,结合自己三十五年的参考工作从业经验完成本书,本书在写作中主要参考以下三类资料:

第一,国家图书馆和图书馆学史料中有关参考工作的记载。书中对多种原始史料进行了全面梳理,从中提炼出早期国家图书馆的参考活动、中国最早的参考工作机构、抗日战争中国家图书馆参考工作情况、国家图书馆参考工作机构的赓续情况、参考工作史上的重大事件等信息。

第二,国家图书馆业务档案和参考部档案。国家图书馆参考工作历经百年风雨,已形成上万件工作记录和专题档案,这些都是珍贵的一手档案资料,笔者对这些工作记录与档案所记载的内容进行仔细梳理,并对相关档案所处时代的历史背景与业务特点做了归纳整理。

第三,对国家图书馆参考部咨询专家的采访实录。国家图书馆在参考咨

---

① 国际联合会智育互助委员会(League of Nations International Commission on Intellectual Cooperation),现常译为国际联盟国际智力合作委员会。此机构为联合国教育、科学及文化组织的前身。为与引文内容保持一致,本书统一使用"国际联合会智育互助委员会"这一名称。

询工作的百年发展史上涌现出了一大批杰出的参考咨询专家。笔者在写作期间,亲身拜访相关专家,通过访谈积累了重要史实性资料,这是本书的另一重要资料来源。

全书分"酝酿诞生""初步发展""艰难维持""走向新生""曲折前行""恢复发展""加速发展""开拓转型"等八章,对国家图书馆参考工作在不同历史阶段的主要内容和特征进行了全面介绍和阐述。

除了对各历史时期的系统性研究,书中还对长期参与国家图书馆参考工作的著名学者张秀民、杨殿珣、戚志芬等设专节加以介绍,对国家图书馆参考部编纂出版的代表性研究成果,如《西文参考书书目》《中文参考书举要》《国学论文索引》《文学论文索引》《民国时期总书目》《中国藏学书目》等也加以梳理并进行了较为全面的阐述。

国家图书馆作为中国最早成立参考咨询机构的公共图书馆,对其参考工作史进行梳理和研究,是国家图书馆人责无旁贷的义务。希望本书能够如实反映国家图书馆参考工作绚烂多彩的历史,为图书馆工作人员和读者提供些许参考,也请各位方家不吝赐教。

李 凡

二〇一七年十二月

第一章 酝酿诞生:1909 年—1928 年

中国的文献咨询活动历史悠久,但是真正成为面对社会公众的图书馆服务项目,则是在近代西学传入中国以后。清代晚期,在严峻的政治形势下,统治者开始推行"新政",由此出现了创办新式图书馆的热潮。1909 年 9 月由学部奏请筹建的京师图书馆正是新式图书馆的代表。民国初年,京师图书馆(1928 年 7 月更名为国立北平图书馆)及其分馆,还有 1926 年由中华教育文化基金董事会(简称:中基会)资助建立的北京图书馆(1928 年 10 月更名北平北海图书馆,1929 年与国立北平图书馆合并)分别开展了系统的读者服务工作,京师图书馆的咨询解答和文献代查、北京图书馆的专题书目索引编纂等业务已呈现出参考工作的雏形。1928 年 9 月,北京图书馆成立参考科,这通常被认为是国家图书馆参考工作的正式开始。

第一节 早期图书馆参考工作概况

参考工作(Reference Service 或 Reference Work)历来是图书馆工作的重要组成部分。专门的设备和场所、专业的参考咨询馆员和参考信息资源是开展参考工作的必要条件。参考工作的本质是为不同层次的读者提供文献服务,即利用各种参考、检索工具,为读者检索、揭示、提供文献及文献知识或文献线索,或辅导和帮助读者使用检索工具,以协助读者获取信息资源。参考工作主要包括解答咨询、编制书目索引、整理和提供文献信息、举办展览、研究文献及参考工作方法等几个方面,其主要工作内容和形式一直随时代的发展而不断变化。

中国图书馆参考工作的起源,可追溯至中国古代的参考咨询活动,但主要是受近代西学的影响而产生。早在先秦时期,中国就存在某些形式的咨询活动,如《礼记》《庄子》《史记》中记载的孔子曾向老子"问礼"或"论史",而老子正是周守藏室之史,即管理周王朝图书的史官。汉代开始设置了秘书监,隋朝设立了秘书省,唐、宋秘书省与馆阁并行,明、清的外朝官署翰林院,这些官方机构在管理图书、编修历史的同时,也通过编制书目、编纂类书、政策咨询等为统治者服务,这说明参考工作在中国历史中有一定传统。但是,参考工作作为现代图书馆面向公众提供的服务,仍须联系西方现代图书馆的早期发展来看。

现代意义上的参考工作是图书馆应对读者的需求而产生的一项服务,形成于19世纪70年代近代西方社会急速发展的过程中。参考工作最早产生于美国,当时美国的经济和社会迅速发展,社会分工逐渐细化,公共教育快速发展。在1876年美国图书馆协会年会上,马萨诸塞州伍斯特公共图书馆馆长塞缪尔·斯威特·格林(Samuel Swett Green)发表论文《图书馆员与读者的个人关系》("Personal Relations between Librarians and Readers"),该文刊载于该年度的《美国图书馆学刊》(American Library Journal)上,文中指出图书馆员对读者给予"人员帮助"的必要性。该文的发表成为现代图书馆参考工作产生的标志。同年,美国国会图书馆馆长斯波福德(A. R. Spofford)和波士顿公共图书馆负责人温莎(Justin Winsor)在《美国公共图书馆》一书中对参考书籍做了专门论述。1883年波士顿公共图书馆设立了全世界第一个全日制的参考馆员工作岗位,接着1884年哥伦比亚大学图书馆也成立了有两名专职参考咨询员的参考咨询部。1891年的《美国图书馆学刊》首次将"参考工作"(Reference Work)作为索引关键词,标志着这一学术概念被图书馆界所接受。到1893年,独立的参考服务理论已被美国图书馆界普遍接受。19世纪末到20世纪初,美国多数图书馆都成立了参考咨询部门或设置了专职参考咨询馆员。

尽管我国在20世纪初期就已经出现了近代图书馆,但图书馆开展参考工作却相对较晚,直到20世纪20、30年代参考工作还是一个新生事物。1930年刘国钧还曾发出这样的感叹:"参考事业最能表现出新图书馆的服务精神,但在我们中国似乎不发达。"①岭南大学图书馆馆长谭卓垣在 1936 年为何多源《中文参考书指南》作序时写道："我们图书馆里头，扯起旗帜来办参考事业的甚少，这不是说中国图书馆没有做过参考事业工作，因为在任何一个图书馆里，都有答覆阅者的咨询和辅助读者找资料的工作，不过大多数是没有正式设立参考部。"②何多源在该书"通论·中国图书馆之参考部"一节中写道："外国图书馆之设参考部，其历史虽不过三十年，但因社会与学者需要此部之设立者甚殷，故现在几一切图书馆均有参考部之设置，而我国图书馆之专设有此部者唯国立北平图书馆与清华大学图书馆。"③

我国图书馆参考工作的早期开展经历了一个长期的过程。在 1876 年美国伍斯特公共图书馆馆长塞缪尔·格林(Samuel S. Green)提出"为读者寻找知识提供帮助"之后不久，参考工作的相关理念就已经传入中国。1895 年康有为在《上清帝第四书》中提请皇上聘请顾问，提供图书资料，以便随时咨询各类问题。康有为的咨询倡议，也引领着风气之先。此时，安徽芜湖中江书院《尊经阁藏书规条》(1895)和福建兴化文正书院《藏书凡例》(1898)中也出现了有关阅读辅导的内容，同样具有参考咨询服务的萌芽性质。但是，我国当时还不具备开展现代意义上的图书馆参考工作的条件。

我国现代意义上的参考工作发端于 20 世纪 20 年代任清华学校(清华大学前身)图书馆馆长的戴志骞。戴氏自美国学成归来，建立了国内第一个图书馆参考部门。清华学校图书馆下设 6 个部，其中参考部有职员一人，由副馆长兼理。当时参考部的主要工作是选择购买参考工具书，这些书不外借，只供读者来馆查阅。图书馆员主要负责管理这些图书、指导读者查阅方法、答复咨询并编制参考工具书书目。清华学校图书馆参考部的设立，被某些学者认为是我国图书馆信息咨询之开端，关于这一观点笔者有不同认识，将在本章最后一节详加讨论。但无论如何，这一事件反映出特定时代的社会背景，

① 刘国钧. 图书馆内之参考事业[J]. 文华图书科季刊,1931,3(3):303.
② 谭卓垣. 中文参考书指南序[M]//何多源. 中文参考书指南. 广州:岭南大学图书馆,1936:序.
③ 何多源. 中文参考书指南[M]. 广州:岭南大学图书馆,1936:卷首.

即五四运动前后文化学术界的日益活跃,给图书馆的发展带来了深远影响。继清华学校图书馆后,武昌文华公书林、上海圣约翰大学图书馆也相继设立了专门的参考工作部门。

由上可知,图书馆的参考工作产生于西方近代图书馆的发展过程中,面向读者服务是其根本工作内容,这也是现代参考工作与中国古代咨询活动的区别所在。近代以来,我国图书馆及其参考工作尽管都有了一定发展,但总体而言,业务还不成熟,机构也不尽完备。在这一背景下,具备国家图书馆性质的京师图书馆所开展的参考工作就尤为引人注目。

第二节　国家图书馆参考工作的萌芽

从1909年京师图书馆筹建到1928年北京图书馆参考科设立,这一时期是国家图书馆参考工作的萌芽阶段。在这一阶段,尽管国家图书馆还没有开展正式参考工作,但是在筹办和运行过程中,已经为正式开展参考工作做好了场地、人员、书籍资料等条件的准备,而且在当时的工作报告中也初步表现出了向读者提供参考咨询服务的意识。

一、国家图书馆的初创

1909年至1928年,是国家图书馆的初创期,这段历史需要分成京师图书馆(后改名为国立北平图书馆)和北京图书馆(后改名为北平北海图书馆)两个部分来看。1929年9月,北平北海图书馆并入国立北平图书馆,至此国家图书馆的雏形基本形成。下面简单介绍1929年前国家图书馆两个前身的沿革情况。

1909年清政府批准学部筹建京师图书馆,标志着国家图书馆的诞生,但未及正式开放,清政府就覆亡了。1912年辛亥革命后京师图书馆才在什刹海后海北岸的广化寺正式开馆接待读者,很快又于1913年10月闭馆,1917年1月迁至方家胡同国子监南学,1925年11月易名为国立京师图书馆,1928年7

月再次易名为国立北平图书馆，1929 年 1 月再迁至中南海居仁堂开馆。

筹建京师图书馆可以追溯到清末推行新政。1896 年 6 月 12 日李端棻上《请推广学校折》首倡创设京师图书馆，1906 年罗振玉在李端棻奏折的基础上提出创设京师图书馆的具体办法，1909 年 4 月 18 日学部制定《奏报分年筹备事宜折》规划了京师和各省图书馆的建设步骤，1909 年 9 月 8 日学部拟定了《学部奏筹建京师图书馆折》，9 月 9 日宣统皇帝御批准奏《学部筹建京师图书馆折》，随后学部派编修缪荃孙为监督，京师图书馆正式设立。但直到清帝逊位，京师图书馆始终没有正式接待过读者。

1912 年民国政府成立后，京师图书馆隶属北京政府教育部，经费由该部拨付，仍用原馆名。经过一系列准备工作，特别是在《京师图书馆阅览章程》18 条制定之后，京师图书馆于 1912 年 8 月 27 日在广化寺正式开馆。1913 年 10 月 29 日，因广化寺地处北京城西北一隅，交通不便，且房舍湫隘，年久失修，藏书条件恶劣，不利于发展[①]，教育部训令社会教育司转饬京师图书馆暂停阅览，1913 年 12 月教育部令京师图书馆暂行停办。1915 年 6 月教育部在位于今北京市东城区方家胡同的国子监南学旧址设立京师图书馆筹备处，1915 年 11 月 29 日教育部饬京师图书馆为所藏书籍盖印编号，1915 年 12 月 22 日教育部发交"京师图书馆收藏印"石章一方，1917 年 1 月教育部会同内务部呈请总统将端门、午门及两门之间朝房拨归教育部，在午门开办京师图书馆，并得到批准。至此，京师图书馆筹备工作大都完竣。1917 年 1 月 26 日京师图书馆在方家胡同国子监南学旧址举行开馆仪式，这是国家图书馆历史上的第二次开馆。

开馆以后，由于当时国内军阀混战，图书馆事业发展举步维艰。1918 年到 1925 年的几年间，京师图书馆馆长多由教育部次长兼任，政局动荡，教育次长更换频繁，京师图书馆也随之更换了十几任馆长，严重影响京师图书馆的稳定与发展。到 1925 年京师图书馆的处境更加窘困，经常费甚至拖欠达 20 个月之久，这时主持馆务的徐鸿宝主任以私人贷款垫付技工、馆役的工资及

---

①　北京图书馆业务研究委员会.北京图书馆馆史资料汇编(1909—1949)［G］.北京：书目文献出版社,1992:31 - 34.

煤水杂支等费用。时任馆长梁启超虽未莅馆,但也对馆中的困难情况寝不安席。1926 年 7、8 月间多次与财政、教育两部交涉,但皆无功而返。1926 年 10 月 1 日,国务会议批准教育部关于将京师图书馆改为国立京师图书馆、指定财政部从 10 月起在盐余款项下月拨 4000 元经费给国立京师图书馆的提案,10 月 2 日教育部第 218 号训令通知京师图书馆改为国立京师图书馆,并办理图书设备的移交,从此京师图书馆正式更名为国立京师图书馆。但此时国库空虚,图书馆建设经费仍难以正常拨付,梁启超只好用自己十余年来所积存的人寿保险单向通易信托公司押借现款,自 1926 年 10 月至 1927 年 3 月,总共垫支 11100 余元。1927 年 7 月,经过教育部和梁启超争取,中华教育文化基金董事会同意自 7 月开始每月垫付经常费 2500 元,为期一年。

1928 年 6 月,北京政府垮台,南京国民政府宣布全国统一,北京改称为北平。6 月 24 日,国立京师图书馆由南京国民政府设在北平的战地接收委员会接收,善本书库、唐人写经室和会计室等重要部门被关闭,仅开放一部分普通图书继续供公众阅览。同年 7 月 18 日,南京国民政府大学院函告奉国民政府令,旧国立京师图书馆改名为国立北平图书馆并派员筹备改组,在此期间,馆务由总务部主任罗普和图书部主任徐鸿宝负责。7 月 24 日,大学院再次通知国立北平图书馆隶属大学院,后大学院改为教育部,国立北平图书馆也随之隶属教育部管辖。大学院接管后,聘陈垣、马裕藻、马衡、陈懋治、黄世晖等五人组成国立北平图书馆筹备委员会。经过多方调研,筹备委员会选定位于中南海公园中海位置的居仁堂作为新馆址。8 月 7 日新馆址得到国民政府批准,11 月下旬开始搬迁,至 12 月底搬迁工作完毕。原议方家胡同馆址留设分馆一事,未得教育部允准。1929 年 1 月 10 日,国立北平图书馆在居仁堂举行开馆典礼,这是京师图书馆的第二次搬迁和第三次开馆。

北京图书馆由中华教育文化基金董事会于 1926 年开始筹建,1927 年 1 月正式开馆,1928 年 10 月更名北平北海图书馆。北京图书馆的筹建与京师图书馆也不无关系。1925 年京师图书馆的经费问题日益严峻,恰好前一年 5 月美国国会通过退还庚子赔款用以发展中国教育文化事业议案,由中华教育文化基金董事会具体执行,由此引出北京政府教育部与该会合办国立京师图书馆的构想。1925 年 6 月 2 日至 4 日,中华教育文化基金董事会在天津举行第一次年会,通过有关美国退还庚款分配款项范围两条,其一即为"促进有永久性质之文化事业,如图书馆之类"①,将图书馆列为其资助的重要文化项目之一。会议提出由该会与教育部合办图书馆,利用京师图书馆藏书,拨用庚款择地新建馆舍,9 月 28 日第一次执行委员会议通过与教育部合办图书馆议案,10 月 22 日,教育部与该会签订《合办国立京师图书馆契约》,规定国立京师图书馆的管理权属于教育部与中华教育文化基金董事会共同组织的委员会。根据《合办国立京师图书馆契约》,1925 年 11 月 26 日教育部令原设方家胡同的京师图书馆,改为国立京师图书馆,并暂借北海公园内屋舍做新馆舍。12 月 2 日,教育部根据委员会的推荐,聘梁启超、李四光为国立京师图书馆正、副馆长,并租用北海公园内庆霄楼、悦心殿、静憩轩、普安殿等处作为临时馆舍,并抽调京师图书馆部分职员组成国立京师图书馆筹备处,开始筹建工作。然而,教育部因经费困难,无法履行契约所规定的义务。在此情况下,中华教育文化基金董事会于 1926 年 2 月 24 日致函教育部,正式声明"契约全体应即暂缓实行"②。又致函国立京师图书馆委员暂时终止其职权。至此,合组国立京师图书馆计划中辍,京师图书馆继续归教育部管辖,仍在方家胡同开馆。中华教育文化基金董事会决定将计划合办的图书馆自行办理,定名为"北京图书馆",拨款建设新馆舍的计划继续进行。1926 年 3 月 1 日,北京图书馆正式成立,馆址设立于北海公园内的庆霄楼、悦心殿等处,由中华教育文化基金董事会派范源濂、任鸿隽、周诒春、张伯苓、戴志骞等 5 人组成北京图书馆委员会,作为北京图书馆之管理机构,设正、副馆长各 1 人,仍聘梁启超、李四光分别担任。其时梁启超身兼北京、京师两馆馆长职务,但北京图书馆的日常馆务主要由总务部主任李四光和图书部主任袁同礼负责。1927 年 1 月 16 日,北京图书馆正式开馆接待读者。1927 年 6 月梁启超、李四光辞去北京

---

① 中华教育文化基金董事会.中华教育文化基金董事会第一次报告[R].北京:中华教育文化基金董事会,1926:3.

② 北京图书馆业务研究委员会.北京图书馆馆史资料汇编(1909—1949)[G].北京:书目文献出版社,1992:143.

图书馆正、副馆长职务,7月中华教育文化基金董事会改聘范源濂、袁同礼为正、副馆长,并对组织机构进行了调整,改图书、总务两部为总务、采访、编目三科。9月设建筑委员会,专门负责新馆馆舍建筑事宜。1927年12月范源濂病逝,1928年2月中华教育文化基金董事会决定其职务由周诒春代理,6月又改由袁同礼代理馆长职务。1928年国民政府定都南京后,北京图书馆曾易名为北平图书馆,因与设于中南海的国立北平图书馆馆名相重,遂于1928年10月更名为北平北海图书馆。1928年9月,该馆增设参考科,加强参考咨询工作。1929年1月,中华教育文化基金董事会举行第三次常会,议决裁撤副馆长一职,并推举袁同礼为北平北海图书馆馆长。

1909年筹建的京师图书馆具有国家图书馆的特殊性质,它的创办是晚清预备立宪时期公共图书馆运动中的一个标志性历史事件。虽然受时局影响,京师图书馆几度更名和迁址,但其在极度困难的情况下仍尽可能维持了基本业务的开展。1926年筹建的北京图书馆,缘起于中华教育文化基金董事会和教育部协议合组国立京师图书馆的构想,虽然这一构想由于经费等问题未能正式实施,但为后来继续合组国立北平图书馆奠定了基础。这一时期,国家图书馆在艰难维持的同时,也初步开展了多种读者服务工作,这为图书馆参考工作的萌生准备了条件。

二、国家图书馆读者服务工作的初步开展

京师图书馆自开馆以来,除开展图书编目和扩充馆藏等基础工作之外,也在目录、庋藏等部门的阅览工作的基础上逐步开展参考工作。北京图书馆创设之后,更加注重读者服务,并于1928年9月设立参考科。参考科的设立,一方面受中华教育文化基金董事会和一干接受西方图书馆思想的专家学者的影响;另一方面,两馆在阅览工作中打下的读者基础对于设立这一机构也有不可忽视的意义。

1. 京师图书馆(国立京师图书馆)阅览工作的开展

1909年12月17日清政府颁布《京师图书馆及各省图书馆通行章程》,其第一条规定图书馆的宗旨为"图书馆之设,所以保存国粹,造就通才……以广征博采,供人浏览为宗旨"①,表明图书馆的建设已经在践行"藏以为用"的理念。其中保存和阅览兼举并重的原则为北京政府时期的京师图书馆沿袭和加以实践,为图书借阅工作的开展打下了基础。1912 年 8 月京师图书馆开馆,在整理内部馆藏的同时,京师图书馆的对外读者阅览服务也被提上日程,相关的规章制度在实践中不断完善。1912 年 7 月 10 日时任京师图书馆馆长江瀚送呈教育总长蔡元培审定《京师图书馆暂定阅览章程》18 条。对比清末政府颁布的《京师图书馆及各省图书馆通行章程》20 条,可发现前者沿袭了后者关于图书分保存和观览两类的分类原则和内容、图书概不外借的原则、持观书券入内的管理方法、加强海外图书的采买政策等。但值得注意的是,关于海外图书的采买,《京师图书馆暂定阅览章程》取消了"唯宗旨学说偏驳不纯者不得采入"的限定;修改了以往不管是否为保存或观览图书都不得以公文调取的条款,对于各公署有必须取用的通行图书,允许以其公署印文为证进行借用。这就逐步扩大了"藏以为用"的范围。

1912 年 7 月 23 日,经教育部核准,京师图书馆将《京师图书馆暂定阅览章程》合并为 14 条。修改后的暂定阅览章程明确了图书馆启闭时日,加大了对损坏图书的惩罚力度。《京师图书馆暂定阅览章程》对阅览人员、开放时间、阅览手续、入览券的限定、注意事项等进行了详细的规定。其中规定包括妇女在内的社会各界人士都享有阅览的权利,但必须经历购券、换领书证、加盖收清戳记、缴证的过程。其中对阅览者权力的相关规定有以下条文:

> 第三条、凡观览本馆图书者,除持有优待券外,均应于入馆以前购入览券。券分两种:甲,普通入览券;乙,特别入览券。甲,每券得取阅各书五十册,铜币四枚。乙,每券得取阅各书十册,铜币二枚。
>
> 第四条、购券后至馆门内换取领书证,写明领取何种图书及入览人姓名、职业,交司书以便检付,后入阅书室观览。
>
> 第六条、学校职、教员及学生等有参考之急需,由校长函请寄赠

---

① 京师图书馆及各省图书馆通行章程[J].学部官报,1910(113):15.

特别、普通券者,俱免收取券资。但每校以五券为限。入览次序与前条同。惟缴证时,仍将原券领还。

第七条、有捐赠本馆图书而得有优待券者,入览次序与前条同。

第八条、本馆图书概不借出。惟公署有必须取用者,应以本署印文为证。①

京师图书馆规定入览券随资费不同而有不同的权限,分为特别入览券、普通入览券等,并可给有需要的学校职员、教员、学生寄赠特别普通券,不收取费用,每校以五券为限。这样既考虑了馆方的利益,又体现出对文化教育群体一定程度的照顾。这时,虽然还未能提供参考咨询服务,但也已经初步展现出阅览工作服务社会公众,尤其是服务研究学习者的意识。

1912年8月11日及1912年8月26日京师图书馆呈教育部,报告图书馆筹备就绪并定于8月27日开馆:

为咨呈事,本馆接办以来,业将规画办法并阅览简章先后开陈察阅,现经督同在馆人员将原有图书清查就绪。其调取翰林院之《永乐大典》暨南学存储各书均已接收。直隶、奉天、吉林、黑龙江、河南、山西、云南等省,亦经陆续送书到馆应备之阅书室,日内即可修齐。今拟于八月二十七日先行开馆售票,以供公众之观览,一面渐次扩张,以期完备。除登报广告外,相应咨呈大部查照立案,并将阅览简章捡送备查可也,须至咨呈者。②

1912年8月27日京师图书馆在广化寺第一次开馆,《京师图书馆暂定阅览章程》开始执行,但由于1913年12月京师图书馆暂行停办而中止。

---

① 北京图书馆业务研究委员会.北京图书馆馆史资料汇编(1909—1949)[G].北京:书目文献出版社,1992:953-957.

② 北京图书馆业务研究委员会.北京图书馆馆史资料汇编(1909—1949)[G].北京:书目文献出版社,1992:31-34.

不久,因为广化寺的地理区位及馆舍设施并不适合开展图书馆典阅服务,京师图书馆开始筹建分馆。1912 年 8 月 26 日京师图书馆致函教育部称:

兹经接办三月,粗将前后搜集之图书清理就绪,即于八月二十七日开馆售券,以供公众之观览。惟此馆系借用广化寺之屋,不惟地址太偏,往来非便,且房室过少,布置不敷,兼之潮湿甚重,于藏书尤不相宜。虽暂时因陋就简,藉立基础,盖终非别谋建筑无以称名实而臻完备也。第当此财政艰难,大部亦岂能空言建设,然不可不预为规画,以待扩张。抑更有请者,现设之京师图书馆实属研究图书馆之范围,只足资学问家之便益。拟先于正阳、宣武二门适中之地设一分馆,略仿欧美通俗图书馆之制,除将馆内学者必须浏览之书分别择置外,再行添购各项杂志及新出图籍,既以引起国民读书之爱感,并藉副大部振兴社会教育之至意。所有一切开办事宜,容更详请钧核,合将京师图书馆开馆日期先行咨呈大部备案可也。须至咨呈者。右咨呈教育部。中华民国元年八月廿六日。①

此时的京师图书馆主要考虑的是图书馆的公共教育服务职能,也就是"引起国民读书之爱感,并藉副大部振兴社会教育之至意",由此可见京师图书馆已经初步具备了读者服务意识。

京师图书馆分馆于 1913 年 6 月创立,直属教育部,先在宣外前青厂武阳会馆夹道,1914 年 6 月迁至永光寺街 1 号,1916 年 3 月又迁至香炉营四条西口,1924 年 7 月因经费欠发,无力付租,迁至通俗图书馆院内(宣内大街路西抄手胡同口外),两馆各自分别办公开馆。1925 年春京师图书馆分馆与通俗图书馆一起,迁至头发胡同 22 号,仍各自办公,分别借书;1926 年 10 月奉部令更馆名为"京师第一普通图书馆",馆址同前。1927 年 7 月 26 日,原京师第一、第二普通图书馆(原京师通俗图书馆)两馆合并,奉部令用"京师第一普通

---

①　北京图书馆业务研究委员会.北京图书馆馆史资料汇编(1909—1949)[G].北京:书目文献出版社,1992:31 - 34.

图书馆"名,馆址同前。北伐后拨交北平特别市接管,于 1928 年 11 月更馆名为"北平特别市第一普通图书馆",馆址同前。1930 年 10 月随同市府更名,奉令更名为"北平市立第一普通图书馆",馆址同前①。

1914 年 3 月,庄俞撰文记载参观京师图书分馆、京师通俗图书馆情况。他说:

> 右述二馆,皆隶于教育部社会教育司。际此财政艰窘,教育消极时代,社会教育司无事可为,除开办全国儿童艺术展览会外,当以此二馆为其永久事业。惟图书馆之效用,以渐不以骤。文明之国,常耗千百万金,建设图书馆,其珍藏之品,精美繁富,故阅览者日得千百人。我国为文明古邦,前清之四库及文澜、文津、文汇诸阁,靡不可观,惜保守谨严,乱离之后,反遭散失,不能与民共利之。光绪以后,京师及各省皆有图书馆之创建。北京图书馆得各省之助,搜辑宏多。民国成立,益之以翰林院及内府珍本,颇具精华。记者于民国元年夏,曾参观什刹海京师图书馆一次。方期扩而充之,为全国唯一之珍藏所。不意今日重游京师,前所参观者,已因迁徙中辍。仅得此二馆,以娱吾目,奚啻舍本求末叹哉!虽然,普通图书馆范围较广,难臻完备。通俗图书馆目的在诱启社会之常识,儿童之智能。苟得千数百金,即可成立一二所,随地可以仿办。教育部既提倡于前,胡不规定简章,通令地方教育行政机关及各地教育会,量力建置,当裨益于社会不浅也。②

1915 年 6 月,教育部筹划恢复京师图书馆。1915 年 8 月 10 日,教育部批文第 1051 号,核准《京师图书分馆新闻杂志阅览室规则》和《京师图书分馆学生阅览减免征费办法》,指出:"该馆附设新闻杂志阅览室,搜集国内外新闻杂志,自是有益社会。查阅规则及学生阅览减免征费各节,均属可行,应照所拟

---

① 金沛霖.首都图书馆馆史[M].北京:北京市文化局,1995:338 – 339.
② 庄俞.参观北京图书馆记略[J].教育杂志,1914,6(4):18 – 20.

办理。此缴。"这些规章为进一步推进读者服务工作提供了依据。10月23日,教育部公布《图书馆规程》11条,对全国的图书馆的性质、组织以及经费等问题进行了统一规定,明确规定图书馆得酌收阅览费。京师图书馆也在此基础上,参考国外著名图书馆规章,制定和实施了有关的行政和业务规章。同年11月11日教育部将《图书馆规程》下发京师图书馆通行照办,以昭划一。在新形势下,京师图书馆又开始进行新的调研,考虑到"通都大邑,多有最著名之图书馆,网罗古今内外图书,以备通才硕学参考,其中区划条理与寻常图书馆不尽相同。本馆甫值筹备,当博采众长,以立始基。特申请教育部饬行欧美及日本留学生监督,选送所驻各国最著名图书馆各种规则,转发京师图书馆,以资考镜"①。经过教育部准可协助,1916年4月京师图书馆陆续收到英、瑞、法等国图书馆规则,将之作为制定新规则的参考。1916年12月经教育部核准公布的《京师图书馆暂行办事规则》,是一部内容较为详尽的图书馆组织大纲,对京师图书馆的组织架构、各部门的职责分工、人员编制及考勤制度详为规定。《京师图书馆暂行办事规则》明确馆内设目录、庋藏、总务三课。总务课负责行政事务和后勤工作,内分文牍、会计、庶务三部分事务;目录课负责采、编、阅等各项业务;庋藏课则主要负责图书典藏等工作。其中,规则第四条规定目录课职掌如下:

　　一、关于目录之编制整理统计事项;二、关于图书解题事项;三、关于应增应废之图书调查事项;四、关于阅览室之设备整理及物品之保管事项;五、关于杂志讲义录新闻纸之装订事项;六、关于阅览人之招待及统计事项;七、关于主管事务附属物品之整理保管事项。②

可见此时的招待读者和图书解题等接近于参考工作范畴的服务实际由目录课承担。

---

① 国家图书馆档案,档章则1.2。
② 北京图书馆业务研究委员会.北京图书馆馆史资料汇编(1909—1949)[G].北京书目文献出版社,1992:959.

经过一年半的筹备,1917 年 1 月京师图书馆在方家胡同重新开馆。开馆前夕,京师图书馆根据调整后的实际情况上呈教育部《暂行图书阅览规则》19 条,获准执行。此后京师图书馆即按此规则所确定的组织形式开始运行,并一直延续到 1926 年。此次修订的规则不仅增加了阅报室、妇女阅览室等的设置,并在民国初年的 18 条《京师图书馆暂定阅览章程》基础上更详尽地规定了阅览券的种类、阅览程序等。虽图书馆提供的服务需要收费,但对学生实行普通书券减收和新闻杂志券免费的政策,同时也扩充了阅览内容,除善本书中有旧椠秘籍、海内罕传且纸质脆弱易损者特别保存外,其余均可提供阅览,并承诺等经费稍裕,当将珍稀善本书籍装置玻璃橱架中,以便参观。章程中还增加了与阅览者互动、接待参观等服务项目,有利于馆藏建设和京师图书馆的藏书推广。阅览券分 6 种:甲,普通阅览券(1 张收铜圆 2 枚,10 张收铜圆 12 枚);乙,新闻杂志阅览券(1 张收铜圆 1 枚);丙,学生阅览普通书券(1 张收铜圆 1 枚);丁,学生阅览新闻杂志券(不收费);戊,善本书阅览券(1 张收铜圆 10 枚,10 张收铜圆 60 枚);己,四库书阅览券(1 张收铜圆 5 枚,10 张收铜圆 24 枚)。凡到馆阅者,须先购甲种或丙种券,欲阅善本书者,加购戊种券;阅四库书者,加购己种券。阅报者购乙种券,或取丁种券。阅报者如欲阅读图书,可加购丙种券;欲阅善本或四库书者,可再加购戊种或己种券。强调不同券的不同使用范围,凡购善本及四库书阅览券者,要在特别阅览室阅览;购普通阅览券者,至普通阅览室阅书;持新闻杂志阅览券者,至阅报室阅览;妇女阅书者,至妇女阅书室阅览。限定阅览书的册数;每次阅书,善本书以一种二册为限,卷轴以二卷为限,四库书以一种一函为限;普通书,华装以三种十册为限,西装以三种五册为限。阅毕调换,即于领书证第一次换书栏内填写书名号数,如阅毕再欲调换,即填于第二次换书栏内。换书以两次为限。京师图书馆还增设了为读者有偿摄影善本书卷轴的服务;同时在阅览室设立投函箱,与读者进行交流,尽先购买阅览者倡议购买的有用且馆藏所缺之书①。

经过半个多月的实践,1917 年 2 月至 3 月间,京师图书馆陆续制定并报

---

① 北京图书馆业务研究委员会.北京图书馆馆史资料汇编(1909—1949)〔G〕.北京:书目文献出版社,1992:963 – 967.

呈教育部核发了《京师图书馆阅览专室暂行规则》《京师图书馆暂行参观规则》及购券人和阅览者注意事项若干条,逐步完善了阅览管理规章。由于京师图书馆所借用的原国子监作为馆舍,不利于图书馆管理,且书籍券类又多,为管理和统计的需要,其暂定有《购券规则》数条,主要是以不同颜色阅览券来区分所阅览书籍类别。1917 年 2 月 16 日经教育部批准后,开始实行。

1917 年 3 月,随着开馆后阅览人数的增加,京师图书馆又制定《京师图书馆阅览专室暂行规则》4 条、《京师图书馆暂行参观规则》6 条,并详细列出购券人、阅览者注意事项若干条,指引阅览者购券和倡导阅览者有序有礼阅览。《京师图书馆阅览专室暂行规则》规定,凡经教育总长特别许可的阅览者,可在阅览专室阅览,享有特殊的待遇:凡在专室阅览者,每日取阅书籍须用专室领书证,善本以 5 种 20 册为限,四库及普通书以 15 种 100 册为限,不论调换次数,但所取书籍须当日缴还;阅览时取阅图书用专室领书证,册数较一般阅览室为多,并可自携参考书至室内。这就为学者的研究提供了便利[①]。阅览专室的设立有利于分流不同需求的读者,为研究者提供更多的便利,这是国家图书馆最早设立的参考研究室。

《京师图书馆暂行参观规则》是在《暂行图书阅览规则》的基础上独立出来的,是京师图书馆首个专为接待参观制定的规则,系根据实际情况需要加以细化而成。该规则倡议参观者以口头言语或者信函等方式献言建策,规定如下:

第一条　凡拟至本馆参观者,须先期通知,由本馆许可,定期接待。

第二条　参观人在书库内欲检视书籍行款版本,可嘱接待人取阅。其旧椠秘籍、纸脆易损者,仍不供检视。

第三条　参观人在书库内得用铅笔摘记书籍行款版本,如欲抄录者,应按照阅览规则补购阅览券。

第四条　参观人对于本馆各种规则应一律遵守。

---

① 北京图书馆业务研究委员会.北京图书馆史资料汇编(1909—1949)[G].北京:书目文献出版社,1992:970.

第五条　参观人对于本馆如有意见,希面告或函述,本馆当量力所及随时改良。①

参观规则的制定,使参观行为有规可循,专人专时接待,在维持正常阅览秩序的基础上,既满足民众对京师图书馆了解的需求,又扩大了图书馆的影响,是国家图书馆参观制度的雏形。

与此同时,京师图书馆分馆在有序展开阅览工作的同时,自然而然地产生了参考工作读者服务的雏形。1918 年的《京师图书馆分馆民国七年度年终工作报告》第六条"关于阅览人之接待事项"明确指出:

> 馆中对于阅览人,向属谨慎周妥,取纳书籍必求迅速,茶水火炉,必求温洁,遇有质问,必婉词答复。凡馆中未备之书,祗在阅览人之要求正当,决无不速为购买或设法介绍。

虽然此时京师图书馆仍未聘请专业的参考馆员,但答复读者询问和帮助查找参考书籍实际上已经是参考咨询的基本工作。可以说,此时京师图书馆的读者服务已经初步具备参考工作的性质。

这时的阅览规则毕竟处于草创时期,对相关操作管理方和读者来说皆有颇多不便之处。1917 年京师图书馆即提出:

> 本馆开馆未久,借用国子监旧样建筑,与图书馆管理上颇多窒碍。又书籍券类既多,阅览券亦分几种,如不定有严密之规则,于管理、统计上至为不便。兹于本馆未迁午门以前,暂定购券规则数条,以便阅览而免分歧。②

---

① 北京图书馆业务研究委员会.北京图书馆馆史资料汇编(1909—1949)〔G〕.北京:书目文献出版社,1992:971.
② 北京图书馆业务研究委员会.北京图书馆馆史资料汇编(1909—1949)〔G〕.北京:书目文献出版社,1992:968－969.

以上规则经过五年的运作，越发不适应当时的社会发展状况，有些则与馆内其他规则相冲突。为此，1922 年 9 月北京图书馆修改《暂行图书阅览规则》成 18 条，如根据银圆市价与昔悬殊的现状，提高了善本四库各书阅览券价；取消阅览善本书者须先购普通书券的手续等①。此外京师图书馆分馆征求新刊图书杂志，并启事希望借助社会的力量扩大馆藏，以更好地回馈读者，文曰：

> 窃维图书馆之设，网罗宜广，规制务宏，非并纳兼收，无以极坟典之大观，供士民之搜讨。本馆为国立图书馆分馆，现藏图籍虽已略备，尚应益求美富，广事搜罗，以验社会与时进化之几，而彰一国文物声明之盛。惟是时贤新著，海内名篇，辄以鸠聚为难，不免珠遗之憾。查近世欧美日本各国图书馆所藏卷帙皆极繁富，虽藉购求之力，亦赖捐助以成。本馆惟冀馆中能多一册之书，即学术上多受一分之益。窃愿恳求海内著作家有新出版之书籍暨各种月刊杂志，悉以一份捐赠本馆。如蒙慨诺，自当登报鸣谢，以播芳型。区区求助之诚，伏维鉴纳是幸。此启。②

在组织架构方面，1923 年 3 月，《京师图书馆暂行办事规章》仍然延续了京师图书馆设馆长一人，馆长之下设主任一人，并分设总务、目录、庋藏三课的架构。招待读者事宜仍由目录课负责。1924 年 3 月，教育部指令第 805 号核准《京师图书馆暂行办事细则》对图书馆各课职责做了较大改动，目录课专门负责编辑事务，不再肩负"关于图书解题事项""关于阅览人之招待及统计事项"，而在"第四十二条、庋藏课收发处人员注意"项中，则有接待、引导阅览人一条，对该处职责的相关规定如下：

① 北京图书馆业务研究委员会.北京图书馆馆史资料汇编(1909—1949)［G］.北京：书目文献出版社,1992:991－997.

② 京师图书分馆揭告［J］.教育公报,1922(7):揭告.

一、应遵照本馆阅览规则经管阅览室收发书籍事务。二、整理室内陈列之各种目录。三、随时注意室内卫生。四、对于阅览人应和颜接待恳切引导。五、收发书籍须贵敏速。六、监视室内一切事务。①

这一规定一方面说明读者服务部门从目录课向庋藏课的转移，另一方面从"和颜、恳切"等形容词的使用上，也可以看到读者服务意识的强化和服务从业人员素质要求的提升，这无疑对更高层次读者服务工作的展开奠定了基础。

1927年2月2日，京师图书馆专为学者设研究室，并制定《研究室暂行章程》12条，对入研究室者的资格、办证程序、证件有效期、研究室权利和责任等进行了规定，进一步完善了研究室制度。入研究室研究者须取得馆长特许明文或备有下列保证书或介绍书：

甲、独立官署正式介绍书；乙、专门以上学校正式介绍书；丙、教育部荐任官二人以上保证书；丁、本馆馆员二人以上保证书；戊、由本人来函请求，经本馆审查合格覆函认可者（来函须将学历、职业、住所及所欲研究某种学问详细开明）。保证人或介绍人系确保研究者遵守本馆各项规则完全负责。持介绍书或保证书者可向本馆文书科或庶务科接洽，将姓名、籍贯、职业、住址详细开出，换取入门证一张以凭招待，有效期为三个月，期满需更换。入门证不得转借别人，违者缴销。研究室座位有限，如发入门证业已满额，后来者可先行挂号。候有座位腾出，即按挂号先后通知来馆领取入门证。三个月期满，须换入门证时，如遇有业经挂号之人，亦须暂行腾让，仍另挂号，归入下次轮补。②

---

① 北京图书馆业务研究委员会.北京图书馆馆史资料汇编（1909—1949）［G］.北京：书目文献出版社,1992:1007-1020.

② 北京图书馆业务研究委员会.北京图书馆馆史资料汇编（1909—1949）［G］.北京：书目文献出版社,1992:1038-1039.

与此同时,对于研究室的使用者,在提书的数量和次数上都有一定的增加,除普通书籍外,也可以借阅《四库全书》及善本书籍,每次以 3 种 20 册为限,每日不得过四次。研究者除摘录笔记外,如果想要获取全书,须托本馆临时写生代抄,给以额定之报酬。此外,京师图书馆备有创获记一册,供研究者"载入其心得,备以后汇集刊布,以为交换智识之助"①。从上述规定的目的和内容来看,京师图书馆研究室和阅览专室有相似之处,但各项制度更规范和完备,如通过资格认证确立了服务范围,通过借阅和代抄书籍等为学者研究学术提供了便利的条件,同时建立起了信息交流机制,提供学者们的交流平台。1927 年 12 月 20 日,国民政府大学院公布《图书馆条例》15 条,取消阅览收费条款,这样就使得更多的读者可以享受图书馆服务,强化了图书馆对公共教育的作用②。

除阅览工作之外,此时京师图书馆还通过举办展览来扩大读者服务工作的范围。1925 年 5 月 30 日,北京图书馆协会为欢迎美国来华考察团的鲍士伟(Arthur E. Bostwick)博士,在中央公园举办四天图书展览会,其中 95% 的展品为京师图书馆精选的古籍善本,计有宋、金、元、明刊本约二百余种,敦煌石室写经三千轴。展会备说明书两千张,并分班看守。

京师图书馆在 1912 年到 1927 年的阅览工作可以概括为:开办分馆,强化公众教育职能;开发阅览,发售阅览券,设立阅览专室和研究室,逐步完善针对不同读者群体的服务项目;举办参观、展览,进一步扩大图书馆的社会影响力;从 1918 年开始提供答复咨询、查找参考书籍及抄录资料等读者服务,具备了参考工作的雏形。但是此时的京师图书馆的阅览工作仍很不完备,在组织上甚至没有专门机构从事该项工作,而是由目录课或庋藏课代为开展,这些都表明京师图书馆在读者服务工作上与现代化图书馆仍有一定差距。在这方面,1926 年由中华教育文化基金董事会资助建立的北京图书馆有后来居上之势。

---

① 国家图书馆档案,档章则 2.1。
② 教育部参事处现行重要教育法令汇编:社会教育[G].南京:教育部参事处,1930:14 - 17.

2. 北京图书馆(北平北海图书馆)阅览工作的开展

1926年创建的北京图书馆,在图书分类和编制专题目录等方面为中国图书馆事业的现代化做出了很大的贡献。1926年3月至1927年6月,该馆就传统的四部分类法和国外的杜威十进分类法以及美国国会图书馆分类法做出检讨,认为必须创制符合中国特色的新型图书分类法,以便容纳"后出之书",并适应现代图书馆的需求,为更科学地提供分类排架和阅览奠定基础。其初步设立出的大纲为三十二类:①总类、②哲学、③宗教、④史学、⑤地学、⑥社会、⑦统计、⑧经济、⑨政治、⑩法律、⑪教育、⑫游技、⑬艺术、⑭字音、⑮文字、⑯科学、⑰数学、⑱天文、⑲物理、⑳化学、㉑地质、㉒古生物学、㉓生物、㉔农学、㉕医药、㉖家政、㉗风俗、㉘交通、㉙商业、㉚工业、㉛军事、㉜目录学图书馆学①。

北京图书馆于1927年1月开始对外阅览服务,在继续图书分类工作的同时,特别加强了工具书的编目工作。《北京图书馆第二年度报告》中指出:

> 为整理及便利阅览起见,不能不从事于现藏书籍之编目,故上年度所述之分类工作于去年四月即暂停止。本年度编目计划,特注意编目工具之创造,工具可分为两种:(1)直接的:①编分类法;②定编目条例;③决定著者符号。(2)间接的:①编图书辞典;②编人名辞典;③编各种重要书籍之索引;④编专科目录;⑤编辞书。②

该报告中对创造间接编目工具的工作进展有具体说明,其中最重要的图书大辞典由梁启超主持编辑,书籍索引方面已先编成《国朝书画家笔录》一种,此外还编纂了多种专科目录。此时,人名辞典的编辑虽然还未全面展开,但也做了搜罗家谱、年谱及传记等前期准备工作,辞书编纂也逐步开展。

这些工具书的编纂及相关准备工作,实际上是为参考工作的正式开展做准备。与此同时,该馆进一步完善图书分类法,并于1927年4月开始着手第

---

① 北京图书馆.北京图书馆第一年度报告[R].北平:北京图书馆,1927:14 – 16.
② 北京图书馆.北京图书馆第二年度报告[R].北平:北京图书馆,1928:20 – 22.

二次分类工作。这一次在对北京图书馆馆藏分析的基础上，采用美国国会图书馆的分类办法：①书目、②丛书、③类书、④经籍、⑤文字、⑥史乘、⑦地理、⑧传记、⑨政书、⑩通制、⑪古器物、⑫伦理、⑬宗教、⑭术数、⑮天算、⑯医方、⑰农艺、⑱兵书、⑲艺术、⑳论著、㉑诗文词曲。

　　虽然这一分类方法只是过渡阶段的产物，但已经显现出北京图书馆建设现代化图书馆的意识。与此同时，1927 年 7 月至 1928 年 6 月，该馆为适应社会公众咨询需要，开始专题目录编纂。包括以下 24 种：

①中国音乐书举要；

②欧美考古学会名称及其出版物目录；

③关于老子及道教之书报目录；

④英美刊行之教育杂志目；

⑤中国各学术团体名称及其出版物目录；

⑥世界美术馆名目；

⑦关于上海及香港之重要书目；

⑧关于中国古迹方面之重要书目；

⑨西译华籍书目；

⑩西译中国诗集目；

⑪孝经书目；

⑫散见于中国杂志关于国际法庭之文字；

⑬研究英诗应读书目；

⑭关于朝鲜及安南史之书目；

⑮关于北京风土之书目；

⑯华译之戈特尼著作；

⑰古耶稣会教士姓名生卒年月；

⑱关于明堂研究之书目；

⑲关于波斯人拉施特所著元史之译本目；

⑳关于许勃脱之书及其著作目；

㉑关于博物院组织之书报目；

㉒关于疥疮之中文书目；

㉓柯滋洛夫探险队书报目；

㉔关于清末调查户口之中国公牍。①

1928 年 10 月,北京图书馆改名为北平北海图书馆,继续开展分类编目工作。其中文图书分类工作取得重大进展,书目、丛书、类书、经籍、古器物学诸类之书目及书目丛书陆续出版,同时编辑具备创新性和可操作性的分类法大纲一部,定位编目略例一种。1929 年春,北平图书馆协会编辑北平各馆所藏丛书联合目录时,按新定编目略例编有正式丛书目录卡片一种,北海图书馆即该联合目录编辑者之一。北海图书馆馆藏西文图书 5562 册及各类小册子2813 册,制成了目录片约 7838 张。自 1928 年起,北平北海图书馆每购一书同时购置美国国会图书馆目录卡片一份,以减轻分类编目工作的压力②。1928 年 7 月至 1929 年 6 月,北平北海图书馆响应图书馆界号召,开始编制杂志及少数民族书目索引,先从国学方面着手,凡重要杂志皆分别收入,编成《国学论文索引》一种,由中华图书馆协会付印。1928—1929 年度该馆最重要的工作当属为满蒙藏文书编制索引,相关文字的书籍长期以来缺乏系统参考书,无论是对于研究者,还是贮藏相关书籍的图书馆,都很不方便。1928 年开始,北平北海图书馆对满蒙藏文书籍略加整理后,即着手编制索引,这样更方便对工具书的使用。到 1929 年 6 月已编成的有 4 种:

①西番译语索引;

②本馆所藏西藏名人著作集十余种之联合索引;

③工布查布所著之番汉药名索引;

④诸佛菩萨圣像赞中汉满蒙藏四体文字三百六十诸佛菩萨名

---

① 北京图书馆.北京图书馆第二年度报告[R].北平:北京图书馆,1928:20 - 22.

② 北平北海图书馆.北平北海图书馆第三年度报告(十七年七月至十八年六月)[R].北平:北平北海图书馆,1929:19 - 21.

号索引。

即将编成的有 3 种:

①藏文丹珠经(亦名续藏经)索引;
②藏文印度西藏所出护持教法者人名录中所有之人名及地名索引;
③满汉合璧八旗满洲姓氏部落及方舆全览之满文及汉文索引。

正在编制中的有 2 种:

①汉满蒙藏四体合璧文鉴之汉文及藏文索引;
②汉文大藏经藏文甘珠经丹珠经及汉满蒙藏四体合璧全咒四书之联合索引①。

这些索引以原文字的字母为主编制,辅以罗马字拼音和汉语四角号码,以最大限度发挥参考书的实际价值。

1928—1929 年度,北海图书馆应读者咨询编成了超过 100 种专题书目,其中较为重要的就有 26 种:

①关于四川之书目;
②关于青岛之书目;
③关于苗族问题之书目;
④关于中国交通之书目;
⑤关于无线电之书目;
⑥关于市政之书目;

---

① 北平北海图书馆. 北平北海图书馆第三年度报告(十七年七月至十八年六月)[R].北平:北平北海图书馆,1929:21 – 22.

⑦最近二年内出版之音乐书目;

⑧关于新疆之书目;

⑨最近两年来出版之国学新书目;

⑩汉译之外国文学作品目;

⑪数学杂志目;

⑫关于劳工及儿童问题之美国官书目;

⑬关于医校图书馆之管理及医书分类编目之杂志篇目;

⑭馆藏有关狐怪之书目;

⑮关于回教之书目:

⑯关于社会科学之美国官书目;

⑰最近五年来关于港政之英美书目;

⑱关于东方美术之书目;

⑲关于易经书目;

⑳关于考试制度书目;

㉑关于新闻学书目;

㉒关于字典学书目;

㉓关于中国卫生立法书目;

㉔关于哲学参考书书目;

㉕关于自然科学定期刊物书目;

㉖关于妇女教育书目。①

这些书目虽然没有正式付印,但分类陈列在阅览室中,可以随时提供参考服务,真正起到了参考工具书的作用。而且该年北海图书馆还负责编纂了北平各图书馆所藏关系中国之西文书联合目录,在北海图书馆季刊的创刊号及第二期上连续刊载,为学术界参考研究提供了方便。1926 年创建的北京图书馆具备强烈的读者服务意识,并为中国图书馆事业的现代化做出了不懈努

---

① 北平北海图书馆. 北平北海图书馆第三年度报告(十七年七月至十八年六月)[R]. 北平:北平北海图书馆,1929:22 – 24.

力,该馆在图书分类编目、专题目录和索引编制等方面开展了大量工作,为科学管理和利用馆藏打下了良好基础。同时,出于帮助读者掌握图书资料、解答读者疑问等需要,该馆还编制了多种参考工具书,并设立专门机构从事咨询工作。

国家图书馆的两大前身京师图书馆和北京图书馆,1912 年到 1928 年期间,在阅览工作上都取得了长足进步。其中京师图书馆自 1914 年开馆以来,社会影响力逐渐扩大,1914 年开馆 271 日,年入馆人数 1355 人,平均每日 5 人强;1915 年以来,始有统计表,全年开馆 292 日,入馆人数 3443 人,平均每日 12 人弱;1917 年,京师图书馆开馆一年,共有阅览者 3273 人,平均每月 272 人;1918 年共 2166 人,平均每月阅书人数约 200 人;1922 年至 1923 年由于欠薪问题,京师图书馆的阅览服务时断时续,1922 年平均每日阅览人数为 20 人。到 1924 年有所恢复,平均每日阅览人数为 92 人。至于北海图书馆,自 1927 年 1 月 16 日开始阅览,至 1928 年 4 月,阅览人从最初平均每日不及 20 人到约 60 人,星期日的阅览者更达 130 到 140 人。同时,为吸引读者,该馆多次与北海公园董事会接洽,每月发放免费门票 300 张,后又增至 500 张,并从馆费中为读者支出公园门票[①]。其时国内政局动荡不安,且京师图书馆历经两次迁移,两家图书馆的读者服务工作能取得上述成绩已属不易。

综上所述,从 1912 年开始,国家图书馆的前身京师图书馆就开始了读者服务工作,从早期的开办分馆、发售阅览券,到针对不同读者群体需求设立阅览专室和研究室,举办展览进一步扩大图书馆的社会影响力,尤其是 1918 年开始提供的回复咨询、查找参考书籍及抄录资料等读者服务,已经具备了参考工作的雏形。但是此时的京师图书馆的组织架构仍很不完备,阅览工作由目录课或庋藏课代为管理,读者服务理念仍与现代化图书馆存在差距。在这方面,北京图书馆有后来居上之势,该馆具备强烈的读者服务意识,在图书分类编目、专题目录和索引编制等方面开展了大量工作,为科学管理和利用馆藏打下了良好基础,并且出于帮助读者掌握图书资料、解答读者疑问等考虑,

---

① 　本馆略史[J].北平北海图书馆月刊,1928,1(1):6.

正式设立了专门机构从事咨询工作,形成后来国家图书馆参考工作的开端。

第三节 北京图书馆参考科的设立及其意义

国家图书馆两个前身在早期的艰难发展历程中,已经开展了大量读者服务工作,这为 1928 年 9 月北京图书馆参考科的设立奠定了基础。尤其是 1926 年才创办的北京图书馆,是我国第一个实行科学管理的大型图书馆,其办馆理念较为先进,在开展阅览、编辑参考书目等读者服务工作展开的同时,参考工作逐渐受到重视,设立专业的参考部门成为必然选择。

北京图书馆开创之初就十分重视参考工作。1927 年开馆时设在北海悦心殿的大阅览室中就"两壁列字典、辞书、年鉴、人名、地名辞书,参考用书约一千二百册"[①]。翌年,随着阅览室开放,读者增加,该馆越发感到了开展参考工作的必要,在《北京图书馆第二年度报告》中关于阅览室就有下述说明:

> 阅览室中有一种络绎不绝而事涉专门之咨询,在本馆现在组织之下无所专属者。此一年中所受国内、外来函与当地咨询之件为数至多,虽有立即答复者,而其中亦有颇需翻检者。上列之各书目多为年来应答之一部分资料,至馆员之分配于阅览室者本已极少,年来需要渐增,凡有咨询之件多由编目科人员为之担任。而该科事务遂不免时有停顿之苦,是增设咨询专科之需求愈为迫切也。[②]

说明这一年该馆在编制书目的同时,已经深刻意识到成立专门负责参考工作部门的紧迫性。1928 年 7 月号的《北京图书馆月刊》中提到:

> 各国大图书馆均特辟一参考部以便学者之咨询。我国各图书

---

① 阅览事务[R]//北京图书馆.北京图书馆第一年度报告.北平:北京图书馆,1927:17.
② 阅览室[R]//北京图书馆.北京图书馆第二年度报告.北平:北京图书馆,1928:23.

馆均未眼顾及于此,本馆开办后每月收受各界咨询为数不少,近此类事务见渐增多,拟特设专部以应需求,新馆落成后,当更有完备之组织也。①

可见,随着读者需求的增加,设立参考咨询服务机构已经势在必行。1928年,北京图书馆(10 月后改名为北平北海图书馆)在继续编制专题目录的同时终于开始设立专门机构从事参考工作,于 9 月正式设立参考科。《国立北平图书馆概况》对此事记载道"十七年九月增设参考科"②,1929 年出版的《北平北海图书馆第三年度报告》又具体做出说明:"年来因咨询事件之增加,势非设专科不可,本年度因派馆员二人,专司其事。"③该报告还简述了参考科设立以来的盛况:"咨询事项或由面问,或用电话,或通书札终日不绝。"④这实际上说明,参考科的设立是该馆积极开展阅览服务工作的必然结果,并实现了图书馆更好地服务读者的初衷。笔者认为,只有联系当时中国图书馆学发展的大背景,我们才能够充分理解这一事件的标志性意义。

一、国家图书馆参考科设立的背景

早在 20 世纪 20 年代,一批具有现代意识的中国图书馆学家已经就开创专门的参考咨询部门做出了不少讨论。1922 年朱家治所著《图书馆参考部之目的》一文,是目前所见我国最早论述参考咨询工作的文章,文章开篇即指出:"图书馆设参考部系组织上要素之一,其特异处即集若干图书,或其他参考品,供读者来馆阅览,自成一部分内之事务。……参考部之职务,即支配、

---

① 北京图书馆馆讯[J].北京图书馆月刊,1928,1(3):147 – 151.
② 北京图书馆业务研究委员会.北京图书馆馆史资料汇编(1909—1949)[G].北京:书目文献出版社,1992:1235 – 1236.
③ 阅览事项[R]//北平北海图书馆.北平北海图书馆第三年度报告(十七年七月至十八年六月).北平:北平北海图书馆,1929:29.
④ 国立北平图书馆概况组织[R]//国立北平图书馆年度报告.北平:国立北平图书馆,1929:7.

管理、答问、置备书目等,此种职务在普通图书馆中,概执诸参考馆员之手。"①文章认为参考部应该分"管理""询问""目录""稽考"四股。1925年李小缘在《公共图书馆之组织》一文中特别阐述了公共图书馆设立参考部的重要性:在公共图书馆中"除馆长而外,馆中最重要之职务即为参考部"②。1926年洪有丰在《图书馆组织与管理》第八章"参考部"中云:"参考部之职务,有管理书籍(参考书)、答问读者、置备书目等事。"③1928年杜定友在《学校图书馆学》第十二章"参考法"第一节"参考部"中指出:"在大规模的学校图书馆内,参考可以另设一部,有主任有部员。"他认为参考部的工作可以归纳为七点:①运用馆内参考书,解答阅者的问题;②代阅者选择适当的参考书;③代阅者搜集及保存参考资料;④代拟各项书目,及发布通告,以助阅者参考;⑤教授或演讲各参考书的内容和用法;⑥搜集馆外材料,以供馆内阅者参考;⑦答复关于参考的信件、电话及口头问话④。我国早期图书馆学家对参考工作的讨论充分肯定了图书馆中设立参考部的必要,同时对参考部组织结构、工作内容和方法进行了阐述。以上论述中,普遍认为参考部的本质特征应该有二:第一,其应该是专门开展参考工作的部门;第二,参考部的核心业务应该是答复读者咨询、代读者搜集资料、管理并介绍工具书等。我国早期图书馆学家不仅介绍了美国图书馆设立参考部的先进经验,而且结合中国国情提出了许多切实的建议。

至于在图书馆中实际开展参考咨询的相关工作,则可以追溯到前文所引1918年的《京师图书馆分馆民国七年度年终工作报告》中"馆中对于阅览人,向属谨慎周妥,取纳书籍必求迅速,茶水火炉,必求温洁,遇有质问,必婉词答复。凡馆中未备之书,祇在阅览人之要求正当,决无不速为购买或设法介绍"的记载。

清华学校图书馆在这一时期也尝试开展了一些参考工作。《清华学校图书馆概略》记载:"八年三月(1919年),(清华学校图书馆)新馆落成。……图

---

① 朱家治.图书馆参考部之目的[J].新教育,1922,5(1/2):121.
② 李小缘.公共图书馆之组织[J].图书馆学季刊,1926,1(3):375-396.
③ 洪有丰.图书馆组织与管理[M].上海:商务印书馆,1926:65-76.
④ 杜定友.学校图书馆学[M].上海:商务印书馆,1928:165.

书馆虽入新居，而一切办法仍仿旧制，每多欠善之处。迨八年秋，主任戴志骞（戴超）先生自美国习得图书馆学归来，乃改弦更张。"①清华学校图书馆设主任、副主任和参考部等 6 个部门，其中参考部有职员一人，由副主任监理。1926 年戴志骞撰写的《清华学校图书馆概况》中介绍该馆"参考股的职责有三款：管理教员指定参考书及普通参考书；书籍之出纳；整理杂志及书库"②。可见，其中没有答复咨询的职责，而是更像一个典藏、阅览部门。在 1931 年该馆主任洪有丰撰写的《二十年之清华图书馆》中提到参考股负责五项事务：典藏、借阅杂志、借阅图书、搜集参考资料、参考指导③。可以看出，虽然参考工作的比重增加了一些，但它仍然不是专门开展参考工作的部门。由此可见，清华学校图书馆参考部虽然名为"参考"，却没有真正开展参考工作中答复咨询这一核心业务，更多的是履行着保存和管理参考书的职责。

东南大学图书馆也是我国较早开展参考工作的图书馆，东南大学图书馆的前身是成立于 1915 年的南京高等师范学校图书馆。1921 年 6 月，洪有丰留学美国归来，适逢南京高等师范学校升格为国立东南大学，特聘其担任东南大学图书馆主任。洪有丰到任后，首先募捐集资建造新馆，其后厘定图书馆组织，该馆"组织：分借书、杂志、典藏、编目、参考、购书、装订等七股。各股事务由馆员八人分任"④。此外，1923 年上海圣约翰大学罗氏图书馆和此后的南京金陵大学图书馆也都尝试过开展参考工作，但均属试办性质。1932 年《圣约翰大学罗氏图书馆概况》把"加增参考指导部之工作"作为其发展计划："加增参考指导部之工作，以便读者随时咨询，提供各种参考资料。"在 1929 年出版的《金陵大学图书馆概况》中把添设参考部作为其发展计划："国外较大之图书馆概设有参考部。本馆前曾试行，以限于人力中止。"试想，假若其已经开展参考工作，还需要制定这些发展计划吗？可见各大学图书馆当时在

---

① 李希泌，张椒华.中国古代藏书与近代图书馆史料（春秋至五四前后）[M].北京：中华书局，1982：357.

② 戴志骞.清华学校图书馆概况[J].图书馆学季刊，1926，1（1）：103 – 112.

③ 洪有丰.二十年之清华图书馆[G]//清华大学校史研究室.清华大学史料选编：第一卷（1911—1928）.北京：清华大学出版社，1991：449 – 465.

④ 洪有丰.东南大学图书馆概要[J].新教育，1923，6（1）：25.

设立参考部时均受到人力、物力等因素的限制。

目前,我国很多研究参考工作历史的学者认为清华学校图书馆是我国第一个开展参考工作的图书馆,戚志芬在她1988年出版的《参考工作与参考工具书》中对我国图书馆参考工作的历史回顾中指出:"清华大学图书馆可谓先驱,在二十年代初就有参考部的设立。当时主要工作是图书馆选择购买参考工具书,集中在参考部,这些书不外借,只供读者来查阅。图书馆员要负责管理这些图书,指导读者查阅方法,答复这方面的咨询,而且编制参考工具书书目。"①这种观点得到了学者的广泛认同,1992年出版的《中国大百科全书·图书馆学、情报学、档案学》在"参考咨询"条中采用了戚志芬的这一观点:"20世纪20年代初参考咨询理论传入中国,清华大学图书馆首先成立参考部。"②詹德优在《信息咨询理论与方法》一书中细化了这一提法:"我国现代意义的信息咨询发端于20世纪20年代前夕。原为(圣)约翰大学图书馆馆长、后为清华学校图书馆馆长的戴志骞,自美国学习归来,乃改弦更张,把清华学校图书馆办成学校参考图书馆。馆长和副馆长下设6个部:参考部,职员一人,由副馆长兼理,此外有购置部、编目部、出纳部、登录部、装订部。参考部的工作,专备顾问,指导事项主要有:读书法和参考书使用法。清华学校图书馆参考部的设立,被公认是我国图书馆信息咨询之开端。"③此外,还有许多教材和讨论参考咨询的文章中反复引用这一观点,似乎已成为学界共识。

笔者认为尚需对历史资料审慎、周密地加以考察才可得出结论。从上述史实不难看出,我国早期大学图书馆中设立的参考部,无论其组织结构、工作内容和管理方法都是十分不成熟的。诚如1926年清华学校图书馆主任戴志骞在《清华学校图书馆概况》所写的:"吾国大学,创设图书馆,本在幼稚时代,各种管理方法均属试验性质。"④续任清华大学图书馆主任的洪有丰在《二十

① 戚志芬.参考工作与参考工具书[M].北京:书目文献出版社,1988:6.
② 中国大百科全书:图书馆学、情报学、档案学[M].北京:中国大百科全书出版社,2002:23.
③ 詹德优.信息咨询理论与方法[M].武汉:武汉大学出版社,2004:35.
④ 戴志骞.清华学校图书馆概况[J].图书馆学季刊,1926,1(1):103-112.

年之清华图书馆》中写道:"图书馆管理,为馆务最重要之部分。而各图书馆情形不同,其管理方法,应各具所著之精神。即欧美新方式方法,以各国国情互殊,亦未能尽合于实事。本馆之管理方法,虽系力谋改进,务求适应,然处处仍在研究,更期完备。但改进事项,尚非一蹴可及。若轻易更张,必影响于全部计划,如牵一发而动全身,故须详加研究。"①当时在这些图书馆中设立参考部的条件尚未成熟,笔者认为有以下五点原因:

第一,理论准备不充分。其时,国内新图书馆运动还没有全面展开,虽有少数留美知识分子积极倡导,努力实践,但是参考咨询工作及理论还没有被广泛接受与重视。我国第一篇有关参考咨询理论的文章发表于 1922 年,此后随"新图书馆运动"的展开,参考咨询工作才逐渐为人们所接受。因此,在这之前并不具备设立参考部的理论条件。第二,物质条件不具备。当时我国大学还处在草创时期,学校图书馆无论基础设施还是机构组织的建设等都在摸索之中,特别是这一时期受到社会动荡等因素影响,普遍存在经费不足的情况。例如,1919 年到 1920 年,清华学校图书馆藏中文图书约 2.8 万本,西文图书约 1.3 万本,中、外文杂志约 280 种,中、外文报纸 57 种②,其编制不足 10人,经费不足万元③。在诸多问题中,图书馆需优先解决购书、编目、制定借阅制度这些基本问题,也使其无暇顾及参考工作。第三,难以选到适宜人才。参考咨询馆员要求熟练掌握中、外文工具书,知识全面,当时这种人才在图书馆中十分稀缺。例如,清华学校图书馆 1919 年所设参考部只设职员一人,且由副主任兼任。1936 年何多源论及此点时指出:"盖熟悉全部中文参考资料者,必不熟悉西文。反之,娴熟西文参考资料者,则中文未必精晓,如分请两专门人才担任一部之工作,则中国图书馆尚未有此充裕之经费也。"④可见何多源并不把这种由馆长兼任的情况视为专门机构,在当时人员编制不十分充裕的情况下,设立专职从事参考工作的馆员十分困难。第四,大学图书馆服

---

①③　洪有丰.二十年之清华图书馆[G]//清华大学校史研究室.清华大学史料选编:第一卷(1911—1928).北京:清华大学出版社,1991:449 - 465.

②　刘聪强.清华图书馆[J].新教育,1921,4(1):124.

④　何多源.中文参考书指南[M].广州:岭南大学图书馆,1936:12.

务对象的限制。学校图书馆以教师和学生为固定读者群开展服务,他们的阅读目的通常相对固定,知识水平相对较高,对于参考咨询的需求不及公共图书馆读者强烈。这也制约了参考工作部门在当时学校图书馆中的建立和发展。第五,参考信息源的相对匮乏。在新文化运动爆发前,我国学术偏重国学研究,其他如社会科学、自然科学、工程技术方面的工具书几乎没有。1919年以后,特别是20年代中、后期,随着社会需求的变化,这些方面的参考书才如雨后春笋般涌现,这对于图书馆参考事业的发展也有一定影响。

至于国家图书馆的两大前身京师图书馆和北京图书馆,前者是当时我国最大的图书馆,后者则是由美国庚子赔款资助建成的现代化图书馆。更重要的是,在1928年以前,两馆都已经有坚实的读者服务工作基础,尤其是北京图书馆,该馆开办时共有馆员11人,到1928年5月时增加到27人,1929年更增加至39人[①]。1928年9月参考咨询专门机构的建设,正是顺应读者需要的产物,《北平北海图书馆第三年度报告》中记载"年来因咨询事件之增加,势非设专科不可"就很好地说明了这一点[②]。参考科成为北京图书馆编目、采访、总务三科之外的第四个科(后归入阅览部),该科的主要职责是接受阅览公众的咨询、代编辑书目或代为搜集材料和指导读书。参考科成立以后,在国家图书馆的历史上始终没有中断,可以说是我国存在时间最长,咨询档案资料保存最完整的参考咨询机构,在我国图书馆参考咨询史上占有重要地位。

京师图书馆在1912年成立以后,虽然也逐步开展了阅览等读者服务,并产生了参考工作的雏形,但始终受制于其藏书楼式的陈旧管理理念,无论采、编、阅览制度都与现代图书馆的观念格格不入。直至1925年中华教育文化基金董事会的介入,促使它真正向现代图书馆过渡。1929年8月京师图书馆与北平北海图书馆合组为国立北平图书馆,次年出版的《国立北平图书馆馆务报告》中阐述了成立参考咨询机构的动机:"中国公家藏书向来注重收藏,本馆目标则注重应用,亟愿以此已有之基础供大多数人利用,爰在阅览部内立

---

① 本馆略史[J].北京图书馆月刊,1928,1(1):1.

② 目录及咨询[R]//北平北海图书馆.北平北海图书馆第三年度报告(十七年七月至十八年六月).北平:北平北海图书馆,1929:22.

参考组,专备阅览公众之咨询,或代编辑书目或为搜集材料。所以减少其翻检之时间而谋其便利,而直接间接又负指导之责者也。"①

笔者认为 1928 年北京图书馆创设参考科主要有以下五个原因:

第一,接受先进参考咨询理论。参考咨询理论起源于 19 世纪下半叶的美国,到 20 世纪初期,美国多数大、中型图书馆都设置了专门的参考部门和专职参考馆员岗位,参考部门逐渐成为图书馆中的固定部门。同时,在图书馆教育中,也开设了参考工作专门课程,这给我国早期留美学习图书馆学专业的学者留下了深刻印象。后来,正是在这些留美学者呼吁下,我国图书馆界才逐渐开始接受参考咨询理论。

第二,社会的需要。北京图书馆作为面向社会大众的公共图书馆,开馆时间虽然不长,但读者对它开展参考咨询的需求却十分迫切。在它的年度报告中"咨询事项或由面问,或用电话,或通书札终日不绝""年来因咨询事件之增加,势非设专科不可"等记载可以清楚地看到②。

第三,管理者的先进理念。管理者的先进理念是北京图书馆创设参考部的必备条件。时任北京图书馆代馆长的袁同礼,是我国最早的图书馆学家之一,他 1920 年赴美国哥伦比亚大学和纽约州立图书馆专科学校学习,获文学学士和图书馆学学士学位。1924 年回国,先后任北京大学图书馆主任和岭南大学图书馆馆长,并担任中华图书馆协会书记。1926 年被中华教育文化基金董事会聘为北京图书馆图书部主任、副馆长、馆长。该馆的各种规章制度多系他一手制定。袁同礼在美国留学的经历,使他成为图书馆参考工作理论的积极倡导者和早期实践者。时任北京图书馆阅览部主任的刘国钧,1922 年赴美国威斯康星大学留学,学习哲学和图书馆学,1929 年 10 月被中华教育文化基金董事会聘为北平北海图书馆阅览、编纂部主任。刘国钧曾在北平北海图书馆和国立北平图书馆担任阅览部主任,参考组即归属其管辖,这一时期也

---

① 阅览方面[R]//国立北平图书馆.国立北平图书馆馆务报告(民国十八年七月至十九年六月).北平:国立北平图书馆,1930:6.

② 北平北海图书馆.北平北海图书馆第三年度报告(十七年七月至十八年六月)[R].北平:北平北海图书馆,1929:22 – 29.

是他对参考工作研究最集中的时期,他在《图书馆内之参考咨询事业》一文和其后出版的著作《图书馆学要旨》对参考工作进行了较为详尽的阐述。北京图书馆第一位参考咨询馆员、第一任参考组组长汪长炳,1926年毕业于武昌文华图书馆专科学校。当时正值中华教育文化基金董事会筹建北京图书馆,他被聘入编目科负责西文编目工作。1928年9月北京图书馆参考科成立,他成为北京图书馆第一位参考咨询馆员,次年被聘为首任参考组组长,1932年8月赴美留学图书馆学。可以说,没有以上三位图书馆前辈的远见卓识努力,就不会有北京图书馆的参考部。

第四,参考信息源的积累。参考工具书是指那些主要用于查询而不用于连续阅读的书籍,如字典、百科全书、地图册等。在新文化运动以前,我国编制的参考工具书数量极少,而且大多集中在国学方面。"五四运动"以后,新科学运动兴起,新式参考课书的编制逐步增加,例如商务印书馆、中华书局、世界书局等编纂的辞书、字典、年鉴等,各大图书馆出版的索引,政府机构出版的官书以及期刊、报纸及其索引等已经积累到一定数量,为参考工作的开展创造了条件。

第五,充足的资金保障。图书馆日常经费主要分为购书费和经常费两部分,京师图书馆建立虽早,但是它的经费每月只有5000元,从教育部支领。因时局动荡,教育部经常拖欠,实际每月仅能够领取到千余元。而北京图书馆的经常费由中华教育文化基金董事会足额发放,1925年度为1.5万元,1926年度为3.6万元,1927年度为4万元,1928年度为5万元。两馆合并后,1929年度的经常费增至9.3万元,1930年度为9.6万元,1931年度为13.6万元。充足的经常费使得为北京图书馆能够更好地延揽人才,自建馆以来馆员人数逐年成倍增加。北京图书馆1925年至1929年的购书经费更是高达30余万元[①]。丰富的馆藏文献和充裕的经费为开展参考工作创造了良好物质基础。

---

① 教育部中国教育年鉴编审委员会.第一次中国教育年鉴[M].上海:开明书店,1934:787-880.

二、北京图书馆参考科设立的意义

通过对北京图书馆参考科设立背景和经过的考察,笔者认为,该部门的设立有下述历史意义:

第一,它标志着我国第一个成熟的图书馆参考机构的诞生,说明图书馆参考咨询理论在诞生近半个世纪以后真正被中国图书馆界所接受。北京图书馆参考咨询机构的设立改变了我国公共图书馆中没有参考部的历史。此后,中国图书馆的参考咨询事业才开展起来。据 1934 年出版的《第一次中国教育年鉴》记载,在公共图书馆中,山东省立图书馆、江西省立图书馆和安徽省立图书馆等当时都设有参考咨询部门,中央大学、清华大学和中山大学等大学图书馆中也设立有参考咨询部门①。

第二,北京图书馆参考咨询机构的设立,极大提高了它的读者服务水平和档次。1932 年出版的《国立北平图书馆馆务报告》中记载:该机构为国际联盟调查委员会、国际联盟调查委员会中国代表处、东北外交研究会、中国大辞典编纂处、中央研究院历史语言研究所、北平研究院、中华教育文化基金董事会编译委员会、中国营造学社、国立清华大学和国立北京大学等单位提供研究参考资料,囊括了国内著名学术研究机构和一些政府机关,为国联调查"九一八"事变提供了重要历史资料。同时,北京图书馆还接待过北京大学教授、哲学家汤用彤,中央研究院历史语言研究所研究员、语言学家罗梓田,燕京大学教授、方志学家朱士嘉等学者,起到了服务国家和学术界,普及、传播知识,提高国民素质的作用。此外,北京图书馆还编辑出版了《中文参考书举要》和《西文参考书书目》等工具书。

第三,代表国家进行国际交流,提高了我国图书馆的声誉,扩大了其影响。北京图书馆参考组成立伊始,就积极开展对外服务,1930 年《国立北平图书馆馆务报告》就说:"本馆与国际学术界之关系日益密切,国外治东方学者

---

① 教育部中国教育年鉴编审委员会. 第一次中国教育年鉴[M].上海:开明书店,1934:787 - 880.

每有咨询事项请求答复,西方人士关于中国之一般问题亦屡有咨访,由馆解答。"①同年,还被国际联盟委托为其在中国的咨询机关。国际联合会智育互助委员会是国际联盟为增加各国图书馆联系,达到资源共享目的而成立的专门机构,总部设在法国巴黎。该会于 1930 年编制出版《各国咨询机关指南》(*Guide des Services Nationaux de Renseignements:du Prêt et des Echanges Internationaux*),旨在指导各国学者利用外国图书馆的图书资源,书中共遴选收录了世界上 55 个国家的国家图书馆或大型学术图书馆的咨询机构,其中亚洲只有中国和日本两国有机构入选,并特别介绍了国立北平图书馆的参考咨询事业②。北京图书馆及其后来国立北平图书馆的参考组是当时我国图书馆界唯一的对外服务窗口,其在向国外读者传播中国文化的同时,也提高了我国图书馆界的国际声誉。

第四,北京图书馆参考机构还保存了一些我国早期图书馆参考咨询的记录。我国早期参考咨询的记录十分少见,在清华学校图书馆等图书馆的相关报告中对参考咨询也是只字未提。北京图书馆参考组自成立以来,在历年馆务报告中都对参考组的工作情况有所记载。其形成的咨询产品有些还公开出版,除《国立北平图书馆馆务报告》上记载的解答咨询外,那些没有出版的咨询产品都汇集一处,另有分类目录可以查找,能提供给读者参考。以上咨询记录和咨询产品,为分析当时的读者需求、了解当时的热点问题以及参考馆员检索情况、研究我国参考工作史都提供了极其珍贵的资料。

研究史料可知,国内最早见于文献的图书馆解答咨询工作是 1918 年京师图书馆分馆的"遇有质问,必婉词答复"。在当时,清华学校图书馆等大学图书馆尚不具备开展参考工作的条件,它和其他一些学校图书馆的参考部还只是试办性质,无论其组织结构、工作内容和管理方法都还不完善。诚然,这些单位参考工作的开展在我国参考工作史上也有其重要意义,但不得不说它们

---

① 阅览及咨询[R]//北平图书馆.国立北平图书馆馆务报告(民国十八年七月至十九年六月).北平:国立北平图书馆,1930:26 – 32.

② Guide des services nationaux de renseignements:du prêt et des echanges internationaux [M].Paris:Institut International de Coopération Intellectuelle,1930:15.

是不成熟的,并且大多只是昙花一现。因此,如果我们将 1928 年以前的我国图书馆的参考工作视为起步阶段,从文献记载看,应以 1928 年 9 月作为国家图书馆前身的北京图书馆成立参考科作为我国参考工作走向成熟的标志,因为它不仅组织架构完善,而且其工作内容和性质也开创了国内多项第一。自该参考咨询机构创办以来,就积极开展参考咨询各项业务,不仅服务于国内读者,而且还为世界各国读者服务,从未中断,可谓影响深远、意义重大。

本章追溯了图书馆参考工作在中国起源和形成的经过,并着重介绍了国家图书馆两个前身京师图书馆(国立京师图书馆)及北京图书馆(北平北海图书馆)的创设历程和阅览业务的开展。两所图书馆的解答咨询、代查参考文献和编纂专题书目等业务为我国图书馆参考工作的开展奠定了重要基础。1928 年 9 月,北京图书馆设立参考科,不仅是我国参考工作的开端,更为后来国家图书馆参考工作的开展提供了制度保障。

第二章 初步发展:1929 年—1937 年 6 月

第一章主要介绍了图书馆参考咨询工作的起源,以及 1909 年京师图书馆筹建到 1928 年 9 月北京图书馆设立参考科的曲折历程。在这一过程中,国家图书馆的两个前身——京师图书馆和北京图书馆阅览工作的开展,尤其是 1928 年 9 月北京图书馆参考科的设立,为 1929 年 8 月二馆合组为国家图书馆后参考咨询工作的蓬勃发展奠定了基础。两馆合组后,参考科改为参考组,仍隶属阅览部。从 1929 年 8 月到 1937 年 7 月抗日战争爆发前的约 8 年时间,参考组与编纂部下设的索引组一起,推动了国家图书馆参考工作的初步发展。其中 1929 年 8 月到 1931 年 4 月是国立北平图书馆和北平北海图书馆合组的过渡时期。1931 年 7 月到 1937 年 7 月是国立北平图书馆参考工作的兴盛期,在咨询服务、文献资源建设、目录索引编纂、参考工作理论研究等方面,取得了卓越的成绩。本章将从国家图书馆的合组开始,对这一时期国家图书馆参考咨询工作在机构建设和业务拓展等方面所取得的成就加以研究。

第一节 两馆合组初期的参考工作

自 1929 年 8 月国立北平图书馆和北平北海图书馆确认合组到 1931 年 4 月旧馆停办,是国家图书馆合组初期的过渡阶段,此时参考工作逐渐走上正轨。

1928 年 9 月,北京图书馆出于读者服务的需要,正式设立参考科。1928 年国民政府定都南京后,于 6 月改北京为北平,7 月国立京师图书馆更名为国立北平图书馆。与此同时,北京图书馆曾一度易名为北平图书馆;10 月,为避免混淆,北京图书馆再度更名为北平北海图书馆。1929 年 1 月 10 日,国立北平图书馆迁至中南海居仁堂第三次开馆。1929年1月17日，袁同礼正式就任北平北海图书馆馆长。1929年6月，中华教育文化基金董事会举行第五届年会，董事蒋梦麟(时任教育部部长)代表教育部提议，继续前北京教育部与该会合办国立京师图书馆之契约，重新修订履行。会议通过国立北平图书馆与北平北海图书馆合并改组为国立北平图书馆的建议，并订立了国立北平图书馆合组办法及委员会组织大纲。聘定委员，由蔡元培、袁同礼、马叙伦、陈垣、傅斯年、刘复、任鸿隽、周诒春、孙洪芬等9人组成北平图书馆委员会，陈垣为委员长，任鸿隽为副委员长。中华教育文化基金董事会决议同意蒋梦麟提出的将国立北平图书馆与北平北海图书馆合组的建议，随后教育部与中华教育文化基金董事会制订《合组国立北平图书馆办法》。1929年8月，国立北平图书馆馆长马叙伦辞职。同年8月31日，委员会奉教育部令前往国立北平图书馆和北平北海图书馆进行接收，并于当日完成两馆合组。合组后，馆名仍为国立北平图书馆，英文馆名为：National Library of Peking，由蔡元培和袁同礼任正、副馆长。

蔡元培(1868—1940)，字鹤卿、仲申、民友、孑民，浙江绍兴人。中华民国成立后，任南京、北京临时政府教育总长。1917年出任北京大学校长。1927年后，任南京国民政府大学院院长、中央研究院院长、监察院长等职。他对国立北平图书馆的建设与发展乃至我国图书馆事业的发展都做出过重要贡献，他在任大学院院长期间，署名批复将居仁堂拨给北平图书馆作为馆舍；同时，以大学院名义促请财政部将养蜂夹道迤西旧公府操场拨归北海图书馆作为新馆建筑基地，使新馆建设得以顺利进行。鉴于蔡元培的身份、地位与其在文教科学界的影响，以及对国立北平图书馆的贡献，北平图书馆委员会一致推举他为馆长(1929年8月—1940年3月)。但因蔡元培时任中央研究院院长，不常在北平，所以日常馆务由袁同礼以代理馆长的名义主持。袁同礼从此主持国立北平图书馆馆务长达二十年之久，其间仅1934年2月至12月，由于袁同礼奉教育部委派赴欧美等国考察图书馆事业，暂由孙洪芬代理副馆长，主持日常馆务。袁同礼既在美国接受了现代图书馆学教育，又长期执掌国立北平图书馆，可以说"一切组织，都是他采纳世界各国国立图书馆之长，立成方案"①,国家图书馆的业务格局和基础奠定于袁同礼主持馆务时期。此时,由于新馆尚在建设中,所以"前中海原有国立北平图书馆暂称第一馆,北平北海图书馆暂称第二馆,仍就各原馆址继续公开阅览"②,待新建筑落成再合并馆藏。

两馆在合组之前,虽然都开展了阅览等读者服务工作,但办馆理念存在较大差异,具体表现在对参考工作的态度上。国立北平图书馆(原国立京师图书馆),在1929年5月21日,教育部训令第715号核准《国立北平图书馆组织大纲》13条,规定的组织机构为馆长1人,下设总务与图书2部。总务部下分文书、庶务、会计3股;图书部下分庋藏、阅览、编订3股。其中的阅览股具体负责:关于收发图书事项;关于阅览室及研究室监察事项;关于编制阅览统计事项。丝毫未提及答复读者咨询,相对于此前1924年京师图书馆时期规定庋藏课职责中的"对于阅览人应和颜接待,恳切引导"甚至还要退步。北平北海图书馆,该馆最初由致力于建设中国图书馆学的梁启超掌管,留学英美的李四光和袁同礼襄赞。1929年袁同礼继任馆长后,该馆充分借鉴西方先进图书馆的办馆经验,在管理制度、藏书建设和读者服务等方面,较同时期的国立京师图书馆更为进步,尤其是参考咨询等方面的工作在国内图书馆界起到示范作用。北平北海图书馆的参考咨询服务内容包括到馆咨询和国内外电话、信函咨询业务,编制专题书目等。1928年9月,由于阅览室的咨询工作量不断增加,北平北海图书馆设立参考科,由二人专职负责参考咨询业务,为中国公共图书馆以专设部门、专人负责参考咨询业务的开始,并应各方面咨询编制专题书目百余种,分类陈列在馆中,供读者参考使用。1929年度北平北海图书馆统计阅览简况显示来馆阅览者达到11752人,阅览书籍67967册,至于"阅览杂志,与咨询问题者,终日不绝,无从统计"③。截至1929年6月,北平

---

① 北京图书馆业务研究委员会.北京图书馆馆史资料汇编(1909—1949)[G].北京:书目文献出版社,1992:1337.

② 国家图书馆档案,概况2.5。

③ 中华教育文化基金董事会.中华教育文化基金董事会第四次报告[R].北平:[出版者不详].1929:17.

北海图书馆已出版的书籍目录,除中英文年度报告和馆月刊、季刊之外,还有《北平北海图书馆阅览指南》(中文、英文)、《北平北海图书馆阅览室参考书目》(英文本)、《北平各图书馆所藏植物学书联合目录》(英文本)、《北平北海图书馆现藏政府出版品目录》(第一辑)及《国学论文索引》(中华图书馆协会丛书第二种)①等具有参考工具书性质的目录索引。

　　1929 年 8 月 31 日,国立北平图书馆和北平北海图书馆正式确定合组。此后,在保持和发扬两馆原有特色的基础上,开展了一系列调整和建设。1929年,教育部公布《国立北平图书馆委员会组织大纲》10 条,确定合组后的国立北平图书馆以委员会作为最高行政机构,其职权范围为:一、审议图书馆办理方针及进行计划;二、向教育部及中华教育文化基金董事会推荐馆长及副馆长人选;三、审核预算、决算;四、保管馆产;五、筹划经费;六、审定馆章;七、审查馆长推荐的职员;八、审定合同及契约;九、审议及提议其他关于图书馆的重要事项②。在馆长之上组织委员会,主持一切进行事宜,是出于避免政治干涉的考虑。此外,为了建设新馆,还曾成立建筑委员会,1931 年 6 月文津街新馆竣工后撤销。依据 1929 年 11 月 28 日教育部指令第 3066 号核准的《国立北平图书馆组织大纲》,国立北平图书馆对组织机构进行了重大调整。调整后的国立北平图书馆设馆长、副馆长各 1 人,分设 8 个部,每部设主任 1 人;各部分组办事,每组设组长 1 人,组员、书记各若干人。另设编纂委员会,负责编纂出版业务。1929 年两馆合组后,除总务部依旧,采访、阅览、编纂三部就原有采访科、图书部改组外,又于旧时之图书部分出善本书、《四库全书》及唐人写经,组织善本部;就写经室分出古地图及两馆旧藏舆图,组织舆图部;就普通书库分出各种期刊,组织期刊部。善本、舆图两部设在第一馆;期刊部则分为两处,中文在第一馆,西文在第二馆。各部主任都由具有一定造诣的学者专家担任,其中王访渔为总务部主任,徐鸿宝为采访部主任兼善本部、金石部

　　①　北平北海图书馆出版书籍目录.北平北海图书馆第三年度报告(十七年七月至十八年六月)〔R〕.北平:北平北海图书馆,1929:30.
　　②　北京图书馆业务研究委员会.北京图书馆馆史资料汇编(1909—1949)〔G〕.北京:书目文献出版社,1992:1052.

主任,刘国钧为编纂部主任兼阅览部主任,钱稻孙为舆图部主任,期刊部主任由袁同礼兼任。特别值得注意的是,阅览部设参考、阅览、庋藏三组,规定的职掌包括:关于阅览事项;关于答复咨询事项;关于图书出借事项;关于书库保存事项①。这是首次将答复咨询事项写入国立北京图书馆的组织大纲,说明国立北平图书馆对参考工作的空前重视,具有划时代意义。1930 年 2 月 1 日,教育部训令第 91 号,由教育部呈请行政院正式通过《合组国立北平图书馆办法》和《国立北平图书馆委员会组织大纲》,行政院第二三一号指令云:"呈及附件均悉。查核所拟合组办法及组织大纲尚无不合,应准备案。附件存。此令。"②至此,两馆合组工作告一段落。

根据两馆合组后的第一份《馆务报告》,1929 年 7 月至 1930 年 6 月国立北平图书馆的办馆政策,主要分购书、研究、阅览及行政四方面。其中在研究方面:

> 本馆为行政机关而非研究机关,其性质与科学研究院颇不相同,故其事业不在研究本身,而在如何供给研究者之便利。本年度中举办之事业如(一)各种索引之编制;(二)孤本书籍之翻印;(三)宋史之校勘;(四)李慈铭遗书之整理;(五)专门目录之编制;(六)北平各图书馆西文书总目录之编制等等,其宗旨均不外此。惟本馆事实上既为中国最大之图书馆,关于目录校勘、板本考订诸问题,各方面前来咨询者颇不乏人。爰就所知或研究所得,借各种出版物发表之,以供社会参考,而非本馆之主要工作也。③

这进一步明确了国立北平图书馆在收集、整理参考文献的功能定位,并

① 国家图书馆档案,档章则 2.9。
② 北京图书馆业务研究委员会.北京图书馆馆史资料汇编(1909—1949)[G].北京:书目文献出版社,1992:319 - 320.
③ 国立北平图书馆.国立北平图书馆馆务报告(民国十八年七月至十九年六月)[R].北平:国立北平图书馆,1930:5 - 6.

通过编制索引、专门目录等方式尽可能地为读者的研究工作提供方便。至于在阅览方面,则着重于对文献资料的合理利用,尤其强调了参考咨询的作用:"中国公家藏书向来注重收藏,本馆目标则注重应用,亟愿以此已有之基础供大多数人之利用。爰在阅览部内设立参考组,专备阅览公众之咨询,或代编辑书目,或为搜集材料,所以减少其翻检之时间而谋其便利,而直接间接又负指导之责者也。"①这里指出了参考组的职责在于接受咨询、代编书目、搜集资料及指导读者利用文献等方面,已经较为全面地概括了现代图书馆参考工作的内容。这说明,在合组后的国立北平图书馆,参考工作走上了正轨,并具备进一步快速发展的条件。

在此基础上,国立北平图书馆的参考工作日益发展。因国内外来函咨询、读者到馆咨询或者委托代编书目的业务渐为繁重,1929 年开始在阅览部之下设参考组,特别重视对图书馆参考服务极有助益的各种专题书目编制。这些代编书目或简目都留存一份,与历年咨询答复的资料汇集一处,并进行了分类编目,所以虽然没有刊印,也可供读者参考。到 1930 年国立北平图书馆更明确说明答复国内外来函咨询或请求代编书目是参考组的主要工作。据馆务报告记载,1929 和 1930 两个年度,不包括一般口头或信件答复的简单问题,仅应各方要求代编的"需时较久,为用较宏"的专题书目就达 35 种。包括:

①关于玉之中西文书目;

②关于马来之中西文书目;

③中国关于针灸之书目;

④一九二五至一九二八年出版之英文教育学书目;

⑤关于法国文学之书目;

⑥关于满洲之中英文书目;

⑦关于蒙古之中英文书目;

---

① 国立北平图书馆.国立北平图书馆馆务报告(民国十八年七月至十九年六月)[R].北平:国立北平图书馆,1930:5 – 6.

⑧关于中国美术史之书目（特注重建筑学）；

⑨关于西藏之中英文书目；

⑩关于北平之中英文书目；

⑪中诗西译要目；

⑫儿童教育之中文书目；

⑬古兵书集目；

⑭近代名剧选目；

⑮国际联盟卫生部出版品集目；

⑯关于生物学及植物学之西文书目；

⑰关于东方宗教及民俗之西文书目；

⑱关于工业标准书籍书目；

⑲关于馆藏法文东方学书书目；

⑳关于中文心理书及杂志论文简目；

㉑关于沟通东西文化书籍书目；

㉒关于青岛沿革之书目；

㉓关于莎士比亚著作总目；

㉔关于莎士比亚著作译品总目；

㉕关于中国古铜镜书籍书目；

㉖关于述鼻烟书籍简目；

㉗关于英文法学书目；

㉘关于中国关税会议论文集目；

㉙关于中国小说西译书目；

㉚关于中国戏曲西译书目；

㉛关于各国音乐杂志名称简目；

㉜关于物理学杂志名称简目；

㉝关于图书馆学书籍书目；

㉞关于气象学书籍书目；

㉟关于 H. G. Gibbons. George Elliot Smith 诸人著作简目。①②

这些书目涉及中外人文和自然科学的方方面面,其中更有大量外文文献目录,充分体现出新成立参考组工作人员的专业素养和国际视野。

合组后的最初两年里,国立北平图书馆十分重视出版馆内编制的各种目录、索引,续编或新编了多种联合目录,其中包括《国学论文索引》(续编)、《国立北平图书馆展览会目录》(1929 年、1930 年)、《国立北平图书馆阅览室参考书目录》(英文本)、《文学论文索引》、《清代名人传记索引》、《清代文集索引》、《丹珠经藏文索引》、《丹珠经梵文索引》、《满蒙姓氏部落及方舆全览》的满文及汉文两种索引以及原北海图书馆编辑的一些书目、索引等。《国学论文索引》出版广告云:"得此索引,则散在数万册杂志内之三千余篇国学论文,可因性质以求类,因类以求篇,因篇以求杂志之卷数号数,因卷数号数以求之杂志,无不得也。无此书以前,数万册之杂志,几成废物;自有此书以后,持此钥匙,则数万册之杂志,人人可得利用也。"③可见索引编制的初衷是为学术研究提供方便。自 1930 年 1 月起,国立北平图书馆每两个月出版《新增西文书目录》1 册,以向读者说明该馆西文书入藏状况④。另外,1929 年 10 月,国立北平图书馆启动北平各图书馆馆藏西文书籍联合目录编制工作,由国立北平研究院提供经费补助,西文编目组负责编辑,费时一年半告成。目录收录北平 29 家图书馆及学术机关所藏西文书籍(含西文期刊)10 万余种⑤,著录项目有著者、书名、出版年月及收藏单位等。这一时期,国立北平图书馆还与北

① 国立北平图书馆. 国立北平图书馆馆务报告(民国十八年七月至十九年六月)[R]. 北平:国立北平图书馆,1930:35 – 37.

② 国立北平图书馆. 国立北平图书馆馆务报告(民国十九年七月至二十年六月)[R]. 北平:国立北平图书馆,1931:35 – 37.

③ 广告[J]. 国立北平图书馆馆刊,1929,4(1):广告页.

④ 国立北平图书馆出版新增西文书目录启事[J]. 中华图书馆协会会报,1930,5(4):33.

⑤ 国立北平图书馆. 国立北平图书馆馆务报告(民国十九年七月至二十年六月)[R]. 北平:国立北平图书馆,1931:29.

平图书馆协会联合出版了《北平各图书馆所藏期刊联合目录》《北平各图书馆所藏丛书联合目录》等,较好地发挥了国立北平图书馆书目中心的作用。众多联合目录的编制出版,使得分藏于北平各图书馆的文献得以为人所知,为图书馆间及图书馆与读者间的资源共享提供了方便,也有助于借阅、参考等业务的开展。

除了在办馆理念和组织结构上对参考工作的认可以及编制专题目录和索引等相关工作的开展外,国立北平图书馆的阅览和展览等读者服务业务也取得了良好的社会效果。首先从合组后 1929 年 8 月到 1931 年 4 月的阅览情况可以看出,当时国立北平图书馆第一馆阅览室在中海居仁堂西院之增福堂,可容 60 人,后殿来福堂为研究室,可容 30 人,专为从事研究者而设。第二馆阅览室在北海悦心殿,可容 40 人。西文杂志 5 架,容杂志 360 种。两壁列字典、辞书、年鉴及各种参考用书,约 1300 册①。1929 至 1930 年度阅览服务方面也取得了较大进步。1930 年 1 月,阅览章程经委员会审查通过,施行顺利,得到了读者肯定,至 1930 年 6 月,请领善本阅览券者已有 40 余人,随后又加设善本一次阅览券,以供临时检阅书籍之用。至于普通阅览室,因为取消了对阅览人的限制,阅览人数增加到了 52000 人。1930 年 2 月开始准许外借新版书籍及通俗读物,到 1930 年 6 月已有 500 余人获得借书权②。从 1930 年 7 月到 1931 年 4 月 29 日旧馆停止阅览的 10 个月时间里,阅览人数达 36294 人,阅书册数共 98306 册,馆藏书籍寄存或长期借阅于各学术机关的还不在统计之内③。合组后的前两年里,国立北平图书馆仍分两馆在原址开馆阅览,虽然馆舍条件如前,但开放的阅览理念,使读者人数大增,读者服务已从单一的阅览,延伸到开展外借服务、复制服务、阅览推广、参考咨询、馆际合作等,无论其内涵和外延,都得到不断深入和发展。根据读者的回忆,这时国立北平

---

① 国立北平图书馆概况[M].北平:国立北平图书馆,1929:19.
② 国立北平图书馆.国立北平图书馆馆务报告(民国十八年七月至十九年六月)[R].北平:国立北平图书馆,1930:37.
③ 国立北平图书馆.国立北平图书馆馆务报告(民国十九年七月至二十年六月)[R].北平:国立北平图书馆,1931:35.

图书馆的阅览制度确实产生了积极的社会影响，徐铸成《旧闻杂忆》中就有这样的记载：

> 1930年前后，平馆等图书馆制定便利学生阅览制度。这些学生所以能在短短的四年内研究出成果，另一个关键在于北京的图书馆藏书较多，而且有一套便利学生的制度。北京图书馆和北大图书馆，当时在全国是藏书最多的，还收藏不少珍本、善本乃至孤本……北京图书馆和松坡图书馆都有一个代办伙食的办法。清晨开馆时，去看书的只要先在门房里登记，付两毛钱，中午就可以去食堂吃饭。这样，看书的人可以整天安心读书，埋头钻研；同时，除善本书外，一般是开架的，只要出示教员或学生证，可以进书库自行翻阅选借。对于经常去的读者，借书可不限本数，善本也可借至阅览室阅览。有这样好的条件，有些大学生就在某一教授的启发和指导下，一头钻进图书馆，穷年累月，深入钻研，其中有不少人就研究出成绩，甚至逐渐成为某一学科的专家了。①

此外，合组后的国立北平图书馆还以举办图书展览会的形式，宣传推介馆藏，受到读者的欢迎。第一次为1929年10月10日至13日在居仁堂举办的为期四天的图书展览会，展览书籍分为唐及唐以前写本，宋金元明清各代的刻本和钞本、稿本、批校本，满蒙回藏文书籍，方志，词曲小说，清禁书，古器物拓本，舆图等17部。开幕当天，学者名流会聚一堂，参观者达2500多人，盛况空前。由此拉开国立北平图书馆自办展览的序幕，并在以后每年的10月10日，定期举办图书展览。1929年12月7日，国立北平图书馆举办西夏文书及佛像展览会，展览新购入的西夏文书，又选列各项善本书籍及唐人写经，邀请学术界政界名流及新闻记者约200余人参观。1930年再次举办"双十节"图书展览会，展览近两年来采访所得善本书籍605种，包括清代禁书，元刻河

---

① 徐铸成.旧闻杂忆[M].沈阳:辽宁教育出版社,2000:52-53.

西字经卷,明刻词曲小说及其他明版珍本(内有天一阁藏书多种),四库未收书以及雷氏家藏圆明园、三海、普陀峪陵工等处建筑模型若干件。开展的三日间中外人士到会参观者有 3000 到 4000 人。两年间,国立北平图书馆在正常开馆和筹备搬迁工作异常繁忙的情况下,仍举办了三次展览会,既让更多读者能够了解和利用图书馆藏书,也取得了举办展览的经验。

图书馆作为公众服务的场所,对其建筑有一定的特殊要求,以发挥独特功能。在京师图书馆在成立的 20 余年间,一直为馆舍问题所困扰,其功能也一直得不到完全发挥。所以自有重组的意见以来,馆舍的选址和建设工作就一直成为该馆各项日程之首。在近四年的过程中,虽合组计划一度中断,但新馆建设工作却没有停止。中华教育文化基金董事会与教育部商定契约之初,即选定北海公园西南墙外御马圈空地约 40 亩与养蜂夹道迤西的公府操场约三十亩为建筑馆舍用地。地为官署,本可无偿拨用,但因作为军用操场,不得已仍由董事会拨款二万元给陆军部,1926 年 3 月才最终达成协议。北海之畔的新馆设计采用国际竞标的方式,提交的作品密封后交由美国建筑学会组织的专家组提出评审意见。最终,丹麦人莫律兰的方案入选。1928 年 9 月 17日举行破土礼,1929 年 5 月 11 日举行奠基礼。1929 年北平、北海两馆合组时,新馆建筑已经开工建设,以使"本馆事业继续发展,俾物质上之设置与学术上之贡献争荣并茂,庶几为国家建设之一助①"。1931 年 6 月,国立北平图书馆新馆落成,建筑采用中国宫殿式,仿文渊阁外形,呈工字形。全部房顶为绿色玻璃瓦,门窗及内部油饰采用中国式。室内则按照现代图书馆的需要设计,从正门而入是通室,两旁是寄存衣物室,通室后面左为图书陈列室,右为杂志阅览室,两室之南是走廊,左为馆长办公室,右为会议室,两头则为善本阅览室、四库阅览室。下层前部为新闻阅览室、中华图书馆协会事务所储藏室和新闻、杂志、地图、美术等书库,以及电话总机室、庶务室、会计室、采访科办公室等。第二层有可容二百人的大阅览室,其后为书库四层。新馆门前街道也因馆藏文津阁版《四库全书》而得名文津街。后经当局批准,圆明园旧存

① 国立北平图书馆. 国立北平图书馆馆务报告(民国十八年七月至十九年六月)[R].北平:国立北平图书馆,1930:9.

的雕花望柱及石狮各一对、乾隆御笔石碑、文源阁四库全书石碑等文物移存于新馆院内,与古色古香的建筑相得益彰。新馆的建成结束了自京师图书馆成立以来20余年没有专用馆舍的历史。此后,国立北平图书馆的书库容量大幅增加,文献安全得以保障,接待读者能力也大大提高。

1931年7月1日,国立北平图书馆正式对外开放,是当时国内乃至东亚规模最大、最先进的图书馆。包括各国驻华公使及国内外学术机关代表在内的2000余名中外人士参加了开馆仪式。蔡元培馆长专程从上海赶到北平主持开馆典礼。蔡元培撰文、钱玄同书写了"国立北平图书馆记"碑,其上记载了馆史,并对图书馆的未来寄予厚望。"自兹以往,集两馆宏富之搜罗,鉴各国悠久之经验,逐渐进行,积久弥光,则所以便利学术研究而贡献于文化前途者,庸有既夫!"国立北平图书馆作为民国时期最早建立的国立图书馆(继而开始筹备的是国立中央图书馆,但该馆一直到1940年8月才在重庆宣布正式成立),充分发挥了国立图书馆的榜样和领导作用,在搜集与保存文化典籍、服务社会教育、推动全国图书馆事业发展等方面做出积极的贡献。国立北平图书馆采用从欧美以及苏联引进的较为先进的管理方式,聘用了大批专业的高水平馆员,先后在馆任职的刘节、王庸、梁思庄、孙楷第、谭其骧、吴光清等,后来成为著名的历史学家、地理学家、图书馆学家、文学家,为中国多个学科的发展奠定了基础。由此可见,20世纪30年代的北平图书馆专家云集,不仅提供学术服务,还是一个著名的学术研究机构。

1929年国立北平图书馆与北平北海图书馆的合组,在国家图书馆历史上有着重要意义,除了得到中华教育文化基金董事会提供的经费保障外,还解决了长期制约图书馆发展的馆舍问题,并为图书馆注入了新的发展理念。从1929年8月确定合组到1931年4月旧馆停办,国立北平图书馆在不足两年的过渡期内,完成了一系列重大举措,包括将参考组确立为阅览服务中的固定机构,将答复咨询事项明确写入图书馆《组织大纲》,进一步明确了参考组在接受咨询、代编书目、收集整理参考文献及指导读者利用资料的功能定位,并应读者需要,编制了数十种关于重要问题的专题书目、索引及联合目录,在阅览和展览等读者服务业务上取得了良好的社会效果。合组的顺利完成,标志着国家图书馆参考工作走上正轨,并为全面业务拓展做了充分准备。

第二节　参考工作开创时期的国际影响

合组后的国立北平图书馆十分注意对外宣传推广工作,其中最引人注目的成就当属在 1930 年被国际联合会智育互助委员会委托为中国咨询机关。

由于接受美国退还庚款的资助,国立北平图书馆委员会每年向教育部及中华教育文化基金董事会提交的工作报告,均分中、英文两个文本,其出版物也注意中英文并重,有的还专门出版英文版,如英文书目和季刊等,以便国际社会了解国立北平图书馆的业务情况,为国外学者的学术研究提供帮助,此举不仅深受中外学术界的欢迎,也帮助国立北平图书馆提升了国际地位。国立北平图书馆与国际学术界的合作日益密切,其代表性成果主要有编辑国际官书总目录和国际现代出版物目录总目。前者是由美国历史学会、美国学会联合会及美国中央研究院于 1928 年共同组织的委员会负责,专门收集编辑各国政府机关出版的期刊书目《各国官方连续性出版物目录》(*List of Serial Publications of Foreign Governments*),其中中国部分委托国立北平图书馆代为编辑,并于 1930 年出版。后者则是国际联合会智育互助委员会目录委员会为方便参考而编辑的介绍各国出版关于科学或专门问题的书目总目《总目索引:国际当代参考文献目录》(*Index bibliograpicus:repertoire internationale des sources de bibliographie courante*),并于 1925 年出版,但书中遗漏颇多,故委托国立北平图书馆代为完成中国部分的编辑增补。为了解国外有关学术动态,加强与外界的沟通联系,国立北平图书馆还于 1929 年度聘请国内外一些著名学者为国外特约通讯员,这些人士包括英国的叶慈(Walter Perceval Yetts),美国的劳佛(Bethold Laufer)、斯永高(Walter Temyson Swingle),法国的伯希和(Paul Pelliot),俄国的阿理克(Vassi Li M. Alexeiev),日本的长泽规矩也以及旅德中国学者王光祈,旅法中国学者张凤举等。

在开展一系列国际合作和交流活动的过程中,国立北平图书馆在编制专题

参考目录等方面的业务素质得到了国际图书馆界的认可。1930 年 6 月出版的
《国立北平图书馆馆务报告》就说："本馆与国际学术界之关系日益密切，国外治
东方学者每有咨询事项请求答复，西方人士关于中国之一般问题亦屡有咨访，
由馆解答。"这说明北平图书馆参考组的国际影响力与日俱增。同年，国立北平
图书馆还被国际联合会智育互助委员会委托为中国咨询机关。在其年的馆务
报告中对此事有如下记载："国际联合会智育互助委员会为联络各国图书馆事
业起见，曾议决每国应设一咨询机关以指导学者对于专门书藏之利用为宗旨。
而各国咨询机关又应互相联络俾各国人士可以互相利用其他各国书藏。总期
图书馆用途日益扩大。籍亦便利世界学者。该委员会以本馆为中国最大之图
书馆，当委托本馆为中国咨询机关，对于其他各国学术上之咨询有答复之义务，
该会近复刊印《各国咨询机关指南》(*Guide des Sources nationaux de renseigne-
ments du pret*)，在该书第十五页内并述本馆之概况及其事业焉。"

　　国际联合会智育互助委员会是国际联合会为增加各国图书馆联系以达到
资源共享目的而成立的专门机构，总部设在法国巴黎。1928 年起该会开始编制
《各国咨询机关指南》，旨在指导各国学者利用外国图书馆的图书资源，法文版
《各国咨询机关指南》出版于 1930 年，该书前言中说："本指南中收入的咨询机
构是智育互助委员会委员从各国大型图书馆中遴选的。"书中共收录了世界上
55 个国家的国家图书馆或大型学术图书馆，其中亚洲只有中国和日本两国有图
书馆入选，在该书第 15 页介绍了国立北平图书馆的参考咨询事业。北京图书馆
及其后国立北平图书馆的参考组是当时我国图书馆界唯一开展对外服务的窗
口，在对外国读者的服务和传播中国文化的同时，也提高了我国图书馆的声誉。
国立北平图书馆受国际联合会智育互助委员会委托作为中国咨询机关，有答复
其他各国学术咨询的义务，既扩大图书馆的用途和影响，为世界学者提供更多
便利，又充分说明该委员会对国立北平图书馆参考工作的认可。

　　在此基础上，国立北平图书馆与世界各国图书馆交流活跃，其馆务发展
受到各国人士的密切关注，多国驻华使馆都对其事业建设提供过赞助，各国
驻华公使与使馆官员先后莅馆参观，或捐赠书籍，或介绍本国学者前来开展
研究工作。同时，国立北平图书馆也积极开展国际交流，其中包括交换图书

和馆员，与国际学术界就中国学等问题进行广泛的研究与合作等。1930 年，国立北平图书馆与美国哥伦比亚大学签订协议，每两年派馆员一人赴美服务学习。根据协议，当年 9 月即派西文编目组组长严文郁前往美国作为交换馆员，开与国外单位交换馆员之先河，成为当时国内图书馆界的创举。1929 年至 1937 年 6 月间，国立北平图书馆曾先后向哥伦比亚大学图书馆派去严文郁、汪长炳、岳良木、曾宪之等馆员进行学术交流，并派李芳馥去留学。1932 年 10 月至 1933 年 10 月派严文郁至普鲁士国立图书馆服务一年，同时接收对方馆员西门华（Ernst Julius Walter Simon）博士来国立北平图书馆服务。1934 年秋派王重民赴法国国立图书馆写本部服务，同时接收对方馆员杜乃扬（Marie-Roberte Dolléans）女士来国立北平图书馆服务。交换馆员制度的实施，既是国立北平图书馆为培养人才采取的重要举措，也是促进国际文化交流、传播文化的积极行动。通过交换馆员，使国外了解中国和中国图书馆的情况，也使国立北平图书馆与国外图书馆界学术界建立了良好的关系；同时，也可以学习和借鉴国外图书馆先进的办馆经验，开辟了提高图书馆业务建设水平的新途径。交换馆员还负有一个重要任务，就是查访和揭示流失海外的中国文献。一些国外图书馆收藏有中国珍籍，交换馆员通过编目、拍摄、抄录等办法，揭示当地散佚珍籍的分布、存佚状况，使国内外学者能够研究和利用。国立北平图书馆在 1934 年派往英国和法国的馆员向达和王重民所编纂的《伦敦所藏敦煌卷子经眼录》《巴黎伦敦所藏敦煌残卷叙录》等，对于揭示流散海外的敦煌典籍颇有价值。根据查访情况国立北平图书馆拍摄回《永乐大典》、敦煌卷子、太平天国史料等一批珍贵文献。

第三节　参考工作的机构建设

在 1929 年 8 月到 1931 年 4 月的过渡期内，国立北平图书馆确立了参考组为阅览服务的固定机构，进一步明确了参考组在接受咨询、代编书目、收集整理参考文献及指导读者利用资料等方面的功能定位，并初步开展了相关业务,更接受国际联合会智育互助委员会的委托作为中国咨询机关,这为国家图书馆参考咨询事业的进一步发展奠定了基础。1931 年 7 月,国立北平图书馆文津街新馆正式开馆,这标志着两馆合组的圆满完成,国家图书馆参考工作走上正轨,并开始建设咨询工作的新机构,其中具代表性的就是参考咨询台、工程参考阅览室及俄文、远东、满蒙文研究室。

一、设立中国最早的参考咨询台

国立北平图书馆合组伊始,就确立了阅览部下设参考组,负责参考工作。1934 年,在大阅览室增设咨询台,由参考馆员担当咨询服务。国立北平图书馆作为国内首个将参考咨询台定为常设读者服务网点的图书馆,一方面象征中国图书馆事业在现代化和国际化上的进步,另一方面也为参考咨询扩大影响、更好地服务于读者创造了条件。

该机构的设立可以追溯到新馆开馆的第一年,根据 1931 年 7 月到 1932 年 6 月的《工作报告》,当时即设立参考书部,提供不外借的字典等参考工具书供读者阅览参考。1934 年,国立北平图书馆首次开设咨询台,据该年度《国立北平图书馆馆务报告》记载:"本年为来馆阅览人士之便利及指导读书、使用目录与随时答复口头之咨询起见,特设咨询处于出纳柜,由参考组员专任其事。成立半年,阅者颇称其便利。"可见,此时参考组在出纳柜设立咨询台的主要动机就是方便读者阅览,并在使用目录、工具书和回复简单咨询等方面提供及时的协助,这拉近了参考工作和读者的距离,加强了对读者的实际帮助。

此后几年,咨询台的工作收到了良好效果。1935 年 6 月《馆务报告》参考工作时记载"设咨询处,由参考组员专任其事",1936 年 6 月出版的《馆务报告》则说"参考咨询事件逐日增多"。参考组的主要事务分为咨询和编纂两项,其中咨询的第一条就是"复阅览者口头之咨询及一切简单问题。"1937 年 6 月的《馆务报告》也在参考咨询中将"答复口头咨询"作为第一项内容。可见,咨询台自设立以来,就成为国家图书馆参考工作的一面旗帜,无形中加强了社会公众对参考工作的了解,使参考工作的社会价值得到了进一步发挥。

二、设立工程参考阅览室

1934 年,国立北平图书馆为提倡工程学术研究,设立工程参考阅览室。同年 2 月,国立北平图书馆与中国工程师学会、中美工程师协会合作,取国立北平图书馆旧藏及两学会藏工程书 2000 余种,并制定阅览规则,3 月 1 日开始提供阅览服务。馆方制定了《工程参考阅览室暂行规则》,规定除例行假日外,该室阅览时间为每天下午 2 点至 6 点,晚上 7 点至 9 点半。前来阅览的读者须先来函申请,或由相关学会来函介绍,由馆方审核后,发给工程参考室阅览证,阅览证期限为 1 年,到期可继续申请①。工程参考阅览室建立之后,陆续购入、受赠大量工程书籍。1934 年 3 月,中国工程师学会、中国水利工程学会、中美工程师协会、河北省工程师协会、中国营造学会联合向社会发出征集函,为工程参考阅览室征集图书刊物。不久,便有任职于国防设计委员会的工程专家赵世暹将 136 册工程图书寄存工程参考阅览室。

1934 年辟专室开设工程参考阅览室之后,国立北平图书馆得到大量海内外寄赠书籍,同时阅览读者也日益增加,渐觉地方狭小,不敷使用。1935 年 4 月,国立北平图书馆扩充工程参考阅览室,采用开架方式庋藏书籍,并改革阅览方式,取消阅览证。同年,为配合中美工程师协会在馆内召开年会,国立北平图书馆举办现代工业展览会,展览我国工程建设概况、资源调查统计图表等资料。该展览展期 10 天,前后共有 3000 余人参观。1936 年 9 月,因国家经济建设需要,以及便利工程界人士使用,该室迁至南京市珠江路 942 号地质调查所图书馆内,定名工程参考图书馆,成为国立北平图书馆附属事业之一,馆内藏书籍杂志主要有六种:①工程参考书;②普通工程书;③工程期刊;④工程小册;⑤工程公司出品目录;⑥工程照片②。工程参考图书馆的主要工作包括阅览咨询,代搜寻资料、编辑各项工程论文索引和举办展览等。

1937 年,索引组所编《铁路工程论文索引》由南京工程参考图书馆出版。

---

① 国家图书馆档案,档章则 2。
② 国立北平图书馆. 国立北平图书馆馆务报告(民国二十五年七月至二十六年六月)[R]. 北平:国立北平图书馆,1937:24.

该索引著录 1912 年 10 月至 1936 年 12 月之间 80 余种期刊中有关铁路工程技术（包括工务、机务、车务、厂务等）的论文，书末附有著者索引。矿冶工程、电气工程部分也在编辑中。同年还出版《工程参考图书馆概况》一书。

工程参考阅览室的设立开创了国家图书馆设立专题阅览室的先河，为国家经济建设、工程技术的发展提供了文献保障及支撑，与中外多个工程界学术机构的合作，也体现了参考工作有效服务社会的示范作用。

三、设立俄文、远东、满蒙文研究室

中国近代以来与周边国家的关系错综复杂，尤其是与日本、俄国在远东地区的领土纠葛不断。长期以来，俄国对中国政局影响深远。北洋政府时期，1913 年的《中俄声明》和 1915 年的《中俄蒙协约》，反映出俄国威胁中国领土主权的企图，至于日本，1906 年在中国就设立了殖民机构——南满洲铁道株式会社（简称"满铁"），1931 年发动"九一八"事变，1932 年又扶持逊帝溥仪成立了伪满洲国。与这两个邻国的政治纠缠牵扯到复杂的历史问题，这些当时学者普遍关注的问题，亟须大量相关参考文献支撑。

早在文津街新馆开设初期，1932 年国立北平图书馆出版的《馆务报告》中就有"满蒙问题及中日关系书籍陈列在大阅览室，供人自由取阅"。同时，为研究者设立专门阅览室，供学术研究。1931—1932 年度使用者共 13 人，其中东北大学萧纯锦、国际问题研究会徐敦璋、日本研究社陈乐素和洪美英等 4 人都是专门研究东北问题的学者。可见，设立专门的参考阅览机构有深厚的读者基础。

随后，在 1934 年 7 月到 1935 年 6 月期间，国立北平图书馆在中南海增福堂增设俄文阅览室。此后 1936 年又因善本书籍南迁，在原善本四库阅览室的基础上改设远东研究室，将关于远东问题的西文、日文书悉数集中于一处，为研究参考者提供便利。同年 3 月，俄文阅览室并入，在远东研究室下设立苏俄研究室。4 月，在原写经书库的基础上改设满蒙文研究室，将馆藏满蒙文书籍集于一室，以供学者参考。相关阅览室的设立，既满足了读者做研究时的参考需要，也展现出在国家危难之际，国家图书馆参考工作者的民族责任意识

和文化使命担当。

1931 年,国立北平图书馆迁入文津街新馆,参考工作走上正轨,新设立了参考咨询台、工程参考阅览室及俄文、远东、满蒙文研究室等参考工作的新机构。这些机构的设立,反映出国家图书馆参考咨询工作在现代化进程中,始终以满足读者和研究者的实际需要为出发点,紧贴时代,最大限度地发挥了参考文献和咨询工作的社会价值,并为国家图书馆参考咨询业务的全面拓展做出了充分准备。

第四节　参考工作的业务拓展

自 1931 年 7 月迁入新馆以来,国立北平图书馆在资金和空间方面得到了保障,扩大了馆舍面积,设立了从事参考工作的专门机构,相关业务发展迅速。这一时期的参考咨询业务除了上文提到的以口头或函件的形式回答简单咨询之外,还在传统的专题书目和参考文献索引编制基础上,开展了关于边疆问题的决策咨询、剪报、专门咨询答复、参考咨询理论研究等参考工作。这一时期,参考组提供服务的对象有各种国际组织、政府机构、学术团体、教育机构及社会各界人士,咨询内容涵盖政治、财经、教育、文学、艺术、历史、军事、工业技术的各个方面。

一、边疆问题决策咨询服务

随着我国近代以来国际地位的下降,边疆问题日趋严重。这一时期,国立北平图书馆参考组受国民政府参谋本部、国防设计委员会及外交部委托,承接了以《中国边疆史籍录》及南沙群岛地图为代表的咨询任务,这是我国图书馆提供决策咨询服务的开端。

1931 年"九一八"事件后,边疆形势日趋紧张,这一问题直接体现在 1933 年 6 月出版的《国立北平图书馆馆务报告》中。该《报告》记载"答复之件须时最久者,以参谋本部及国防设计委员会委托调查关于边疆图书目录为最。"

《中国边务图籍录》收录东北、蒙古、新疆、西藏、西康、西北、云南、苗瑶及海防等资料;由新调入参考组的邓衍林负责,此外该年度还有《"九一八"以来关于东北问题之中西文书籍及论文目录》《研究西北问题之中文新书及杂志目录》《研究云南之中西文目录》《威海卫问题书籍及论文简目》《热河避暑山庄史料目录》等,都是配合当时的政治形势的咨询①。1936—1937 年度,《中国边疆图籍录》已经搜集到关于东北、蒙古、新疆、西藏、云南、广西及海防之中文书籍及舆图约 10000 种,依地依时为次,编纂完成,后该咨询以《中国边疆史籍录》名出版。同时该年又开始编纂其他关于中国边疆问题的西文书籍目录,已得到 3000 余种,另外还有《新疆书目解题》,已收集到中文 1300 余种,西文1600 余种②。

国立北平图书馆在边疆问题上的参考咨询服务得到社会各界认可,其标志是,1933 年时任国民政府外交部部长罗文干曾亲自致函袁同礼,感谢国立北平图书馆为外交部提供南沙群岛地图等资料,作为政府维护领土主权的参考③。8 月,袁同礼致函罗文干,送南沙群岛地图,并有信函,主要内容如下:

> 前在京匆匆一晤,未及畅聆教言,至为怅怅。日昨,由青岛返平,藉悉贵部正从事研究珊瑚九岛问题,兹检阅英国陆军部近印《马来群岛地图》,在各小岛名称上足资证明珊瑚九岛为中国领土,位在西沙群岛(拔拉色尔群岛)之东南相距七、八百公里。报载海军部断定法人所占者,为西沙群岛,当系该部错误,爰将该图寄上一份,即希台阅,存部以供参考为荷。窃念西沙群岛向由崖县管辖,其存储之磷矿(此种矿系远古鸟粪所成,西人称之为 Guama,其内含磷质 phoaphnto 化合物甚夥,足供农业肥料之用),于将来发展我国农、工

①　国立北平图书馆. 国立北平图书馆馆务报告(民国二十一年七月至二十二年六月)[R]. 北平:国立北平图书馆,1933:28 - 32.

②　国立北平图书馆. 国立北平图书馆馆务报告(民国二十五年七月至二十六年六月)[R]. 北平:国立北平图书馆,1937:12 - 13.

③　北京图书馆业务研究委员会. 北京图书馆史资料汇编(1909—1949)[G]. 北京:书目文献出版社,1992:381 - 383.

业关系颇大。政府似应予以充分注意,将主权向归我有一层早日宣示中外,免日人之觊觎。管窥之见,是否得当,尚希均裁是幸。

罗文干写给袁同礼复信如下:

接奉手书,诵悉壹是。承示九岛情形,至为详尽。实深感佩,并蒙惠赐地图一帧,尤足以资本部之参考。专此奉复,敬布谢忱。

由相关信件可知,此时以袁同礼为代表的图书馆人,密切关注时局发展,尤其对涉及边疆领土的问题展现出相当的敏感性,充分利用图书馆的文献资源优势,发挥参考咨询特长,尽己所能为国家外交政策提供参考协助。

这一事例与国立北平图书馆参考组 1932—1933 年度开始的边疆史中外文献编目工作一起,为政府维护国家领土主权完整起到辅助作用,可以说是我国图书馆决策咨询的开端。

二、剪报业务

参考组对时事的关注和对相关文献的搜集,也体现在剪报业务的开展上。从 1934 年 7 月到 1935 年 6 月这一时期,参考组开始建设自己的资料库。在 1936 年 6 月出版的《国立北平图书馆工作报告》中,记载了参考组的剪报业务:"本国日报关于重要问题之记载每日予以裁剪分类排列。"①也即从 1935 年起,参考组每天裁剪国内日报中关于重要问题的记载,分类排列,形成系统,这为更好地答复社会各界关于时政问题的咨询做出文献储备。

三、专门咨询答复及书目编纂

这一时期的国立北平图书馆继承了早期京师图书馆北京图书馆、北平北海图书馆的读者服务传统,继续提供专题咨询及书目编辑服务,并呈现出专

---

① 国立北平图书馆. 国立北平图书馆馆务报告(民国二十四年七月至二十五年六月)[R]. 北平:国立北平图书馆,1936:14 – 21.

业化特点。

参考咨询业务的蓬勃发展首先建立在读者人数激增的基础之上,在两馆合组之初的 1929—1930 年度,阅览人数只有 52000 余人,而到 1936—1937 年度,阅览人数已达 4977018 人,增长了约 100 倍。此时借阅、馆际互借等业务也在加速发展,参考工作与读者需求的结合更为密切。

这首先表现在对普通读者的参考咨询服务上,在 1931—1932 年度的《国立北平图书馆馆务报告》中,就提到了读者阅览咨询服务,其中包括对普通阅览对象进行指导,既重视普及,更重视提高,如编印《读书月刊》、新书介绍等。随后 1932 年 7 月至 1933 年 6 月,因时局变化,阅览人略微减少。紧接着在 1934 年,国立北平图书馆就在阅览室设立了国内第一个参考咨询台,面向普通读者的咨询服务得到了空前发展。

另一方面,国立北平图书馆自 1929 年合组并确立参考组建制之后,与众多专业团体开展了合作,使专业优势得到了更好地发挥。如 1931 到 1932 年度,参考组即为国际联合会调查委员会、国际联合会调查委员会中国代表处、东北外交研究会、河北省通志馆、社会调查所、静生生物调查所、中国大辞典编纂处、中央研究院历史语言研究所、北平研究院、中华教育文化基金董事会编译委员会、中国营造学社、沪江大学、浙江大学、厦门大学、华中大学、福州协和大学、中国科学社、南开大学、中法工商学院、金陵大学、中央大学、青岛大学、国立清华大学、国立北京大学等 20 余所院校和机构提供研究资料。其时,国内外来函咨询及委托代编专门问题之书目也更加频繁,其中比较重要的有:

①关于黑格尔 (Hegel)、歌德 (Goethe)、小泉八云 (Lafcadio Hearn)、杜威 (Melvil Dewey) 的著作书目;

②关于满洲问题书目;

③关于苏俄书目;

④关于苏俄在中国活动论文集目;

⑤关于商业财政银行书目;

⑥关于黄河书目；

⑦关于中国天文学书目；

⑧关于中国现代教育书目；

⑨关于市政书目；

⑩关于中国戏曲书目；

⑪关于中国建筑学书目；

⑫关于中国植物农学林学书目；

⑬关于国际法庭记载之中文论文集目；

⑭华书英译简目；

⑮德译中国经书简目；

⑯关于中国新闻纸论文简目；

⑰关于中国书编目论文简目；

⑱关于中国人口问题目录；

⑲关于西安景教碑论文简目；

⑳关于中国统计事业刊物简目；

㉑关于土木电气机械工程简目；

㉒关于服饰书目；

㉓关于希腊神话书目；

㉔关于国债问题书目；

㉕关于洋灰制造之论文书目；

㉖关于航空海陆军科学之杂志简目；

㉗关于体育书籍书目；

㉘关于华译会计名辞之论文简目；

㉙关于编制中日鲜满蒙藏文目录之论文简目；

㉚关于乾隆小传之目录；

㉛关于中国房顶之建筑书目。①

---

① 国立北平图书馆.国立北平图书馆馆务报告(民国二十年七月至二十一年六月)[R].北平:国立北平图书馆,1932:27－32.

到 1932 至 1933 年度,专题咨询业务更加繁忙,各处函请代调查、代编目 60 余起,除了前面提及参谋本部及国防设计委员会委托调查的边疆图书目录 之外,主要的参考咨询还有:

①世界各国主要图书馆调查录;

②研究现代中国图书馆运动史料目录;

③关于中文书籍编目论文索引;

④国内出版之外国文杂志总录;

⑤国内之出版界杂志目录;

⑥中文参考书举要(编辑中);

⑦民国二十一年来出版之法律书目;

⑧中国星象学书目;

⑨西译中国法律书目;

⑩关于考试及铨叙制度书目;

⑪研究法西斯主义之中文书目;

⑫关于市政学中文新书选录;

⑬关于地方自治中文新书选录;

⑭研究苏俄五年计划(第一、第二两次)书目;

⑮各国退还庚子赔款问题书籍及论文目录;

⑯清同治维新以来中国科学史资料目录;

⑰馆藏西文化学杂志目录;

⑱馆藏英日文农学书分类目录;

⑲最近二年(1931—1932)内新出版之西文无线电学书目;

⑳研究日规之西文论文选目;

㉑中国石棉出产调查;

㉒馆藏西文工程学书分类目录;

㉓馆藏西文航空学书目;

㉔关于研究中国酵母发酵作用之参考资料选目(中日文);

㉕关于研究中国火药之制造及其发明史料选目(中西文);

㉖研究中国油漆及颜料之参考资料选目;

㉗馆藏灌溉学书目;

㉘馆藏养鸡之书籍及杂志选目(中西文);

㉙馆藏西文家政学书目;

㉚中国美术书目选录;

㉛馆藏法文美术书分类目录;

㉜法国戏剧史目录;

㉝西译中国小说目录;

㉞汉译俄国高尔基著述及其评传目录:

㉟汉译英国莎士比亚著述及其评传目录;

㊱中国边务图籍录(东北、蒙古、新疆、西藏、西康、西北、云南、苗瑶及海防等);

㊲"九一八"以来关于东北问题之中西文书籍及论文目录;

㊳研究西北问题之中文新书及杂志目录;

㊴研究云南之中西文目录;

㊵威海卫问题书籍及论文简目;

㊶热河避暑山庄史料目录。①

从 1933 年 7 月到 1934 年 6 月,代编书目工作按咨询主体细化为三个部分:其一,答复国际咨询;其二,答复政府咨询;其三,其他咨询。其中比较重要的有下述 32 种,首先是国际主要问题书目:

①禁书 21 种提要;

②中国现在最通行之书报及著名著述家调查简表;

③中国星占学书目;

①　国立北平图书馆.国立北平图书馆馆务报告(民国二十一年七月至二十二年六月)[R].北平:国立北平图书馆,1933:28 - 32.

④明倭寇史籍录;

⑤关于海牙国籍法庭之中国出版物目录;

⑥关于中国共产党中西文书籍及论文书目;

⑦关于清代考试制度图籍目录;

⑧中文古书中所记载之寄生动物学图籍目录;

⑨中国道路建设书目;

⑩中国唐代戏剧史料选目;

⑪汉译英国莎士比亚著述目录;

⑫汉译维克裴牧师传目录。

其次是答复政府咨询主要问题书目:

①中国边务图籍录;

②西北问题书目;

③新疆西藏问题书目;

④四川问题书目;

⑤中国盐务书目;

⑥关于缅甸暹罗印度斐利滨群岛等处之地方行政制度书目;

⑦鸦片问题书目;

⑧古兵书集目;

⑨航空学中西文书籍及杂志目录;

⑩馆藏电影学书目。

再次是答复其他各方面的主要书目:

①关于耶稣教新旧约圣经在华流传译本之比较研究资料选目;

②南洋问题书目;

③关于近代欧美教育之趋势西文书选目;

④馆藏教育杂志书目；

⑤北平各图书馆所藏中文古算书联合目录；

⑥馆藏西文化学书分类目录；

⑦中国工程学书目；

⑧馆藏西文戏剧学书目；

⑨关于中国语文之偏旁及谐声书目；

⑩美国汉学家恒慕美博士著述目录。①

从1934年7月到1935年6月，该年度在设立咨询处的基础上，接受咨询60余起，其中专门书目较为重要的有46种，包括《中国炼丹术书目》《北平图书馆所藏中文算学联合目录》《馆藏圆明园工程则例资料目录》《中国出版之西文期刊目录汇编初稿》(在《图书季刊》一卷四期发表)《中国出版之西文科学及工程学书目》《中国出版之社会科学及历史书目》《关于中国"银行"及"钱庄"史料书目》《国防书目及论文索引》《关于化学战争之西文书目》《关于战时防空之德文书书目》《关于战时经济及工业统制问题之西文书籍目录》《关于战时粮食问题之西文书籍目录》等②。这时由于国际局势的复杂化，这时国立北平图书馆的参考工作开始为战争准备文献资料，因为给国民政府资源委员会编辑及调查各项参考资料，参考组首次接受文献有偿提供，在1934年和1935年各接受"编辑费"国币一千五百元。这是国家图书馆最早的"有偿咨询"记录。

从1935年7月到1936年6月，参考咨询事件较往年增多，除了答复阅览者口头之咨询和其他简单问题之外，国立北平图书馆还开展了剪报业务，并继续为各处搜集参考资料或编制书目，其中主要的有下述59种：

①　国立北平图书馆.国立北平图书馆馆务报告(民国二十二年七月至二十三年六月)[R].北平:国立北平图书馆,1934:21-26.

②　国立北平图书馆.国立北平图书馆馆务报告(民国二十三年七月至二十四年六月)[R].北平:国立北平图书馆,1935:20-27.

①韩非子之版本集目;

②关于王羲之兰亭序书目;

③苗瑶风俗图目录;

④关于古代史地附有插图之书籍;

⑤古代中国戏剧及戏院之书目;

⑥中国传记简目(选录);

⑦宋元戏剧史料简目;

⑧冥钱书目;

⑨中国墨砚书目;

⑩太平天国文献集目;

⑪关于研究王充论衡简目;

⑫馆藏中国雕刻书籍简目;

⑬馆藏中国铜器书籍简目;

⑭馆藏木刻书目;

⑮中国文学史目录;

⑯成吉思汗生平史料选目;

⑰清代杂记中之中算论文目录;

⑱中国社会制度问题简目;

⑲政府出版物参考书目录;

⑳关于西北刊物目录;

㉑关于西北及研究国内地理方志刊物目录;

㉒关于西北教育书目;

㉓西文教育期刊目录;

㉔关于中国丧葬礼俗资料目录;

㉕民国以来江西所修志书目录;

㉖中译普式金著作目录;

㉗关于史丹林与托罗斯基的政见之理论著述简目;

㉘关于苏联经济与政治建设的著述简目;

㉙英译中国诗目录；

㉚关于日本古镜书籍目录；

㉛关于 Marie Bashkistseff 之生平及其著作简目；

㉜关于音乐家舒佩提之著述中文译本简目；

㉝关于美国游记之中文书目；

㉞关于虾夷人族之书目；

㉟关于博物馆建筑之西文书目；

㊱图书馆建筑书目；

㊲介绍可资英译关于政治经济及哲学之中文论文简目；

㊳各国考试制度书籍选目；

㊴政治学重要书籍简目；

㊵关于国家预算制度书目；

㊶中国农村救济问题书目；

㊷农业书籍简目；

㊸关于中国渔业史料目录；

㊹关于中国人口死亡率之统计资料选目；

㊺关于劳动工资问题书目；

㊻中国离婚问题书目；

㊼馆藏社会主义者的传记选目；

㊽馆藏之植物学刊简目；

㊾关于织造及织物问题之研究简目；

㊿经济重要书籍简目；

(51)地方自治中文论文简目；

(52)欧洲大学图书馆名称及地址录；

(53)中文药物学词典简目；

(54)关于山西票庄历史之资料简目；

(55)中日西文之养兔专书简目；

(56)养鸽问题书籍简目；

㊥中学生生参考书目;

㊦民国二十三年度关于中国问题之西文论文索引;

㊧关于国防资源之中西文书籍及论文简目。①

1936 年 7 月至 1937 年 6 月,是国立北平图书馆参考工作在民国时期的发展高峰,该年度代为搜集资料 100 余起,其中主要的有:

①中文杂志选录;

②关于中国印刷史及雕版史料选目;

③邸报考略;

④科学常识英文书选目;

⑤中国佛学期刊目录;

⑥关于回教之西文书选目;

⑦关于工业心理学(工业效率论)西文书选目;

⑧关于中国社会政治经济之重要中文论文选目;

⑨关于中国奴隶制度参考资料书目;

⑩地方自治书籍选目;

⑪中国保甲制度书籍选目;

⑫政学中西文书籍及杂志选目;

⑬研究北平地方铺底权问题之参考资料;

⑭关于中国建设之西文书选目;

⑮关于国联与中国参考资料选目;

⑯关于公墓西文书选目;

⑰馆藏关于各国工程及工业杂志简目;

⑱关于中国珠算史料目录;

⑲关于中国日晷资料目录;

---

① 国立北平图书馆.国立北平图书馆馆务报告(民国二十四年七月至二十五年六月)[R].北平:国立北平图书馆,1936:14-21.

㉑中国度量衡资料简目;

㉑关于中国茶中西文书目;

㉒关于烟草(淡巴菰)之中文资料简目;

㉓关于士那富(鼻烟)之中文书简目;

㉔关于甘薯之中文资料简目;

㉕关于石棉论文选目;

㉖明清时代之军器图说参考资料选目;

㉗中国古代车舆舟楫图说之文献要目;

㉘英文制革杂志简目;

㉙人体防腐法术简目(中西文);

㉚西文美术书选目;

㉛中文美术及古器物学书选目物学书选目;

㉜中国考古学及古器物学日文书选目;

㉝中国考古学及古器物学西文书选目;

㉞关于中国陶器西文书选目;

㉟中国丝织选目;

㊱云冈石佛参考资料选目(西文);

㊲关于晋祠之资料简目;

㊳关于陕西周秦诸陵资料选目;

㊴沧县铁狮资料选目;

㊵中国古代铁器及铁兵之研究资料简目;

㊶敦煌石室史料中文书选目;

㊷元代宫廷史料选目;

㊸元明海运史料选目;

㊹郑和三宝太监下西洋资料选目;

㊺鸦片战争及禁烟史料选目;

㊻清代海军史料选目;

㊼中国古代影戏资料述略;

㊽中国叶子戏(纸牌)之资料选目;

㊾中国古地理书选目;

㊿唐代两京(长安洛阳)城防图资料简目;

51长城史料选目;

52关于南京西文书目录;

53馆藏关于上海文献史料中西文目录;

54关于天津论文选目;

55关于大连论文选目;

56关于天津及大连之西文论文选目;

57汉口经济情况资料选目;

58关于热河之西文书及论文选目;

59关于南岳文献资料选目;

60中国文字学书籍选目;

61女真文字研究参考资料;

62馆藏西藏文字典目录;

63云南猓猓文研究资料目录(中西文);

64馆藏民谣书目;

65中国小品文选目;

66历代名人像传书籍选目;

67研究管子书选目;

68关于王充论衡之资料集目;

69唐孙可之集版本简目;

70清光绪帝生平史料选目;

71俄国文学家普式金之汉译著述及其生平资料目录;

72钢和泰著述目录。①

---

① 国立北平图书馆.国立北平图书馆馆务报告(民国二十五年七月至二十六年六月)[R].北平:国立北平图书馆;1937:18－24.

自 1931 年 7 月到 1937 年 6 月的六年时间里,国立北平图书馆参考组的专门咨询及代编书目工作取得了前所未有的发展,咨询数量逐年上升、咨询范围逐步扩大、咨询的精密化和专业化程度也有所提高。这一时期代编书目的内容主要包括三方面:首先是系统整理欧美及俄国、日本相关文献,帮助国人认识现代世界,特别是西方世界,涉及外国的政治、经济、军事、工业、农业、工程学、化学、家政学、历史、哲学、文学等领域。其次是为中外关系提供参考资料,尤其是领土问题,涉及满蒙问题、中俄关系、中日关系、中西交通史、日本历史等。再次是针对中国时政及历史为读者关心的问题提供服务,主要涉及社会、经济、教育、工程、科技、军事、历史、文化、文学、语言、宗教等。

总体而言,这一时期国立北平图书馆专题咨询和书目代编的特点可概括为:国际化、专业化、实用化。国际化表现在大量接受国际咨询,编制书目时使用多种语言,包括中文、日文、俄文、英文、德文及其他西方语言和中国各少数民族语言。专业化表现在涉及科学和人文的多个专业领域,且多是为专业研究机构和人员提供文献支撑。实用化则表现在从读者的实际需求出发,尤其体现在为政府提供军事或能源等方面的决策咨询服务。

四、文献索引编制

在此六年间,国立北平图书馆也在继续开展文献的整理工作,并在早期北京图书馆、北平北海图书馆和合组初期国立北平图书馆工作的基础上,完成了多种文献索引。这项工作虽然当时主要由索引组负责,但也是参考工作不可或缺的重要组成部分,其中具代表性工作的主要有下列内容:

第一是国学论文索引和文学论文索引。这两种索引的编制和出版工作是在中华图书馆协会的支持下展开的。自 1925 年开始,王重民等人即着手收集国学方面的重要论文,于 1929 年编成《国学论文索引》。随后 1930 到 1931年,又编成《国学论文索引续编》及《文学论文索引》。其中张新虞、陈璧如编《文学论文索引》于 1932 年 2 月由中华图书馆协会出版,分为上、中、下三编,收录论文 4100 余篇。在 1931 到 1932 年度,两种索引的编制工作都进入正轨,并继续 1930 年的工作,由刘修业①编制《国学论文索引三编》及《文学论文索引续编》,采集杂志 50 余种,录得论文 5000 余篇。到 1933 年 6 月,《国学论文索引三编》收论文 3000 余篇,而《文学论文索引续编》收论文 3500 篇,且两种索引都已开始审阅,即将出版。到 1934 年 6 月,《国学论文索引三编》付印,收论文 3000 篇,而《文学论文索引续编》成功出版,收论文 3500 篇,此外刘修业又继续编纂《文学论文索引三编》,收论文 1000 余篇。1935 年 6 月,《文学论文索引三编》编纂完成,参考杂志 200 余种,收论文 4000 余篇,于 1935 年冬天出版;同年她开始编纂《国学论文索引四编》,参考杂志 100 余种,收论文 1000 余篇,于 1936 年 5 月正式出版。到 1936 年 6 月,王重民作为交换馆员赴法,刘修业亦赴欧协助抄录敦煌资料。由于此前图书馆的索引编制工作得到了读者的肯定,因而《文学论文索引》和《国学论文索引》仍继续编纂。《文学论文索引第四编》和《国学论文索引第五编》将所收定期刊物限于 1936 年 1 月以后的出版物。到 1937 年 6 月,《国学论文索引五编》已大致编竣,搜集期刊 250 种,得论文约 10000 篇。《文学论文索引第四编》由济宁县图书馆吴藻洲主编,参考期刊达 50 至 60 种。

第二是满蒙藏文书目索引。自 1928 年北京图书馆参考科成立起,国立北平图书馆就很重视对满蒙藏文书籍的整理,至 1929 年 6 月已编成 4 种,合组最初的两年也继续编有《丹珠经藏文索引》《丹珠经梵文索引》和《满蒙姓氏部落及方舆全览》的满汉文索引。迁至新馆后,也未放松这方面的工作。1931 年起继续整理《西藏护持教法者人名录索引》及《丹珠经著者索引》,到 1932 年 6 月即将完成校阅。1933 年 6 月编成《汉满蒙藏文词汇》,辑自满蒙藏汉四种文字的药师七佛供养仪轨经集,包含佛教名词 5000 多个,以供读者参考,该年度还出版有于道泉、李德启编《满文书联合目录》。到 1934 年 6 月,又编成西藏名人生地及生卒年月表索引 1 种,另有 2 种满蒙藏文书籍索引在编纂中,包括《藏文达赖喇嘛文集索引》和《清代史传所见满文人名索引》。至 1935 年 6 月,又开始收集编纂《西康论文索引》,已收论文 400 余篇。1937 年,编写

---

① 刘修业,1933 年到国立北平图书馆索引组工作,1937 年与王重民在法国巴黎成婚。

《康藏论文索引》，共收康藏论文约 400 余条，刊于 1937 年 3 月出版《禹贡》半月刊第六卷第十二期中，并印有单行本。

第三是清代文史方面的索引。在两馆合组的最初两年，国立北平图书馆就编有《清代名人传记索引》和《清代文集索引》，此后直到抗战前夕始终未间断对相关文献的整理。1931 至 1932 年度，王重民和杨殿珣等合作，开始编写《清代文学论文索引》，收得清代别集 250 家，每家文集附有作者小史及编次雕刻之经过，已完成 158 篇考订提要。1932 至 1933 年度，继续编写《清代文集论文索引》，共收清文集 425 种，每书撰提要一篇，至 1933 年 12 月部分付印。1933 至 1934 年度，《清代文集论文索引》改名《清代文集篇目分类索引》，继续编写，收文集 440 种，1933 年已印成一部分，全书准备 1934 年冬出版，实际在 1935 至 1936 年度才正式出版。1935 至 1936 年度，开始编写《清代文史笔记子目分类索引第一辑》，收书 33 种，得子目 20000 余条，其编制体例略依清代文集篇目索引，再稍加增补就可以付印。1936 至 1937 年度，继续编写《清代文史笔记子目分类索引第一辑》，在上年 33 种的基础上补充 17 种，共收 50 种书，子目 30000 余条，分类仍旧仿清代文集篇目分类，1937 年 5 月编成，委托商务印书馆付印。

第四是金石题跋及相关论文索引。这是合组后国立北平图书馆新开展的项目，主要由当时还在北平师范大学国文系就读的杨殿珣负责。索引组从 1931 年春开始编制《金石题跋及论文索引》，计划分上、下两编，上编为金类，有钟、鼎、彝、簋等 27 目，下编为石类，有碑志、造像、石经、刻经、诗文摩崖题名，其砖瓦杂品别为一编，附于全书之后。同年，相关金石目录已经完成《攈古录金文索引》《意斋集古录索引》《周金文存索引》《殷周古铜器铭文索引》。1932 至 1933 年度，继续《金石题跋索引》编制，主要致力于分类方面，石类部中的碑志、造像、石经、刻经、诗文、摩崖题名等目，各断以朝代，按照年代分系于帝王建元之下，已经收集 69 种，尚在继续增辑中，同时编辑的还有《殷周古铜器铭文索引（鼎类）》。1933 至 1934 年度，又增收金石书 18 种，共收 87 种，且在增辑中。1934 至 1935 年度，《金石题跋索引》的编制工作暂停一年。1935 到 1936 年度，改名《石刻题跋索引》并继续编制，又增收 43 种，共收入金石书籍共 130 种,编成分类索引。到 1936 至 1937 年度,《石刻题跋索引》终于编纂完成,共收金石书籍 150 种,得片 34000 张,委托商务印书馆排印出版,并由京华印书局在北平开始校印。

第五是从 1932 至 1936 年间编写的《中国地学论文索引》。1932 至 1933年度,开始分类纂辑《中国地学论文索引》,已收杂志 70 余种,研讨中国地理论文 3000 余篇。1933 至 1934 年度,王庸、茅乃文编辑完成并出版《中国地学论文索引》,参考杂志 120 余种,收论文 5000 余篇,继续搜集续编。1934 至1935 年度,《中国地学论文索引续编》已收得中文杂志内论文 2000 余篇,西文杂志内论文 4000 余篇,其中自然地理及农业地理部分已分类完毕。到 1936年 6 月,《中国地学论文索引续编》编写完成并出版,所收论文自 1933 年 7 月起至 1935 年 12 月止,共收杂志 130 余种、论文 5000 余篇,全书分为 2 册,末附地名及著者索引,于同年出版。另外编成《史地论文索引》,收论文约 500篇,在《禹贡》半月刊第五卷第六期发表。

除上述五种花费时力较长的文献索引之外,还有 1931 至 1932 年度由胡英、金裕洲编制的《中国官书书目》,将国民政府成立后的政府出版物按机构排列,收录馆藏 1928 年至 1931 年底国民政府、地方政府、中国国民党中央党部和各地方党部的出版物,并附录海关税务司出版品。1932 年,国立北平图书馆与中国大辞典编纂处合作出版孙楷第《日本东京及大连图书馆所见中国小说书目提要》,著录了孙楷第 1931 年赴日本东京所访见的中国旧小说,以及其回国后在大连满铁图书馆所见的中国旧小说。1933 年出版孙楷第《中国通俗小说书目》12 卷,著录宋代至清末小说 800 余种,以白话小说为主,存世作品均注明版本、收藏地,书名后常附录有关笔记史料,间有题记按语,并附有索引,这是中国小说史研究的重要参考书。

此外,国立北平图书馆于 1932 至 1933 年度还继续出版了《北平各图书馆西文期刊联合目录续编》,联合各馆续编近两年的西文书,并完成《唐人写经索引》,开始编制《明清宫谱十种索引》和国内首部《敦煌学书籍论文索引》。

1933 至 1934 年度,《宫谱索引》大致排列就绪,继续编纂《善本书题跋索引》,并与中国大辞典编纂处合编完成《增订小学考简目》。1933 至 1934 年度,编制《舆图版画展览会目录》和《现代德国印刷展览会目录》。1935 至 1936 年度,国立北平图书馆出版《善本书目乙编》《馆藏中文期刊目录》《馆藏西文期刊目录》《馆藏图书馆学西文书目》《瞿氏补书堂寄藏书目》《二十四年双十节水灾展览会目录》《现代美国印刷展览目录》《现代英国印刷展览目录》,并与中华图书馆协会合作编印《北平各图书馆所藏中国算学书联合目录》。1936 至 1937 年度,编写医疗、工程、历史、文学相关索引 4 种,包括 1936 年 8 月开始受教育部医学教育委员会委托编定的《医学论文索引》,共收医学杂志 70 余种、论文 10000 余篇,并附以中西医学名词对照表及著者索引;还编制有《工程论文索引》,完成铁路工程部分,内容包括工务、车务、机务、厂务及关于铁路技术的论文,收 1912 年至 1936 年杂志 85 种,矿冶部分于 1937 年 4 月出版,已收杂志 30 余种,得片 3000 余张,电气工程部分已收杂志 10 余种,得片 1000 余张,其他部分约得片 2000 余张;受中央研究院历史语言研究所之委托搜集编定《历史书籍论文目录稿》,收 1935、1936 年国内出版关于本国历史著作及刊物约及 100 种,得论文 4000 条,1937 年送交中央研究院评议会,并继续编辑 1912 至 1934 年出版之论文,收得 2000 余篇;1936 年 11 月,王芷章编纂的《北平图书馆藏升平署曲本目录》由中华书局出版。

从 1931 年 7 月到 1937 年 6 月,国立北平图书馆在参考工作中集中力量,编写了多部大型文献索引,其中的代表性成果是国学和文学论文索引、满蒙藏文书目索引、清代文集及文史笔记索引、金石题跋及相关论文索引及中国地学论文索引。这些文献索引,有助于学者全面总结中国传统学术成就,尤其是强化了研究清代文史的文献基础,回应了晚清到民国这一时期金石学和舆地学等学术热点问题,切合了研究人员和读者的实际需要,并得到了专业人士的肯定。此外,国立北平图书馆还系统整理了以敦煌学为代表的新购藏文献,并受政府和科研机构委托编制专业索引,还编写多种展览会目录以方便读者了解国内外发展近况,这些都说明国家图书馆的索引编制工作得到了全面的发展。

五、参考咨询理论研究

合组后的国立北平图书馆,确立了参考咨询的机构建制,这为深化相关理论研究创造了条件,从 1929 到 1937 年的八年时间也是我国参考咨询理论研究取得初步发展的关键期。这其中的几位关键人物,有馆长袁同礼、编纂部主任兼阅览部主任刘国钧、首任参考组组长汪长炳、1932 年起任参考组组员的邓衍林及 1928 年 11 月以来长期供职于北平北海图书馆和国立北平图书馆的李钟履。

第一,国立北平图书馆参考工作的全面展开和理论建设离不开代馆长袁同礼的支持。袁同礼 1920 年赴美国哥伦比亚大学和纽约州立图书馆专科学校学习,获文学学士和图书馆学学士学位,1926 中华教育文化基金董事会组建北京图书馆,他一手制定了该馆的组织建构和规章制度,这才有了 1928 年 9 月参考科的设立和 1934 年参考咨询台的设立。他因为接受了美国的现代图书馆学理念,一直重视在图书馆展开参考工作和相关理论研究。1935 年袁同礼在演讲《欧美图书馆之新趋势》时讲到应重视参考工作,特别指出:"在我国今日经济情况之下,欲效欧美参考讲座之设立,自属难能之事,但原则上则应谋此参考工作之发展,由所谓藏书之所,而变为用书之所,不但之供参考者之咨询,而更应由被动变为主动,提出问题而引起一般人士探讨之兴趣。""图书馆参考工作,实属刻不容缓之事也。"

第二,编纂部兼阅览部主任刘国钧在图书分类和参考部的功能定位等方面为我国早期参考咨询理论的奠基做出了重要贡献。与袁同礼同样留学美国的刘国钧,1925 年在美国威斯康星大学获得哲学博士学位,随后任金陵大学图书馆主任兼教授。1929 至 1931 年在国立北平图书馆任编纂部主任兼阅览部主任,此后历任金陵大学图书馆馆长、文学院院长及教授,1944 年任西北图书馆馆长兼兰州大学哲学系教授,1951 年起任教北京大学图书馆系。北京图书馆从 1927 年 1 月开放阅览之后,就一直苦于没有合适的图书分类法,几经努力,只能暂时采用美国国会图书馆的分类法。直到 1929 年,刘国钧编订,由金陵大学印行的《中国图书分类法》出版,才基本解决了这一难题。1930 年,国立北平图书馆阅览部主任刘国钧发表《图书馆内之参考咨询事业》一文,呼吁图书馆界重视参考工作。在其后出版于 1934 年的著作《图书馆学要旨》中,他又对参考部进行了较为详尽的阐述:"图书馆中蒐集并利用参考书来答覆阅览人的问讯,并于相当时机指导读书途径的部分,便是参考部。"他进一步说明参考部是"一个问讯的机关,是一个答覆咨询的机关,同时也是一个指导读书的机关,这里的两大要素便是参考书和管理员"。参考部"是阅览人的顾问,是阅览人的指导者。所以图书馆与阅览人发生密切关系的部分,外界多拿这部分成绩,评量其图书馆的好坏"①。这个界定其实和国外对于参考部工作的规定相近:"①要指引读者如何能够找到他所需要的某种材料。②要帮助读者怎样去用所有的目录。③要替读者编制读书单(Reading List)和编制参考书目(Bibliographies)。"②因为参考部是图书馆中与阅览人发生密切关系的部分,外界多拿这部分的成绩,评价图书馆的好坏。刘国钧以此为出发点来找寻中国图书馆事业落后于外国的原因:"在外国一般人对于图书馆的信仰,对于图书馆效力的认识,多由于参考部的努力而来。他们社会上的人,受了参考部的益处,所以相信图书馆确实是一个为社会节省金钱和精力,而谋幸福谋便利的机关,所以图书馆能一天一天的发达。而它的影响也一天一天的加大。参考部在图书馆中的地位,可以概见了。在我们中国图书馆中,举办参考事业的,竟可说绝无仅有。也难怪图书馆的功用不彰明了。这或者是我们所应该努力的方向罢!"③

第三,1929 年到 1932 年 8 月任国立北平图书馆首任参考组组长的汪长炳,通过编制参考书书目等方式为参考咨询理论研究提供便利。早在 1927 年,汪长炳就曾编印《西文参考书书目》,但很快告罄,增补后于 1931—1932 年度再版,该书"将馆藏重要之西文参考书及专门杂志一律收入,凡二千六百三十七种,末附索引,极便检查",是国内出版的第一部西文参考书指南。此外,汪长炳在 1936 年所作《一种研究图书馆学之方法》一文中谈到参考工作时写道:"图书馆事业贵在流通图书,使读者便于阅览参考。而参考部之组织之讨论,参考工作方法之研究,接收咨询者之方案,记录问题之格式,做研究

---

① 刘国钧.图书馆学要旨[M].上海:中华书局,1934:20 - 50.
② 哈勒斯.图书馆使用法的指导[M].喻友信,译.武昌:文华图书馆学专科学校,1934:16.
③ 刘国钧.图书馆学要旨[M].上海:中华书局,1934:51.

工作之步骤,利用馆外材料之手续,编辑书目之原则之讨论及修习等均须详细研究以利参考事业。"

第四,1932 年进入参考组的馆员邓衍林,除了编《北平市各图书馆所藏中国算学书籍联合目录》《中国边疆图籍录》等专题目录之外,还收集中文参考书编成书目,为中国图书馆参考咨询理论建设做出基础性贡献。邓衍林(1908—1980),字竹筠,江西庐陵(今吉安)人,是我国重要的图书馆学家、目录学家、参考咨询专家。他在南昌宏道中学毕业后,于 1927 至 1930 年服务于江西省立图书馆,1930 年 9 月考入武昌文华图书馆学校,与李钟履是同学。1931 年 6 月进入国立北平图书馆阅览组,1932 至 1937 年任参考组组员。1937 年 12 月随馆迁至长沙,后转香港、昆明,1939 年入读西南联合大学师范学院第二部教育学系,后创办昆明天祥中学,1945 年赴美国哥伦比亚大学深造,1946 年获教育学硕士学位,后供职联合国秘书处。1956 年 11 月,邓衍林回国,任北京大学图书馆学系副教授,并任全国第一中心图书馆委员会委员和全国图书联合目录编辑组组长。1958 至 1964 年,任北京图书馆特约研究馆员,1979 年当选中国图书馆学会学术委员会委员。邓衍林著《中文参考书举要(初稿)》,1936 年由国立北平图书馆印行,恰可作为汪长炳《西文参考书书目》的补充。该书欲参考美国马奇(Mudge)的《参考书指南》(*Guide to Reference Books*)及《明托的参考书》(*Minto's Reference Books*)体例,将本国之参考书籍,一一撰为提要,但因费时较长,遂"先辑为长编,既便于各馆参考之助,且可先得各方之指示,撰作提要之异日可也"。该书收参考书 1500 余种,收录书目、索引、类书、辞典、字典、年鉴、年表、图谱及经学、哲学、自然科学、社会科学等各学科主要参考书,每书著录仅记书名、卷数、编撰人、出版时间、版本及出版目次等,并附有书名索引与著者索引,当中对于中国旧籍版本,因为其翻刻至繁,编者仅收那些校勘精良者,或者通行易求者。在编排上,除了将类书、字典、期刊、年鉴、会社、传记等各自列类外,其余均按照刘国钧的《中国图书分类法》分类。但该书缺陷在于未逐一撰写提要,后因何多源于 1936 年出版《中文参考书指南》,也未再做增订。20 世纪 30 年代,关于参考书的著作,有一个出版小高潮,这固然是与当时国内参考工具书的发展有关,还有一个重要原因就是在中华图书馆协会第三次年会即将召开之际,袁同礼提倡要效法上文提到的马奇和明托两人著作的体例,来为我国重要的参考书籍,一一撰写提要,编纂成书,该书即是这一指导思想的产物①。

第五,1928 年 11 月进入北平北海图书馆工作的李钟履,通过译介和探讨西方理论,为这一时期参考咨询理论研究做出了总结式的贡献。李钟履(1906—1983),山东阳谷人,1925 年毕业于北京私立财政商业专科学校,1928 年 11 月进入北平北海图书馆,1930 年 9 月至 1932 年夏于武昌文华图书馆专科学校深造,后回到国立北平图书馆工作,进入西文采访组,期间曾外借北京协和医学院图书馆任编目部长、山西铭贤图书馆任主任、中华图书馆协会任事务所主任等。1949 年新中国成立后曾任阅览组组长,1958 年任全国中心图书馆委员会秘书,1959 年加入全国图书馆联合目录编辑组。在文华学习期间,李钟履开始了对图书馆工作的探讨,注意吸收国外的经验,想方设法运用到中国的图书馆实践中来。于 1931 年写了《乡村图书馆经营法之研究》一文,发表在《文华图书科季刊》上,后单独抽印出版。同年,又编译了美国人詹姆斯·J. 怀尔(James J. Wyer)写的《参考事务》(Reference Work),加进了适合我国情况的事项和个人意见,题名《图书馆参考论》在《图书馆学季刊》连续发表,后也抽印出版,它是国内探讨图书馆参考工作最早的论著之一,该书内容虽多取材于怀尔的《参考事务》,但作者在翻译过程中仅采撷其适合中国情况的内容,并且增加了许多中国的内容,可说是一本根据原著再创作的研究专著。书中对参考工具、参考事务、参考行政逐一进行了介绍与阐述。本书在序言中说道:

> 夫若参考事务,在图书馆则尤为重要而具有无上之价值,良以机械式的供给书籍,诚难扩大图书馆之效用,以表现图书馆服务社会之真精神,故必须竭心尽力,诱导襄助,务使参考者之目的得达,图书馆之宝藏无隐,而后可然。

---

① 邓衍林.中文参考书举要[M].北平:国立北平图书馆,1936:序.

本文中论述参考部道：

> 美国图书馆除规模极小不便分部者外，概莫不有参考部之设，亦莫不唯参考部是重。推其原因，不外参考部之事务较诸他部多具意义与价值而已。图书馆之效用伟大与否，多因参考部之贡献于社会者如何转移。贡献伟大则效用亦伟大，贡献微小，则效用亦微小，效用即名誉，是即图书馆多注意参考部之设立与工作之原因。

他指出我国图书馆忽视设立参考部"有碍乎图书馆事业之发展。甚望各图书馆从速增辟之，勿使美国专美于前也"①。

具体地说，该书还有以下两个特点，第一是名正言顺，对于每一个名词术语，都要引经据典，明确其内涵，所以他的这些界定又多被后面的著作所采纳，显示其生命力。比如，关于什么是参考工具？他说："即参考书籍与参考材料也。"接着又详细解释什么是参考书，什么是参考材料。

> 书籍概可分为二种：其一，即供人之读阅者，其二即只备人之检寻者。本编所谓之参考书籍，即后一种。此种书籍之内容通极广博，陈述例颇简洁，编排则概甚便利，以为读物显然不可，故仅可供人之参考而已，是以凡书籍之类此者，咸谓之为参考书籍。所谓参考材料者，即第一种所谓，仅供人之读阅者之变象。何以言之？此种书籍之元始目的，虽仅供人之读阅，第因其内容及编排与参考书籍多有类似之处，抑或因其他特殊情形，如该书之用途广大，或阅者对该书之需要频繁等，此种书籍即难仍以普通书籍视之。然如以参考书籍名之，则未免与纯粹参考书籍名实相混，且颇觉牵强，故名之曰参考材料，以其既非真正参考书籍，复非纯粹普通书籍，惟因其亦具堪资参考之材料耳。

---

① 1933 年李钟履所著《图书馆参考论》由北平中华图书馆协会出版，原文在 1931—1933 年的《图书馆学季刊》5 卷 2 期、6 卷 2—3 期、7 卷 3 期上连载。

不仅如此,因为作者的写作年代较早,其中的一些见解,与笔者这代人从教科书上接受的知识不同,常给人以一种新鲜的感觉。比如"字典"和"辞典",都是我们日常惯用的名词,一般人亦能辨析其异同。刘国钧的解释是我们比较熟悉的:"字典是说文解字的;辞典是解释名词的……严格的说,字典只是关于字的掌故,如字形、字声、字义、字源等等。至于字所指的实在东西,则不必加以记载。记载实事实物的,乃是类书和百科全书。但实际上的分别颇不如此清楚。"①

而李钟履的解释是这样的:

> 我国字典乃字书之一种,详注各字之音义及引证书籍以备检查者也。清圣祖敕编字书,始定此名。圣祖以前,凡据六书以解释字体及依字体分类之训诂书,统谓之字书。字书而外,又有辞书,辞书以补助知识为职志,凡成一名辞为知识所应有,文字所能达者,皆辞书所当载也。苯其出处,释其意义,辨其异同,订其讹谬,凡为检查者所欲知,皆辞书之所当详也。辞书之与字书,据辞源云,积点画以成形体,有音有义者谓之字,用以标识事物可名可言者谓之辞,古谓一字曰一言,辞书与字书体用虽异,非二物也。英文 Dictionary 一字,则通含字书辞书二义……②

此外,如"百科全书者,即我国向来所谓之类书也……丛书实一普通之类书,或分类之类书也。四库全书一大丛书也,而经史子集俱全……丛书者,固为学者之所取资也。坿于百科全书之后,谁曰不宜?"③其见解不可谓不独特。

该书的第二个特点是介绍理论新颖而全面,力求给读者一个完整的认识。例如在"参考事务之理论"一章,他对人力与机械、固执理论、折中理论、放纵理论等四种理论分别进行了介绍和评价,揭示出主导不同阶段参考工作

---

① 刘国钧.图书馆学要旨[M].上海:中华书局,1934:27.

② 李钟履.图书馆参考论[M].北平:中华图书馆协会,1933:2-3.

③ 李钟履.图书馆参考论[M].北平:中华图书馆协会,1933:3-4.

的理论基础。相信这些理论或多或少能够改变那些持"图书馆学理论不足论"者的观点。关于"人力与机械"理论,该理论主张,不论整理书籍的方法多么完善、多么机械化,然而要使用书籍,终究离不开人力的服务,人力的服务是提供"解释",而这种解释的工作是机械所不能完成的。"是故人类不仅前兹为阅者与书籍之媒介,且将永司斯职,此即参考事务之所由来及所以存在之故也。"①这个理论不也正可以解释当今信息时代图书馆员与计算机之间的关系吗?关于"固执理论",该理论主张,参考事务虽然是图书馆中非常重要的工作,但不能凌驾于其他所有事物之上。所以图书馆参考事务不外乎"帮助阅者查考与研究",也就是说不是亲自去替阅者找答案,而是将图书馆中一切参考书籍及材料整理完善,指导阅者来使用它们。作者认为这个理论的好处是"本理论之利益亦非尠,如时间之经济,教训之正当,行政之合理化,自助之美德,经费拖用之适宜等,就图书馆方面言之,诚一完善之理论也"②。关于"折中理论",该理论主张参考事务应该打破仅仅帮助阅者查考与研究的限制,还应该代阅者寻答案、查问题、抄录书籍、整理材料、研究考证、翻译著作等。作者认为这是参考事务的发展趋势,不可遏制。但是这些事务的执行也不能毫无限制,不能完全免费代行。关于"放纵理论",该理论认为一切图书馆,对于一切关于参考事务之外的需要与期望,均全力以赴,无所谓轻重、无所谓范围,甘愿殚精竭虑为阅者谋方法、求便利,使每个咨询者都能完全满意。作者认为:"此种理论固极完善,而为一般图书馆家所赞许;惟如施诸实际,则不无若干困难,是故完全成功之时,则唯有俟诸异日耳。今兹之图书馆家,概皆赞成以折中理论为参考事务之基本原则,而为现代图书馆所必须采纳者,行此原则,复速求放纵理论之实现,则尤为必须之步骤,而不可忽视者也。谚云:'今日之梦,即明日之事实。'放纵理论之实现,为期或亦非遥欤?"③该书可述之处还有很多,实为关于参考工作的一本不可多得的经典,至今犹有阅读的价值。但稍显不足的是,该书的页码标识是分章节单独记页,很难

---

①　李钟履.图书馆参考论:续[M].北平:中华图书馆协会,1933:3.

②　李钟履.图书馆参考论:续[M].北平:中华图书馆协会,1933:5 – 6.

③　李钟履.图书馆参考论:续[M].北平:中华图书馆协会,1933:10.

起到标记查找的作用,不过这也是那个时代的特色。

李钟履在中华图书馆协会工作期间,除了编辑《图书馆学季刊》和《中华图书馆协会会报》之外,为检索这两个刊物的方便,还编辑了《图书馆学季刊总索引》和《中华图书馆协会会报总索引》。这两种著作都未署名,前者共十卷,由中华图书馆协会出版,在编辑方法上最先运用了款目号序次的办法;后者包括自 1925 年到 1937 年该刊的 1 到 12 卷,又名首十二卷总索引,但直到 1981 年才由四川省中心图书馆委员会出版。他后来的著述中又完成了三本针对本行人员编辑的图书馆专业参考工具书。第一部是查寻书籍的,第二部是查寻论文的,第三部是查寻书籍的内容资料的,故名之曰"三部曲"。李钟履经过多少个日日夜夜,从北图壮年到垣曲寓公,终于将其全部完成。第一部是《图书馆学书籍联合目录》,于 1958 年由中华出局出版,本书共收录从清末到 1957 年图书 1026 种,并列出了收藏单位,颇便寻检。第二部是《图书馆学论文索引》,于 1959 年由商务印书馆出版,收录清末至 1949 年我国期刊报纸所载的论文 530 余篇,按分类编排,并附有著者辅助索引。第三部是《图书馆学中文书籍内容主题索引》,所收书籍均为新中国成立后至 1960 年以前出版,共 24 种;索引按各书之内容用主题标示、重新汇辑,便于"按图索骥"即目求书。本书编辑方式新颖,不仅对研究图书馆学寻检资料颇为便利,而且对于编辑其他学科类似的工具书,也有启示作用。该书于 1961 年编成,但 1981 年才由四川省中心图书馆委员会出版。

除了上述五位在国立北平图书馆工作的图书馆学学者对参考工作的探讨之外,其他机构也在参考咨询文献整理等方面有所贡献,其中具代表性的是清华大学和岭南大学。1929 年北平清华大学政治学会出版的《政治书报指南》,系仿照美国《读者指南》(Reader's Guide)编撰,曾于 1923 年出版过第一期,这是第二期,内容上有很大扩充。该书共分四个部分:①西人论中国之书籍述要(用英文撰写,共收近 3 年来英法图书 500 余种);②英文杂志索引;收 6 种杂志索引;③中文要籍介绍;④中文杂志索引(1923 年 6 月—1928 年 4 月)。该学会认为,类似的书目本应该由图书馆学专家来编制,但是因为国内此类参考书籍缺乏,故而利用课余编制此书目,以弥补此项学术研究之不足。

另外,则是广州岭南大学图书馆发行于 1936 年的《中文参考书指南》。该书由何多源编著,出版不久,就有书评对它大加赞赏,认为它"颇适今日图书馆参考工作之需要"[①]。全书共 20 章,分上、下两编。上编是通论和普通参考书,包括:字典、辞典、百科全书、类书、普通书目及索引、政府机关及学术研究机关目录及指南等;下编为专科参考书,收图书馆学、经学、哲理科学、社会科学、统计年鉴、自然科学、应用科学、语言、文字、艺术、传记、地理、地图、指南等;附录"中文参考书百种选""英文关于中国之参考书举要""全国出版家指南"及"书名著者索引"。每一种参考书除了记其出版事项外,另附有短文说明其性质、用法、编制特点。1939 年,该书又出版了增订本(长沙商务印书馆出版),收集的参考书数量大大增加,原来是 1300 多种,后又增加了 700 多种,达到 2000 种以上。谭卓垣再次为该书作序,杜定友和严文郁也都为此书作序,充分肯定了工具书对学术研究的重要作用。从内容上看,该书沿袭了李钟履对于参考书的界定,也有参考材料和参考书之区分。其开篇《通论》论述了参考书之意义及其特质、参考书之功用、参考书之种类、参考书鉴别优劣法等内容,为后来同类工具书所继承。

两位留美图书馆学家袁同礼、刘国钧充分认识到参考工作对于现代图书馆的重要意义,其中刘国钧对分类法的研究和对参考组功能定位的论述,以及参考组组长汪长炳和组员邓衍林分别搜集西文和中文参考咨询工具书,为专业建设打下基础,而另一位馆员李钟履则通过译介和研究美国参考理论,全面厘清了参考咨询的专业术语和理论。可以说,这时国立北平图书馆对参考工作的理论研究是我国日后图书馆参考工作进一步发展的基础,具有启蒙价值。虽然此时国内其他机构也有对参考咨询工具书的介绍,但在系统性上无法与国家图书馆的相关工作相提并论。

本章梳理了 1929 年 8 月到 1937 年 6 月国立北平图书馆参考工作的开展情况。1929 年 8 月北平北海图书馆与国立北平图书馆宣布合组,1931 年 7 月

---

① 中文参考书指南[J].学觚,1936(10):43.

新馆启用,参考工作迎来了发展机遇,并开始产生国际影响。从 1929 年 8 月确定合组到 1931 年 4 月旧馆停办,国立北平图书馆在不足两年的过渡期内,确立了参考组作为阅览服务固定机构的地位,将答复咨询等参考组的功能定位写入《国立北平图书馆委员会组织大纲》,并承袭北京图书馆的传统,继续编制专题书目、索引及联合目录等读者服务项目。迁入新馆后,参考工作走上正轨并得以全面拓展业务。第一,在组织架构上,增设了中国最早的参考咨询台,设立了工程参考阅览室和俄文、远东、满蒙文研究室等,反映出参考咨询服务在广度和深度上的全面提升。第二,功能定位上,在继续编写专题书目、索引的同时,更加趋于专业化,更加重视时效性,也更贴合社会需要。第三,服务对象上,参考组一方面与国际联合会智育互助委员会等国际机构开展合作,一方面为外交、国防等政府部门提供决策咨询服务。第四,服务内容上,开展剪报业务以加快信息更新,并就俄日边疆问题有序收集整理文献,索引组针对国学、清代文史和少数民族文献等学术热点编制参考文献索引。这一时期,在袁同礼馆长的支持下,以刘国钧、汪长炳、邓衍林、李钟履等为代表的图书馆人在参考咨询理论上做出了深入而细致的研究,这为我国参考工作进一步发展打下了良好基础。

第三章　艰难维持:1937年7月—1949年1月

自1937年7月到1949年1月,国立北平图书馆先后经受了抗日战争和解放战争的严峻考验,期间参考咨询工作一直在艰难维持。1937年7月7日"卢沟桥事变"后,由于国立北平图书馆有美国人注资的中华教育文化基金董事会支持,所以日伪未敢擅动,国立北平图书馆参考组仍能维持基本业务。1941年11月11日美国对日本正式宣战后,伪"华北政务委员会"教育总署发布《管理国立北京图书馆暂行办法》,对北平图书馆实施管制,1942年将原馆更名为"国立北京图书馆",馆内参考工作几乎陷于停滞。同一时间,袁同礼率领部分馆员,开启了颠沛流离的南迁历程,先在1937年11月与国立长沙临时大学合作成立了长沙办事处,后于1938年3月迁至昆明,成立昆明办事处,1939年4月升格改为本部(又称南馆)。同时,国立北平图书馆还在南京、重庆、上海、香港等地办事处继续开展工作。在原参考组成员莫余敏卿、邓衍林、万斯年等人的支持下,在昆明设立了参考室,并与各办事处合作开展了以西南文献、抗战史料为代表的专题参考文献建设,同时向国家机关提供咨询服务。1945年8月抗战胜利,10月图书馆回迁后,受到经费等因素制约,参考工作以整理参考文献为主。国立北平图书馆在艰难维持中期待着1949年1月北平和平解放后的新生。

第一节　"南迁风波"

1937年7月日军攻占北平后,刚刚得到初步发展的国立北平图书馆受到打击,在代理馆长袁同礼的带领下,部分馆员开始了颠沛流离的南迁生涯。这一过程中,由于袁同礼、中华教育文化基金董事会和馆务委员会的不同主张,引发了一场"南迁风波"。到1938年3月,国立北平图书馆长沙办事处决定迁往昆明,这场风波才算平稳度过。

1937年"七七事变"爆发后,7月25日起,日军进攻平津;7月29日,北平沦陷;7月30日,日军占领天津,平津地区宣告失守。国立北平图书馆此时依然坚持着日常工作,7月30日召开馆务会议,议决员工不得擅离职守,并决定每天半日开馆。7月31日,馆方再次召开馆务会议,决定自本日起照常开馆阅览。8月8日,日军占领北平,国立北平图书馆以"环境恶劣,国立机关,无法行使职权"的理由,征得教育部许可后,于日军进占北平后的第三天,副馆长袁同礼奉令前往长沙,设立办事处,随同袁同礼南下的,还有参考组组长莫余敏卿以及范腾端、贺恩慈、高棣华等馆员。袁同礼离平期间的馆务,由总务主任王访渔、善本部主任张允亮、编纂顾子刚三人组成的行政委员会负责。经过国立北平图书馆同教育部、中华文化教育基金会的商议,国立北平图书馆这一时期的办馆原则和方针如下:

> 当此非常时期,本馆对于国家应有相当贡献。北平虽处特殊环境之中,应付诸感困难。但同人不应以维持现状为满足,而宜放大眼光,忠诚服务。盖文化事业自有其永久性也……故本馆一方面为国家保存重要文献,一方面协助全国图书馆积极复兴,职责重要自不待言。允宜分工合作,共同努力,俾能完成使命,为新中国文化事业树一永久基础。①

1937年9月10日,国民政府教育部辖下的北京大学、清华大学和私立的天津南开大学奉命在长沙合并组建国立长沙临时大学(以下简称临时大学),但三校的图书资料大多未及运出,正常的教学、研究工作难以开展。袁同礼等到达长沙了解到这种情况后,当即决定筹设临时大学图书馆。于是,袁同礼新聘员工,并紧急购置中、西文参考书刊。同时,他又写信到北平,召唤留

---

① 国家图书馆档案,综合5.23。

平馆员迅速设法南下,并要求以馆方名义发文通知国外各有关单位,将原寄北平之书刊改寄临时大学。9 月 26 日,袁同礼致函时在上海的蔡元培馆长,向他汇报了时情及自己的设想。蔡元培于 10 月 4 日复函袁同礼,认为本馆虽在长沙设立办事处,但不能轻易与临时大学合组图书馆,并要求袁同礼把这一设想向馆委员会正式提出,并视其决定而定,此时馆委员会委员长是时任北京大学校长的蒋梦麟,副委员长为傅斯年,孙洪芬任会计,袁同礼任书记。袁同礼在接获蔡元培复函之前,即以国立北平图书馆名义致函馆委员会和中华教育文化基金董事会执行委员会,以北平沦陷后本馆的善后办法为名征求意见,提出七条:

> 一、在长沙设立办事处,职员薪水一律按五成发给,余款作为准备金。二、本馆与长沙临时大学合组图书馆,其详细办法另定。三、西文期刊及书籍一律改寄长沙。四、本年度购书费请基金董事会拨付半数,其余之款,请该会以本馆名义暂予保留。五、平馆在未被接收以前,其经常费继续照拨,中西文购书费一律停止,中文期刊及报纸照旧订阅,此项费用得在经常费内开支。六、留平职员薪水暂按十成发给,遇必要时得由馆长决定核减之。七、除负实际保管责任之职员在任何状况之下不得离馆外,其他留平职员愿来湘办公者,每人得酌给旅费。①

11 月 18 日,孙洪芬代表基金董事会执委会向袁同礼提出善后办法的处理意见,袁同礼关于在长沙设立办事处和与临时大学合组图书馆的提议,基本获得了馆委员会和基金董事会执委会的认可。

1937 年 11 月 1 日,临时大学正式成立。学校最高领导机构为常务委员会,北京大学校长蒋梦麟、南开大学校长张伯苓、清华大学校长梅贻琦和教育部代表杨振声任常委。国立北平图书馆与该校合组的图书馆亦同时成立,隶

---

① 北京图书馆业务研究委员会.北京图书馆馆史资料汇编(1909—1949)[G].北京:书目文献出版社,1992:468 - 469.

属于临时大学常委会,与学校的教务、总务二处平行,馆长由袁同礼兼任。至同年12月底,临时大学图书馆已入藏中文图书约6000册,西文原版及翻版书约2000册。1937年12月,国立北平图书馆馆员孙述万、邓衍林、颜泽霪和徐家璧从北平到长沙。但此时中日战局又发生变化,11月日军占领上海华界,国民政府向重庆迁都;12月13日,日军攻占南京,临时大学校方决定向云南昆明撤迁。此时,袁同礼派孙、邓、颜、徐四人前往香港,一方面接待临时大学及图书馆同人过境,同时筹办国立北平图书馆驻香港办事处。

校方和袁同礼皆希望在迁滇后西南联合大学能和国立北平图书馆继续合作,袁同礼将这一意见送达基金董事会在平馆委员会的代表孙洪芬,但1938年1月18日,中华教育文化基金董事会执委会以司徒雷登为代表的大部分委员否决了袁同礼的南下主张,通过了关于国立北平图书馆的如下议决:

(一)议决继续维持北平图书馆。(二)现派在长沙临时大学服务之北平图书馆一部分职员,应即回平办公。其旅费由馆方担任。凡不愿返平者,可给予三个(月)薪金遣散之。(三)在图书馆委员会未能在平行使职权以前,中基会特派司徒雷登先生为驻平代表,维护馆中利益,并受权协助馆中一切行政。(四)袁副馆长应回平服务,准其假至本年四月董事会年会为止。在此期间,袁君得赴昆明协助临时大学,并发展西南图书馆事业。(五)本会推定司徒雷登先生为中基会驻平代表之经过情形,应函报教育部及国民政府备案。(六)在袁副馆长未回任前,由司徒雷登先生或执委会指定总务部主任王访渔、善本部主任张允亮,及编纂顾子刚三人,组织行政委员会,维持馆务。(七)为处理馆中经费及其他问题,推定司徒雷登、金叔初、施肇基三先生及中基会干事长组织一特别委员会,商讨一切,其研究结果,报告执委会议决执行。①

① 北京图书馆业务研究委员会.北京图书馆馆史资料汇编(1909—1949)[G].北京:书目文献出版社,1992:480-481.

该议决案要求南下馆员立即返回北平，否则将面临遣散厄运，而且袁同礼如在休假期满后仍不返平，也将可能失去国立北平图书馆管理权。1月24日，基金董事会向馆委员会通报了上述议决案，由此引发了"南迁风波"。

临时大学预备于1938年2月向云南迁移。为了得到国立北平图书馆的继续协助，1月24日校方决定由临时大学发给在湘馆员赴滇旅费津贴1000元，并负责全部书刊的运输费用，提供图书馆的办事地点以及同人住宿。袁同礼闻讯后，当日即将临时大学的这一决定电告孙洪芬，同时致函希望他说服基金董事会同意在湘馆员随临时大学一起迁滇。在接获基金董事会执委会的议决案后，馆委员会于1938年1月30日召开会议，并做出以下议决案：

（一）本会对于中基会继续维持北平图书馆之厚意表示同意及感谢。（二）本会对于中基会议决之下列二案：①在本会未能在北平行使职权以前，由中基会授权司徒雷登先生负责维护北平图书馆；②在袁副馆长未返平以前，由王访渔、张允亮、顾子刚三人组织行政委员会，维持馆务。表示接受。（三）北平图书馆在北平部分之经常费应减至最低限度，由本会授权孙洪芬、袁同礼两先生负责核减。（四）在北平部分之购书费应请查点中基会九月十五日之议决案及本会九月二十七日之建议，暂予保留。（五）为便利静生生物调查所继续研究起见，应将关于续订生物部分之西文期刊改寄北平。（六）建议中基会：①对于北平图书馆在湘之职员准予继续在临时大学服务，由馆支薪。惟此项薪水每月不得超过三千元。②续订之西文专门期刊除生物部分外，均暂存临时大学。①

虽然国立北平图书馆委员会建议中华教育文化基金董事会允许在湘职员继续服务临时大学，但对于迁滇一事仍未做出明确的积极答复。

------

① 北京图书馆业务研究委员会.北京图书馆馆史资料汇编(1909—1949)[G].北京：书目文献出版社,1992:504－505.

1938年2月4日,袁同礼向当时在香港的蔡元培馆长递交了馆委员会的议决案,并表达了对以司徒雷登为代表的中基会执委会议决案的不满和对要求返回北平的疑虑,希望蔡元培能够支持自己的主张。蔡元培于2月8日复函袁同礼,认为中基会执委会的决议与袁同礼赴昆明工作并无冲突,也未明确支持袁同礼。袁同礼唯有继续寻求其他支持。2月8日,袁同礼致函徐新六、施肇基和金叔初等三位中基会董事,向他们陈述了馆委员会对中基会执委会议决案的意见,强调了"平馆南迁"的重要意义以及对南下同事的支持,希望三位董事能够促使中基会执委会修改议决案。1938年2月初,临时大学开始向云南撤迁,为了争取国立北平图书馆的协助,蒋梦麟、张伯苓、梅贻琦三位临时大学常委亦联名致电中基会,希望对方支持袁同礼和南下馆员,函云:"前允平馆同人在湘服务,全校师生同深感荷。兹敝校迁滇,务请继续协助。事关学术合作,即乞惠允电覆。"①

在多方努力下,中基会执委会终于改变了原来的决定。1938年3月4日,中基会执委会召开第123次会议,通过如下议决:

> 甲、国立北平图书馆在湘职员,准予继续在云南昆明临时大学服务至廿七年六月底为止,此项职员薪金以每月国币2500元为限。但如职员有在上述期限内离职者,薪金总数应照额扣减。乙、根据廿六年十一月九日第一二○次执行委员会会议之决定,在本年度该馆购书费项下,拨付至多美金5000元,为续订杂志之用。惟为兼顾静生生物调查所研究工作,与北平一般读者及国内各地须用此项杂志各处所——尤其昆明临时大学之需要起见,副馆长袁同礼君及该馆行政委员会应即行商订续订杂志名称及存放处所清单。此项清单须送本会干事长作最后决定。再,各杂志中有须存放于数地者,该馆行政委员会得酌量加订复本。丙、该馆在临大服务之职员,自

---

① 北京图书馆业务研究委员会.北京图书馆馆史资料汇编(1909—1949)[G].北京:书目文献出版社,1992:527.

昆明或长沙返平复职者,每人得支领旅费国币 200 元。①

国立北平图书馆委员会接获中华教育文化基金董事会执委会的新决议后,于 1938 年 3 月 11 日在香港九龙柯思甸道蔡元培宅召开谈话会,出席者有蔡元培、任鸿隽、傅斯年和袁同礼。蒋梦麟则委托傅斯年代表自己出席会议。会上讨论通过了 1938 至 1939 年度的《国立北平图书馆昆明办事处工作大纲》,并根据中华教育文化基金董事会执委会的要求,对存置北平以外的书刊典守方法做出如下规定:①存置北平以外的书籍应以存置原处为原则,但本委员会如认为必要,得移至更安全地点;②续订的西文科学期刊(除生物部分外),照原定办法继续存置临时大学;③下年度购置的期刊均寄至临时大学,由本馆在彼职员负责整理典守;④所有北京大学、清华大学订购之期刊,亦均交由本馆在临时大学之职员整理典守。同时,因中华教育文化基金董事会所准国立北平图书馆与临时大学的合作时间过短,馆委员会又通过了一项《北平图书馆与临时大学合作办法案》,提出应照原定办法自下学年起再延长一年。1938 年 3 月,国立北平图书馆长沙办事处撤销,馆员们开始向云南昆明迁移。

第二节　参考工作经受侵略战争考验

抗战伊始,国立北平图书馆便分为留守和南下两部分,并在南方多地的办事处开展业务。此时国立北平图书馆的两个主要分支各有侧重,北平部分重整理编纂,昆明部分重采访出版②。留守部分的图书馆组织机构基本保持稳定,虽然参考组组长莫余敏卿、代组长邓衍林等人皆随同袁同礼南下,但答复咨询和代编专题书目等基本业务直到 1941 年下半年后才告停顿;南迁部

---

① 北京图书馆业务研究委员会. 北京图书馆馆史资料汇编(1909—1949)[G]. 北京:书目文献出版社,1992:547 – 548.

② 国家图书馆档案,概况 2.4。

分,在经历长沙到昆明的颠沛流离之后,也逐渐恢复工作,于1939年设参考室开展参考工作,原参考组组员在征集西南文献、收集抗战史料和提供政府建设所需资料等工作中取得了较大成绩,这也为国家图书馆日后参考工作的恢复和继续发展起到了重要作用。

一、国立北平图书馆的南迁机构

1938年袁同礼派莫余敏卿等在昆明设立办事处。1939年4月,昆明办事处升格为馆本部(亦称南馆)。国立北平图书馆还在上海、长沙、南京、香港、重庆等地设立办事处,其中存在与运营时间较长的是上海、香港和重庆三个办事处。下面简单介绍在抗日战争背景下,国立北平图书馆南馆及几个办事处的概况。

1. 国立北平图书馆南馆(昆明馆)

1938年3月,国立北平图书馆撤销长沙办事处,得到中华教育文化基金董事会支持,确定迁往昆明。时任国民政府教育部政务次长顾一樵支持国立北平图书馆在内地工作,认为对于大学和其他学术机构皆有帮助①。1938年5月14日,教育部指示国立北平图书馆"应迁昆明继续工作,并应与西南各教育机关取得密切联络,以推进西南文化"②。随着国立北平图书馆馆员陆续到滇,1938年5月在柿花巷22号设立了昆明办事处,8月袁同礼辞去西南联合大学图书馆馆长之职③。1938年秋,国立北平图书馆全部调回借与西南联合大学图书馆的人员,并提走除西文期刊外的图书,至此北平图书馆开始了独立工作④。1939年4月10日,教育部社会教育司奉部长批示"该馆现已迁滇,如在滇仅设办事处,殊不足以正观听,亟应加以调整,将办事处改组为馆本

---

① 国家图书馆档案,年录2.18。
② 国家图书馆档案,概况2.7。
③ 袁同礼.中华图书馆协会之过去现在与将来[J].中华图书馆协会会报,1944,18(5/6):2.
④ 严文郁.抗战四年来之西南联合大学图书馆[J].中华图书馆协会会报,1942,16(3/4):4.

部,并呈送组织法规候核"①。为正视听,国立北平图书馆昆明办事处改组为馆本部,此后国立北平图书馆分为南馆和北馆,馆务中心正式南移。

国立北平图书馆成功在昆明开馆,离不开与临时大学(后为西南联合大学)的合作,两个机构合组图书馆,订购的西文期刊亦送往该校借用研究,所搜集的书籍和资料大多由西南联合大学负责提供公开阅览服务。此外,到 1942 年,南馆建设了 5 个分散于各地的专门文献室,其中西南文献室设在昆明,西北文献室设在兰州,边地文献室(与丽江国立师范学校合组)设在丽江,中日战事史料征辑会(与西南联合大学历史系合组)设在昆明地坛,政治经济参考室设在重庆沙坪坝②。

经费方面,南馆常年经费自中华教育文化基金董事会于美国退还庚子赔款项下按年拨给,自 1940 年起,又蒙教育部发给补助费,列入国家预算。然而,抗战时期国立北平图书馆仍面临经费极度短缺的困境。1938 年,该馆的全年经费为 123600 元,1940 年为 144400 元,1942 年为 195000 元,远不足以应付战时通货膨胀的凶猛态势,正如袁同礼在 1942 年 10 月呈教育部的报告中所称:"值此物价暴涨之际,指数递高,动辄倍蓰,比诸经费所增,指数恒为什与一之比。目下公务人员最低薪给米贴合计岁需万元,而近年以来书价奇昂,大学用书每册辄需数百元。以此戋戋之十余万元,全数充作人员费,只能支配十余人;全数充作事业费,亦谨能购入图书千册而已。"③1943 年 10 月 11 日袁同礼呈教育部报告,欲争取财政拨款,指出当年度仅得中华教育文化基金董事会拨款 312000 元,并得教育部补助 245160 元,在物价暴涨的情况下很难维持正常馆务,而且随着 1941 年 1 月美、英两国与中国签订新约,废除《辛丑条约》,由庚子赔款返还款支撑的中华教育文化基金董事会也面临窘境,为此袁同礼希望将国立北平图书馆经费纳入教育部国家预算中,予以支

①　国家图书馆档案,概况 2.9。

②　国家图书馆档案,概况 2.13。

③　北京图书馆业务研究委员会.北京图书馆馆史资料汇编(1909—1949)[G].北京:书目文献出版社,1992:746 – 747.

持①。但是此条建议似未奏效,与留守北平的北馆一样,在整个抗日战争期间,经费是南馆面对的最大困难。

2.上海办事处

国立北平图书馆上海办事处成立于 1935 年,开始主要任务是保存南迁部分重要馆藏,并通过协助中国科学社图书馆工作以抵充寄存费用,战时还负责代订外国报刊、搜集伪政府文献等。

南迁的馆藏主要包括存放公共租界仓库的"善本甲乙库约 5000 余种,60000 余册","敦煌写经 9000 余卷,金石碑帖数百件(如汉熹平石经残石、周鼎、楚器、铜镜、古钱及梁任公家属寄存碑帖等)",以及寄存法租界亚尔培路中国科学社的"全份西文科学及东方学刊三四百种,约 10000 余册"②。抗战爆发后,存在公共租界仓库内的中文善本,不久便迁移到法租界内的震旦大学,因为当时日本仍与法国政府保持邦交,所以法国人在上海的产业未受日军没收。后来这些馆藏又化整为零,从震旦大学迁入租用的民房,分散掩藏,避免注意③。1940 年 6 月随着法国投降,国立北平图书馆的馆藏随时有可能遭受日军破坏,袁同礼遂将存沪善本运到美国国会图书馆保管。经时任驻美大使胡适帮忙,双方达成共识,1941 年初袁同礼到上海协调安排此事,国会图书馆派王重民协同徐森玉先生进行善本挑选,从版刻与内容上挑选最善最精者,包括宋元本约 200 种、明版近两千种以及抄本 500 余种,约计 30000 余册,分装在 102 个内用铁皮密封的箱中,分批运往美国,直至 1942 年 6 月全部到达美国。重要善本抵美后,上海办事处仍将剩余善本分批寄存保管,妥善保存。这一时期,上海办事处还搜购了部分战时流出的精椠旧钞,包括影印的孤本"元明杂剧"等。

抗日战争期间,上海办事处也承担了一些临时任务,包括:一、代订和收

---

① 1943 年 10 月 11 日呈教育部增加经费函[G].北京:书目文献出版社,1992:771 – 773.

② 钱存训.北平图书馆善本书籍运美经过[G]//北京图书馆业务研究委员会.北京图书馆馆史资料汇编(1909—1949).北京:书目文献出版社,1992:1332.

③ 钱存训.北平图书馆善本书籍运美经过[G]//北京图书馆业务研究委员会.北京图书馆馆史资料汇编(1909—1949).北京:书目文献出版社,1992:1332 – 1333.

集报刊,尤其是外国报刊,如《新闻报》、《华美晨报》、《华美晚报》、《译报》、《导报》、《大英晚报》及晨刊、《循环报》等;二、收集沦陷区报纸及其他史料实物。1938 年 11 月 21 日,上海办事处致函袁同礼,言"沦陷区域所出报纸甚多,据查得者有十余种,另附一单。此等报纸要否全数搜罗,抑择要觅购? 又江浙一带所用之军用手票、北平联银钞票及印花票等有关史料之实物要搜集否?"12 月 6 日,经批准后,上海办事处对 10 余种沦陷区报纸自 1939 年起各搜集 1 份,共约 20 余元。此外由钱存训负责,设法搜集战事史料及包括居住证、通行证、配给证、中日文的各级伪政府公报报纸等"维新政府"文献①。经过千辛万苦得到的珍贵资料或实物,按资料性质决定邮寄或托带往中转站香港办事处,再至昆明,因而邮包曾有过被检查扣留等情况,太平洋战争爆发香港沦陷后这一工作方式被迫中断②。

3.南京办事处

国立北平图书馆南京办事处前身为 1936 年 9 月迁往南京的工程参考图书馆,设在南京天津路四号金陵大学图书馆内,1946 年时仅有员工 3 人,收藏有内阁大库地图、西文工程及农学等书以及其他新书,其职责与上海办事处类似,主要是保存馆藏及搜集江南各省伪府出版物③。在南京保存的重要馆藏主要有内阁舆图和英国珍本两种。1936 年冬,内阁舆图自北平运往南京。存于故宫博物院南京分院的馆藏内阁大库舆图,多属海内孤本。1937 年底日军占领南京后被日军劫持,置于伪图书专门委员会图书馆的地图库中。抗战胜利后,教育部特派员接收、封存了伪图书专门委员会图书馆。1946 年 1 月,教育部组设南京区清点接收封存文物委员会,国立北平图书馆即派钱存训、顾斗南参与清点,与 1934 年王庸所编《国立北平图书馆中文舆图目录》对校,发现缺少 5 种,同时发现图目未载的 15 种图。经过 6 个多月的清点,确认国立北平图书馆暂存南京的内阁舆图有 277 种,编成《国立北平图书馆特藏清

---

① 国家图书馆档案,年录 3.14。

② 戚志芬.袁同礼与中日战争史料征辑会[G]//北京图书馆业务研究委员会.北京图书馆馆史资料汇编(1909—1949).北京:书目文献出版社,1992:1347 – 1361.

③ 国家图书馆档案,概况 2.22。

内阁大库舆图目录》①。1937 年春运往南京的馆藏还包括英国印刷珍本图书 100 余种,当时寄存在山西路中英文化协会(中英庚款董事会)内。1941 年底,太平洋战争爆发后,被日本宪兵队劫去。日本投降后,馆方曾于 1946 年 4 月 25 日恳请教育部函请陆军总司令部协助追查,5 月 8 日陆军方面令冈村宁次负责查明掠书主犯内田的下落,以便追还被劫掠图书。战后,还从南京国学图书馆、中央图书馆、中央研究院、金陵女子文理学院等处查到其他国立北平图书馆的藏书②,均登入清点目录,并运往金陵大学暂存,分别整理排架。

4. 香港办事处

国立北平图书馆香港办事处是国立北平图书馆在抗战初期临时成立的机构,主要职责是搜集和整理国内外新出刊物资料,并编制目录供内地学界参考,还负责转运北京、上海等地收集的抗战史料。

1937 年底,国立北平图书馆派孙述万、邓衍林等四人到香港,借香港大学新建的冯平山中文图书馆,筹备接待全馆及临时大学同人经香港南迁入滇的事宜。1938 年 3 月 11 日,国立北平图书馆委员会为办事便利起见,在香港设立临时通讯处③。于 5 月 14 日,获教育部批准④。1938 年 1 月国立北平图书馆香港办事处与香港大学就双方合作达成共识,国立北平图书馆如需用书报,可由冯平山中文图书馆代借或入馆阅览。而香港大学教师亦可前往冯平山图书馆参阅国立北平图书馆所藏书报⑤。

香港办事处很快也展现出其交通邮寄便利的优势。长沙办事处向昆明迁移前,致函通知广州及香港邮电局,将国立北平图书馆的所有国内外信件均暂寄到香港冯平山图书馆,因此国立北平图书馆订购的海外报刊大都能按时收到。而国内各院校因迁移不定,致使所订报刊大多无法投递。为方便内

---

① 北京图书馆业务研究委员会.北京图书馆馆史资料汇编(1909—1949)[G].北京:书目文献出版社,1992:829 – 831,846 – 848.

② 北京图书馆业务研究委员会.北京图书馆馆史资料汇编(1909—1949)[G].北京:书目文献出版社,1992:819 – 839.

③ 国家图书馆档案,年录2.15。

④ 国家图书馆档案,概况2.7。

⑤ 国家图书馆档案,年录3.7。

地学界教学研究使用,时兼任西南联合大学图书馆馆长的袁同礼特别指示香港办事处人员,将南迁后新到的西文期刊编制索引寄到昆明。在香港办事处的参考组代组长邓衍林等人发挥编制书目索引的专业特长,使西南联合大学师生得以及时了解西方学术界的最新动态。1938 年,临时大学从长沙到昆明的撤迁工作结束后,邓衍林、徐家璧、颜泽霝等三人亦奉调入滇,香港只留下孙述万一人,主要从事运输中转工作。国立北平图书馆向国外订购的书刊及在上海等地征集的抗战史料,大多通过香港再寄往昆明或重庆。

5.重庆办事处

国立北平图书馆重庆办事处是南馆独立运营后才成立的办事处,其主要职责是采访、保存文献并提供政府机构参考研究。

1940 年春,国立北平图书馆在重庆沙坪坝设立办事处,办理采访工作。5月,为协助发展教育事业,国立北平图书馆特将馆藏复本期刊及复本西文书报,分赠国立西南联合大学、交通大学、唐山工程学院、国立女子师范学院、国立师范学院等。1941 年 1 月,原任国立北平图书馆西文编目组组长何国贵调任办事处主任。此时因为昆明也遭到敌机轰炸,为保存图书珍本,国立北平图书馆特将比较有价值的书籍迁往重庆,寄存在南开大学经济研究所内供研究阅览,并在该所设国立北平图书馆驻渝办事处。

1941 年底,太平洋战争爆发后南馆的采访业务中止,重庆办事处成为抗战后期国立北平图书馆馆务中心。秉承为国家收集重要文献并服务各学术机关的宗旨,1943 年初,重庆办事处争取到美国罗氏基金董事会的资助,采购最新的医学书报以弥补国内医学书籍缺乏的现状。这些图书寄存于贵阳、重庆、成都,具体由贵阳卫生署人员训练所、重庆国立上海医学院及成都国立中央大学医学院保管,并委托各单位轮流借与各医学机关,借弘效用[①]。同年 6 月 2 日,国立北平图书馆委员会会议在重庆召开。考虑到国内在战时及战后迫切需要西文书籍,决定委托胡适在美组织购书委员会,购书范围暂以数学、物理、化学、生物工程、东方学、政治、经济为限,并建议商请

① 国立北平图书馆协助医学中心点获到最新之医学书报[J].中华图书馆协会会报,1943,17(3/4):4.

以上领域的著名学者陈省身、赵元任、沈士章、欧世璜、王守竞、周鲠生、李卓敏诸先生为委员,以此保证购置西文书籍的质量,促进国内科学事业的发展。

二、昆明馆(南馆)的参考工作

国立北平图书馆南馆的设立与参考组成员对袁同礼馆长的支持有密切关系,这也直接促成了参考工作在南馆的开展。首先是 1938 年初中华教育文化基金董事会与袁同礼的构想发生冲突时,参考组组员邓衍林联合其他馆员在香港表达对袁馆长的支持;其次是 1938 年 5 月首任昆明办事处主任由原参考组组长莫余敏卿担任;第三是南馆的两项主要工作“征集西南文献”和“收集抗战史料”分别由原参考组莫余敏卿、万斯年和邓衍林等人主要负责。基于上述原因,虽然面对诸多不利条件,但这一时期南馆仍开展答复咨询和代编书目、索引等参考咨询的常规工作,并将征集所得的参考文献供研究者使用,其中包括在北平研究院史学研究所陈列西南文献,在中日战事史料征辑会陈列抗战史料。南馆虽然没有明确设立参考组,但参考咨询的相关工作并未停顿,尤其是参考文献建设取得了较大成绩。

1937 年 11 月 1 日,临时大学图书馆成立后,即确立了“西南文献之采征,抗战索引之编辑”两大主要工作[①]。1938 年 1 月 30 日,在香港的邓衍林得知“南迁风波”后致函袁同礼,他主张南迁后的工作有三点:就近征集西南文献,保存文化;致力于工程参考书报征集;调查中日抗战史料与国际舆论资料。2 月 3 日,孙述万、邓衍林、徐家璧、颜泽霈、余霭钰 5 人继续致函袁同礼,力陈保留香港办事处的理由,经过争取,包括香港在内的南方办事处得以保留。

1938 年 3 月 11 日国立北平图书馆委员会通过了《国立北平图书馆昆明办事处工作大纲》(廿七年度至廿八年度),其中把编目及索引、书籍流传单列作为主要工作,并具体分配到个人,确保顺利完成。列入计划的编目及索引事项有:编印新书分类目录(胡绍声、张树鹄、马万里、赵耆康);编制入藏图书

---

① 国立北平图书馆最新消息[J]. 中华图书馆协会会报,1938,13(1):20.

目录(何国贵、徐家璧、于自强)；编制抗战论文索引(毛宗荫、余瑞芝)；编辑西南边疆图籍录(邓衍林)；编辑云南书目(邓衍林)；编辑云南研究参考资料(袁同礼、万斯年)。关于书籍流传事项有影印孤本元曲(袁同礼)、排印《暴日侵华与国际舆论》初编及二编(颜泽霈)；征购安南缅甸文献；征购西文书籍及整理西文期刊(莫余敏卿)①。需要特别说明的是，虽然邓衍林 1939 年开始离馆就读于西南联合大学教育学系，但他在昆明办事处设立初期仍参与了多项参考工作，包括在 1938 年 8 月他被委派协助西南联合大学图书馆参考组工作，同时为国立北平图书馆昆明办事处编辑西南边疆图籍录和云南书目，1938 年底在国立北平图书馆与西南联合大学合作征辑中日战事史料时承担中文组中文资料整理工作等。

下面重点介绍南馆主要的几项参考工作，包括答复咨询、编制书目索引、征集西南文献、搜集抗战史料和提供政府参考文献。

1. 答复咨询与编制书目索引

1939 年的《本馆二十八年度馆务概况》言："馆内设参考室，解答各项参考问题。或代编书目，或代制索引，或用通讯方法答复各地之咨询。其主旨均在对于读者有所辅导，增加其便利，促进其研究。值此抗战期间，此项服务尤感需要焉。"但此后的《馆务报告》过于简略，无法明确见到所开展的具体参考工作。

此外，1939 年《馆务概况》的编辑出版项中有《中国边疆图籍录》，即"将关于东北、蒙古、新疆、西藏、云南、广西之中文图籍编成分类书目，共收一万余种，委托上海商务印书馆排印发行"。另有《清代文史笔记子目分类索引》，是"仿照《清代文集篇目索引》之体裁，将清代关于文史札记笔记之书五十种分析子目，得数万条，分类编成索引，委托上海开明书店排印发行"②。这两种出版物是对战前参考组代编专题书目和编制参考文献索引工作的延续。此后，到 1942 年国立北平图书馆南馆还编辑有《西南方志目》、《中文普通书

---

① 国家图书馆档案，年录 2.15。
② 北京图书馆业务研究委员会.北京图书馆馆史资料汇编(1909—1949)[G].北京：书目文献出版社,1992:697－707.

目》、《国学论文索引》六编、《地学论文索引》三编、《么些文目录》、《西南碑志目》、西南文献丛刊4种、善本丛刊第二集12种、《新疆书目解题》等书①。这些著作不仅有序继承了早期国立北平图书馆国学论文、地学论文索引编制的工作，还结合时代热点，在战前边疆文献整理等工作的基础上，继续编纂专题目录，为各界参考研究提供了便利。

2. 征集西南文献

随着国民政府南迁，西南地区成为正面战场的指挥中心和大后方基地，日益为世界瞩目。但此前，西南地区受地理条件制约，相关文献极少，各方亟待参考资料，以便进一步了解和研究西南地区的自然环境、少数民族文化和宗教等。并且，随着战争的进行，西南地区文献也需抢救保护。此时，国立北平图书馆进驻西南，为西南参考文献建设提供了专业支持。国立北平图书馆迁至长沙时，就开始关注对西南文献的收集和整理，到1938年3月11日国立北平图书馆委员会制定的《昆明办事处工作大纲》中将征购西南文献（包括各特种民族照片）、传拓西南石刻排在采访事项的头两条，委派原参考组万斯年等人负责②。1939年的《本馆二十八年度馆务概况》书籍采购项中，首要的还是西南文献和云南石刻，又加入第三项特种民族文献，下面对这三种西南文献的征集情况简单介绍。

首先是西南方志。《本馆二十八年度馆务概况》就西南文献介绍道："入藏四川方志一百六十五种，云南方志三十种，贵州方志十六种，广西方志十八种，诗文集一〇九二种；特设西南文献室，集中一处，分省陈列，以供参考。"③地方志最为全面地包含着该地区的信息，也是南馆文献征集工作的当务之急。为方便参考研究，南馆不仅迅速征集西南各省地方志，还特设文献室供研究者阅览。1940年7月12日，国立北平图书馆呈教育部的《国立北平图书

---

① 国家图书馆档案，概况2.13。
② 国家图书馆档案，年录2.15。
③ 北京图书馆业务研究委员会.北京图书馆馆史资料汇编(1909—1949)〔G〕.北京：书目文献出版社,1992:697-707.

馆工作报告》中记载"仅方志一项已购入者计 1000 余种"①,到 1945 年度,国立北平图书馆继续入藏四川方志 276 种、云南方志 93 种、贵州方志 34 种、广西方志 24 种、西康方志 15 种。

其次是云南石刻。《本馆二十八年度馆务概况》就云南石刻介绍道:"除购入二〇八种外,并派拓工分赴云南各县逐件传拓。此项石刻颇富历史价值,惟风雨侵蚀,时遭损坏,亟宜从速传拓,以广流传。本年度已拓一百余种,仍在继续进行中。"②传拓云南石刻,对于了解西南历史和文化有重要补充作用。1939 年馆员范腾端等赴云南各地,对石刻进行逐件传拓,至 1939 年底,拓就元碑 9 种,明、清碑刻 100 余种,并购入西南石刻拓本 208 种。1940 年 7月《国立北平图书馆工作报告》中记载"传拓云南石刻数百种"③。1941 年,又派万斯年深入丽江地区访察传拓丽江地区的石刻。到 1945 年 6 月,南馆拓就石刻计"汉碑 1 种,晋碑 2 种,刘宋碑 1 种,唐碑 4 种,宋碑 2 种,元碑 24 种,明碑 92 种,清碑 147 种,近刻碑 76 种,都 351 种,概属海内罕见之品"④。这些石碑石刻,对于研究者深入了解当地宗教、政治、军事及与中原的交流等提供了生动的例证。

第三是西南民族文献。西南地区素来是多民族杂居之地,尤其云南是我国民族数量最多的省份,相关文献的采访对于我国人文地理研究有重要作用。《本馆二十八年度馆务概况》就民族文献介绍道:"除将国外所藏此项文献陆续影照副本寄馆外,并委托专人从事搜集。较重要者为云南丽江之么些文字一百余张,均系象形文字,插有彩画,至可宝贵。"⑤这里提到的么些文字,系指纳西族人使用的东巴文,该族主要活动于云南丽江地区。1939 年,在丽

---

① 国家图书馆档案,概况 2.4。

②⑤ 北京图书馆业务研究委员会. 北京图书馆馆史资料汇编(1909—1949)[G]. 北京:书目文献出版社,1992:697-707.

③ 国家图书馆档案,概况 2.4。

④ 徐家璧. 袁同礼先生在抗战期间之贡献[G]//朱传誉. 袁同礼传记资料. 台北:天一出版社,1979:42.

⑤ 北京图书馆业务研究委员会. 北京图书馆馆史资料汇编(1909—1949)[G]. 北京:书目文献出版社,1992:702.

江采访的纳西族学者周汝诚又为南馆收集到东巴经典 547 册。为形成纳西文献系统馆藏,1941 年 7 月到 1942 年 11 月,南馆派万斯年至迤西、丽江一带考察地方文献。万斯年抵达丽江后,在周汝诚的协助下,和东巴教的巫师等主要人物建立起关系,先后征集到东巴经典 3200 余册、丽江方志 5 种、纳西族谱 3 种、纳西人诗文集 21 种、其他纳西族文献 13 种,并传拓纳西墓碑、庙碑和摩崖石刻等。万斯年的工作可以归纳为:"(甲)地方文献之搜访传抄,(乙)金石之访察传拓,(丙)东巴经典之访购,(丁)东巴经典之整理,(戊)木土司遗踪之踏访,(己)明人真迹之搜访照录,(庚)其他文献之入藏,(辛)喇嘛寺庙之踏访,(壬)滇中刻藏佛经之访察。"①这些文献生动具体地反映了纳西族人宗教、军事、文化等活动。他对相关文献初步分类编目后,与此前周汝诚收集的东巴经典一起,构成了国家图书馆的纳西文献特藏。后南馆与国立丽江师范学校合组边地文献室,由周汝诚继续整理馆藏东巴经典文献。

除了上述三项按计划征集的西南文献之外,国立北平图书馆南馆还借偶然的机会入藏了云南武定县那土司家藏经典、明清两代写本及刊本罗罗文经典 500 余册。这件事由傅斯年和袁同礼主导,由万斯年具体执行。1943 年 3 月,袁同礼收到馆委员会委员傅斯年转来史语所助理研究员马学良信,信中说云南武定的那姓土司欲出售家中彝文经典及文物,有外国人欲高价收购。傅斯年希望国立北平图书馆能够购藏保护这批文献,袁同礼立即起草呈文,请求教育部划拨专款。4 月教育部批拨收购费 10 万元,5 月款到南馆,6 月万斯年奉命前往武定。抵达武定后,他当即同在当地调查研究的马学良一起,对那土司家藏文献价值进行确认。他们二人再三与土司那维新之母那安和卿商洽,喻以国家文化机关保存文献之盛意,数月后那安氏同意廉价出让,但需得教育部褒奖,并在刊印时附上那氏土司之名且检赠副本。万斯年得袁同礼批准后,实施收购计划,以 103374 元购得彝文写经 507 册、写经卷子 1 轴、刻经 15 册、刻版 15 块,汉文档册 12 册。

经过馆内同人以及学术机关的协助,这一时期国立北平图书馆的西南文

---

① 万斯年.迤西采访工作报告[J].图书季刊,1944(3):112-123.

献征集收获颇丰,不仅为国家保存了文化遗产,还为各界提供了一批研究西南民族语言、政治、文化、历史极有参考价值的珍贵史料。

3. 搜集抗战史料

国立北平图书馆在与临时大学合办图书馆就认识到搜集抗战史料的意义。1938年1月30日,南下参考组馆员邓衍林给袁同礼的信中,再次提到南方工作中的调查"中日抗战史料与国际舆论资料"一项的重要性①。1938年3月国立北平图书馆《工作大纲》规定毛宗荫、余瑞芝编制抗战论文索引,颜泽霈排印《暴日侵华与国际舆论》初编及二编。1938年底国立北平图书馆向西南联合大学提出合作征辑中日战事史料的倡议和具体方法,其中由邓衍林负责中日战事史料中文资料整理工作。1938年12月10日,蒋梦麟、梅贻琦、张伯苓致函袁同礼,初步约定征辑范围中属于中日文之资料,拟由西南联合大学图书馆担任,属于欧美方面之资料,由国立北平图书馆担任,未来整理工作,则由西南联合大学历史社会学系按照姚从吾先生所拟计划负责办理②。1939年1月,抗战史料室在昆明柿花巷22号成立,国立北平图书馆发布《征集抗战史料启事》,明确搜集范围是"凡中文、日文以及欧美出版之日报、通讯社稿、战地通讯员之报告、沦陷区内之通信等"③,北平图书馆负责采访搜集,西南联合大学负责整理编纂,经费由两机构分担。中日战事史料征辑会设领导委员会,由袁同礼、冯友兰、刘崇𬭎、姚从吾、钱端升、傅斯年、陈寅恪、顾颉刚组成,袁同礼任主席,冯友兰为副主席。姚从吾、刘崇𬭎、钱穆、郑天挺、叶公超、蔡文侯、雷海宗、吴达元等教授等负责中、英、法、俄、德、日文材料的编辑。由于战争结束才能系统地整理编纂史料,因此中日战事史料征辑会主要是做文献的搜集保存工作。

中日战事史料征辑会同人中,以北京大学史学系教授姚从吾的贡献最为突出,他的工作对于抗战史料搜集具基础性作用。他于1938年8月在西南联

---

① 国家图书馆档案,年录3.7。

② 北京图书馆业务研究委员会.北京图书馆馆史资料汇编(1909—1949)[G].北京：书目文献出版社,1992:619－620.

③ 国立北平图书馆近讯[J].中华图书馆协会会报,1939,13(5):24.

合大学蒙自分校时就拟了一份《卢沟桥事变以来中日战事史料搜辑计划书》，1939 年 1 月中日战事史料征辑会正式成立后又予以增订。1939 年 1 月到 4 月四个月的时间已搜集到中文书籍 846 种、西文书籍 177 种、西文小册子 238 种、日文书籍 267 种；订购中文期刊 359 种（包括伪组织刊物 10 种）、西文期刊 133 种（英文 116 种，法文 7 种，德文 8 种，意、荷文各 1 种）、日文期刊 32 种；订购中文日报 94 种（包括伪报 15 种）、西文日报 39 种（英文 23 种，法文 4 种，德文 7 种，意文 1 种，俄文 4 种）、日文日报 8 种。其他资料包括：远东问题专家论著单行本、外国人士同情抗战之讲演稿、各国驻华新闻记者稿件、外侨之机要函件及报告书、各国教产被毁损失调查、各国商业损失调查、各国社团及工会抵制日货之宣传品与广告、海外中国各政党之出版物、文化机关被毁调查、医药防疫及战地救护设施报告、敌人汉奸之宣传品、战地照片等 12 项[①]。

　　抗战期间中国有解放区、国统区、沦陷区之分。国立北平图书馆充分发挥各地办事处的优势，除在昆明本地进行文献搜集工作外，在重庆、上海及香港等地也派人收集报纸、杂志、小册子等[②]。当中尤其值得注意的是对解放区文献的搜集，这是国立北平图书馆成立以来，与中国共产党的第一次正式交往。1939 年初，为征集解放区抗战文献，袁同礼致函国民革命军第十八集团军驻渝办事处领导人周恩来，并请他转告延安方面，支援南馆征集抗战史料的工作。1939 年 2 月 21 日，延安解放社寄赠《共产国际七次决议》2 册，并建议国立北平图书馆到距其较近的重庆《新华日报》要《解放周刊》。1939 年 3 月，袁同礼直接致函中共领导人周恩来，寻求帮助。3 月 16 日，第十八集团军重庆办事处周怡（中共重庆办事处通讯处处长）函复袁同礼："恩来同志因公赴前方，于月前即已离渝。接奉先生致恩来同志函后，当即趋贵寓拜谒，因先生教育会议忙碌，数次均无缘晤谈。现除将先生大函留交恩来同志外，已函延安方面搜集有关抗战文献，直寄昆明。"此后解放区书店以及通讯社先后向国立北平图书馆寄赠中国共产党早期出版的书刊文献。4 月 3 日，延安新华

---

①　戚志芬.袁同礼与中日战争史料征辑会［G］//北京图书馆业务研究委员会.北京图书馆馆史资料汇编（1909—1949）.北京：书目文献出版社，1992:1354 – 1355.

②　中日战事史料征辑会近况［J］.图书季刊，1944，新 5（2/3）:111.

书店按期寄送《解放》《中华》《新华日报》各一份①。4 月 10 日,国民革命军第十八集团军驻陕办事处林伯渠致函李俨(著名数学家,时任陇海铁路局副总工程师),信中云:"李乐知先生大鉴:径启者,国立北平图书馆前函索各种书籍由尊处代转,兹特送联共历史等书共五十本,请查收并转为荷。"②6 月 24 日,解放社致函国立北平图书馆,"所需本社出版图书,准照尊嘱,以后如有出版,已开赠户,当不断寄奉"③。7 月 17 日,国民革命军第十八集团军驻渝办事处向南馆寄赠周恩来交下的解放区出版物 27 种,并说明今后尚有书继续寄上,赠书主要为中国出版社、解放社、《新华日报》于 1937 年和 1938 年出版的著作,包括《什么是马克思主义》《什么是列宁主义》《左派幼稚病》《王明救国言论选集》《毛泽东救国言论选集》《抗日民族统一战线指南》等 10 余种书籍④。在接受捐赠的同时,国立北平图书馆昆明、重庆两办事处直接与延安解放社、延安新中华报社、延安新华书店、重庆新华日报社等中国共产党的新闻出版机关建立征订书刊、日报的业务联系,按期订购《解放》《中华》《新华日报》《群众周刊》《新中华报》等期刊⑤,确保文献入藏的稳定。

中日战事史料征辑会创办以来,抗战史料搜集工作进展迅速。尽管在 1941 年 12 月太平洋战争爆发后,上海、香港沦陷,两地工作被迫停顿,存贮两地的史料亦未能运昆明,但至 1944 年 9 月,仅昆明部分,就已入藏有中文书 5180 种(约 6000 册)、小册子 400 册、杂志 2350 种(包括停刊者在内,仍在出版的有 485 种)、报纸 169 种,日文书籍 520 册、杂志 120 种、报纸 8 种,西文书

---

①　本刊资料组.在周恩来林祖涵同志关怀下原国立北平图书馆入藏我党早期出版的书刊文献纪实[J].图书馆学通讯,1981(3):4 - 6.

②　北京图书馆业务研究委员会.北京图书馆馆史资料汇编(1909—1949)[G].北京:书目文献出版社,1992:681 - 682.

③　北京图书馆业务研究委员会.北京图书馆馆史资料汇编(1909—1949)[G].北京:书目文献出版社,1992:691.

④　李致忠.中国国家图书馆馆史资料长编(上)[M].北京:国家图书馆出版社,2009:335.

⑤　戚志芬.袁同礼与中日战争史料征辑会[G]//北京图书馆馆史资料汇编(1909—1949).北京:书目文献出版社,1992:1356 - 1357.

籍 1922 册、杂志 373 种、报纸 49 种。

中日战事史料征辑会对抗战史料的整理也方便了各界对材料的使用和参考研究,相关书目索引的编制工作主要由南馆负责。从 1939 年 1 月到 4 月,中日战事史料征辑已编或在编的有《卢沟桥事变以来中日战事大事日表》《卢沟桥事变以来大事日历长编》《卢沟桥事变以来每日战况详表》《卢沟桥事变以来战局转移地图》《卢沟桥事变以来中日战事简明一览表》《中日战事纪事长编》《卢沟桥事变以来新出战事书籍提要》《西文中日关系书目》《西文中日关系书目汇编》,并出版了英文版《暴日侵华与国际舆论》第一辑。在索引编制方面,根据欧美出版的 13 种索引,将论及中日战争或远东及太平洋问题的论文编成《中日战事论文索引》与《中国问题论文索引》,还编纂了英文版的《中日战时公牍索引》《战时中国国际关系史料汇编》等。到 1944 年 9 月,中日战事史料征辑编就者有各战区长编 14 种,《抗战书目提要》1 种,经过整理分期刊印的《战事史料集刊》,此外还有抗战论文索引 3 万余条,分类剪贴报纸 50 大箱,辑录欧美论中国的各种论文数百篇①。这些文献搜集和整理工作,可以视为对战前国立北平图书馆参考组编纂专题书目和索引等工作的延续。

4. 提供政府参考文献

国立北平图书馆一直以来都很重视政府服务,1933 年起就为国民政府参谋本部、国防设计委员会、外交部等提供边疆问题决策咨询服务,专题咨询时也常为教育部医学教育委员会等政府机关提供参考资料,这一传统延续到了战时的昆明。

1938 年昆明南馆成立初期,就已经确立了基本方针是“为维持战时高深学术研究之便利,对于西南研究机关源源供给参考资料,直接间接改善各大学之教学”②。由此,南馆对于西文文献采访一直侧重专业期刊和书籍。西文期刊方面,1938 年南馆订购西文学术期刊 600 余种,1939 年增至 1600 余种,1940 年度订购西文期刊达 2000 余种,分送西南联合大学、同济大学、云南大学及中日战事史料征辑会陈列阅览,又订购欧美出版之医学杂志 200 余种,分

---

① 中日战事史料征辑会近况[J]. 图书季刊,1944,新 5(2/3):111.
② 国家图书馆档案,概况 2.4。

寄成都、重庆、贵阳、昆明各医学机关,轮流参考。西文书籍方面,从 1938 年至 1941 年底,共购入抗战开始后新出版的西文书籍 8000 余种,其中 1940 年开始与中国经济建设协会协作,特购藏供从事战后经济建设人员参考的书籍,相关书籍购得后即交该会,用以制订战后的经济建设计划。以 1940 年为例,当年西文书籍所购书籍仅限抗战史料、中国外交史及战后经济建设参考资料三类,共购入 1811 种,其中部分图书由中国经济建设协会分组研究,以期有助于战后建设计划措施的制定①。但自太平洋战争爆发,西文资料来源断绝,入藏出现停顿。抗战后期,采购专业参考书等业务由重庆办事处具体负责。

上述医学、外交和战后经济建设等专业参考资料的入藏,旨在供政府机关人员参考,以便应对战时紧急情况,并为战后复兴做准备,这反映出长期以来国立北平图书馆以国家和民族为重的社会使命意识。

三、北平馆(北馆)的参考工作

1938 年 1 月 18 日,中华教育文化基金董事会执委会在上海召开第 122 次会议,议决继续维持国立北平图书馆。国立北平图书馆面临着殖民统治的空前危机,但在一众馆员的隐忍坚持下,仍尽可能保持参考组解答读者咨询和编制专题目录等工作继续开展。

从 1937 年冬开始,国立北平图书馆的部分文献遭到日伪当局的破坏,到 1942 年伪华北政务委员会正式接管国立北平图书馆后,馆藏又一次遭到破坏。抗战初期,日伪即强行提出新旧图书、中文官书、中文教科书、万有书库、中文连环画、西文图书等计 4473 册,装箱封存,后全部为北平"中华民国新民会"取去。经司徒雷登与时任伪华北政务委员会教育总署督办的汤尔和斡旋,新民会才退还一小部分图书②。到 1941 年 10 月,北平图书馆在伪华北政务委员会教育总署的敦促下,又将馆藏中疑似涉及抗日、共产主义、社会主义、马克思主义的悉数封闭一室,一概停止阅览。虽然面临言论管制,但直至 1941 年底,国立北平图书馆的行政没有受到任何干涉,组织没

---

① 国立北平图书馆工作近况[J].图书季刊,1940,新 2(2):263.
② 国家图书馆档案,年录 7.2。

有变更,仍照中华教育文化基金董事会一贯政策继续维持①。1941 年 12 月 7 日太平洋战争爆发以后,国立北平图书馆曾一度停止馆务。1942 年 1 月 2 日,伪教育总署接收改组,改名为"国立北京图书馆",任命该署督办周作人兼任"馆长",王钟麟为秘书主任。由于经费紧张,直到当年 5 月 1 日才开馆阅览,设有大阅览室、杂志阅览室、新闻阅览室和专门阅览室等。1942 年 4 月,《"国立北京图书馆"检查禁书办法》出台,规定了由"教署商请关系当局推选实地检查工作人员"②,约请新民会中央总会稻叶诚一等 5 人担任检查工作,并由图书馆酌派馆员四人协助。这次查禁于 6 月 1 日开始持续到 12 月,馆藏又遭到一次破坏。1943 年 2 月 3 日周作人获准辞去馆长职务,秘书主任王钟麟也辞职,伪教育总署后来委任的馆长有张心沛、景耀月、俞家骥、张煌全等。

从 1937 年 8 月到 1941 年 6 月,日占时期的国立北平图书馆虽然经费紧张,但还能保持着行政上的相对独立。此时虽然参考组组长莫余敏卿、邓衍林、万斯年等先后南下,但国立北平图书馆仍在编辑参考专题目录索引方面取得了不菲的成绩。1937 到 1938 年度编辑参考用书有十四种,包括:

①西文流出国外著述目录;

②一九三五、六年西文期刊中关于中国问题书目;

③敦煌石室写经题记汇编;

④国人西文著述目录;

⑤书目目录备检及序跋汇集;

⑥汉译日文书目类编等。

答复的重要咨询有:

①关于中国石刻及雕刻之中日文书籍选目;

①　国家图书馆档案,年录 3.7。

②　国家图书馆档案,外事 4。

②馆藏关于北平图书选目；

③馆藏禁毁书目目录；

④关于中国各种灾害调查及救济事业之资料辑目；

⑤国术参考书选目补、关于奇门遁甲之参考资料简目；

⑥十四世纪以后中国沿海各省被兵灾之参考资料辑目；

⑦有关琉球群岛之参考资料辑目；

⑧有关清末海外贸易之参考资料简目等。

1938 到 1939 年度参考组编辑专题目录有：

①新疆问题图书辑佚；

②汉译日文书目类编；

③西南民族之文献目录；

④中国国际关系书目等。

答复咨询工作有十五起：

①清初以来八旗人员诗文集著述目录；

②中国人口统计之中西文参考资料；

③中国交通之中西文参考资料；

④评论中国近代画家之参考资料；

⑤天主教在北平之沿革之参考资料；

⑥中国职业教育之参考资料；

⑦中国古代学者对于心理卫生之见解之参考资料；

⑧关于回教之参考资料；

⑨中国人工孵卵法之参考资料；

⑩发光涂料之参考资料；

⑪关于蹴鞠之参考资料；

⑫巫蛊与狐仙等四大门之参考资料;

⑬五十种医学杂志之出版家调查表;

⑭罗马诗人贺拉诗之中文译本;

⑮List of References on Psychopathic Personality(病态人格参考资料)。

1939 到 1940 年度参考工作除口头答复阅览人咨询外,还编辑有:

①中国国际关系书目(中、西、日文);
②欧战后之建设书目(中、西文);
③鸦片战争书目等。

其中重要咨询有:

①明代关于北京之著述目录;
②清乾隆御制土尔厄特复归纪念诗文辑目及碑文;
③魏赠定州刺史邸珍碑文;
④鼻烟及鼻烟壶之参考资料简目;
⑤中文西洋音乐书目;
⑥中国妇女缠足之参考资料简目;
⑦中国文化西渐之参考资料简目;
⑧欧美各国研究中国学术之机关名称及地址;
⑨丛书中之明初开国史料与利玛窦有关之问题二十四则;
⑩文选、楚辞书目;
⑪元朝关于三海之参考资料;
⑫关于桐油之参考资料等。

1940 到 1941 年度参考工作除口头答复阅览之咨询外,还编纂有《欧战后

之建设中西文书目》及《中国科学史书目》二种参考书目,解答的重要咨询有:

①关于古今名人联语之参考资料;

②馆藏名人哀荣录集目;

③唐宋十二家诗集笺注目录;

④关于讨论红楼梦之著述目录;

⑤希腊文学书目;

⑥汉译小泉八云之著述目录;

⑦关于疥虫之参考资料;

⑧汉文文法书目;

⑨关于版权同盟与中国之参考资料;

⑩关于鸦片源流之参考资料;

⑪关于组织会计师学会之参考资料;

⑫代燕京大学图书馆检查日文丛书别集等二百余种等。

概括而言,这一时期新开展的参考工作包括 1938 年的《西南民族文献目录》、1939 年到 1941 年开展的《欧战后之建设中西文书目》及其他关于中国历史、文学、宗教及中外关系、医学、外国文学的专题咨询。此外,还在战前工作的基础上,继续进行了《新疆问题图书辑佚》《石刻题跋索引》《国学论文索引五编》等参考文献整理工作。总的来说,这一时期国立北平图书馆的参考咨询业务虽然明显少于战前,但专题书目编纂等工作仍有所开拓,答复咨询所涉及的范围依然广泛,说明参考组仍能维持基本工作。

1942 年,日伪政府正式接管并改国立北平图书馆为"国立北京图书馆",北平部分的参考工作陷入前所未有的低谷。此时,虽然参考组的建制并未取消,馆方对参考组工作的介绍与战前相似,设于阅览室出纳台的参考咨询处也未取消,但 1943 年《馆务报告》中显示参考组仅余组长丁滂一人,业务基本趋于停滞。在 1942 年 6 月印行的《"国立北京图书馆"概况》中,阅览部下设参考组,其职责是"凡关于书籍版本及特种专门书籍目录相咨询者,均就本馆所藏或见知所及详为答复以供参考"。该年施行的《"国立北京图书馆"暂行组织大纲》规定参考组职责有以下三项："阅览人对于目录或参考书不明其用法时参考组职员应详细说明其使用法或检查法；阅览人如有问题口头咨询者，参考组应根据咨询范围尽力协助其搜集资料解决疑难；馆外有来函咨询有关图书馆或书籍等问题时本组应尽力代为蒐集资料，编辑各种答案，参考书目交由文书组正式答复。"《"国立北京图书馆"阅览暂行规则》第十八条有"如有特殊咨询事件请随时至出纳柜问讯处接洽"之规定。从上述文献可知，此时参考组的工作主要包括答复口头咨询、代编参考资料专题目录等，但是并未列明具体事务。到1943年度，参考组的参考工作较前年更少，据该年度《"国立北京图书馆"馆务报告》：

> 本馆特设参考组，派有专员。凡阅览人或馆外人对于书籍种类、内容以及阅览手续有所咨询时，均就见闻所及，或以书面，或用口头，尽量答复，并辅导阅览人使用目录及参考书。历年遵行，成效尚佳，一般阅览人或馆外人均称便利，只以随问随答事属微琐，故难遍举也。

此处侧重介绍了参考咨询台的工作，同时试图解释报告中无法开列具体事务的原因。可以想见，这时的参考工作已经趋于停顿。到1944年，《馆务报告》中对参考工作的介绍除了答复口头咨询的简单问题外，还开列了几项各处函请代为搜集的参考资料，如关于甲骨文字之西文参考资料、研究原始社会之西文参考资料等，但并未说明是否确实解答了相关咨询。总体而言，从1941年7月到1945年8月，没有资料说明"国立北京图书馆"参考组开展的具体工作，北馆的参考工作陷入了低谷。

在经费紧张、文献分散的战争时代，国立北平图书馆在各地艰难开展着参考工作。其中在代馆长袁同礼带领下的南迁部分与各大学合作，成功抵制住中华教育文化基金董事会的压力，于1938年设立昆明办事处，并于1939年4月升格为本馆，馆内设参考室，提供参考咨询服务。南馆的成功开馆与原参考组成员莫余敏卿、邓衍林、万斯年等人的支持密切相关,该馆的工作重心是因时、因地制宜地搜集整理参考资料。因此,南馆在战前答复咨询与编制书目索引等业务之外,发起了征集西南方志和民族文献以及搜集抗战史料并编写目录索引等新业务,并为政府机构提供了大量医学、外交和经济等方面的参考文献。其次是留守北平陷入敌手的北平馆,北馆在馆藏文献遭到破坏的不利条件下,在 1937 至 1941 年仍能维持编制专题书目索引、答复咨询等参考工作,取得了不菲成绩。然而,到 1942 年改名"国立北京图书馆"以后,该馆虽仍保持参考组基本建制,但参考咨询工作陷入停顿。此外,国立北平图书馆的上海办事处、南京办事处在采订期刊、搜集沦陷区抗战史料等方面也做出了很大的贡献,香港办事处则负责将新到的西文期刊编制索引并转运抗战史料往内地,而重庆办事处也在抗战后期为国家收集了重要参考文献并服务于各学术机关。

第三节　参考工作的缓慢恢复

从 1945 年 10 月"国立北京图书馆"由国民政府教育部接管到 1949 年 1 月 31 日和平解放北平,这不足四年的时间里,国立北平图书馆完成了回迁,参考工作得以继续进行。在逐渐恢复编制专题目录索引等工作的同时,国立北平图书馆还新设了专题文献研究室,为各界的参考研究提供了方便。但随着 1946 年 6 月解放战争全面爆发,国立北平图书馆又凸显出了经费不足的问题。总体而言,这一时期的馆务资料较为匮乏,参考工作也未能恢复到战前水平。

一、国立北平图书馆抗战复员的概况

1945 年 8 月 1 日,抗战胜利在望,国民政府行政院发布"收复地区政治设施纲要"草案,其中教育文化项第三条中提出对敌伪经营之图书馆进行清查与整理。8 月 15 日,日本宣布投降。8 月 29 日,经济部发布收复区敌产处理

办法。

经济部部令公布(第七三五号)一、凡敌国在中国之公私事业资产及一切权益一律接收,由中国政府管理或经营之。二、敌人在收复区内不得迁出或破坏任何设备,如有违犯,应负完全赔偿之责。三、凡与敌人合办之事业,不论公营或私营,一律由中国政府派员接收,分别性质,应归国营者,移交国营事业机关;应归民营者,移交正当民营事业组织接办。四、收复区各事业遇有必要,中国得责令敌国指派经管或熟悉人员,负责点交说明。①

根据上述政策,1945 年 10 月南京国民政府教育部派沈兼士接管"国立北京图书馆",改回为国立北平图书馆,在留平保管人员总务部主任王访渔及编纂顾子刚等的协助下,教育部顺利接收北馆,1941 年 12 月 8 日前任用的 63 名职员继续供职,并照常开放阅览。

1945 年 11 月,袁同礼回馆主持工作,国立北平图书馆仍延续原来的宗旨,积极开展为参考研究服务的工作,并订立了三项计划:①原有及新入藏之书,按其性质分别加以整理,以便研究参考之用;②积极征购国内外新出版之图书,以谋补充研究参考之新资料;③扩充馆舍,以备增加图书庋存及整理之处所②。这三项计划,反映出该馆一贯重视参考研究的办馆宗旨和发展方向。1946 年 6 月 28 日国民政府批准《国立北平图书馆组织条例》,对国立北平图书馆的任务、性质、组织机构设置都做了详细定义,进一步规范完善了规章制度及组织安排。条例中规定国立北平图书馆隶属于教育部,下设采访组、编目组、阅览组、善本组、舆图组、特藏组、研究组、总务组八个科组③,其中阅览

---

① 中国第二历史档案馆.中华民国史档案资料汇编(第五辑):第三编 财政经济[G].南京:江苏古籍出版社,2002:1−2.
② 北京图书馆业务研究委员会.北京图书馆馆史资料汇编(1909—1949)[G].北京:书目文献出版社,1992:886.
③ 北京图书馆业务研究委员会.北京图书馆馆史资料汇编(1909—1949)[G].北京:书目文献出版社,1992:1083.

组下设立参考股,莫余敏卿担任股长,而研究组负责编制有关特种书籍的书目、索引等各项工作。经过一年多的调整,国立北平图书馆的阅览工作基本恢复了战前的状态。1947年3月随着业务发展需要,国立北平图书馆与位于北海公园快雪堂的松坡图书馆开展合作,向北海公园商借庆霄楼、悦心殿及静心斋等处做阅览研究之用。

二、国立北平图书馆复员后的参考工作

1946年起,参考组已经恢复工作,在当年的《阅览组工作报告》中记录了参考组的四项主要工作,包括:咨询工作,即随时答复阅览人口头咨询各项简单问题。辅导工作,即辅导阅览人使用目录及参考书。编辑工作,主要有两种,即抗战期间所出版之中文参考书举要和有关中国之西文书中人像索引。馆外函请代为搜集之参考资料,主要有三种,即关于利玛窦之中文参考资料、关于冤狱赔偿问题之参考资料和关于中国墨之中西文资料。由这个报告可知此时参考组解答咨询、代编书目等主要业务已经可以继续开展。

在1948年12月呈报教育部《国立北平图书馆复员以来(一九四五——一九四八)工作概况》的报告中,可以全面了解复员三年来国立北平图书馆在采访、阅览、参考等方面所取得的成绩。其中与参考工作关系较为密切的主要有两项:其一,增设专题研究室和书库;其二,专题参考文献的整理及相关目录索引的编制。下面对这两项内容加以介绍。

首先是增设专题研究室和书库,这为参考文献的有效利用提供了方便。在《阅览组工作报告》中已提到新增的专门研究室包括国际问题研究室、舆图研究室①、工程研究室、金石拓片研究室等,在《工作概况》中,对"阅览室及研究室之增设"有进一步说明,除原有大阅览室、期刊阅览室、日报阅览室、善本阅览室、舆图阅览室外,复员以后又增设新书阅览室、悦心殿阅览室、国际问题研究室、金石拓片研究室、工程研究室、边疆文献研究室、满蒙藏文研究室、苏联研究室、日本研究室,共十四所。同时也介绍了"专门书库之增设",除原

---

① 按:《阅览组工作报告》中有误,舆图研究室的设立最早可追溯到1931年,不应为新增设的研究室。

有普通书库、善本书库、满蒙藏文书库、期刊书库、舆图书库、日报库之外，复员以后又增设了西文善本书库、德法文汉学研究书库、西文中国艺术书库、中文目录书库、西文目录书库、北平史料书库，共计十二所①。从所增设的研究室内容看，与国立北平图书馆自 20 世纪 30 年代以来展开的专题咨询工作有密切联系。其中国际问题研究室，源于战时北馆所编《中国国际关系书目（中、西、日文）》和南馆所编《西文中日关系书目》《西文中日关系书目汇编》《战时中国国际关系史料汇编》；金石拓片研究室源于从 1931 年春到 1937 年编制完成的《石刻题跋索引》（原名《金石题跋及论文索引》）和南馆搜集的云南石刻文献；边疆文献研究室则来自 1931 年开始的《中国边疆史籍录》（原名《中国边疆图籍录》）和战时南馆征集的西南方志及民族文献；至于工程研究室、满蒙藏文研究室、苏联研究室、日本研究室，则直接承袭了战前国立北平图书馆所设立的工程参考阅览室和俄文、远东、满蒙文研究室，其中日本研究室需要特别说明一下。早在 1932 年，国立北平图书馆就在大阅览室设有专架陈列中日关系书籍，1948 年 6 月 4 日设于太庙的研究室的设立与在此基础上接收的日伪书籍有关。1946 年底国立北平图书馆奉教育部令接受移运原由平津区特派员办公处保管的中日文图书，共运中日文书 3074 箱，伪教育总署档案 65 箱，后由北平市各院校合组委员会主持，国立北平图书馆协办，以抽调的日文书籍孤本为基础成立日本研究室，此后继续采购日本投降后出版的书刊、东京盟军总部所印之公报以及欧美出版关于日本研究之著作，参考利用之余，以发展改组成日本研究所为目标②。书库方面，德法文汉学研究书库、西文中国艺术书库、北平史料书库等与战时北馆的咨询《欧美各国研究中国学术之机关名称及地址》《天主教在北平之沿革之参考资料》《明代关于北京之著述目录》等也有一定联系。总的来讲，国立北平图书馆的研究室和书库建设，与 20 世纪 30 年代以来展开的参考工作密切相关，并充分考虑了供各界

① 北京图书馆业务研究委员会.北京图书馆馆史资料汇编（1909—1949）［G］.北京：书目文献出版社,1992:1271 - 1273.

② 北京图书馆业务研究委员会.北京图书馆馆史资料汇编（1909—1949）［G］.北京：书目文献出版社,1992:872 - 873.

参考研究的需要。

其次是对专题参考文献的整理及相关目录索引的编制。在《工作概况》中介绍正在清点整理的接收文献包括日文参考书和关于中国研究资料两类,这反映了战时北馆的参考工作。此外,这一时期尤其侧重编纂专题工具书,这虽然属于研究组的工作,但实际上是参考工作的重要组成部分。到 1948 年 12 月已编成及正在编辑中的专题书目有九种、索引有三种。相关介绍如下:

①《中国外交史书目》。全书计分数部,已完成者为:《中国国际关系》,凡通论、条约、史料等均属之,已收书二百余种;《中英外交史》,收书一百五十余种;《中俄外交史》,收书八十余种。

②《甲骨文论著目录》。已完成,计收书籍及论文三百五十余种。

③《胡适之先生著作目录》。已完成,计收书籍、论文三百余种。

④《北平史料书目》。先为长编,中文之部已收得有关书籍及杂志论文共一千三百余种,西文之部已收得数百种,尚待续录。

⑤《藏文经目录》。就本馆所藏藏文经编辑,共七百九十九种,三百八十九包,编成目录,预备付印。

⑥《蒙文经书目录》。就馆藏蒙文经书一百二十六种,经居三分二,书居三分一,已编六十二种,余在续编之中。

⑦《满蒙文书籍联合目录续编》。本馆与故宫博物院所藏之满蒙文书,原编有联合目录一种。兹将本馆续收之书与故宫博物院续收之书合编联合书目续编,已收五十九种,余在续编中。

⑧《舆图目录三编》。本馆原有《舆图目录初、二编》,兹续前作,编辑《三编》,正在进行中。

⑨《永乐大典辑佚》。此项工作由善本组从事编制,又于历代方志、总集、类书搜集资料,予以补充。本馆复员后,计编成史部《宝祐维扬志》等十种,集部《周邦彦清真集》等二十种,云已完成大半,今仍续编采录。

⑩《全国方志流寓传索引》。已收录浙江省一百五十人,写成卡片,余在续辑中。

⑪《古今名人图像索引》。已收录一千八百余人,又由西文书内收录二百五十人,写成卡片,余在续收中。

⑫《五体清文鉴索引》。继续旧作,已缮汉、满、蒙、回、藏五种文字卡片一万九千八百九十一张,已排比完毕,抄写过半,计日可以完成。

这些专题书目与索引中不乏对战前和战时参考工作的延续。如《中国外交史书目》就建立在此前对中国外交专题文献搜集整理的基础之上,早在抗战前国立北平图书馆参考组就积极搜集中国与邻国交往的相关资料。曾与东北外交研究会等机构合作,并编辑了《苏俄书目》《苏俄在中国活动论文集目》等参考资料。抗日战争中,北馆编制了《中国国际关系书目(中、西、日文)》,南馆编制了《西文中日关系书目》《西文中日关系书目汇编》《战时中国国际关系史料汇编》等。又有如藏文、蒙文经书目录及《满蒙文书籍联合目录续编》。国立北平图书馆从 1928 年北京图书馆时期就开始对满蒙藏文文献整合编目,1929 到 1930 年编成《丹珠经藏文索引》,1933 年编成《汉满蒙藏文词汇》和《满文书联合目录》等,而与故宫合作编成的两部《满蒙文书籍联合目录》更是与其他文化机构合作的范例。《北平史料书目》则与战时北馆关于北平史的专题咨询相关。《全国方志流寓传索引》与战时南馆对西南方志的征集不无联系。

此外,1948 年 5 月 16 日北平图书馆还举办了中日战争史资料展,展出抗战史料、敌伪资料、战时的期刊和剪报等共计 1.5 万余种,这标志着中日战事史料征辑会工作取得了初步成功。但是,随着内战的进行,国统区经济趋于崩溃,政府对国立北平图书馆的资助难以为继,参考工作的开展受到限制。1948 年底,袁同礼馆长去南京述职,由王重民代理馆长职务。当时北平早已被解放军包围,国立北平图书馆组成“应变委员会”,绝大多数馆员依然坚守岗位,直至 1949 年 1 月 31 日北平宣告和平解放。

本章梳理了 1937 年 7 月到 1949 年 1 月国立北平图书馆抗日战争中"四分五裂"和回迁后解放战争期间的惨淡经营。此时虽然文献资料分散,甚至不得不部分转移至美国以及台湾地区等处,但图书馆的参考工作不仅未完全停滞,还在某些方面取得了新的突破。一方面,南迁的昆明馆利用地域之便,搜集和整理了大量的西南文献、抗战史料和解放区的文献,并继续为国家机关提供服务;另一方面,抗战前期北平分馆在逆境中继续开展口头咨询、代编书目、制作文献索引等常规业务,后期虽然陷入敌手,但参考咨询台等基本建制仍未取消,在北平的大部分馆员一直坚守岗位到战争结束;与此同时,香港、上海、重庆等地的办事处也为参考文献建设做出了贡献。1945 年 10 月,"国立北京图书馆"由南京国民政府教育部接收,并改回原名国立北平图书馆,各地办事处也陆续回迁。1945 年 10 月到 1949 年 1 月,国立北平图书馆虽然受到经费等因素制约,参考工作恢复缓慢,但仍在此前工作的基础上增设了多个专题研究室,整理了部分参考文献。这 11 年多的时间里,国立北平图书馆在艰难维持中期待着 1949 年北平和平解放后的新生。

第四章　走向新生:1949 年 2 月—1956 年

十余年的战乱,使得图书馆的许多参考咨询工作均无法正常开展。这一情形随着北平的和平解放得到了彻底改善。1949 年 2 月解放军接管国立北平图书馆,馆内的各项工作逐渐走上正轨。1949 到 1956 年,图书馆学习苏联经验,确立了参考工作方针,据此调整了组织机构,而且在解答咨询、编制书目、开办研究室、举办展览和讲座等业务顺利开展的同时,还形成了一支专业而稳定的咨询专家队伍。

第一节　新中国成立前后的国家图书馆

随着解放战争态势逐渐明朗,国立北平图书馆迎来新生。1948 年 12 月 20 日,袁同礼致函馆内同人:

> 同人公鉴,同礼奉中央来电,入京述职。在离平期内,馆务由王重民先生代理,亦经部中核准。王先生与本馆关系最深,在此非常时期,得其主持,凡我同人均应共同拥戴,通力合作,俾馆务进行不致停顿。①

当天下午,王重民召集各组主任、各股股长开会,讨论当前急务,一是保护馆产和图书,二是共谋同人的安全与福祉。会议决定由素来在馆中负行政责任的王访渔、顾子刚、赵万里加上同人公举的三四个代表,组成"应变委员

---

① 北京图书馆业务研究委员会.北京图书馆馆史资料汇编(1909—1949)[G].北京:书目文献出版社,1992:922.

会",共同处理馆务,由王重民负总责;希望馆中同人积极贡献意见,维持馆内各项工作平稳运行。次日,王重民发布致全馆员工公开信,向员工们说明了袁同礼离馆情况,并鼓励留守员工道:"现在正是'同舟共济'的时候,我跑来参加,和大家一同拨桨,一同维护我们所寄托、所凭藉的'舟'——北平图书馆,共患难,共甘苦,也是义不容辞的。"①1949 年 1 月 28 日,王重民再次致函全馆员工。信中强调,虽然袁同礼离开了国立北平图书馆,但馆内各项工作如图书登记、编目、庋藏和提供阅览等事项仍应井然有序地进行。同时要求员工严明纪律,每日分别在文书股、事务股、编目股、阅览股、期刊股等五处签到②。

与此同时,1949 年 1 月 15 日解放军用武力解放天津以后,为保护北平故都文物和避免城市破坏,向北平守敌傅作义部展开政治攻势,傅接受和平改编。1949 年 1 月 31 日,解放军进入北平,北平宣告和平解放。北平和平解放,使北平这座古城和百万市民免于炮火,也保全了国立北平图书馆。解放军入城后,对北平图书馆秋毫不犯,据《人民日报》报道:"某部二连八班初入城时在文津街一带担任流动警戒,走到一所漂亮的楼房附近,一个老乡告诉他们这就是北平图书馆。虽然他们事先没有得到命令,却自动在门外露宿守护,谁也不到里面去,一直守到天明。"③就在解放军入城后的第九天,2 月 9 日北平联合办事处函秘字第 274 号,派钱俊瑞、陈微明赴国立北平图书馆联络商讨交接事宜。2 月 13 日中国人民解放军北平军事管制委员会令第 112 号,派尹达、王冶秋、马彦祥为代表接管国立北平图书馆。当时,国立北平图书馆有员工总计 145 人(职员 93 人、练习生 3 人、技工 8 人、工友 41 人)。由于军管会坚决执行了按照原机构系统接收,不打乱原来的企业机构,加强接收工作中的组织性与纪律性等正确方针,整个接管工作进行顺利。到 2 月 21 日,国

---

① 北京图书馆业务研究委员会.北京图书馆馆史资料汇编(1909—1949)[G].北京:书目文献出版社,1992:921.

② 北京图书馆业务研究委员会.北京图书馆馆史资料汇编(1909—1949)[G].北京:书目文献出版社,1992:923 - 924.

③ 新华社.我卫戍部队纪律严明 北平人民交口赞誉[N].人民日报,1949 - 02 - 16(1).

立北平图书馆办公阅览时间改为9时至17时,基本恢复正常。

1949年3月5日,北平军事管制委员会文化接管委员会决定任命王重民为国立北平图书馆代理馆长。9月27日华北高等教育委员会通知,所属单位名称有"北平"字样一律改用"北京",暂用旧印信。"国立北平图书馆"自即日起改名"国立北京图书馆"。10月1日中华人民共和国成立。中央人民政府设文化部,文化部下辖文物事业管理局,负责全国文物、博物馆、图书馆事业,郑振铎、王冶秋任正副局长。10月31日撤销华北高等教育委员会,国立北京图书馆转隶文化部。1951年6月,正式更名为北京图书馆。

第二节　参考工作的新方针

1949年迎来新生以后,国家图书馆的工作模式逐渐向苏联图书馆模式过渡,更加强调国家属性、阶级思想和群众教育工作,参考咨询的工作方针也随之发生改变。

1949年5月30日,《人民日报》报道称:"国立北平图书馆为开辟马列主义研究室和苏联文化研究室,特拨人民币十万元,派员赴哈尔滨订购马列主义政治经济理论书籍及苏联文化书籍杂志。并同时派人学习俄文编目法,参照苏联列宁图书馆经验改进图书馆管理业务。"文中特别提到参照苏联列宁图书馆经验改进图书馆管理业务,这是比较早见诸报端的提到国立北平图书馆在这一时期的建馆方针是参照苏联列宁图书馆经验改进图书馆管理业务的记载。那么,苏联列宁图书馆是如何建馆的呢?

苏联国立列宁图书馆是苏联的国家图书馆,是世界上第一个社会主义国家图书馆,也是社会主义国家第一个向各阶层、各年龄段读者敞开大门的图书馆。该馆位于莫斯科,建于1862年,是当时莫斯科鲁缅采夫公共博物馆的组成部分。1917年十月革命后,国家从收归国有的书籍收藏品中转交了150多万册图书给这个图书馆。1918年3月,苏维埃政府迁往莫斯科,鲁缅采夫图书馆成为国家主要图书馆,开始用书籍和目录情报为中央党政机关和科学机构以及其他机构服务。1919 年它设立了第一个科学工作者阅览厅。1921 年它被赋予国家书库职能,开始获得购买外国出版物的拨款,并开展了广泛的国际图书交换。1925 年 2 月它改名为苏联国立列宁图书馆,其藏书迅速增加,并在苏联图书馆界占据了中心地位。根据《苏联图书馆事业条例》中的规定,国立列宁图书馆的职责为:它是为大众服务的全国主要的图书馆,具有全国综合书库的职能,是全国图书馆学、书目学和图书馆学科学方法与科研协调中心。苏联图书馆的核心特征包括:一、国家性。由国家领导和组织全国图书馆事业的发展,由集中领导全国图书馆事业的专门机构负责制定全国图书馆事业发展的原则、条例、经费、人员等。二、思想政治性。图书馆事业的国家性质决定了图书馆事业发展必须与国家利益相结合,强调阶级性,这是苏联图书馆事业的又一核心特征。具体于参考工作,列宁图书馆于 1918 年 12 月成立了咨询处,1919 年建立了科学系统部,1926 年成立了科学参考部,1942 年建立了中央图书馆书目工作统计与协调处,1946 年成立了书目参考和情报工作部。该馆的参考工作曾经在苏联的经济建设和卫国战争中发挥了巨大作用。

　　1951 年北京图书馆开始酝酿新的参考工作方针。1951 年 3 月 27 日,中央人民政府文化部文物局抗字第 587 号通知北京图书馆,该局制定《改造北京图书馆方案》发布施行:

　　　　确定性质:全国性的、示范性的、综合性的图书馆。
　　　　确定任务:(一)收集、保藏、整理、利用图书、杂志、报纸,广泛宣传马列主义、毛泽东思想,辅导人民获得科学、技术、文学及艺术等各部门知识,以配合新民主主义各项建设。(二)编辑整理参考资料,解答机关、学校、团体以及一般读者的咨询。(三)大力开展群众工作,主动地联系辅导读者。(四)加强图书馆业务工作科学方法之研究,以便改进本馆的工作,并提供全国图书馆参考。①

---

　　①　改造北京图书馆方案[G]//北京图书馆馆史资料汇编(二)编辑委员会.北京图书馆馆史资料汇编(二):1949—1966.北京:北京图书馆出版社,1997:22 - 23.

在改进工作中,把"大力改进阅览工作,并开展参考辅导工作"列为第一条。1951 年 4 月 20 日,文化部副部长周扬在政务院 81 次政务会议上做《1950 年全国文化艺术工作与 1951 年计划要点的报告》中指出要"有重点地整理与改革旧有的博物馆、图书馆,使其成为推行群众教育的重要工具"。在大的办馆方针引领下,参考工作的方针得以确立为:为社会主义建设提供参考资料、解答社会各界咨询、开展群众思想教育工作及研究参考咨询理论。

1953 年以后,进一步明确了参考工作的这一方针。《中央文化部一九五三年工作报告》提到:"北京图书馆除加强了社会活动(如举办讲演会等)外,并配合国家经济建设进行了资料搜集、整理、供应等工作。"[1]1954 年 1 月 16 日,社会文化事业管理局第二次局务会议讨论北京图书馆 1954 年工作计划,决议北京图书馆的方针是:为人民服务、为经济建设服务、为研究工作服务,逐步地向列宁图书馆的方向发展;当前的任务是:宣传马列主义,宣传总路线总任务,以爱国主义与社会主义的精神教育人民,促进国家的社会主义建设和社会主义改造,并着手图书馆科学工作方法的研究[2]。1954 年 7 月 2 日,文化部发布《关于加强与改进公共图书馆工作的指示》,其中明确公共图书馆的任务中有:"以图书、资料、书目和索引为本地区的党和政府机关、财政经济部门,科学文教机关和其他机关、团体服务。"1954 年 10 月 24 日《人民日报》在题为《公共图书馆工作人员训练班结业》的文章中报道:"经过这次学习,学员们都进一步认识到:图书馆是推动我国社会主义建设事业的有力宣传武器之一。图书馆工作者应当在人民群众中推荐好书,使好书广泛、迅速地流传,同时逐步开展指导阅读图书的工作,以扩大社会主义的思想阵地。"[3]1955 年北京图书馆制定的《十二年工作规划纲要(1956—1967)》提出:"北京图书馆是我国的中心图书馆,是中外书刊及贵重善本书、手稿的国家总书库。今后应以种类齐全的巨大藏书,为我国各项社会主义建设事业服务,特别要把大力

---

① 中央文化部一九五三年工作报告[N].人民日报,1954 – 01 – 12(3).

② 北京图书馆馆史资料汇编(二)编辑委员会.北京图书馆馆史资料汇编(二):1949—1966[G].北京:北京图书馆出版社,1997:37.

③ 公共图书馆工作人员训练班结业[N].人民日报,1954 – 10 – 24(3).

配合日益发展的科学研究工作当成重点,以便更加发挥本馆应有的作用。"①

从 1949 年开始,国家图书馆就参照苏联经验改进图书馆业务,参考工作在社会主义经济、科技建设以及思想教育等领域的作用受到重视,并确立了以经济建设、学术研究、群众教育为服务重心的基本方针。

第三节 参考工作的机构调整

为适应新的工作方针,国家图书馆的参考工作机构也做出调整,从原有的参考股、索引股到 1951 年的参考辅导部下设的参考咨询股,再到 1952 年阅览参考部下设的参考研究组,机构的调整为业务发展提供了制度保障。

解放初期国立北平图书馆(1949 年 9 月改称国立北京图书馆)参考咨询机构的具体设立时间是一个需要探讨的问题。前人对此莫衷一是,有认为是在 1950 年,如焦树安在《参考工作的回忆与断想——纪念建国三十五周年》中认为:"新中国成立之后,由于恢复经济和发展生产的需要,北京图书馆遂于 1950 年 8 月正式成立参考咨询组,这也是中国图书馆最早建立的参考工作的专门机构。"还有认为是在 1951 年,如李希泌、王树伟的《北京图书馆》中说:"为了帮助读者查寻和更好地利用图书资料,北京图书馆于 1951 年正式成立了参考咨询组。"②戚志芬在《参考工作和参考工具书》中认为"为了帮助读者查寻和更好地利用图书资料,北京图书馆于 1951 年正式成立了参考咨询组"。田大畏《北京图书馆参考工作近况》一文"北图参考部门沿革和概貌"中写道:"北京图书馆负责参考工作的机构是一九五一年建立的,工作内容是解答咨询和编制目录索引。"这些看法有所依据,但是未能充分反映当时历史情况的复杂性。

实际上 1949 年国立北平图书馆被接管后,参考咨询部门的工作并未中

---

① 北京图书馆馆史资料汇编(二)编辑委员会.北京图书馆馆史资料汇编(二):1949—1966[G].北京:北京图书馆出版社,1997:426.

② 李希泌,王树伟.北京图书馆[M].北京:北京出版社,1957:3-4.

断。1949 年 8 月 27 日《华北高等教育委员会指令第 1083 号》同意聘张申府为参考股股员,9 月 2 日到职,这说明参考股确实存在,并在开展工作。据鲍振西《在解放初期的日子里》的回忆,1949 年 10 月至 1950 年,北京图书馆的机构设置包括阅览组(下设阅览股、庋藏股、参考股)、研究组(下设目录股、索引股)、舆图组、金石组、满蒙藏文室、日本研究室、中日战事史料征辑会以及上海、南京、香港 3 个办事处①。其中,阅览组下设参考股,研究组下设目录股、索引股都是沿袭了新中国成立前国立北平图书馆的原有设置,也保障了馆内参考工作的延续性。在 1949 年 12 月 16 日《呈文化部文物局人字第 712 号,再送本馆组织系统人事分配情形及明年度增加人事说明书》上对当时国立北京图书馆的"参考股""索引股"有详细介绍,说:"参考股,掌理答覆咨询、辅导事项。索引股,掌理编制索引等事项。"并对各股基本情况有所介绍。其中参考股,1950 年准备扩大,除为阅览人及一般学校机关解答及准备咨询外,还将并入做参考书目等项工作;至于索引股则因为人员流失,工作陷于停顿。北京图书馆打算增加马列研究室,并仿效列宁图书馆创设展览股,加强社会教育工作。1950 年 1 月 6 日的《呈文化部文物局民字第 13 号,送本馆组织机构及编制表》上显示:参考股现有主任 1 人、管理员 1 人、助理员 4 人和工友 2 人;索引股有编目员 1 人;马列研究室有采访员 2 人;苏联研究室有采访员 1 人、编目员 2 人、助理员 2 人、练习生 1 人;展览股 0 人。

1950 年,北京图书馆开始酝酿对旧北平图书馆组织机构进行更改。5 月 23 日的《呈文化部文物局民字第 568 号,呈送我馆组织条例》中明确指出馆长之下,设秘书处、采访部、编目部、善本部、阅览、参考研究部等 6 个部门,其中较为重要的是《国立北京图书馆组织条例》第十条:

> 参考研究部办理参考研究、编纂、咨询等事项及领导馆内有独立性而又暂不能设专部各部门。分参考、研究两股,苏联、舆图、金石、少数民族语文四研究室与史料征辑会、编纂委员会。编纂委

---

① 鲍振西. 在解放初期的日子里[J]. 北图通讯,1982(3):10 – 13.

员会由馆长兼任,兼指定一人为书记,主持会务。

这一方案中参考研究部下设8个股级机构,结合了旧国立北平图书馆的机构设置和新的建馆方针,但是该方案似乎没有得以实行或仅实行很短时间就夭折了。

1951年,中央人民政府文化部文物局制定并发交北京图书馆执行的《改造北京图书馆方案》对北京图书馆进行组织机构改革。根据《北京图书馆1951年工作总结》:

> 解放以后,我馆的组织机构,除去取消了中间'组'的一级机构和个别增减一些'股'以外,大致是没有什么变动的……最后经过上级的仔细考虑,参照了苏联图书馆组织的规制,一九五一年确定下来我馆的组织机构。并于十一月宣布开始试行,这是我馆步入正轨的起始。

> 新组织机构试行以来,有其优点和缺点。首先它的优点是明确了我馆各级分层负责的精神,健全了行政领导组织,如:构成了馆长、副馆长、学术秘书的领导核心,加强了中层的领导力量,并由副馆长领导二、三个部,实行分工,这不止有了健全的核心,而也能通过部主任将领导的决定或政策直接贯彻下去。又配合业务的需要,增设了必要的业务机构,如:交换股、科学方法研究股、推广股、人事股等等。

> 新组织机构的试行,是我馆走上发展道路上的一个可喜的事情,它奠定了整个工作的基础,规划好了推动工作和执行工作的具体组织。自此,以建立各种制度、有组织地有规划地动员所有人力,以达到发展业务的目的,乃是完全可以实现的事。[①]

---

① 北京图书馆1951年工作总结[G]//北京图书馆馆史资料汇编(二)编辑委员会.北京图书馆馆史资料汇编(二):1949—1966.北京:北京图书馆出版社,1997:621－625.

机构改革后,北京图书馆形成了八个部、两个室、二十八个股的机构设置。馆内设馆长、业务副馆长、研究副馆长和总务副馆长,下设馆长办公室、学术秘书(下设人事股、文书股)、采访部(下设中文采访股、外文采访股、期刊股、交换股)、编目部(下设中文编目股、外文编目股)、阅览部(下设阅览股、推广股)、苏联研究室、参考辅导部(下设科学方法研究股、参考咨询股、群众工作股、编译股)、善本部(下设考订编目股、保管阅览股)、特藏部(下设金石股、舆图股、兄弟民族语文股、日本语文股)、保管部(下设庋藏股、修整股、照相股)、总务部(下设会计股、出纳股、事务股)①。这个方案中,"参考研究部"更名为"参考辅导部",其下设机构也有了很大变化,保留了参考咨询股,增加了科学方法研究股、群众工作股、编译股,取消了索引股,体现出学习苏联建设社会主义图书馆的基本方针。

1952 年 8 月 11 日,北京图书馆再次调整机构。从八个部、两个室、二十八个股,改为四个部、一办公室、一苏联图书室、三个科、十五个组,合并与取消了四个部、一个室、十个股②。这次机构调整后,形成了在馆长领导下设办公室、阅览参考部、采访部、编目部、善本特藏部和苏联阅览室 4 部 2 室 19 个科组的格局,并重新任命了科组以上干部。其中阅览参考部下设 4 个组,参考研究组为其中之一。到 1953 年北京图书馆的机构设置中,阅览参考部下设阅览组、少年儿童阅览组、推广组、参考研究组、群众工作组、庋藏组③。至此,确立了参考研究组归属阅览参考部的业务格局并且稳定了较长时间。

第四节 参考工作的业务开拓

在确立方针和调整机构设置的同时,国家图书馆也开拓了业务范围,除

---

① 国立北京图书馆暂行组织系统及人事配备图[G]//北京图书馆馆史资料汇编(二)编辑委员会.北京图书馆馆史资料汇编(二):1949—1966.北京:北京图书馆出版社,1997:168.

② 北京图书馆 1952 年工作总结[G]//北京图书馆馆史资料汇编(二)编辑委员会.北京图书馆馆史资料汇编(二):1949—1966.北京:北京图书馆出版社,1997:631.

③ 北京图书馆 1953 年工作概况[M].北京:北京图书馆(馆内编印),1954:1.

了旧有的解答专题咨询及书目代编之外,还增设了多个参考阅览室,并为群众文化教育举办展览讲座,以多种方式为社会主义建设贡献力量。

一、为社会主义建设提供参考

解答专题咨询并代编书目在新中国成立前就是国立北平图书馆参考科的主要工作。1949 年至 1956 年,北京图书馆依次产生过参考股、参考咨询股、参考咨询组、参考研究组等机构,其主要任务始终是解答咨询和编制参考目录。

1950 年,北京图书馆积极开展参考工作,为政府机关和全国各图书馆解答了咨询 140 件,包括 48 件经济建设方面的咨询、27 件历史地理方面的咨询、2 件国际外交方面的咨询、8 件文化教育方面的咨询以及 46 件其他咨询①。此年还编辑了 10 种参考书目,其中包括与北京大学文科研究所合编的《太平天国革命史料目录》,与全馆多个部门通力合作完成的《抗美援朝资料目录》。而且为了吸取业务经验,了解东北各地图书馆情况,参考研究组派人前往东北调查图书馆业务,完成了关于东北图书馆的调查报告。

1951 年,北京图书馆进行了机构调整,在调整中加强了参考咨询组的力量。首先,利用新文化阅览室等处,加强了图书宣传,设立了抗美援朝书籍专藏,介绍土地改革参考书,以照片、图书论文目录等各种形式宣传抗美援朝、土地改革和镇压反革命。这一年为 134 个单位解答了咨询问题 233 件。不仅随时解答咨询问题,而且随时关注国际、国内政治形势,主动配合形势编辑参考资料,提供给读者和各机关参考,还完成了《太平天国革命史参考目录》和《马克思恩格斯列宁斯大林论著中文译本目录》两种书目,并准备继续编辑《抗美援朝资料目录》。同时派人前往中国人民大学图书馆、北京市立图书馆进行调查,为进一步研究图书馆科学建设方法做准备,并集中参考书,筹备成立参考室。年底"制发读者意见表,拟了解读者对于阅览、参考和群众工作方面的要求与希望,以及其他对于图书馆的意见。希望通过这个工作,知道读

---

① 以上数据来源于北京图书馆 1950 年工作总结。

者们的志趣,以进一步组织我们的业务内容"①。这是参考工作中注意读者反馈意见的开始。

　　1952 年,共答复读者及机关团体的咨询问题 293 件,从 7 月开始在阅览室内实行了咨询卡片办法,到馆读者只要有咨询问题,都可以填写咨询卡片,提出自己的问题,由参考工作人员负责解答,这是一个新颖的尝试。在编制目录索引方面,这一年编辑了《保卫世界和平重要资料索引》和《三年来苏联先进科技书籍中译本简目》两种目录。前者是油印本,印刷了 1000 册;后者是铅印本,印刷了 2000 册。

　　1953 年,北京图书馆再次加强了参考工作,全年为各项工程建设、前线志愿军、工厂、矿区、机关干部、专家教授、华侨、兄弟民族、苏联专家、新民主主义国家教授等解答咨询问题 6049 次,数量较上一年度有了明显增加。而且随着国家经济建设第一个五年计划的展开,广大人民对知识和文化的要求日益增长,为了帮助读者用最少的力量和时间选取经济建设、学术研究等工作所需的资料,全年共编专题目录 77 种。这一年,中国人民解放军海军刚刚组建,北京图书馆组织人员,编纂了《海军参考资料》(中、西、日文)和《海战的资料目录》,为我国海军建设提供了重要参考。为了配合我国钢铁工业、采矿工业发展,北京图书馆于 1953 年开展了"文献报矿"工作,工作人员从收藏的各代史地书类、方志书类、公司矿产报告、杂志专刊、日文书类和偶有记载矿产资料的书籍中,搜集整理出许多有关各种矿藏的珍贵资料。年底,为了更好地建设地方政权,时任政务院副总理的董必武同志决定以史为鉴,委托北京图书馆查找我国历代地方政权建设的资料。刚成立不久的北京图书馆参考研究组在接到任务后,特意为其编制了《民国以来新修方志目录(北京图书馆藏)》,为国家地方政权建设提供了有力的资料保障。此外,1953 年度编辑的目录还涉及社会生活的各个方面,其中配合政治学习的有《学习总路线资料索引》《马、恩、列、斯、毛经典著述及其研究目录》《中级组理论学习辅导参考资料目录》等;关于经济建设的有《馆藏中俄文土木工程书目》《馆藏外文建筑

---

　　① 北京图书馆 1951 年工作总结[G]//北京图书馆馆史资料汇编(二)编辑委员会.北京图书馆馆史资料汇编(二):1949—1966.北京:北京图书馆出版社,1997:615–617.

书目》《有关地震的论著资料》《华北地质资料目录》《馆藏钢铁冶金书目》《馆藏外文工程书目》《有关"黄河"及"运河"书目》等;历史地理方面有《马哥孛罗游记的各种译本目录》《关于宋景诗的资料目录》《戊戌政变参考资料目录》《有关北京资料目录(中外文)》《一九一一年以来新修方志目录》等;文学方面有《中国古代重要著作选目》《馆藏五四以来新诗集目录》《馆藏杜甫诗集书目》《〈西厢记〉及其有关论著目录》《〈红楼梦〉及其有关论著目录》《馆藏苏联文学作品英译本目录》《荣获斯大林奖金作品目录》等;其他还有《馆藏古今针灸书目》《有关北京的特种手工艺品资料目录》以及有关万里长城、詹天佑等的资料目录①。这些目录既有应各机关要求编的,也有配合运动需要编的,还有参考研究组主动编的,如中、俄、英、日文的《馆藏钢铁冶金书目》就主动分送有关厂矿和各部门参考,这些参考资料在国家经济建设上发挥了一定的作用。

1954 年,参考工作继续发展,本年共解答读者及有关方面咨询 1485 件(包括查找资料在内),另外还在阅览室辅导读者共 6622 人次,其中历史地理方面的咨询最多,图书馆学方面的咨询次之,语言文学方面的咨询居于第三位,其他还有工业工程、经济、自然科学等方面的咨询。提问者中,不乏专家与专业单位,所提问题有许多专门性的学术问题,另外还回复了一些外国专家咨询。这一年,完成专题书目等 75 种,其中有 21 种已铅印或油印出版,共印制 19450 册,寄出 15000 册,内容囊括钢铁冶金、电机工程、机械工程、燃料工程、土木建筑、化学工业等六方面。其中最具代表性的工作是为武汉长江大桥的建设提供参考咨询服务。修建武汉长江大桥是自清朝以来就提出的设想,孙中山先生的《治国方略》中也有过规划。新中国成立之初,在国家优先发展重工业的背景下,铁路运输的重要性凸现,建造跨越长江天堑的大桥被提上了议事日程。百废待兴的新中国将武汉长江大桥列入第一个五年计划的重点工程项目。1950 年初,中央人民政府指示铁道部着手筹备武汉长江大桥的建设,举全国之力,召集了当时最优秀的专家成立"武汉大桥测量钻探

---

① 北京图书馆一九五三年工作概况[M].北京:北京图书馆(馆内编印),1954:12 - 13.

队",开始大桥的筹建工作。在此背景下,1954 年 2 月 15 日,参考研究组受铁道部的委托,编制了《我国著名大铁桥建筑资料目录》(中文和英文)。目录由黄河铁桥、长江铁桥、钱塘江铁桥三部分组成,比较详细地提供了铁桥的筹备、设计及施工方面的资料,为专家和技术人员提供了经验和技术借鉴,为国家经济建设贡献了力量。1954 年还编制了《有关黄河、运河的资料目录》《造纸资料目录》《中国医药目录》《馆藏有关台湾书目》《馆藏敌伪时期日本大使馆档案目录》《馆藏东南亚问题的日文书目》等;为了帮助干部与群众学习参考,编制了有关总路线、联共党史及宪法问题等方面内容的书目;文学方面,编制了杜甫、陆游、托尔斯泰、莎士比亚等人著作书目。继续完成文献报矿工作,1954 年已完成铜矿 923 处(内有 500 处为 1953 年所集)、硫矿 700 处,送地质部,并形成约三万字的《祖国二千年前铁矿开采和锻冶》、约十二万多字的《中国古今铜矿录》等专题报告。另有铝矿 1607 处、铅矿 114 处、锡矿 422 处、硝矿 349 处(以上 4 种已查出产地但未写成专题报告)、油页岩 60 多处,交燃料工业部。另外,依照苏联设计厂矿的程序,要求建设单位事先报告建设地点的历史地震烈度,于是配合社会科学院近代史研究所查找地震资料共得 72 处,协助他们最后完成《中国地震资料年表》(上、下册)[①]。

1955 年,开始提出为科学研究服务的口号,参考研究组也加大了参考工作的力度,可以从两个方面表现出来:一方面,编辑专题资料目录。根据馆藏主动编写了 260 余种专题目录,其中大部分是有助于科学研究的,如有《关重工业的参考资料目录》,已编辑出版有馆藏钢铁冶金、电机、机械、化学工程、土木建筑等专题资料目录。这些目录为相关的专业研究部门提供了很大的便利,从而也推动了馆藏图书的外借工作,使这些图书能充分发挥它们的作用。又如 1954 年编印的《中国医药书目》,由于北京图书馆所藏医药书籍收藏丰富,其中有些是罕见的孤本,因此这个目录颇为中国医药界所重视。另一方面,提供参考资料。为了帮助科学研究工作者更迅速地完成他们所进行

---

① 北京图书馆 1954 年工作总结[G]//北京图书馆馆史资料汇编(二)编辑委员会.北京图书馆馆史资料汇编(二):1949—1966.北京:北京图书馆出版社,1997:647 – 648.

的研究工作,不仅提供给研究者资料线索,还提供资料的内容,或者编写相关综述。

1956 年,全年解答咨询 1716 件,阅览辅导 10522 次,编印参考书目 57 种。重要的有为《米丘林著作中外译本及有关论著资料目录》《馆藏农业书刊目录》《馆藏西文期刊目录》《辩证唯物主义学习提纲及书目》《世界四大文化名人专目》《根治黄河论文简目》等。

1949 到 1956 年,正值新中国成立,百废待兴之际,北京图书馆继续开展解答咨询和代编专题书目等业务,完成了新中国成立前已经开展的《国学论文索引五编》等工作,而且紧跟时代潮流,为土改、抗美援朝、"一五"计划、武汉长江大桥、科学技术研究等国家发展重点议题提供了咨询和参考,并开始接受群众反馈,充分发挥专业优势,服务于社会主义建设。

二、增设参考研究室

20 世纪 30 年代开始,国立北平图书馆就陆续设立了多个专门阅览室供学者参考研究。1949 年北平和平解放后,又应时代需要,增设了新文化、机关团体、抗美援朝等专题阅览室,更好地为新中国建设服务。

北平和平解放前后,图书馆业务并没有受到大的影响,1949 年 2 月 21 日北平图书馆阅览时间为上午 9 时至 17 时,同年 5 月 2 日改为上午 8 时至 17 时 30 分。这一时期北京图书馆还开辟了许多新的阅览室,例如 1949 年 8 月 31 日接管北平松坡图书馆和悦心殿。1953 年 1 月为满足读者需求,延长开馆时间至 21 时 30 分。1954 年 2 月,北京图书馆开始实行读者登记制度,全年登记长期读者 21453 人,其中学生 7880 人,占 36.7%;市民 2234 人,占 10%;工人 265 人,占 1%;其他为军人、文教人员、技术工作者和机关干部。临时登记读者 42037 人,全年到馆读者 265664 人,阅书人数 163063 人,阅览册数 577037 册,平均每人 3.5 册。由上述材料可知,北京图书馆的阅览工作一直在有序开展。

新中国建立以后,北京图书馆迅速开辟了多个具有参考阅览性质的研究室。首先是 1949 年 2 月 28 日成立的新文化阅览室。当时北平和平解放尚不满一个月,新文化阅览室开在北海公园内的悦心殿,陈列着"五四"以来的新文化书籍,于 1949 年 3 月 28 日公开阅览,到 1949 年 8 月 30 日关闭,期间共开放了 5 个月,以各种形式宣传抗美援朝、土地改革和镇压反革命①。

第二个具有参考阅览性质的是设在馆内的面向机关、团体的研究室。它成立于 1949 年 5 月,成立之初,就制订了七条《研究室规则》,说明其宗旨是"为便利政府人员与学术机关之特别参考",并由参考股具体负责指导阅览工作,指出"因研究室不多,暂不能允许某政府机关或某学术机关专用,但来馆参考人员经与本馆参考股接洽后,认为有使用研究室之必要时,便指定一研究室使用,但如来馆参考机关太多而研究室不敷应用时,每研究室得由一个以上之机关使用;来馆做参考研究之人员,必须持有各该属机关之介绍信",而且利用研究室读者可以不像普通读者那样每次限取三种书,而是可以一次取 20 种书,还可以随时得到参考工作馆员的帮助②。从以上规则看,研究室是馆内面对机关、团体读者开展参考工作的重要手段之一。到 1955 年初,研究室扩充为 5 间,仅当年,就有中宣部、水利部、黄河规划委员会、中国科学院、高教部、交通部、人民大学及国际友人,如匈牙利、德意志民主共和国、捷克等国专家利用研究室③,由参考研究组提供资料,帮助他们解决图书资料上的疑难问题,随时答复他们的咨询,他们还可以短期内在研究室进行科学研究和探讨。

第三个具有参考阅览性质的研究室是抗美援朝资料阅览室,它开辟于 1950 年 7 月。为配合我国反对美国侵略台湾、朝鲜,北京图书馆开辟资料阅览室,该室陈列有关资料,供广大人民进一步认识美国侵略台湾朝鲜的罪恶,

---

① 北京图书馆馆史资料汇编(二)编辑委员会.北京图书馆馆史资料汇编(二):1949—1966[G].北京:北京图书馆出版社,1997:261 - 262.

② 北京图书馆馆史资料汇编(二)编辑委员会.北京图书馆馆史资料汇编(二):1949—1966[G].北京:北京图书馆出版社,1997:1257.

③ 北京图书馆 1955 年工作总结[G]//北京图书馆馆史资料汇编(二)编辑委员会.北京图书馆馆史资料汇编(二):1949—1966.北京:北京图书馆出版社,1997:662.

并宣传中国人民及朝鲜人民反抗美国侵略的伟大力量①。

这些参考研究室主要是为了配合当时的政治需要而开辟的,为学术研究和群众教育做出了贡献。

三、大力开展群众教育

早在 20 世纪 10 年代京师图书馆时期,筹办展览就已经成为国家图书馆工作的重要组成部分。新中国成立后,北京图书馆进一步把服务社会大众确立为工作方针,并仿效列宁图书馆加强了展览、讲座等面向群众的宣传教育业务。

1949 年 12 月 16 日《呈文化部文物局人字第 712 号再送本馆组织系统人事分配情形及明年度增加人事说明书》上说明要求设立展览股的理由时是这样说的:"列宁图书馆一年举行了一百九十多次的展览会。其他各国也把这一工作看(作)图书馆事业重要的一环。他在社教工作上有着绝大的作用。本馆近数月来举行的展览会,大部分系调用各部门的人筹备,不惟不能负专责,抑且影响了本位工作。所以计划创设这一股。"在学习苏联列宁图书馆经验的基础上,1949 至 1956 年,北京图书馆逐步展开了图书展览会、图书陈列等各种形式的图书宣传活动,并配合政治宣传、结合党和政府的中心工作指导读者阅览。为了加强政治时事宣传和介绍优秀图书,北京图书馆经常在各阅览室和中厅布置"时事剪辑"和专题图书陈列,不仅宣传了图书,而且对读者进行了生动的思想政治教育。讲演报告会也是北京图书馆经常用来指导阅读、推荐优秀图书、介绍作家作品、阐述学术问题的活动方式。这些讲演会、报告会的主讲人大都是国内外著名的学者和作家,涉及中外文学、哲学、科学等各个方面,受到读者的热烈欢迎②。

下面对 1949 到 1956 年北京图书馆举办的展览和演讲报告具体介绍。

---

① 陈仲.反对美国侵略台湾 北京图书馆辟资料阅览室 今日起并展览苏联版画[N].人民日报,1950 - 07 - 21(6).

② 北京图书馆十年[G]//北京图书馆馆史资料汇编(二)编辑委员会.北京图书馆馆史资料汇编(二):1949—1966.北京:北京图书馆出版社,1997:845.

1949 年举办展览 10 余次,包括"五四"史料展览、"七七"抗日战争史料展览、布置"抗日史料陈列室""美帝侵华史料陈列室""中国政体资料陈列室"、赵城藏特展、美帝侵华史料展览、鲁迅先生生活作品展览会、斯大林照片及其著作展览会、庆祝斯大林七十寿辰展览、帝国主义侵略亚洲展览等。

1950 年举办展览 18 次,总计参观人数 172372 人。其中,一次是由善本股主办的,一次是与北京大学文科研究所合办的,另外协助出版总署戏曲改进局及新史学会筹办了古代图书戏曲资料展和太平天国资料展。最初几次以编辑文字资料为主,后半年的展览则尽量搜集了图片,对参观人起到了很大的教育作用。在举办高尔基生活作品展览的同时,还举办了一次讲演会,由苏联教授维诺格拉多娃主讲"高尔基的创作道路",展览配合讲座,产生了很好的效果。当年举办的其他主要展览还有:纪念"二七"京汉铁路工人大罢工展览、中国妇女生活展览、"从猿到人"展览、苏联出版物展览、儿童生活图片展览、苏联戏剧艺术的图片展览、庆祝开国周年纪念展览、"美帝真相"展览、太平天国革命史料展览、苏联宪法图片展览等。

1951 年主要举办了鲁迅生活作品展览、苏联图书展览、国内与国际儿童生活图片展览、新中国成立以来新收的善本书展览等 6 次大型展览。其中,"鲁迅生活作品展览"参观人数达 1.2 万余人,是参观人数最多的一次展览。另外,还举办了 58 次小型展览(图书陈列),其中以"抗美援朝"为主题的小型展览占三分之一强,介绍苏联的情况和一般时事问题的也比较多①。

1952 年共举办大、小型展览 15 次,图片展览 31 次。其中以世界四大文化名人展、中国印本书籍展览以及中苏友好月图书展览规模最大,参观世界四大文化名人展览的观众达 2.7 万人次,成为 3 年来参观人数的最高纪录。此外还举办了"今日的波兰"图片展览会等②。

1953 年继续举办展览,举办了大、中、小型展览 65 次。这些展览主要有:

---

① 北京图书馆 1951 年工作总结[G]//北京图书馆馆史资料汇编(二)编辑委员会.北京图书馆馆史资料汇编(二):1949—1966.北京:北京图书馆出版社.1997:619.

② 北京图书馆 1952 年工作总结[G]//北京图书馆馆史资料汇编(二)编辑委员会.北京图书馆馆史资料汇编(二):1949—1966.北京:北京图书馆出版社,1997:634.

马克思诞生 135 周年纪念展览、世界四大文化名人展览、新中国三年图书图片展览、抗美援朝图片巡回展览等,其他各地图书馆从中吸取经验、仿效进行。1953 年共举行讲演会 19 次,请中共中央马克思恩格斯列宁斯大林著作编辑局副局长陈昌浩报告"认真地学习马克思主义"、中国科学院院长郭沫若主讲"伟大的爱国诗人屈原",又请专家教授讲演"斯大林的思想和事业""爱国诗人杜甫""苏联诗人普希金""如何学习苏联文学""我们伟大的首都北京"等。每次的讲演会都受到读者的热烈欢迎,会前领听讲券的读者非常多,由于地方小容纳人数有限,每次听讲券都不够,有许多居住在市郊、长辛店、石景山、丰台、天津、保定等地的读者坐火车赶来参加。为了满足读者要求,将每次编辑的参考小册子分送给读者,在朝鲜的志愿军、西康、云南、四川、新疆等地的读者都纷纷写信索寄。演讲会受到广大群众热烈爱护,并在群众教育方面起了一定的作用①。北京图书馆 1953 年的社会教育工作得到了文化部领导的肯定,《中央文化部一九五三年工作报告》中说:"北京图书馆除加强了社会活动(如举办讲演会等)外,并配合国家经济建设进行了资料搜集、整理、供应等工作。"②

　　1954 年共举行了 62 次大小型的图书、图片展览会,参观人数达 20 万人次。重要展览有列宁逝世三十周年纪念展览、斯大林逝世周年纪念展览、马列主义经典著作在中国的传播展览、契诃夫生平图片与著作展览会、宣传我国过渡时期总路线的图片展览、日内瓦会议及周总理访问印度缅甸图片展览、全国人民拥护宪法展览等。该年度共举办 26 次讲演会、报告会,内容关于文学的如《三国演义》《儒林外史》《保卫延安》《红楼梦》等共 14 次,有关艺术的如音乐创作与生活、德沃夏克等共 4 次,有关科学主题的如地动仪、原子能、巴甫洛夫、李时珍共 4 次,有关社会主义主题的如五四运动等共 3 次,其他类型的有 2 次③。宪法草案公布时曾召开读者座谈会 3 次,读者不仅发表了个

---

　　①　北京图书馆一九五三年工作概况[M].北京:北京图书馆(馆内编印),1954:8,14 - 17.

　　②　中央人民政府文化部召开第四次全国文化工作会议 确定了当前文化工作方针任务和今年文化工作计划[N].人民日报,1954 - 01 - 12(3).

　　③　以上数据来源于北京图书馆 1954 年工作总结。

人体会和感想,而且提出了修正的建议,会后北京图书馆即将所有的意见转给宪法起草委员会①②。

1955 年北京图书馆举办大小型展览 30 次,其中大型展览包括列宁诞生85 周年纪念展览、孙中山先生逝世三十周年纪念展览、米丘林纪念展览、中印文化交流展览、发展国民经济的第一个五年计划图片图书展览、纪念我国杰出的铁路工程师詹天佑逝世 35 周年展览会,以及为纪念世界文化名人席勒、密茨凯维支、孟德斯鸠、安徒生举办"世界文化名人作品展览",共有参观者27449 人。举办讲演报告 27 次,参加人数 25622 人,包括艾思奇讲"胡适哲学思想批判"、张含英讲"我们将怎样改造黄河"、老舍讲"谈文学的语言"及有关世界文化名人的讲演③。

1956 年 7 月北京图书馆举办纪念世界文化名人萧伯纳诞生 100 周年、易卜生逝世 50 周年展览会和演讲会,展出有关他们的书刊 300 种和生平图片100 张,并请中国青年艺术剧院院长吴雪做报告。同年 10 月 9 日为纪念鲁迅逝世 20 周年,举办鲁迅图片展览。

在 1949 到 1952 年,北京图书馆举办展览比较多,而讲演会、报告会和文艺晚会等并未开展起来。1952 年末到 1956 年举办了大量讲演会,内容涉及政治、经济、文学、艺术等各方面。其中自 1953 年到 1955 年举办了 80 余次讲演会,每一次讲演会参加的人数从 1953 年的 400 余人发展到了 1955 年的最高纪录达到 1700 余人。读者把这些讲演会看成为"对自学者是一个很好的业余教师"。陈仲簏在《谈北京图书馆的讲演会》中写道:"讲演会是吸取了苏联图书馆的先进经验,摸索出一些方法,并在实践中取得了一定的成绩。经验证明,讲演会是其中较为主要的而且收效较大的一种形式。这种形式不但

---

① 北京图书馆 1954 年工作总结[G]//北京图书馆馆史资料汇编(二)编辑委员会.北京图书馆馆史资料汇编(二):1949—1966.北京:北京图书馆出版社,北京,1997:646 – 647.

② 戚志芬.北京图书馆介绍[J].图书馆工作,1955(2):68.

③ 北京图书馆 1955 年工作总结[G]//北京图书馆馆史资料汇编(二)编辑委员会.北京图书馆馆史资料汇编(二):1949—1966.北京:北京图书馆出版社,1997:660 – 661.

丰富了广大人民的文化生活,而且成为群众文化生活中不可缺少的部分。"①

北京图书馆举办的展览和讲演会等群众教育活动,使读者扩大了知识范围,在阅读上有了明确的思想指导,充分发挥了图书馆的公共服务职能。

第五节　参考咨询专家队伍的形成

1949年以前,国立北平图书馆虽然培养了一批具专业素质的咨询馆员,但由于社会动荡,人才流动频繁,始终未能形成一支稳固的参考专家队伍。新中国成立初期,北京图书馆的参考力量得以进一步增强,形成了一支专家队伍,充分保证了参考工作的高质量完成。

1950年,张全新(时任副馆长,通常以"张铁弦"名行世)兼任参考辅导部主任,张申府为研究员,参考部下设参考咨询股、群众工作股、编译股和科学工作方法研究股。参考咨询股股长王树伟,工作人员有戚志芬、金裕洲、李希泌;群众工作股股长马同俨,工作人员有陈仲篪、王国文、赵树林;编译股股长张秀民,工作人员苏梦苹。1952年,北京图书馆参考工作又有人员调整,张秀民发表于《文献》杂志的《自传》回忆写道:"冯(仲云)馆长特成立参考研究组(后称参考咨询组,简称参考组),任余为组长,戚志芬副之。组内有刘汝霖、李希泌、朱家濂、丁克刚、龙顺宜、汉佛语、张玄浩、关振泽等同志,均为大学毕业,或曾任教大学,或留学苏联。后来又有研究数理逻辑的清华大学教授、最早的党员张申老(申甫,崧年)任参考部主任。"这基本反映了当时北京图书馆参考队伍的中坚力量。其中张秀民负责解答问题及编辑专题,戚志芬负责政治经济方面的解答,刘汝霖负责解答工程并编辑专题,组员李希泌负责解答文史方面的问题,组员龙顺宜编专题目录,另外研究员汉佛语,副研究员顾子刚,组员王敬、关振泽、朱家濂、丁克刚,见习员张增辉等也各有所长。其中张秀民和戚志芬对参考工作的贡献较为突出,在后文会列专节详述,这里仅对

---

① 陈仲篪.谈北京图书馆的讲演会[G]//北京图书馆馆史资料汇编(二)编辑委员会.北京图书馆馆史资料汇编(二):1949—1966.北京:北京图书馆出版社,1997:503–504.

其他几位参考咨询专家稍加介绍。

张铁弦(1913—1984)，当代翻译家。吉林市人，祖籍山东。原名张全新。1929年入哈尔滨工业大学学习。"九一八"事变后到武汉，在《大光报》协助孔罗荪编辑文艺副刊。1936年到西安，任张学良总部新闻翻译。翌年到上海从事新闻翻译工作。1938年起，相继在武汉、重庆等地担任苏联顾问的翻译。新中国成立后，先后担任北京图书馆代秘书长、业务副馆长等职，兼九三学社北京文教委员会委员。1963年调至人民文学出版社编译所任编译。他长期致力于苏俄文学与其他国家进步文学的译介工作。主要译作有：莱蒙托夫《童僧》、别克《康庄大道》、列斯柯夫《左撇子》、纳吉宾《烟斗》等①。

张申府(1893—1986)，原名张崧年，字申甫，河北献县人。1906年，他进入顺天学堂读书，这是中国最早的中西结合的学校之一，开设数学、英文和科学课程。1914年，张申府考入北京大学哲学系，后又转到数学系学习。1917年，张申府以助教名义留北大工作，教预科数学和逻辑。同年，认识了时任北大图书馆主任的李大钊，李大钊因图书馆工作过于繁忙，就请他在登录室做一些工作。在李大钊离开的时候，张申府几次担任北大图书馆代主任，1918年毛泽东由杨昌济介绍来担任登录室工友，曾在张申府先生领导下工作。这是他与图书馆工作的第一次结缘。后来，张申府参与了中国共产党的建党，并介绍周恩来、朱德等入党。他参加了筹建黄埔军校工作，1925年退党。退党后，张申府以教学和翻译著述为生，先后在暨南大学、大陆大学、大夏大学、中国大学、北京大学、清华大学等校任教，所教的都是罗素哲学或逻辑。抗日战争时期，他在武汉、重庆等地从事抗日民主活动。1946年作为民盟代表参加重庆政治协商会议。新中国成立后，经周恩来推荐，1949年8月27日《华北高等教育委员会指令第1083号》同意聘张申府为北京图书馆参考股股员，9月2日到职。张申府在北京图书馆当了研究员，负责选书，采集古籍，并专心于文史资料的整理研究。因他掌握英、法、德多国文字，还负责引进外文典籍。1957年初，北京图书馆为了响应"向科学进军"的号召，加强参考工作力

---

① 马良春，李福田. 中国文学大辞典：第五卷［M］. 天津：天津人民出版社，1991：3303.

度,决定将参考研究组扩编为参考研究部,由张申府出任第一任主任。同年,他被错划为"右派",北京图书馆的参考工作也受到影响。在"文化大革命"中他受到了巨大的冲击,直到1979年才恢复正常生活。后任第五、六届全国政协委员。1986年,张申府辞世,享年93岁。《人民日报》发表讣告称他为"著名的爱国民主人士""是中国共产党的老朋友"。

李希泌(1918—2006),云南省腾冲人。1942年毕业于西南联合大学历史系,曾任昆明私立玉华中学校长,国民党立法院委员。1950年,到北京图书馆工作,历任馆员、副研究馆员、研究馆员。李希泌是国家图书馆新中国成立后第一批参考馆员,他1950年进入北京图书馆参考咨询股工作,1953年在当时的参考研究组负责解答文史方面的问题。此后,他进入1955年创刊的《图书馆工作》(北京图书馆馆刊)担任联合编辑工作。20世纪50年代末,他来到新成立的联合目录组负责《解放前全国中文期刊联合目录》的编辑工作。后又担任《文献》杂志主编等职。他是第六、七、八届全国政协委员,文史资料委员会委员,中国孔子基金会理事,宋庆龄基金会理事,中国辛亥革命研究会副理事长,《中国当代图书馆》副主编,文化部图书资料系列高级职称评委会委员。主要从事中国图书馆事业发展史、隋唐史、近代史、亚洲史和文献学的研究工作。主要著作有《郭守敬》(1964)、《詹天佑和中国铁路》(与徐启恒合著,1979)、《中国古代藏书与近代图书馆史料(春秋至五四前后)》(与张椒华共同主编,1982)、《伊斯兰教史话》(1982)、《护国运动资料选编》(与曾业英,徐辉琪合编,1984)、《曲石精庐藏唐墓志》(1986)、《健行斋文录》(1996)、《健行斋诗词》(1998)等。译著有《缅甸:经济地理概论》(什纳依杰尔著,李希泌等译)、《伊朗史纲》(伊凡诺夫著,李希泌等译,1973)。

刘汝霖(1905—?),河北雄县人。字泽民,号白村居士,1952到1966年在国家图书馆从事参考工作。刘汝霖是20世纪20年代北京师范大学的毕业生。新中国成立前曾在中国大学、辅仁大学教过书,古文献学根底很深。来馆前已有不少著述问世,包括1929年出版的《周秦诸子考》二册,1932年到1933年出版的《汉晋学术编年》二册,1936年出版的《东晋南北朝学术编年》,1943年出版的《中国佛教地理》。他还曾编过《佛书解说大辞典笔画索引》等。

新中国成立后,他先在华北大学学习,后来国家图书馆工作。1952 年调入参考研究组。刘汝霖来到参考研究组的时候,正值北京图书馆内参考工作快速发展的时期,主要从事答复咨询问题和编制书目索引等工作。当时参考工作的学科范围很广,包括社会科学、自然科学和工程技术,同时还要解答图书馆学问题。编制书目索引则分两种情况,一是以书目索引形式答复咨询,另一种是配合中心任务、科学研究,主动地有计划编制书目索引,经铅印或油印分赠给有关单位和科研工作者。开始全组只有 4 人,1958 年增至 9 人,工作十分紧张。虽然刘汝霖在组内年纪最大,但工作积极性很高,并因其渊博的知识解答了一系列高难度咨询。如一位科研工作者曾来电话问"耕当问奴,织当访婢"的出处,刘汝霖立即回答"这好像是沈庆之说的"。后果然在《宋书·沈庆之传》中查到。还有一次有人问"夫无庄之失其美"的下句及其出处,刘汝霖答下句是"据梁之失其力"见《庄子》,果然在《庄子·大宗师篇》得到印证。1955 年北京西山翠微寺附近发现了佛舍利塔,因为木匣上的题字发生疑问,刘汝霖根据《辽金石志》解决了这一个关键问题。同年,北京图书馆开辟参考研究阅览室。由于熟悉古文献,刘汝霖在其中发挥了很大作用,当时有外国专家在研究室查阅中国古文献,有的地方看不懂,刘汝霖就给他们讲解,《人民画报》曾以图文形式报道过他的事迹。他被读者誉为"活字典"。

1953 年刘汝霖建议配合祖国经济建设,开展"文献报矿"工作。刘汝霖从北京图书馆收藏的各代史地书类、方志书类、公司矿产报告、杂志专刊、日文书类和偶有记载矿产资料的书籍中,搜集整理出许多有关各种矿藏的珍贵资料①,成为一个利用图书资料参加经济建设的生动事例。为此,他连续两年被馆领导提名评为甲等模范。1958 年国务院科学规划委员会交给北京图书馆一个政治任务,要求编写古今中外敢想敢干、自学成才、有创造发明的科学家事迹材料。任务很紧,北京图书馆参考研究部马上组织人力,搜集中外文材料编写了中外古今四百位科学家的小传,其中刘汝霖负责编写中国部分。他克服了年龄大、身体不好的困难,与大家一同加班加点,保证了任务的顺利

---

① 有关内容详见 132 页中 1954 年文献报矿工作成果。

完成。

1956 年《图书馆工作》第三期上刘汝霖发表了《我作参考咨询工作的一些体会》,从"怎样满足读者研究工作的需要""怎样利用参考书籍"以及如何提高专业素养等方面结合自身经验,详细阐述了对参考工作理论的思考,表现出较高水平。他还十分勤奋,在北京图书馆工作期间,他十四年如一日,除工作外,每天还写"日记""阅书笔记""国内外大事志""祖国建设日记""文教资料笔记"等 5 种笔记。他中午从来不休息,抓紧一切可以利用的时间,积累资料和进行研究工作。在从事参考工作期间,除保证完成日常工作外,还发表了《魏晋南北朝时期的私家藏书》《隋唐五代时期的私家藏书》等论文。

顾子刚(1899—1984),原籍上海,1919 年毕业于上海圣约翰大学史学系,1928 年到 1973 年在国家图书馆工作。大学毕业后曾任天津南开学校英文教员。1924 年 9 月受清华学校图书馆主任戴志骞之聘,入职清华图书馆,任参考员,负责参考部事务。1925 年 8 月至 10 月间,顾子刚曾短暂代理清华学校图书馆主任。顾子刚精通英文和西方文学,知识渊博,任职清华学校图书馆期间,不论是指导学生阅读参考书,还是回答师生提问,都能应对自如,给师生颇多指点。1928 年,戴志骞离任,加之新任清华校长罗家伦整顿校务,大力裁员,顾子刚从清华学校图书馆离职。1928 年 11 月,顾子刚被北平北海图书馆袁同礼聘为总务科科员。1929 年 6 月,国立北平图书馆与北平北海图书馆合并,成立新的国立北平图书馆,顾子刚从此成为国立北平图书馆职员。在北平图书馆工作期间,顾子刚曾任编纂委员会委员,兼任期刊部西文期刊组组长、购书委员会西文组委员兼书记,后任编目部主任。同时任《国立北平图书馆馆刊》编委,英文版《图书季刊》编辑,《中华图书馆协会会报》编委。抗战时期,他留守北平,为保护馆产做出贡献。1948 年底,北平和平解放前夕,馆长袁同礼离平,王重民代理馆务,并随即主持成立"应变委员会"处理馆务,由王重民总负责,委员会成员包括顾子刚、王访渔、赵万里等。1951 年顾子刚始任阅览部主任,同年撰写《关于西文书的标题目录》一文。1956 年 6 月,根据文化部指示,北京图书馆实行"研究员"制,顾子刚首批被聘为副研究员,调入参考部,此后长期从事参考工作,直至 1973 年底退休。1984 年 12 月顾子刚在北京病逝①。

龙顺宜(1924—1989 年),江西万载人,1945 年毕业于南京中央大学英语系。新中国成立前曾先后任职于金陵女子大学附中、美国军事顾问团,并在英国文化委员会从事翻译工作。1951 年 11 月起一直在北京图书馆工作,先后在西文编目组、外文采访组工作,后调入社会科学参考组。她的英语水平和打字技术在当时北京图书馆内十分突出,对待咨询工作也十分认真,做到件件有结果,得到了读者的赞誉。"文化大革命"期间,她被冤案株连而被隔离审查,精神倍感压抑,患上了眼疾,又得不到及时救治,双目几近失明,平反后她不顾身体疾病,仍为参考工作做出了力所能及的贡献。龙顺宜在从事参考工作期间,编撰了许多著作和目录,主要有《中国历史小丛书·中国活字印刷史话》(与张秀民合著,1963)、《中国医学书目》(外文部分)、《外文参考工具书选目提要》、《外文中国学书目》、《黄河资料目录》和《吴湖帆、谢稚柳等十八家为龙顺宜作集锦册》等。龙顺宜是著名学者龙榆生长女,她曾为父亲平反四处奔走,还借助于北京图书馆丰富的馆藏资料,在北京图书馆同事协助下,查阅和收集了龙榆生早先发表的学术论文资料,她在晚年双眼几乎失明的情况下,坚持用尺子比在下面,在其夫协助下完成了大量龙榆生文献整理,为日后《龙榆生词学论文集》和《忍寒诗词歌词集》的出版奠定了基础。

上述六位学有专长的专家学者都是在新中国成立初期进入北京图书馆参考部工作的,可以说,正是由于这些参考咨询专家的辛勤工作,北京图书馆的参考工作才得以顺利开展,获得新生。而且,这批馆员也成为参考工作的稳定力量,推动着参考业务的持续前进。

本章梳理了 1949 到 1956 年北京图书馆参考工作开展的混乱局面以及走向新生的过程。这一时期,北京图书馆以苏联列宁图书馆为模板,确立了服

---

① 赵爱学,林世田.顾子刚生平及捐献古籍文献事迹考[J].国家图书馆学刊,2012(3):94–101.

务国家社会主义建设和群众教育的基本工作方针,参考机构进行了多次调整,在旧有业务的基础上,强化了服务时代的意识,并有效地组织了多种宣传教育活动。同时,在国家的统筹规划下,形成了一支稳定而专业的参考咨询专家队伍。经过新中国成立初期的恢复和调整,北京图书馆的参考工作逐步走上正轨。

第五章　曲折前行：1957 年—1972 年

新中国成立初期,北京图书馆的参考工作实现了平稳过渡,并充分发挥了服务社会主义建设的职能。20 世纪 50 年代中期中共中央发出了"向科学进军"的伟大号召,图书馆参考工作事业也有了一定的发展。然而好景不长,1957 年开始的"反右"运动以及其后 1958 年的"大跃进"运动,使图书馆参考工作难以稳步进行。而 1966 年开始的"文化大革命",更彻底破坏了北京图书馆的各项业务工作,这一情况直到"文化大革命"后期的 1972 年才得以缓解。在历次政治运动的影响下,北京图书馆的参考工作风雨飘摇,发展得十分曲折。

第一节　参考工作几易方向

从 1957 年"反右"运动开始到 1972 年,受国内政治环境左右,北京图书馆参考工作的发展方向也受到很大的影响。

一、"向科学进军"和"大跃进"

1955 年 11 月 11 日,在党中央发出"向科学进军"号召的大背景下,北京图书馆上报中宣部的《一年来为科学研究服务采取的措施》中明确了将配合科学研究当成工作重点,指出北京图书馆的办馆方针是"为科学研究服务,为全国图书馆事业服务,为国际文化交流事业服务"。同年制订完成的《北京图书馆十二年工作规划纲要(1956—1967)》提出:"把为我国社会主义各项社会主义事业服务,特别要把大力配合日益发展的科学研究工作当成重点,以便更加发挥本馆应有的作用。"

146

1956年1月,中共中央召开了关于知识分子问题的会议。周恩来总理在关于知识分子问题的报告中指出:"为了实现向科学进军的计划,我们必须为发展科学研究准备一切必要的条件。在这里,具有首要意义的是要使科学家得到必要的图书、档案资料、技术资料和其他工作条件。必须增加各个研究机关和高等院校的图书经费并加以合理使用,加强图书馆、档案馆、博物馆的工作,极大地改善外国书刊的进口工作,并且使现有的书刊得到合理的分配。"自此以后,社会各有关方面对于图书馆工作都给予很大的关心和重视。许多科学家指出,要使中国科学技术赶上世界先进水平,首先要使图书馆收藏的图书资料赶上世界先进水平。图书馆能否提供科学研究所需要的图书资料,是中国向科学进军的重要条件和胜利保证之一。

1956年7月5日至13日,文化部在京召开全国图书馆工作会议,与会代表讨论了社会文化事业管理局向大会提出的"明确图书馆的方针任务,为大力配合向科学进军而奋斗"的报告。报告指出图书馆工作的两项基本任务:一项是向广大人民群众流通图书,传播马列主义,进行文化教育工作;一项是向科研工作者提供图书资料,促进科学的迅速发展。这两项任务都是不可缺少的。而对于国立图书馆和专业图书馆,主要服务对象应是知识分子①。

1956年8月28日,《人民日报》在头版头条发表了题为"向科学进军中的图书馆工作"的社论。社论指出图书馆在向科学进军中的任务有两项:"一项是为科学研究工作提供图书资料,也就是为科学研究服务;一项是通过书刊的借阅,普及文化科学知识,培养科学的后备力量。两者不可偏废。"希望各地图书馆能各司其职。对于图书馆怎样为科学研究服务,社论提出了以下几点措施:一是为使图书馆具备应有的藏书,应及时清理和调配现有藏书;二是要编制图书目录和索引,使藏书得到充分利用;三是要改进书刊的借阅制度和方法,方便读者利用;四是针对我国图书馆数量不足、质量不高的现状,提出稳固现有各馆的同时积极建设新馆,积累图书资料;还

---

① 陈源蒸.中国图书馆百年纪事[M].北京:北京图书馆出版社,2004:143.

要求文化部门对图书馆事业进行全面规划,加强协调各地图书馆间的联系①。

经过上述部署和舆论宣传,自 1956 年起,各公共图书馆都通过设立专门阅览室、编制目录索引、补充文献资料等方式加强了为科学技术服务的力度。北京图书馆的服务方针也从原来的"为经济建设服务、为学术研究服务、为广大群众服务"三个方面兼顾的方针转变为"为科学研究服务、为大众服务"这两项基本任务。为了更好地支援科学技术研究,北京图书馆成立了目录室,开辟了缩微图书阅览室,开展了国际互借服务,加强书目索引编制和咨询解答工作,特别是加强了对自然科学工程技术方面的咨询解答,这反映出 1956年参考工作"向科学进军"的发展方向。

1957 年,北京图书馆为响应"向科学进军"设立参考研究部,尽管时任参考研究部主任张申府随后卷入"反右"和"整风"运动当中,使参考工作受到一定影响,但总体发展方向并未发生改变。

1958 年"大跃进"时期,中国图书馆事业在社会主义建设总路线的指引下,取得了一定的成绩,但受到当时"左"的思潮的影响,急躁冒进,也给图书馆事业带来了不少损失。1958 年中共中央提出了社会主义建设总路线,毛泽东主席号召"破除迷信,解放思想"。全国广大图书馆工作者深受鼓舞,发挥出高度的积极性和创造性,努力探索社会主义图书馆事业建设的新途径。表现在图书馆参考工作方面,书目编制工作有了很大改进,面向生产,面向科研,编制了多种多样的书目和索引,及时地、有针对性地为科学研究提供了较系统的文献支持。建设全国联合目录的工作成绩也很显著。但是,在这个时期内,由于受当时高指标、浮夸风等"左"的思想影响,急于求成,使参考工作受到不少挫折。

1958 年 3 月 25 日,全国省、市、自治区图书馆工作跃进大会在北京举行。大会明确了"为科学研究服务"和"为人民大众服务"两者不可偏废的关系以及"普及"和"提高"的关系。会上提出了节省人力、物力,改进工作的方法与

---

① 中国图书馆学会.百年大势——历久弥新[M].北京:科学出版社,2004:44 - 45.

措施。北京图书馆等 33 个图书馆向全国图书馆工作人员提出了"十比"倡议书。此后,在全国图书馆战线迅速掀起了"学先进、赶先进、超先进"的跃进高潮。文化部副部长夏衍在致闭幕辞时做了总结,指出:"处在新中国技术革命的前夜,图书馆任务是非常繁重的……我们要在生产跃进、技术革新的需要方面有计划地满足他们的要求。"8 月 9 日,周恩来总理在北戴河向北京大学图书馆学系教授邓衍林询问图书馆事业发展情况,并做出重要指示。11 月 1 日至 12 日,国家科学规划委员会和国家技术委员会在北京召开全国科学技术情报工作会议,参会代表 350 多人,国务院副总理聂荣臻接见了与会全体人员。11 月 13 日,《人民日报》发表"做好科学技术情报工作"社论。12 月 20 日,北京图书馆开辟了科学技术文献阅览室(后更名为"科学技术文摘索引参考室"),其中汇集馆藏中外文科学文摘、索引和科技情报、快报等资料 200 多种,向读者开放使用。

1959 年,北京图书馆参考咨询专家戚志芬在《图书馆学通讯》1959 年第 1 期发表了一篇题为《北京图书馆》的文章,文中对北京图书馆当时的情况进行了全面的介绍。其中,她也对北京图书馆为科学研究提供服务的情况做了介绍。3 月,北京大学图书馆学系师生编写的《大跃进中北京地区的图书馆》由北京出版社出版。11 月 13 日制订《1960 年北京图书馆八年(1960—62—67)工作规划(草案)》提出:"为社会主义革命和社会主义建设服务,特别要把配合科学研究工作及首都建设发展的需要当成重点,以便更加发挥本馆应有的作用。"受"大跃进"的影响,盲目追求数量,忽视工作质量,不切实际的工作指标为参考工作的发展带来很大的损失,尽管如此,直到 1960 年底,"向科学进军"始终是北京图书馆参考工作发展的重要指示思想。

二、"调整"与回归正轨

1961 年春,中共中央通过了对国民经济实行"调整、巩固、充实、提高"的八字方针,国民经济进入了调整时期。图书馆事业主管部门和各级各类图书馆认真总结了"大跃进"的经验教训。经过努力,比较快地消除了盲目冒进所造成的消极后果,同时也在调整中有所前进,取得了一些新的进展和成就。

在图书馆的任务与服务对象方面,通过总结经验教训,确定"为广大群众服务"与"为科学研究服务"两者都不可偏废,但可根据各馆的具体情况有所侧重和分工。对图书馆各项业务工作进行整顿,其中着重抓了内部工作的整顿,如藏书的整顿、目录的整顿、规章制度的整顿等。经过整顿,图书馆的基础工作得到了加强。在参考服务工作方面,着重点放在努力提高服务质量上。在为科学研究服务方面,加强了重点跟踪,对口服务。在中共中央提出"全党大办农业"的号召以后,北京图书馆加强了为农业服务的参考咨询工作,编制了适应农业科技人员具体需要的"对口"目录和参考书目索引。

1960 年 12 月 29 日,文化部副部长钱瑞生来馆检查工作,指示:"北京图书馆应成为党和国家实现科学规划、攻破尖端、实现技术革命和培养科学理论队伍的重要服务机关。"为了执行文化部指示,1961 年 2 月 20 日北京图书馆成立科学研究服务组,由康鸿禄、鲍振西负责,先后与国家科委和国防科工委等 14 个部、委、院及其所属的 38 个科研生产单位建立了联系。图书馆事业经过调整和整顿,又重新走上正常的发展轨道。北京图书馆调整了馆内的基础工作与馆外服务活动的关系,恢复了许多行之有效的规章制度,重新修订了各项业务工作的定额,纠正了"大跃进"中不讲科学、不讲服务效果的浮夸倾向。各项工作,特别是参考工作,做得更深更细,更有章法,内容也得到充实。

1962 年 2 月,北京图书馆副馆长左恭参加国家科委在广州召开的全国科技工作会议。1963 年 3 月 15 日,北京图书馆召开扩大馆务会议,左恭传达周总理与六个工作会议代表的讲话以及聂荣臻副总理在全国农业科技会议上的讲话,并重点报告了《关于图书馆工作十年规划(草案)》的要点及对北京图书馆的有关要求。戚志芬在《图书馆》1963 年第 4 期发表《发挥馆藏图书资料潜力,为社会科学研究工作服务》一文,文中提出为了做好为科学研究服务的工作,把参考工作按其学科内容分成两部分,一部分是社会科学的参考工作,另一部分是自然科学和工程技术的参考工作。北京图书馆马龙璧也在《图书馆》1963 年第 4 期发表了《关于"科学技术文摘索引参考室"工作的几点体会》一文。从 1961 年开始整顿到 1966 年"文化大革命"爆发前,北京图书馆的参考工作基本回到了正轨。

三、"文化大革命"期间陷入停顿

1966 年 5 月 16 日中共中央政治局扩大会议通过《中国共产党中央委员会通知》（五一六通知），"文化大革命"全面爆发，从 1966 年 5 月开始的为期十年的"文化大革命"使中国的图书馆事业遭到了严重的摧残。许多图书馆一度被迫闭馆停止工作。北京图书馆也被卷入到这场运动之中。1967 年参考部被取消，参考工作也一时陷入停顿。参考部被认为是"知识分子的一统天下"，工作人员受到了迫害，绝大部分被下放到湖北的文化部"五七"干校，有些甚至被隔离审查。图书馆的性质和职能受到歪曲。图书馆被当作无产阶级专政的工具，以阶级斗争的观点看待和处理图书馆的一切活动，导致大批的古今中外书刊被视为"封、资、修"毒草而被禁锢，有的甚至被焚毁；采购外文书刊被诬为"洋奴哲学"，受到批判，工作被迫停止或中断；把"为知识分子服务"与"为工农兵服务"对立起来，极大地削弱了图书馆为科研和生产服务、传递科技信息以及保存文化遗产的职能。图书馆多年积累的管理经验和行之有效的规章制度被否定，致使图书馆工作无章可循，管理混乱。图书馆之间的协调和协作工作陷入停顿状态。北京、上海两个全国性的中心图书馆委员会以及其他 9 个地区性的中心图书馆委员会都停止了活动。中文、俄文图书的统一编目工作和全国图书联合目录编辑组的工作都先后停止。参考部多年苦心积累的资料、各类的工具书几乎全部散失。

第二节　参考工作机构的频繁更迭

从 1957 年开始，政治运动频仍，北京图书馆参考部也受此影响，多次更迭机构建制和名称，其中比较主要的变动包括：1957 年参考研究部下设社会科学参考组和科学技术参考组；1958 年 1 月成立全国中心图书馆联合目录编辑组；1959 年 2 月成立马列主义毛主席著作阅览室（1960 年 9 月撤销）；1961 年

2 月成立科学研究服务组;1962 年成立参考书目部,下设参考书目组和科学文献索引组;1966 年成立革命文献部等。这些机构的设立反映出参考工作在不同时期的重心。

一、短暂成立的参考研究部

1957 年初,北京图书馆为了响应中共中央"向科学进军"的号召,加强参考工作力度,决定将参考研究组扩编为参考研究部,下设社会科学参考组和科学技术参考组①。参考研究部的工作除日常解答咨询、编制书目索引外,还参与大型展览的组织工作,承担展览的材料搜集、陈列和编制说明工作。社会科学参考组设有一个专门接待读者的咨询室。科学技术参考组下设"科学技术文摘索引参考室"(现名"科技文献检索室"),负责科技咨询和科学文献检索,由张申府担任主任。

但是不久张申府不幸卷入 1957 年开展的"整风"与"反右"运动之中。1957 年 4 月 27 日,中共中央发出《关于整风运动的指示》,决定在全党进行一次以正确处理人民内部矛盾为主题,以反对官僚主义、宗派主义和主观主义为内容的整风运动。1957 年 5 月 20 日—24 日,文化部邀请图书馆专家进行座谈,请他们对图书馆工作提出批评和建议,与会专家有张申府、王重民、赵万里、顾家杰等。会上张申府以北京图书馆为例,提出由于领导不重视图书馆工作,长期以来使北京图书馆的发展方向不明确,性质未确定以及至今未颁布图书馆的有关规程等尖锐批评。1957 年 6 月,农工民主党开会批斗章伯钧,张申府因为为章伯钧直言而受牵连,被打成"右派"。8 月 18 日《人民日报》刊登文章《揭发出右派骨干分子一百多个 农工民主党除毒去污初见成效》,点名批评了章伯钧、张申府等人。9 月 23 日,《人民日报》以"图书馆的情况好得很"为题发表文章,指出,资产阶级右派分子诬蔑新中国图书馆事业"一团糟","图书馆事业存在着危机",但"在我们看来",却是好得很,并没有什么"危机",完全否定了张申府等此前所提的意见。

---

① 北京图书馆大事记 1909—1992[M].北京:北京图书馆(馆内编印),1992:54.

由于主任张申府被划为"右派",成立未及半年的参考研究部也连带被撤销,原设于该部下的两个组又划归阅览部。

二、全国中心图书馆联合目录编辑组

1957年7月,国务院科学规划委员会第四次扩大会议拟定了《全国图书协调方案》。同年9月,在周恩来总理主持下,国务院第五十七次全体会议通过批准了《全国图书协调方案》,决定在国务院科学规划委员会领导下成立图书小组,负责对全国为科学研究服务的图书工作进行全面规划和统筹安排。根据《全国图书协调方案》的规定,北京地区全国性的中心图书馆有北京图书馆、中国科学院图书馆、中国医学科学院图书馆、中医研究院图书馆、中国农业科学院图书馆、北京农业大学图书馆、地质部全国地质图书馆、中国人民大学图书馆、北京大学图书馆、清华大学图书馆、北京师范大学图书馆等。上海地区全国性的中心图书馆有上海图书馆、上海交通大学图书馆、中国科学院上海分院图书馆、复旦大学图书馆、上海第一医学院图书馆、第二军医大学图书馆、华东师范大学图书馆、同济大学图书馆等。九个地区性的中心图书馆也都是所在地区各系统的大型图书馆。全国性中心图书馆中的公共图书馆、中国科学院图书馆和专业的科学图书馆向全国科学工作者开放;高等学校图书馆除了保证本校师生的需要外,也尽可能根据各该馆馆藏的专长特点,对有关的科学工作者开放。

方案指出首先要建立中心图书馆并编制全国图书联合目录。中心图书馆的任务是:①为科学研究工作服务;②搜集种类较多、质量较高的应该收藏的书刊;③编制联合书目和新书通报;④国际交换图书的工作(由一部分全国性中心图书馆进行);⑤照相复制图书工作,由一部分中心图书馆进行;⑥规划和进行干部培养工作。在全国中心图书馆委员会下成立一个全国图书联合目录编辑组,附设于北京图书馆内。它的任务是:①了解、调查全国各图书馆藏书和编目情况;②制订联合目录编辑计划;③起草联合目录编目条例;④加强与各馆在联合目录工作方面的联系,布置、检查和督促工作;⑤综合各馆书目,作最后的编排、校订、出版等工作。参加编制联合目录的单位,以中

国科学院和其所属各研究所图书馆、各高等院校图书馆、各省级以上的公共图书馆和专业图书馆为基础,根据题目的不同,选择参加编制的单位。计划编辑的专题联合目录有《中国革命史联合目录》等六种。从 1957 年 7 月起开始编辑的联合目录有西文期刊联合目录等九种,要求在 1959 年底完成①。

　　1957 年 6 月,北京图书馆即开始筹备组建全国图书联合目录编辑组,该组由北京图书馆书目索引组负责筹建,先后从中国科学院图书馆、清华大学图书馆以及北京图书馆抽调干部共同组成。1958 年 1 月 15 日国务院编制委员会国编办字第 2 号文,同意成立全国联合书目编辑组,作为全国中心图书馆下面的办事机构,附设在北京图书馆。至此,完成了全国联合书目编辑组全部备案手续。根据原定任务,从编辑西文期刊联合目录着手。全国图书联合目录编辑组草拟了"建立卡片目录中心,征集西文卡片目录办法草案"等工作安排。

　　全国图书联合目录编辑组于 1957 年 11 月成立后,即根据《全国图书协调方案》的要求,进行了全国书刊馆藏情况的调查以及书刊联合目录的编辑出版工作。从 1957 年到 1966 年的九年间,共出版全国性的和地区性的联合目录 300 余种,不仅在数量上大大超过了旧中国出版联合目录的总和,而且质量有很大提高。这一时期,全国图书联合目录编辑组编辑的《全国中文期刊联合目录》《中国古农书联合目录》《中医图书联合目录》《全国西文期刊联合目录》《全国俄文期刊联合目录》《全国日文期刊联合目录》等,以及上海图书馆编辑的《中国丛书综录》都已成为中国图书馆界与学术界必备的重要参考书目。另外,全国图书联合目录编辑组还从 1958 年 6 月起,定期出版《全国西文新书联合目录通报》,分哲学、社会科学部分以及自然科学和技术科学部分两辑编印。至 1966 年 9 月因"文化大革命"影响工作中断,全国图书联合目录编辑组共编辑、出版全国性和地方性的联合目录 300 余种,其中包括中、西、俄、日文期刊联合目录等产生较大影响的作品。

---

　　① 国务院科学规划委员会.制订改善科学工作条件的四个方案[N].人民日报,1957 – 11 – 10(3).

三、参考书目部、革命文献部及其他机构调整

1957 年参考研究部被撤销后,北京图书馆参考工作机构参考咨询组、书目索引组和科学技术文摘索引参考室划归阅览部。1960 年参考咨询组特辟咨询室解答社会和自然科学的各种问题,有专人值班,室内陈列部分常用的中外文工具书,接待读者以解决他们在图书资料上遇到的疑难问题,并可利用本室的工具书查找所需资料或提供线索,室内有专线电话,全市机关、学校、科研单位或个人读者都可通过电话提出咨询。科技参考组除展开咨询和书目工作外,还把 1958 年成立的文献阅览室接收过来,改称"科技文摘索引阅览室"(现为科技文献检索室),这个阅览室也是北京图书馆最早实行开架阅览的阅览室,因其配备了较完善的检索系统,所以很受读者欢迎。为了配合为科学研究服务的中心任务,北京图书馆于 1961 年 2 月 20 日成立科学研究服务组,由康鸿禄、鲍振西负责,先后与国家科委和国防科工委等 14 个部、委、院及其所属的 38 个科研生产单位建立了工作联系。

1959 年 2 月 1 日到 1960 年 9 月 28 日,北京图书馆还成立了马列主义毛主席著作阅览室,主要提供包括马克思、恩格斯、列宁、斯大林经典著作的中文、俄文版;马克思、恩格斯著作的德文版;毛主席著作的各种不同版本及译本(包括外文译本和兄弟民族语文本),党的文学以及运用马克思列宁主义观点阐述问题的一般著作和有关人民公社的资料等 5000 余册文献的专题阅览。

1960 年 11 月,北京图书馆一度将参考咨询组与书目索引组合并成立参考书目组。1962 年,"大跃进"后,北京图书馆进入调整、整顿时期,图书馆各项业务走上发展道路,随着工作重点转向为科学技术服务,参考工作重新受到重视。于是将原属于阅览部的参考书目组和科学文献索引组抽出,成立参考书目部。新的参考书目部下设社会科学参考组和科学技术参考组。这也是继 1957 年设立参考研究部之后,国家图书馆内第二次设立参考部。1962 年 10 月 16 日文化部文干字第 2026 号通知,任命杨殿珣为参考书目部主任。在杨殿珣主持下,拟定了《参考工作条例》,编写了《参考部历年工作一览》等资料。将原有参考书目组分为社会科学参考组和科学技术参考组,这是北京

图书馆首次设立科学技术参考组。1963 年 5 月 17 日北京图书馆馆务会议决定成立"图书馆学研究部",将原由社会科学参考组承担的图书馆辅导业务剥离出来,此后社会科学参考组专门从事答复咨询和编制书目索引工作。

　　1966 年 6 月 6 日为配合"文化大革命"的开展,北京图书馆正式开辟"'文化大革命'参考阅览室"。6 月 16 日中国人民解放军工作队进驻北京图书馆,即日起中共北京图书馆委员会停止活动,党政领导权归工作队。8 月 4 日北京图书馆新书通报停止出版。9 月 10 日成立革命文献部,收集各种"文化大革命"期间印刷品,至 1968 年 8 月共入藏 230 箱文献资料。同年 9 月,中国人民解放军驻北京图书馆工作队撤离,随即成立北京图书馆"文化革命"委员会,各部成立"文化革命"小组。1967 年 5 月 14 日中共中央发出《关于无产阶级文化大革命中保护文物图书的几点意见的通知》。5 月 24 日中央"文化革命"小组成立文艺组图博文物口。12 月中国人民解放军北京卫戍区司令部奉国务院、中央军委和中央"文化革命"小组命令,对北京图书馆实行军管,建立军事管制委员会(军管会)。12 月 18 日除柏林寺和报库部分开馆外,即日起闭馆参加运动。1968 年,在军管会领导下成立办事组和第一、二清查专案组。撤销原有部处科组机构,全馆分为四个连。12 月 23 日中国人民解放军、首都毛泽东思想宣传队奉命进驻北京图书馆。1969 年 9 月 29 日成立北京图书馆"革命委员会"。9 月第一批 63 名职工下放湖北咸宁文化部"五七"干校,进行劳动锻炼。该年,全馆共有 489 名员工,在京 408 人,下放干校 70 人,11 名新来大学生去山东部队锻炼。1970 年 5 月 17 日第二批 260 名职工下放湖北咸宁文化部"五七"干校劳动锻炼。北京图书馆留京人员 163 人,编为 4 个排、10 个班和 1 个直属班。

　　1971 年 5 月 3 日北京图书馆恢复开馆,开放时间为每周一、三、五全天,二、四半天。先后开放的有马列主义、毛泽东思想学习室,期刊资料室,综合阅览室,特藏资料室,缩微阅览室,报纸阅览室和内部参考资料室。12 月 30 日核心小组决定将组织机构调整为办公室、政工组、阅览部、采访部、报刊部、总务科。1972 年 2 月 5 日业务部门恢复为采编部、阅览部、善本部、报刊部,机构中并没有参考部,从事参考工作的人员被划入阅览,业务也由阅览部开展。

1957到1972年，国家图书馆的参考工作机构多次变更，其中1957年和1962年两次独立建制，充分体现出参考工作的重要性以及所受到的重视。但在"文化大革命"开始后，原有机构取消，图书馆参考咨询工作趋于停顿。

第三节 "文化大革命"前的参考工作业务

"文化大革命"前，国家图书馆在新中国成立后确立的为社会主义建设服务的总路线没有改变，此前开展的解答专题咨询、编制书目索引及举办展览讲座等业务仍在继续进行，发挥了积极作用。

一、"向科学进军"中的咨询服务

1956年北京图书馆参考工作的重点开始向为科学研究服务倾斜，参考工作不断深化。1957年，北京图书馆参考部受"反右"运动的冲击，解答咨询的工作有一定停滞。1958年原计划解答读者咨询问题1716件，实际完成2000余件，其中包括为发挥图书馆的信息检索职能，组织人力突击查找有关电子工业、自动控制、电子计算机、晶体管、半导体等方面的国际动态资料，如曾为国家科委搜集资本主义国家科技发展趋势的资料，并提供资本主义国家石油调查资料；还曾为医学界查找有关食物中毒的预防和医疗等方面的中外文资料。1958年6月在中国共产党成立37周年纪念活动中，北京图书馆向毛泽东、刘少奇、周恩来、朱德等中央领导同志发出个人借书证305个。

1959年计划完成解答咨询问题3000件，实际完成3201件，完成计划的106.7%。为协助有关部门制定农业计划，北京图书馆参考部曾查找了有关美国农业，世界各国农业机械化程度，资本主义国家农业单位面积产量，主要资本主义国家农业发展情况，机械化、电气化、肥料、交通运输等农业信息资料。这一时期，出于满足读者需求，有时会跟踪查找某一方面的资料，作为定题服务，随时向有关方面报送。例如，建筑工程部技术情报局向我们查询有关冰洲石开采的资料。冰洲石具有特定的光学性质,可作为光学材料使用,在国防等方面价值极大,但是开采时极易震碎,加工时又易失去其光学特性,世界上只有苏联等三四个国家能够成功开采。后北京图书馆参考部辗转从国外找到了这方面的有关技术资料,解决了他们的问题,他们在当年国庆节时来信说:"当我们超额完成向党献礼计划的时候,不能不想到一年来你馆工作中给予我们的热情帮助和支持。"

1960 年,解答咨询问题 3412 件。除帮助读者解决在生产、科学研究、技术革命等方面的问题外,在边界问题、文化艺术界批判 19 世纪资产阶级学说及作品、批判修正主义等问题上都为相关部门提供了书刊资料,有的还编成了书目索引。

1961 年,解答社会科学方面的咨询 2046 件,解答科学技术方面的咨询185 件,超额完成了全年计划。1961 年 8 月 17 日,《人民日报》以"学者专家的亲密助手——记北京图书馆的科学研究服务工作"为题,发表了记者柏生的文章,生动介绍了北京图书馆的参考工作:

> 今年年初,北京图书馆为加强对科学研究服务的工作,特别组织馆内力量,主动联系了许多科学技术研究和生产部门,了解他们的需要,给这些研究单位提供了大批书目资料,并和他们建立了经常的服务关系。不久前,北京图书馆就为冶金工业部和石油工业部提供和查找到一些重要的研究参考文献资料。根据读者的需要,它们还举办了好几次书刊展览,介绍馆藏书刊和新到书刊,受到了读者的热烈欢迎。北京汽轮机厂中央试验室的一些同志在参观了馆藏外文冶金工业书刊展览以后,在意见簿上写道:"这样一个科学技术资料展览会,对我们搞科学技术试验的人说来,帮助是极大的,因为以往找一篇或一类资料要跑遍很多书店和图书馆,而现在在我们面前摆的正是我们需要的。"通过书刊展览提高了书刊的流通率,一些通过目录很难找到的书刊都和读者见了面,同时还节省了科学研究人员来馆查找有关专业书刊的时间。

　　北京图书馆帮助普通读者和科学研究人员查找解答咨询各种问题的工作是做得十分出色的,在一间宁静的房间里,参考书目组的同志给我介绍了许多读者咨询的情况。询问的读者有中外著名的专家、学者,也有各个岗位上的普通读者。他们有的是写信来咨询的,有的是打电报、打电话来咨询的,也有亲自来馆咨询的。咨询的问题是那么广泛,古今中外,上自天文,下至地理,无所不包。科学家要求提供他们研究实验的最新论文资料,历史学家要查找他们写论文时用的重要史实,教授们要求得到他们在教学中需要的参考书,演员们要求得到有关中国古代或是欧洲古老的化妆资料。许多工厂、机关、科学研究单位和学校,也要求提供各种参考书目和查找各种资料。中国科学院院长郭沫若是经常向这里提问的一位读者,他在研究蔡文姬、武则天、管子和《再生缘》作者陈端生的过程中,都曾向北京图书馆查找所需的资料,中国科学院副院长竺可桢也请北京图书馆帮他查找过有关中国古代气象学的资料。粮食部要研究我国近百年来的水、旱灾情况,参考书目组的同志马上帮他们从《清史稿·灾异志》和各省、府、县志中查找到许多有关水旱灾的资料,提供了关于各种内涝问题和水、旱灾发生的原因和情况。北京工艺美术研究院接受了一项任务:把定陵发掘出来的明代皇后戴的凤冠残件恢复原状,他们在故宫博物院找到了一些明代皇后的图像,但是图像上只能看到凤冠的正面,看不到凤冠侧面,最后参考书目组的工作人员,从明版《三才图绘》中为他们查找到明代凤冠的侧面图,根据这些图样,工艺美术家们恢复了凤冠原貌。

　　今年4月,苏联人种科学研究所来信要求北京图书馆帮助他们查找乾隆十六年六月初一冠服图册,参考书目组工作人员很快就在馆藏清乾隆刻本《皇清职贡图》中,查找出这一天的冠服图册,及时答复了这个询问,满足了苏联科学家研究工作的需要。今年5月,捷克斯洛伐克布拉格科学院请北京图书馆帮助查找16世纪明朝军队组织制度及武器装备方面的资料,和丰臣秀吉侵朝的资料目录,参考书目组的同志马上就在明史《兵制》和戚继光所著《纪效新书》《练兵实纪》和茅元仪《武备志》中查找出有关明朝军队的资料,又在《万历三大征考》《经略复国要编》《李朝实录》等书中查出有关丰臣秀吉侵略朝鲜,明朝出兵援朝的资料。德意志民主共和国学者来信要求提供有关中国古代地图绘制家的传记资料,法国学者要求提供研究南宋时代临安府(今杭州)的书目,所有这些问题都得到了参考书目组同志满意的答复,询问者最后都纷纷来信感谢北京图书馆的帮助。

1962 年,北京图书馆贯彻中共中央以调整为中心的"调整、巩固、充实、提高"八字方针,进一步加强了为科学研究和生产服务等方面的工作。参考工作方向更加明确,在为农业服务方面的工作力度也有所加强。全年解答咨询 1693 件。例如,为有关部门制订农业规划提供了有关美国农业、世界各国的农业机械化程度、中国土地经济、日本农业单位面积产量、主要资本主义国家农业发展情况等方面的资料。这项工作延续了半年之久,其间随时把新到和新发现的资料通知读者。政法学院教授钱端升受中宣部委托研究资本主义国家现代政治学的研究和出版著作情况,参考书目部为这项工作也前后开展了两个多月的资料搜集工作。当年,参考书目部收到了很多读者的感谢信,还有读者来馆道谢。有一些单位或读者把他们研究或写作的成品寄来,有的送画和雕刻作品来表示他们的感谢。能够获得上述成绩,主要是参考部门在工作中能做到进一步摸清读者需要,同时在工作安排中,尽量分轻重缓急,保证重点,紧紧配合政治形势①。

1963 年,参考书目部解答咨询问题共计 1878 件,包括社会科学方面的咨询 1726 件,科学技术方面的咨询 152 件。从问题的内容来看,在政治任务方面,为中宣部提供英、法文有关南斯拉夫问题的书目,为新华社提供 1850 年在伦敦举行的共产主义同盟的会议报告和意大利宪法资料;为农业服务方面,为农业科学院提供农业"四化"国外文献资料;在轻工业方面,为北京市轻工

---

① 北京图书馆 1962 年工作总结[G]//北京图书馆馆史资料汇编(二)编辑委员会.北京图书馆馆史资料汇编(二):1949—1966.北京:北京图书馆出版社,1997:739－741.

业局提供塑料印染问题资料;在重工业方面,为武钢提供钢制轨枕问题资料;在尖端科学方面,为某部提供超音速飞机的气体分离问题资料等。此外,还为科学院综合考察委员会提供世界主要国家有关自然资源的保护资料,为朱德副主席、一些专家学者提供他们所需要的资料或书目,等等。此外,凡报上发表重要消息及论文时,参考书目部都会做时事资料剪辑向读者介绍,今年共完成时事资料剪报 54 份①。

1964 年,北京图书馆参考书目部社科参考组共解答咨询 1618 件,完成书目 47 种。这一年的咨询为有关方面系统地研究亚、非、拉的革命和帝国主义的侵略等问题,提供了有关的图书和专题书目。例如为某部委提供了有关东南亚形势问题的日文书;又为某研究单位提供了印度文、越南文、阿拉伯文、印尼文、泰文与缅文图书;为全国各地的农业、工业、国防等部门提高生产技术或进行科学研究,提供了书刊资料和专题目录索引;和四川水稻研究所等许多单位建立了借书和咨询的关系;为《东方红》大型歌舞办公室提供新中国成立前社会生活的图片资料;为前线歌舞团提供抗日游击队的小说、回忆录和图片资料;为中国京剧院排演《红灯记》提供有关资料;为煤矿文工团提供安源煤矿的资料;为戏装社提供制作现代戏服装、道具所需要的图片式样等。这一年政治紧张空气渐浓,参考工作也受到一定程度的冲击。例如在《北京图书馆一九六四年工作基本总结》中就对参考工作进行了点名批评,这在新中国成立后尚属首次,总结中写道:

> 社科参考组,近几年来很少编印发行什么书目,至于密切配合形势,具有现实意义和使用价值的书目更可说是没有;相反地,却大搞了基本上是反映帝王将相、才子佳人的《中国古代图书人象索引》和《古典文学版画插图总目》,以及大搞了不是当务之急的《有关中国古代生产工具插图》。……尤其是《古典文学版画插图总目》的编者把《金瓶梅》《弁而钗》等书淫秽插图一律收入,并且自配了肉麻、

----

① 北京图书馆 1963 年工作总结[G]//北京图书馆馆史资料汇编(二)编辑委员会.北京图书馆馆史资料汇编(二):1949—1966.北京:北京图书馆出版社,1997:773－775.

颓废的题词,反映了自己腐朽的思想感情,并把目录弄得不伦不类,根本不便查索,而从馆长起至这个组的各级领导人,竟然熟视无睹,听之任之,使这些书目的编制工作沿着错误的方向进行了几年……这是一个极其严重的错误。在回答邮电部关于设计第一国际一百周年纪念邮票咨询问题时,提供了伦敦圣马丁教堂的照片,误为第一国际成立会的会址圣马丁堂(按:此堂今已不存),乃被选作纪念邮票的画面,及至公开印行后才发现错误,在国际上已造成了难以挽回的不良政治影响。这个事故的教训是很深刻的。在回答新华社关于《六评》中"落花有意,流水无情"出处何在的问题时,竟有人摘抄黄色旧小说《弁而钗》插图的这个题词,作为答案,打出了电话。幸而不久即被领导发现,及时声明撤销,几乎铸成大错和造成对外影响。这又是一次事故和一次教训。此外,还有少数咨询文件,压在几个人手里不办,最后连下落也找不到了。至于那种对待读者的问题和要求,拖拖拉拉,推延好久才办理解答的情况更是多些。这些严重现象,如不彻底克服,遇上一定情况,就会耽误大事。

1965年,参考书目部贯彻为"三大革命运动"①服务,特别是为科学实验服务的方针,改进了各项工作。计划解答咨询数1780件,实际完成1276件,完成计划的77%;其中计划完成社会科学咨询1600件,实际完成1171件,完成计划的73%;计划完成自然科学咨询计划180件,实际完成205件,完成计划的113%。提供资料和咨询工作范围很广,主要是为"三大革命运动"服务的,如为长江水利委员会提供嘉陵江、清江水文的有关地方志资料;为解放军提供日本、东南亚等地区海空军基地资料及克什米尔、印度风俗等资料;为财政部提供第二次世界大战美、英战时经济管理情况;为新华社提供1918—1920年美军在苏活动情况;为冶金部马鞍山冶金设计院提供平炉重油喷嘴构造的资料。这些资料都是我国国防建设、科学研究、工农业生产所急

①　时指阶级斗争、生产斗争和科学实验三大革命运动。

需的资料①。

1966年,北京图书馆参考书目部协助读者查找资料。如,上海王林鹤等人试制成功一种高级的精密计量仪器,开始设计时,他们向上海图书馆借阅一份资料。上海图书馆找遍了整个图书目录也找不到,就到北京图书馆请求协助寻找。北京图书馆查明是写错了资料名称中的两个字母,回电到上海,终于把这份资料找到了。有了资料,王林鹤等在试制过程中,又依靠各方面的通力协作,顺利地解决了几个关键问题,终于把这个计量仪器试制成功②。

二、书目索引编纂的加速和调整

1957到1960年,随着"向科学进军"号召的提出以及"大跃进"等运动的展开,北京图书馆也加大了书目索引的编纂力度,这几年完成的书目达到了200种以上。1961年开始,随着国家反思此前政策的失误,北京图书馆也相应调整了编纂书目索引的速度,年均编成数量又降到100以内。到1965年,随着政治环境的变化,北京图书馆编纂书目索引的数量迅速减少。

1957年,北京图书馆制定了"社会主义图书馆事业应为无产阶级政治服务,为社会主义建设事业服务,为科学研究服务"的办馆方针。围绕这一方针,北京图书馆召开全国图书馆跃进大会,制订了编制75种书目的工作指标,年终时编制完成书目200多种,不但数量方面有显著的跃进,同时在质量方面也有所提高。在编制书目时,做到了主动配合中心任务和生产建设。例如:编制了以钢铁冶金为主题的各种书目;配合全国农业大跃进,编制了有关农业、工业的小型书目30多种,寄发多个县、市图书馆及国营农场等使用;为配合政治学习,编制了学习毛主席著作书目和批判修正主义书目;与全苏外文图书馆合作,编制了中苏友好书目索引的中文部分。1957年起,还定期出版"书目月报"一种,每期有选择地公布新编中外文图书七八百种。这个指导性的书目很受读者欢迎。1957年2月北京图书馆编译的《图书馆如何为科学研

---

① 北京图书馆1965年的工作总结报告[G]//北京图书馆馆史资料汇编(二)编辑委员会.北京图书馆馆史资料汇编(二):1949—1966.北京:北京图书馆出版社,1997:820.

② 晓江.有志气,有能力[N].人民日报,1966 – 01 – 13(6).

究服务》一书由中华书局出版。1957 年 9 月,北京图书馆对全国各个图书馆在新中国成立后编制的书目索引进行了较全面的调查,调查范围包括已编、现编、拟编三个部分。截至 1957 年底,全国各图书馆已编单行本书目索引2364 种。

1958 年原计划编制参考书目 75 种,实际完成 212 种,完成计划的 282.7%。1958 年 1 月北京图书馆编译的《书目资料的利用与宣传》由中华书局出版。7月全国图书联合目录编辑组编辑的《全国西文新书联合目录通报》创刊,分为"哲学、社会科学"和"自然科学、技术科学"两个部分,内容是报道全国各大图书馆新编西文图书,便利科研工作者、图书馆工作者以及其他读者掌握西文新书情报。1959 年全国图书联合目录编辑组编制的《全国西文期刊联合目录》出版,共收录 168 个图书馆所藏西文期刊 20270 种。1961 年《全国西文新书联合目录通报》改名为《全国西文新书联合通报》(1967 年停刊)。1958 年9 月北京图书馆开展群众性的编书目运动,104 人参加,另有 6 人参加校对、誊印和装订工作,共编书目 81 种。同年,李钟履编《图书馆学书籍联合目录》由中华书局出版,收录清末至 1957 年各图书馆入藏的图书馆学著作,并标明馆藏地。

1959 年计划编制参考书目 428 种,实际完成 453 种,完成计划的105.8%。其中重要的书目有为鞍钢提供了铁水处理、连续炼钢,为大冶炼铁厂提供了平炉炼钢、脱氧、快速修理的资料;为二机部提供了堆焊资料;为冶金建筑研究院提供了管类薄壳计算原理的资料;为交通部某所提供了放射性同位素在道路方面应用的资料;并为一些单位查找有关空气幕、光致发光、腐蚀、水分析、超声波探伤器等资料。由于北京图书馆为这些部门解决了生产和研究上的问题,许多单位纷纷来信表示感谢。1959 年 10 月北京图书馆编印《馆藏解放区出版文艺作品书目》;同年,北京图书馆与中医研究院联合编辑《中国古农书联合目录》出版,共收录北京图书馆等 25 个图书馆所入藏的古农书 643 种;另,冯秉文编成《全国图书馆书目汇编》,由中华书局出版。

1960 年计划书目编制为 225 种,实际完成 251 种,超额 26 种,其中已印出的有 5 种。书目索引工作在配合政治运动和中心工作上做得较好,如在学习毛主席著作方面,宣传列宁主义、反对帝国主义等方面以及在城市人民公社成立时都及时编印了许多相应的书目。此外也开始做一些全国各图书馆的书目报道工作。

1961 年,成立了参考书目组(后改参考书目部),先后编制了各种专题书目 61 种,比原定指标 40 种超过 20 种,而且质量也有所提高。社会科学参考组主动访问了有关的科研单位(科学院哲学研究所、拉丁美洲研究所等)和知名的专家学者(如历史学家陈垣、白寿彝等);为中宣部编制了《刘主席著作及生平传记资料目录》,编制了《古代军事家传记资料目录》;全年完成了化学化工外文期刊论文索引的译稿 14 期,共为 22224 条,并扭转了原来拖期发稿的现象。9 月北京图书馆和卫生部中医研究院主编《中医图书联合目录》出版。12 月全国图书联合目录编辑组编《全国中文期刊联合目录》(1933—1949 年)由北京图书馆出版,全书收录中文期刊 19115 种(包括补遗 951 种),解放战争时期在解放区出版的期刊未包括在内。1961 年全国图书联合目录编辑组编辑出版《全国俄文期刊联合目录》收录 143 个图书馆 1958 年底前入藏 2485 种俄文期刊。1961 年还编成《馆藏外文冶金工业书刊展览目录》,共分冶金工程、金属学热处理、金属工艺学和期刊四部分,期刊论文索引部分分别附于各有关大类之后。《馆藏外文冶金工业书刊展览目录》共选俄文、日文、西文(主要是英、德、法文)图书 1000 种,期刊 198 种,期刊论文 190 篇,可供有关的科学研究单位、生产部门及高等院校选借书刊和查找资料时参考①。

宣传和推荐优秀的书刊,是北京图书馆重要职责之一。1962 年,北京图书馆与历年一样在宣传马克思列宁主义和毛泽东著作,宣传党和国家的重大方针、政策和国内外形势,以及及时介绍新的科学技术书刊等方面,做了大量工作,成效亦较显著。全年共编制书目 50 个(包括参考 43 个、交换 5 个、文献 1 个、中采 1 个),在质量上比过去有所提高。如《毛主席在延安文艺座谈会上的讲话》版本目录以及《毛主席在延安文艺座谈会上的讲话》参考文献和论文选目,在编制时曾发信到有关单位或直接到有关单位去核对原书。编参考文

---

① 文绪.北京图书馆编印《馆藏外文冶金工业书刊展览目录》[J].图书馆,1962(1):30.

献和论文选目时也曾经几次细读原文,进行精选。又如外文参考工具书提要书目,计收俄、西、日文等工具书 1200 种,每种都有内容介绍,有的还介绍编辑经过,全部共计约 40 万字。又如为某部队编制的《宇宙风行器材料索引》,据专家称 95% 以上的资料均有用。还协助中国科学院哲学研究所完成中宣部交付的任务,了解马克思列宁主义、修正主义、世界各国资产阶级哲学流派等书籍收藏情况,并编成书目。文化部副部长郑振铎所捐赠图书中的西文书及中文平装书 4495 号的登记工作已全部完成(尚有中文线装书 12844 号登记工作未完成)。《西谛书目》校订工作开始于 1961 年,当年 8 月已交文物出版社,但经过文化部文物局考虑,为方便读者起见,认为目录的体例和编排方法还应慎重研究,决定改按分类编排。除编制上述书目索引外,还编制化学化工论文索引,每月一期。外文书刊展览目录 4 期和新书通报 5 期,还有"古代书籍插图索引""文摘类目索引"等①。

1963 年编书目索引专题部分实际完成数 82 个。其中比较重要的有:《化学化工索引》共出 12 期,自七月份起,增加了选用期刊,增加了索引的条数,全年共编索引 27194 条;《馆藏外文新书通报》共出 18 期,每期分社会科学和科学技术两个分册,共计报道馆藏新书 9813 种。专题书目 32 种,包括《外文哲学社会科学工具书提要》续编 200 多种,共收书 1400 余种;《馆藏外文冶金期刊简介》,共介绍冶金期刊 214 种,与冶金有关的期刊 91 种;《解放前至"五四"的古典文艺评论索引》;《革命回忆录索引》报刊部分;为农业服务的《馆藏有关农业四化问题选目》;配合反对修正主义的《有关"第四国际"的材料目录》和《伯恩斯坦、考茨基资料目录》等;还对《中国古代图象索引》进行了部分核对;而《中国古代书籍插图索引》尚待续行补收资料;《中国文学作品外文译本目录》亦在编制中。另外,1963 年还编成和出版了《西谛书目》,共选入图书 7740 种;《新华日报索引》(与人民日报图书馆合编)已完成了四册(1938—1941)的编辑工作,并交付发行,1942 到 1943 年部分也在进行发稿工作。

---

① 北京图书馆 1962 年工作总结[G]//北京图书馆馆史资料汇编(二)编辑委员会. 北京图书馆馆史资料汇编(二):1949—1966. 北京:北京图书馆出版社,1997:739 – 741.

1964年在为中央领导机关提供研究我国国内外政策问题所需要的参考资料方面,北京图书馆应各有关单位要求编制了关于托拉斯管理、大城市、航空史、英美烟草公司历史以及美、日、英、法农业政策和日本黄麻收购等专题索引。在为解决一些单位科研资料的问题方面,北京图书馆提供了有关农业科研史、农业教育史、拉丁美洲土地问题、战略战术理论问题、斯特朗著作等专题目录索引。北京图书馆还编了《关于东南亚问题的外文资料目录》《亚、非、拉经济书目》。3月,北京图书馆应上级领导机关的要求,组织其他六个单位,汇总主编了《帝国主义经济掠夺联合书目》,收书共2500种,书名均译成了中文。另外还为其他单位编了《1949—1964美"军事援外"问题资料目录》等①。

1965年完成和基本完成编制书目5个,出版外文新书通报22期,包括农村图书基本书目、外文哲学社会科学工具书选目提要、边疆目录、东南亚西/日文书目、援越抗美资料选目等。

三、继续加强群众教育

在此前展览和讲座的基础上,北京图书馆继续开展群众教育工作,经常运用书刊展览方式向读者宣传图书,主要是马列主义和毛主席著作、党和政府的政策决议以及配合国内外重大事件向读者推荐和宣传各种优秀读物,在1956年以后,还有意识地注意了运用书刊展览和讲座来为科学研究服务,特别是1961年开始,北京图书馆尝试了用外文书刊展览来为科学研究服务,初步摸索到一些途径并且受到科研单位和科研人员的热烈欢迎。

1957年1月27日举办"俄罗斯文学"和"祖国文化遗产"系列讲座,第一讲由蒋路主讲了"俄罗斯文学概况"。7月5日举办埃及抗战漫画与图片展览会。9月1日与其他单位在北京联合举办"外国科学技术书刊展览会",展出37个国家近年出版的科学技术著作17000种、科学期刊4000多种、科学产品样本1500种;还展出各种类型的缩微阅读器。9月下旬举办了一个七位世界

---

① 北京图书馆1964年工作基本总结[G]//北京图书馆馆史资料汇编(二)编辑委员会.北京图书馆馆史资料汇编(二):1949—1966.北京:北京图书馆出版社,1997:801–804.

文化名人纪念资料的综合展览。9 月 28 日举行有关哥尔多尼创作生平的群众性报告会。10 月为纪念"十月革命"40 周年,举办图书图片展览等。

1958 年,北京图书馆组织图书馆专业座谈会 9 次,举办图书展览 46 次,举办讲演会 39 次①。

1959 年,北京图书馆计划举办图书展览 55 次,实际完成 61 次,计划组织讲演会 34 次,实际完成 48 次,均超额完成了任务。主要有纪念世界文化名人彭斯和达尔文展览,纪念波兰大诗人斯洛伐茨基 150 年诞辰展览,纪念莱尼斯逝世三十周年纪念会,纪念赫塔古罗夫诞生一百周年报告会,纪念肖洛姆·阿莱汉姆诞生一百周年纪念会,保加利亚革命诗人瓦普察洛夫诞生五十周年纪念会,马克思诞生 140 周年纪念展览,"马克思列宁主义在中国的传播和发展"展览等。

1960 年北京图书馆计划举办图书展览 28 次,实际完成了 76 次,计划组织讲演会 18 次,实际完成了 28 次,均超额完成了任务。主要有与革命博物馆共同举办"学习毛主席著作讲座"8 讲,6086 人参加;举办列宁诞生 90 周年展览会;外国哲学、社会科学情报资料展览。

1961 年先后共举办了"国际交换新到书刊展览"8 次,大型专题书刊展览 3 次,共展出书刊 8878 种,参观单位 629 个次,参观人次 3766 人次,书刊展览受到了来馆参观单位的普遍欢迎。为了便于有关单位能比较集中地选借他们所需要的书刊,北京图书馆除经常举办"新到书刊展览"外,自 1961 年 6 月以来还先后举办了"馆藏外文冶金工业书刊展览"和"馆藏外文原子能书刊展览"。根据许多参观单位的要求,展出书刊均编成专目,有色金属研究院方世京在参观了原子能书刊展览以后写道:"科学资料是人类宝贵的财产,但在浩如烟海的知识宝库中,要寻找我们需要的资料,的确不是一件容易的事情。这次展出原子能外文资料,给我们查阅资料以很大的方便,能充分发挥资料的作用,在前人研究的基础上发扬独创精神,相信在不久的将来,这次展出会

---

① 数据来源于:北京图书馆 1958 年工作总结。

给我们原子能工业有极大的贡献。"①1961 年 9 月,北京图书馆举办"纪念鲁迅先生八十周年诞辰展览",并与首都图书馆联合举办纪念鲁迅先生文艺晚会,展出了鲁迅先生翻译的《死魂灵》《小约翰》的稿本,手抄《谢承后汉书》辑本,《朝花夕拾》付印时的稿本以及临摹的画页和短文、译诗等稿本二十多种。同时,配合这些稿本还展出了鲁迅先生的生平图片。在 9 月 28 日晚与首都图书馆合办纪念鲁迅先生的文艺晚会,由北京电影演员剧团和中国青年艺术剧院的演员朗诵鲁迅先生的短文和小说《阿 Q 正传》《孔乙己》的片段,并放映由鲁迅先生写作的同名小说《祝福》改编的影片②。

1962 年共举办大小型书刊展览 59 次,在大型展览中有新入藏外文书刊展览 5 次,计展出书刊 7228 种,参观者包括 1788 个单位的 2966 人次,预约借书 1090 种次,获得了科研单位及专家们的好评。还举办了世界文化名人杜甫诞生 1250 周年纪念展览和讲演会,展览的资料经对外文委选择后寄给古巴等国文化团体应用。1962 年 5 月,北京图书馆举办纪念毛主席《在延安文艺座谈会上的讲话》发表 20 周年图书、图片展览。这次展出的是北京图书馆馆藏自 1943 年以来的《在延安文艺座谈会上的讲话》的各种中文版本,配合展出的还有新华社编辑的《毛泽东文艺思想的光辉胜利》的展览图片。1962 年还举办了"农业检索性书刊展览"及"无线电电子学检索性书刊展览",对情报工作和科技人员业务水平的提高,起了积极的作用③。

1963 年举办了大小型展览 41 次,其中大型展览 6 次,大型展览有农业书刊资料 2 次、冶金期刊 1 次、外文新书展览 3 次,共展出外文新书刊 5516 种6142 册,参观者 1553 人次。2 月为配合全国农业科学会议的召开,北京图书馆与中国科学院图书馆、中国农业科学院图书馆、中国科学技术情报研究所等单位在会议现场举办"农业科学文献展览会"。4 月,北京图书馆与新华书

---

① 北京图书馆 1961 年工作总结[G]//北京图书馆馆史资料汇编(二)编辑委员会.北京图书馆馆史资料汇编(二):1949—1966.北京:北京图书馆出版社,1997:719 - 720.

② 仲笆.纪念鲁迅先生八十周年诞辰,北京图书馆为读者举办各种活动[J].图书馆,1961(3):37.

③ 北京图书馆 1962 年工作总结[G]//北京图书馆馆史资料汇编(二)编辑委员会.北京图书馆馆史资料汇编(二):1949—1966.北京:北京图书馆出版社,1997:740 - 741.

店外文发行所联合举办《外文农业书刊展览》，共展出书刊 1784 种 1848 册。7
月，为纪念曹雪芹逝世 200 周年，北京图书馆等近 40 个图书馆，为在故宫文华
殿举办的展览会提供必要的图书资料。10 月 27 日，为纪念曹雪芹逝世 200
周年，与北京市文联、首都图书馆联合举办报告会，辅导读者阅读《红楼梦》，
由吴祖缃主讲读《红楼梦》的体会。1963 年与首都图书馆等单位联合举办了
讲演报告会 6 次，其中有《雷锋生前事迹介绍》《古巴诗歌》《红楼梦》等专题的
报告，受到读者欢迎和好评。

　　1964 年举办了大小型展览 46 次，举行报告会 19 次。3 月举办馆藏亚非
拉国家和地区哲学、社会科学期刊展览，展出 27 种文字的期刊 730 种。7 月
参考书目部又举办了"支援越南人民反帝爱国斗争图片展览"，展出了越南的
图书。当美国侵略越南北部湾时，北京图书馆参考书目部主动编制了《越南
北部湾图专题目录》，及时提供有关单位使用。11 月，为庆祝阿尔巴尼亚解放
20 周年，与外文书店联合举办"阿尔巴尼亚人民共和国书刊展览"。

　　1965 年共举办了 51 次各种专题的和不同形式的展览，如外文新书展览、
外文轻工业期刊展览、外文化工期刊展览、亚非拉人民反帝斗争参考资料展
览、工艺美术设计外文参考资料展览等。9 月，北京图书馆与外文书店联合举
办了"越南民主共和国书刊展览"等。

　　总的来讲，1957 年到 1965 年间，北京图书馆在解答咨询、编制书目索引
和群众教育宣传等方面的工作虽然一定程度上受到政治环境干扰，但仍为科
学技术建设提供了有力支撑，并有效地推动了社会主义建设。1966 年后，虽
然仍有解答咨询的记录，但图书馆的多数业务趋于停顿。

第四节　杰出的参考文献研究者张秀民

　　张秀民，1931 年毕业于厦门大学国学系，后进入国立北平图书馆工作，新
中国成立后任副研究员，1971 年退休。1945 年起，他担任索引股股长，开始了
目录参考工作。自 1952 年起长期担任参考研究组组长，领导北京图书馆参考

工作。他在国家图书馆四十年工作生涯中主要从事的就是参考工作,时间跨度长达二十多年。以前对张秀民研究多是从他的印刷史研究角度出发,本文以他退休为时间节点,对他在文献目录、参考工作和历史研究上的多方面贡献加以介绍。

一、文献目录功力深厚

张秀民(1908—2006),谱名荣章,字涤瞻,浙江嵊州人。他出生于浙江嵊县永富乡(今改升高乡)廿八都村一个贫困家庭。六岁即上本村瞻山小学,后转学崇仁高小。小学毕业后,至嵊县中学、宁波四明中学学习。高中将毕业时,因在国文课上读了黄炎培的《陈嘉庚先生毁家兴学记》一文,向往陈嘉庚所创办的厦门大学,即赴厦门大学上海招考处投考并被录取。在厦门大学读书期间,听了李笠讲授的《汉书·艺文志》,从此对于目录学发生兴趣。当时,厦门大学图书馆藏中、西文书数万册,下为书库,上为阅览室。馆中负责人不干涉他进书库翻书,因此只要不上课,他就进库自由阅览,涉猎有关版本目录的书籍,并通过英国霍氏所著的目录学入门书粗通西洋图书版本知识。在校时,他就发表过题为《评四库总目史部目录类及子部杂家类》的文章,又写了一篇《宋椠本与摇床本》文章略述宋版书与 15 世纪摇篮本的异同,寄往天津《国闻周报》发表。张秀民毕业论文的题目是《宋活字版考》,他的老师李笠对其前途很关心,把他发表的上述两篇论文寄给当时的国立北平图书馆代馆长袁同礼。袁同礼看了这两篇文章后,当即以馆方名义来信邀请。于是张秀民未行毕业礼,就乘海轮北上。

1931 年 6 月底落成的国立北平图书馆新馆是当时罕见的新式图书馆。张秀民 7 月初到馆报到,被分配在中文编目组,专门负责入藏古籍的编目工作。组长谭新嘉是京师图书馆老人,同事有梁廷灿、徐崇冈、杨永修等,都比张秀民大十多岁,张秀民在工作中经常得到他们的帮助,深受教益。他在编目股工作六年,主要工作内容是对入藏古籍进行分类、著录。在工作中,他常常细阅本书内容及序、跋、牌子、附录,弄清楚作者真名实姓、字号籍贯以及图书的刻版年代、地点等。因著者号码要按年代排,故须详考著者的生卒或仕履年代,有时在本书找不到,就需要利用有关的传记或地方志,因此编目速度较慢。工作时要先写草片,审核后,再交人写成正式卡片,然后由排片员分排成书名、著者、分类三大类卡片目录,供读者阅览。

抗日战争爆发,袁同礼鉴于馆中只有卡片目录,而无书本目录,万一发生事故,就难以补救,于是发动全馆力量来搞书本目录,但编印出来的只有谭其骧的《地方志目录》和萧璋的《目录类书目》两部,其他古书因数量庞大,难以完成。当时参与这一工作的人员有谭志贤、梁述任、王育伊、贾芳等七八人,而张秀民则负责"史乘类",谭新嘉先生故后,又分担其所负责的别集部分。当时由抄写人员将卡片目录分类抄录于书本上,因卡片目录杂出众手,又经历多年,抄在一起,就发现很多牴牾,一书或分在数处,又或著者、版本著录不一,故仍须入大库核对校正。抗战期间大家编成《馆藏普通线装书目》共二三十册,其中史部三册及一部分集部目录,虽花去精力不少,但始终未能付印。日本人利用退还的庚子赔款,在北平设立东方文化委员会,成立东方图书馆,在市上抢购方志、家谱及各种古书,并续修《四库全书》。东方文化委员会邀请北平市各大学部分教授、讲师写提要,稿酬从丰,馆中也有个别工作人员参加,但张秀民毅然拒绝邀请。

二、参考工作贡献突出

编制书目索引是参考工作的主要工作之一,张秀民在从事参考工作期间主持或参与了多项书目索引的编制,成绩斐然,参与编纂的目录有《(北京图书馆)馆藏中国医药书目》《北京图书馆馆藏边疆书目》《太平天国资料目录》等数十种,直到退休后的1975年,他还被邀请赴京审查《中国地方志联合目录》。

早年积累的古文献知识和深厚的古文献功底,为张秀民以后开展参考工作打下了坚实基础。张秀民进入参考工作领域是从抗战胜利后开始的。抗战胜利后,国立北平图书馆在重庆、昆明的人员陆续回北平复职。张秀民由馆员接续王重民被提升为索引股股长。他鉴于一般人物的传记不见正史或其他杂书者,地方志中往往有其记载,于是草拟一计划,把全国方志中传记人名一一做出索引。他与朱士嘉讨论这个设想,认为此事工程浩繁,拟从存世较少的宋元方志做起,朱士嘉采纳了他的意见,编成《宋元方志传记索引》一册出版。在他负责索引组期间,还负责续编《国学论文索引》《文学论文索引》等工作。

新中国成立后,北京图书馆开始学习苏联列宁图书馆的经验,举办各种展览。1950年12月17日为纪念太平天国起义一百周年,与北京大学文科研究所联合举办"太平天国革命史料展览"。张秀民受馆里委托,和王会庵一起编成《太平天国资料目录》出版,并从中挑出有关重要资料,编成"中国近代史资料丛刊第三种"《太平天国》八册。《太平天国资料目录》就是为纪念太平天国运动而编。该书于1957年由上海人民出版社出版,将记载太平天国历史情况的论著、资料编成目录,以便研究者随时参考。此目录分4个部分:一是太平天国文献,共收400余种;二是清方记载,共收600种;三是近人论著,共收370余种;四是外人论著,共收70余种;并附有天地会资料40余种。共计1400余种。此书的编纂出版,为开展太平天国运动研究提供了极大的方便。

1951年中央人民政府文化部文物局制定并交发北京图书馆执行的《改造北京图书馆方案》对北京图书馆进行组织机构改革。改革后,组织机构方面,馆长下设办公室、阅览参考部、采访部、编目部、善本特藏部和苏联阅览室4部2室,19个科组,并重新任命了科组以上干部。设立参考辅导部,副馆长张全新兼任主任,张申府为研究员,参考辅导部下设参考咨询股、群众工作股、编译股和科学工作方法研究股。参考咨询股股长王树伟,工作人员有戚志芬、金裕洲、李希泌;张秀民任编译股股长,工作人员苏梦苹。1952年,进一步开展机构改革,设立阅览参考部,下设参考研究组等4个组。张秀民担任参考研究组组长,副组长戚志芬。这是张秀民全面负责北京图书馆参考工作的开始。

1952年9月29日,北京图书馆举办"中国印本书籍展览",展出中国各代印本上千种,其中有很多是现代著名藏书家新捐献的珍本。在举办这个展览时,张秀民受张全新副馆长之托写《中国印刷术的发明及其对亚洲各国的影响》并刊载于《光明日报》,后被《文物参考资料》转载。该文得到全国政协委员李根源先生的嘉许,也为张秀民以后继续进行印刷史研究埋下了伏笔。1953年,冯仲云出任馆长,他根据文化部人事工作会议做出的"巩固整顿,提高质量,重点发展,稳步前进"的干部培养总方针,提出"我馆首先是培养干部问题,干部培养不能靠外来,需自力更生,就地取材。我们有条件,老馆员对业务,学术上有研究,可以作为培养的根子。"由此,张秀民、戚志芬等老馆员得到了重用和提拔。参考研究组除张秀民和戚志芬外,还有张申府、刘汝霖、李希泌、朱家濂、丁克刚、龙顺宜等专家和学者。

北京图书馆的参考工作在张秀民和戚志芬带领下,开展得风生水起。北京市和全国各地单位或个人的口头咨询或来信咨询骤增,平均每年答复咨询1500件左右。知名学者郭沫若经常命其秘书打电话来咨询有关问题。日本、苏联、欧美各国也常来信询问,如法国研究王维、李白的汉学家窦丹经常咨询在学术研究中遇到的问题。参考研究组的同事能和衷共济,本着"知之为知之,不知为不知"的原则,尽量利用各种工具书,参考古今中外书刊,找出答案,如遇疑难问题,共同出主意,想办法。

在参考组里张秀民主要负责解答外事咨询并审定其他同事解答的咨询。目前,国家图书馆立法决策服务部内所藏咨询档案,许多都是由张秀民负责解答或签发的。还有很多学者到馆咨询,例如越南史学家陈文理、明峥、陈辉僚、邓泰梅,柬埔寨李添丁及英国李约瑟博士来北京图书馆查找资料,均由张秀民负责接待解答。1958年后,为了有更多时间研究印刷史,张秀民辞去组长职务,但仍在参考组内担任副研究员。1958年,我国参加德国莱比锡国际书籍展览会,时任副馆长左恭向文化部推荐由张秀民挑选古代书籍部分,将各种装订形式,如卷轴装、蝴蝶装、包背装、线装以及嵌珠宝的藏文夹板装等样本书籍,写出说明,由顾子刚译成英文。在这次展览会上,我国参展的古籍图书得到了展会金牌奖。

"文化大革命"期间,参考工作遭到很大破坏,知识分子受到批斗或"靠边站",张秀民也未能幸免,他多年积累的书刊资料损失很大。后被下放到湖北咸宁文化部"五七"干校劳动约一年余。1971年申请退休,返回嵊县老家,侍奉老母。至此,他为北京图书馆工作已达40年,从事参考工作长达26年。可以说,他为北京图书馆的参考工作奉献了大半生的心血。张秀民晚年写道:"有机会能在这个环境优美的琅嬛福地,连续工作四十年,可说是幸运的。"

三、历史研究卓然成家

张秀民在学术研究方面也建树颇丰，他对此矢志不渝，笔耕不辍，在退休后仍继续出版了多部著作，几乎盖过了他在本行上的成绩，这最集中地表现在了越南史和印刷史研究两个方面。

1. 越南史研究

张秀民到国立北平图书馆工作不久，"九一八"事变爆发。1937 年 7 月 7 日，日本侵略军进犯卢沟桥，宋哲元部队被迫自卫。张秀民在"卢沟桥事变"的第二天到馆上班，门口已有日军把守，不许馆员出入。那时张秀民感到国家危亡，平昔所从事的版本目录只是书皮之学，对国家兴亡，并无实际用处。于是决心抛弃，改弦易辙，开始研究安南（越南）史。他有感于国人对越南史多不了解，在新中国成立前，积十余年之力就北平图书馆藏书辑录成《安南内属时期职官表》与《安南内属时期名宦传》两稿。中外关系史学者张星烺（1889—1951）在《安南内属时期名宦传》的序中称其"可作一剂爱国药"。1990 年，《安南内属时期名宦传》以《立功安南伟人传》为题，由台北王朝出版社出版。

新中国成立后，他还利用自己研究越南史的所得，建议图书馆向越方征求名著潘辉注《历朝宪章类志》、医书《懒翁心领》等多种图书；又向日本东洋文库征求《大南实录》等胶卷。馆里采纳了他的建议，使得国家图书馆这方面的馆藏大为丰富，方便了读者研究。

张秀民始终没有放弃中越关系史研究，发表了多篇学术论文，如《明太监安南人阮安——十五世纪营建北京宫殿城楼之总工程师》《唐安南姜公辅考》《清人著述中有关安南史事各书解题》《占城人 Chams 移入中国考》《明代交阯人在中国之贡献》《蒲寿庚为占城人非阿拉伯人说》《从历史上看中越关系》《越南古币述略》等，累计达 30 多篇。1992 年，他的《中越关系史论文集》由台北文史哲出版社出版。此外，未出版的稿本尚有《安南内属时期职官表》《林邑考》《占城考》《安南书目提要》《明交阯阮勤、何广遗文》等。由此可见，张秀民在中越关系史研究方面用功之勤。直至逝世的前两年，他仍笔耕不辍。

2. 印刷史研究

印刷术是我国古代四大发明之一。中国印刷术的发展源远流长,先后传到朝鲜、日本等中国邻国,并由蒙古人传至中亚、西亚乃至欧洲。一些欧洲人曾经把活字印刷术的发明归功于德国人谷登堡(Johannes Gutenberg,约1394—1468),然而,谷登堡发明铅活字印刷术,大约是在 1440 年至 1448 年间,比毕昇发明陶活字印刷术整整晚了 400 年。

张秀民对中国印刷史的研究开始于国立北平图书馆时期,而取得成就则主要在新中国成立以后。1952 年 9 月 30 日,为介绍"中国印本书籍展览",张秀民在《光明日报》上发表了《中国印刷术的发明及其对亚洲各国的影响》(后被《文物参考资料》1952 年第 4 期转载),被李根源赞为传世之作。1958 年,其《中国印刷术的发明及其影响》一书由人民出版社出版,1978 年再版。日本著名史学家、文学家神田喜一郎(1897—1984)称之为"一部真挚诚恳的好书",并嘱广山秀则译成日文,于 1960 年在日本京都出版。1961 年前后,吴晗(1909—1969)发起编写《中国历史小丛书》,张秀民应邀撰写了《活字印刷史话》(与龙顺宜合著),1963 年由中华书局出版,1987 年再次收入中华书局《古代文化专题史》丛书。张秀民一生淡泊名利,勤奋工作,严谨治学,几十年如一日。在图书馆工作期间,他利用午休时间和星期日,翻阅了大量的馆藏,包括全部宋版书(355 种)、《永乐大典》(200 册)、地方志、诗文集、笔记杂论以及西文、中文版本目录学书籍,收集了大量有关版本与印刷方面的资料,仅抄录的笔记就达 70 多本。

退休以后,他不贪恋城市的繁华,还乡著书。其中,多次去杭州、上海、北京等地访书,专心收集中国印刷史方面的资料,终于完成了《中国印刷史》一书。1987 年,该书获得"首届毕昇奖"和"首届森泽信夫印刷技术奖"。更难能可贵的是,2006 年《中国印刷史》增订版由浙江古籍出版社出版,增加了许多新史料,这时他已经 98 岁。

本章梳理了 1957 年到 1972 年的北京图书馆参考工作的曲折历程。从1957 年开始,北京图书馆的参考工作屡受政治运动影响,1957 年短暂成立的参考研究部受"反右"影响迅速关停,"大跃进"中工作过分冒进,1961 年调整后逐步回到正轨并于次年成立参考书目部,但"文化大革命"开始后参考工作几乎陷于停顿,直到 1973 年后才又恢复。总的来说,这一阶段的工作以 1965年为界分为两个阶段。前期,解答咨询、编纂书目索引和举办展览讲座等业务仍得到了一定发展,并为科学事业提供了文献支撑,后期则过分强调政治,导致相关业务无法正常开展。1971 年退休的张秀民,是国家图书馆参考工作者的杰出代表,他对参考工作的巨大贡献,理应被我们铭记。

第六章　恢复发展:1973 年—1986 年

1973 年到 1986 年,国家图书馆参考工作因在外交工作中所发挥的作用,再次受到国家重视,逐渐恢复了正常,确立了新的服务方针和工作规范,并改革了工作机构,开拓了读者委托服务,又编纂了多种大型联合目录。经过这一阶段的恢复和准备,在 1987 年迁入白石桥新馆后,国家图书馆的参考工作将在更大的空间中蓬勃发展。

第一节　参考工作方针的再次确定

从 1957 年"反右"开始,频繁的政治运动影响着国家图书馆参考工作的发展方向,尤其到了"文革"期间,业务停滞,为科学研究服务、为大众服务的基本任务已经无法实现。这一情况,在 1972 年后逐渐得到改善,国家图书馆确立了为党政军领导机关、科研部门和重点生产建设单位服务的基本方针。

"文革"后期国家图书馆参考工作逐步恢复的前提条件是国际形势发生了变化。新中国成立后,美国对中国采取敌视政策长达二十年之久。进入 20 世纪 70 年代后,国际形势发生了新的变化,中美关系开始好转。1969 年尼克松就任美国总统以后立即通过各种方式同中国方面进行接触,毛泽东、周恩来审时度势,决定推动中国同美国关系的缓和。1971 年 6 月 4 日,中共中央在北京召开工作会议,会议就中美关系问题展开了深入的讨论,对中美关系的缓和给予了积极评价。美国方面安排了总统国家安全事务助理基辛格访华。基辛格与周恩来在北京会谈后,于 7 月 16 日发表了震动全世界的公告:中华人民共和国政府邀请尼克松总统在 1972 年 5 月以前的适当时间访问中国。1972 年 2 月 17 日,尼克松总统和夫人乘飞机离开华盛顿前来中华人民共和国进行访问,并发表了著名的《中美联合公报》。公报的发表,在亚洲和世界范围内产生了一股力量巨大的"冲击波",许多原来与美国持同样立场的国家,不得不开始重新考虑他们在台湾问题上的观点,并谋求同中华人民共和国建立正常的国家关系①。

与此同时,国家图书馆的参考工作终于迎来转机。1971年8月13日中共中央43号文件,转发国务院《关于出版工作座谈会的报告》,其中第九条指出:"图书馆担负着宣传马克思主义、列宁主义、毛泽东思想,为三大革命运动服务的重要任务。要加强对图书馆的领导,充分发挥它的作用。目前,很多图书馆停止阅览的状况应该改变。要积极整理藏书,恢复阅览。要根据图书内容、借阅对象和工作需要,确定借阅办法,并加强读书指导。"这一文件对于在"文革"中受到破坏的图书馆工作的恢复和整顿发挥了一定作用。1972年,中美建交,使我国的国际交往进入了一个新的阶段。外交活动提出了不少研究课题,需要图书馆的参考部门予以协助,在这种情况之下,由于中央领导同志的直接过问,北京图书馆参考部门才得以恢复。

1972年底,北京图书馆重建"文摘索引阅览室",1973年参考部的两组先后恢复。1973年2月14日国务院业务组决定,撤销图博口领导小组,建立国家文物事业管理局临时委员会。北京图书馆归口国家文物事业管理局管理。同年5月23日,国家文物事业管理局批转《关于北京图书馆主要服务对象的请示报告》和《简报北京图书馆的任务与服务对象上存在的主要问题》。《关于北京图书馆主要服务对象的请示报告》获得批准标志着北京图书馆对国家生产建设和科学研究的支撑作用重新得到重视,并确立了"应以中央党、政、军领导机关,科研部门,重点生产建设单位为主要服务对象"的基本方针。《关于北京图书馆主要服务对象的请示报告》中则明确提出"恢复该馆的参考咨询部门,充实适当数量有业务专长的干部,加强解答关于书刊资料咨询问题。要密切和有关部门、单位的联系。加强调查研究,及时了解科学技术的新发展,有计划有目的地积累资料,主动地向有关部门、单位及时提供书刊、

---

① 中共中央党校理论研究室,刘海藩.历史的丰碑:中华人民共和国国史全鉴·八·外交卷[M].北京:中共中央文献出版社,2004:255-258.

目录、资料等"。以此为契机,北京图书馆在上级部门的指示下,找回了下放到"五七"干校和回乡的参考咨询专家杨殿珣、戚志芬等人,恢复了1967年被撤销的参考研究部。9月25日,以北京图书馆馆长刘季平为团长的中国图书馆界代表团一行十人离开北京前往美国进行专业考察,代表团成员还有刘仰峤、彭则放、李长路、王健、蔡国铭、丁志刚、胡凡夫等人。这次访问成为中国图书馆界对外交往的"破冰"之旅。

1978年社科参考组撰写的《关于社科参考工作的基本任务及如何加强的意见》将社科参考组自1972年重建以来的工作任务总结为以下8个方面:

①为马列、毛主席著作的出版、注释工作,为宣传学习马列、毛主席著作提供参考资料或书目;

②为党中央揭批和审查林彪、"四人帮"反革命修正主义集团提供历史资料,为中央领导机关审查干部提供线索和证据;

③为中央领导机关制定政策、规章制度,提供理论依据和参考资料;

④为中央主管业务部门发展生产、开发资源、建设国防提供专题的文字资料;

⑤为研究党史、军史,编写革命回忆录,创作电影、戏剧等文艺作品,提供资料、书目和索引;

⑥为外事工作、驻华使馆、外国学者提供有关书目、资料;

⑦为对外宣传部门、科研单位、高等院校等提供书目、资料索引;

⑧为专业和业余理论队伍提供各方面的参考资料①。

1980年7、8月召开馆长办公会议,听取了参考研究部的工作汇报,形成《关于加强参考研究部工作的几点意见》,指出:"要充分认识参考研究工作对发展科学文化事业的重要作用,参考研究部的任务主要有四项:为读者解答咨询查找资料;编制各种书目和索引;开展文献研究,掌握文献情报,做好宣传报道;编制联合目录。并在此基础上要培养一支具备专业素养和语言能力的参考干部队伍。"1982年科技参考组发表了《回顾与探讨——北图科技参考

---

① 社科参考组.关于社科参考工作的基本任务及如何加强的意见[J].北图通讯,1978(1):20–21.

工作二十年》(《图书馆学通讯》1982 年 3 期)一文,对其在"文革"后的工作重心也有所概括,文中说:"有鉴于中央各部委及所属的科研与生产单位、科学院系统等的情报队伍得以重新整顿和加强,情报源的收集、报道与检索工作得以恢复和发展,以及不同方式的电子计算机检索已开始发挥作用等,科技参考组所涉及学科领域更加广泛,工作中以编制与科研、工农业生产有关的回溯性书目为主,提供各方面的读者,特别是主要服务对象长期使用。"①

这表示从"文革"动乱中恢复后的北京图书馆参考两组,其工作方针定位发生了很大转变。在历史上第一次明确了"以党政军领导机关、科研部门和重点生产建设单位为主要服务对象"的方针定位,这些举措具有十分重大的意义。

第二节　参考工作机构的调整和改革

工作机构的频繁更迭是新中国成立后限制国家图书馆参考工作发展的一个重要因素。1973 年参考部门恢复后,又开始了新一轮调整,到 1978 年参考研究部最终确立了独立建制,并陆续并入了科技文献检索室、民国总书目编辑组、全国联合目录编辑组等多个科组。1985 年,北京图书馆参考研究部再次完善了制度建设,并进一步拓展了业务范围,参考工作获得了前所未有的平台支撑。

一、参考工作机构大幅调整

1973 年 1 月,科技文摘索引阅览室正式开放接待读者。该室开架陈列了1966—1973 年有关科技方面的文摘、索引等 410 种,合订本 3500 余册,单本12000 余册。上半年共接待读者 3021 人次。科技文摘索引阅览室原为参考研究部下属的一个部门,它的开放是参考工作恢复的一个信号。1973 年下半

---

① 科技参考组. 回顾与探讨——北图科技参考工作二十年[J]. 图书馆学通讯,1982(3):27.

年,在上级指示下,北京图书馆重新建立参考部,改名为"参考研究部",任命许觉民为新组建的参考研究部主任,参考研究部分为社会科学参考组与科学技术参考组两个组,共有工作人员23人。

许觉民(1921—2006),笔名洁泯,江苏苏州人,著名文学评论家。1937年起许觉民就在上海进行抗日救亡活动等地下工作。1938年加入中国共产党。1949年后历任上海三联书店副经理,上海军管会新闻出版处办公室副主任,北京三联书店总管理处秘书处副主任,北京人民文学出版社经理、副社长兼副总编辑,北京图书馆参考部主任,中国社会科学院文学研究所副所长、所长、研究员。

1975年7月5日北京图书馆临时党委决定原阅览部和参考部合并成立阅览参考部。成立两年的参考研究部再次合并到阅览部,这也是参考部最后一次和阅览部合并。至1978年,参考研究部又从阅览部中独立出来。此后至今,参考部在北京图书馆以及后来的国家图书馆内一直以独立建制存在,再也没有和其他部门合并过。

1978年后,参考研究部除保持原来社科、科技两个参考组外,还增加或并入了一些新的科组和研究阅览室,如《民国时期总书目》编辑组(1984年改《民国时期总书目》总编室)、文献研究室、马列主义毛泽东思想研究室、书目组、科技咨询接待室、马克思主义文献阅览室、读者委托服务组、外文工具书组等。

1975年为加强文献研究工作成立了文献研究室,由参考部管理,集中了馆内高级知识分子从事文献研究工作。1976年9月28日,毛泽东思想万岁图书资料室划归参考研究部,该室后改为毛泽东思想学习室,1979年11月12日,毛泽东思想学习室又改为毛泽东思想研究室。1978年9月成立《民国时期总书目》编辑组,担当编辑具有参考性质的联合目录《民国时期总书目》的任务,1984年改为《民国时期总书目》总编室。1980年12月9日,全国图书联合目录编辑组划归参考部,改名书目组。1984年9月3日,经过短暂筹备,科技咨询接待室正式成立。1984年12月1日,马克思主义文献阅览室正式开放,开架阅览,它是在原马列著作研究室的藏书基础上整理和补充而建成的。1985 年 4 月 1 日,原由全国联合目录编辑组负责的《外文新书通报》编辑工作划归外文采编部。1985 年 5 月成立读者委托服务组,业务由参考研究部代管。1985 年 11 月 1 日,原阅览部外文工具书组划归参考研究部。

截至 1985 年,参考研究部下分社科参考组、科技参考组、科技文献检索室、民国总书目编辑组、全国联合目录编辑组 5 个科组,共有 92 人,代管读者委托服务组,同时筹建综合参考工具书组。

二、1984 年参考研究部机构改革

1978 到 1984 年,参考研究部经过六年的发展,业务不断拓展,科组和人数逐渐增加,工作任务也越来越繁重。实行机构改革是为了加强职工管理、提高工作效率,以加强文献研究力度,多出成果,更好地适应图书资料情报化的大趋势。

1. 馆内实行岗位责任制的大背景

就图书馆而言,加强员工管理,还包括恢复被“文革”破坏的工作秩序,纠正员工松懈的工作态度。1984 年建立的岗位责任制,是改进工作作风、提高工作效率、加强职工队伍建设的一项有效的改革。通过制订岗位职责范围、工作数量与质量等具体要求,以及相应的考核检查制度,提高了员工的岗位责任意识,保证了馆务的尽快恢复与开展。1984 年 5 月 18 日,馆务扩大会通过并公布了《北京图书馆关于试行岗位责任制的决定》,内容包括建立岗位责任制的“目的和要求”“基本原则和基本方法”“考核基本内容和方法”“奖惩的办法和权限”“关于奖金的分配”“附则”6 个组成部分。前四部分是该文件的主要内容。

“目的和要求”部分指出:要通过岗位责任制的建立,实现管理工作的科学化和各项工作的正常化,使全馆的面貌有较大改观。一是奖勤罚懒,扶正祛邪,使领导干部和工作人员的精神面貌有显著变化。二是树立勇于负责、精益求精、雷厉风行、主动协作的作风,使工作作风显著变化。三是推动工作组织和分工合理化、规章制度健全化,提高工作效率和服务质量,形成协调的

工作体系。四是培养干部,造就人才,为今后使用与选拔干部提供依据。

"基本原则和基本方法"部分指出:制定岗位责任制程序可先由上级提出基本要求,再由部门具体制定,也可先由下级自定,逐级报上级审批。制定岗位责任制时应注意落实四点:一是按事设位,按位用人,按人定责。二是工作要落实到人,落实到人的责任,以利执行和考核。三是各项工作必须有数量、质量和时限要求,坚持高标准。四是各部门、各岗位之间的协作要纳入岗位责任制范畴。

"考核基本内容和方法"部分强调:根据中央组织部《关于实行干部考核制度的意见》,考核内容包括考勤、考绩、考德和考能,以考绩为中心。

"奖惩办法和权限"部分首先明确了奖励主要是精神奖励;其次明确了岗位责任制规定的工作量和工作标准,应是各岗位工作人员必须达到的标准线;再次明确了既讲奖惩,就必须有奖有惩,不能只奖不惩。作为政策配套措施,1984年10月,北京图书馆还制定公布了《各部、处工作职责范围及部(处)主任(处长)工作职责(试行)》,详细规定了全馆职能部门和业务部门的。

1985年1月,北京图书馆又制定公布了《业务工作规范》和《读者服务工作人员守则》,与岗位责任制配套执行。其中,有关参考研究部工作职责的规定有6点:①结合国家各项事业发展的需要,调查研究国内外各学科有科学参考价值的图书资料和外国研究中国的图书资料,向读者报道和介绍;②结合国家各项事业发展的需要,编制书目、索引和联合目录;③组织和管理文献研究室;④为读者提供综合性和专题性的参考咨询服务;⑤调查研究国内外图书馆参考工作的理论和方法,促进参考工作的科学化、体系化;⑥根据参考工作的需要,改善劳动组织,实行合理分工,提高工作效率。

2. 参考研究部内部的改革要求

在开展"四个现代化"建设的号召下,北京图书馆参考部门提出了进行改革的五个依据:①作为国家图书馆参考部门的性质与任务;②面对着现代科学技术和学术事业的迅速发展的现状和未来;③面对着图书馆工作中情报职能的强化和传统图书馆职能的削弱与变化;④面对着1987年竣工的北京图书馆新馆工程及其业务建设之需要;⑤根据现有本部人员的状况和可能。

1984 年 5 月,参考研究部启动了管理机制改革。9 月发布了《关于参考研究部近期工作的几点意见》,规定参考研究部的职责为:参考研究部是北京图书馆开展参考咨询服务;编制书目索引;进行文献研究的主要业务部门。

改革后参考研究部的主要任务有:①调查文献、研究文献,注意了解国内外出版的各学科有价值的文献及其动态,特别注意关于研究中国的文献;②检索与传递图书资料信息;③编制专题书目;④在调研文献的基础上协助采访部门搞好馆藏建设;⑤研究参考工作的理论和业务实践。

参考研究部工作的主要形式是:①提供文献调查报告;②编制专题书目索引;③开办文献检索室;④解答读者咨询。

机构设置也据此做出调整,除设有社科文献检索室和科技文献检索室外,还设置各类专业文献室 21 个,具体包括 9 个社会科学文献室:马克思主义文献室,哲学文献室,政治法律文献室,经济文献室,文学文献室,历史文献室,文教文献室,地区文献室,形象资料室;12 个科技文献室:数理科学文献室,天文、地球科学文献室,生命科学文献室,能源科学文献室,环境科学文献室,矿冶技术文献室,机械技术文献室,交通、航天技术文献室,电子技术文献室,化学化工文献室,建筑工业文献室,轻工文献室。

在业务构成方面,划分业务能级,业务人员按其掌握的业务知识和具备的业务能力,划分四个业务能级,四个能级的职务称呼分别是高级参考员、参考员、助理参考员、资料员。从事书目编辑工作的业务能级,其职务称呼是高级书目员、书目员、助理书目员、资料员。为了贯彻以业务工作为中心的原则,各专业文献室均由参考馆员主持开展业务活动。

从勤、绩、德、能四个方面考核干部,根据业务特点采取项目承包责任制和工作岗位承包责任制相结合的考核方法。1985 年 1 月公布了《参考研究部关于文献研究和书目工作规范的若干规定》(以下简称《规定》),《规定》中将文献研究开发的主要途径定位为编制书目索引。《规定》把产品分为三类:第一类产品,是文献研究成果,如论文、研究报告、文献综述、文献综录、资料汇编、图书评介等;第二类产品,是综合性和专题性的书目和索引,它是文献研究的前期工程,也是理论研究和文献研究的基础工作;第三类产品,是综合性和专题性的馆藏目录和联合目录。《规定》还规定了每人完成各类产品的年工作定额:第一类产品,外文文献不低于八万字研究成果;中文文献不低于十万字研究成果;每增加一名助理参考员以下的助手,年工作定额递增 30%—50%。第二类产品,每人平均年工作定额不得低于 1000 条目,一种图书、一篇文章,按一条目计;增加一名资料员,按年工作定额递增 30%—50%,资料员必须在主编指导下工作。第三类产品,编制馆藏目录不得低于 3000 条目;编制联合目录,不得低于 1000 条目;编制联合目录,每增加一名资料员,按年工作定额递增 50%,资料员必须在主编指导下工作。参考研究部还组织了以戚志芬为主任的业务委员会,制定了《北京图书馆参考研究部单项业务工作计划书》。

这次改革拓宽了参考咨询服务范围和层次,更加面向社会,面向读者;引进了经营管理机制,建立服务型的经营管理体制;确立了参考咨询服务的价值体系,开展有偿服务,更加适应商品经济发展。在此基础上,参考工作的专业分工更为明确,参考文献调查研究和整理有序展开,根据需要建立各种文献数据库和文献检索系统,有效地传递知识信息,充分发挥了参考工作的社会服务效益[1]。

第三节　参考工作各项业务的恢复和创新

1972 年开始,国家图书馆参考工作的基本业务陆续恢复,到 1978 年参考研究部稳定建制以后,业务迎来了进一步发展的契机。到 1986 年,除了传统的解答咨询、书目代编、举办展览和报告会等业务之外,还增设了科技文摘索引阅览室、外文科技期刊开架阅览室、毛泽东思想研究室,推进了来函复制业务,创设了读者委托服务,并大力编纂了多种联合目录。

---

[1]　曹鹤龙.参考研究部在改革中前进[J].北京图书馆通讯,1988(4):63.

一、恢复解答咨询及书目代编业务

从 1972 年到 1986 年,国家图书馆逐渐恢复了口头及书面解答咨询的业务,而且业务量有了大幅上升,口头咨询从 1973 年的 700 余件上升到了 1986 年的 2000 余件,而书面咨询则从 30 余件上升到了 500 余件,其中不少都以专题书目的形式解答。

早在参考研究部恢复之前,北京图书馆的参考工作就已经开始提供服务了,现存的工作档案还有一些当时的咨询记录。新中国成立后,周恩来总理主持我国外交工作,北京图书馆有幸为总理的外交事务提供过多次咨询服务。1972 年,周总理在准备中美建交谈判时得知,美国总统尼克松为此次谈判,特邀法国前文化部长安德烈·马尔罗赴美介绍其对中国的认识,周总理当即下令北京图书馆搜集有关马尔罗历次访华的文章与谈话。北京图书馆在紧急组调人力后,于最短的时间搜集到马尔罗在 1925 至 1927 年远东之行和 1965 年访华的相关资料以及其以中国为背景所著的小说《人类的命运》,这些资料为中美建交谈判提供了重要参考,得到了周总理的充分肯定,也挽救了"文化大革命"中被迫停顿的参考工作。

1973 年 1 月 9 日下午,周恩来会见了意大利外交部部长朱塞佩·梅迪奇及其随行人员。会见前一天,外交部欧洲司委托北京图书馆查找公元 166 年罗马帝国和中国关系资料及其他中意关系早期资料。参考咨询专家戚志芬当天即在《后汉书·西域传》《中西交通史料汇编》(第一册)中查到有关"公元二世纪罗马帝国的安东尼奥皇帝曾向中国派遣使节团"的文献资料,并查到有关中意关系的其他早期文献,第二天的会谈提供了宝贵资料。1973 年 5 月 20 日至 31 日,在北京举行了中共中央工作会议,毛泽东在政治局会议上引用古书中的一段话:"水至清则无鱼,人至察则无徒",提出既要坚持原则,又要有一定的灵活性。1973 年 6 月 21 日,中央科教组等四个单位先后委托北京图书馆查询毛主席讲话中所引用"水清无鱼,人察无徒"的出处,社科参考组很快查到《孔子家语》《大戴礼记》《汉书》《后汉书》等古籍中的相关记载并给予答复。同年,在科学技术方面的代表性咨询问题有向国家计委和石油化学工业部编写《国外公害丛书》提供有关书刊 425 种,为中国科学院生物物理研究所研究西汉马王堆墓女尸查找国外解剖木乃伊的相关资料,为兰州长风机器厂试制外国机器提供材料学参考资料等。1973 年下半年,参考研究部恢复后,立即大力开展工作,半年间共解答了包括口头咨询在内的 360 多件。在这些咨询中,社会科学方面占 57%,科学技术方面占 43%。服务对象包括中共中央办公厅、国务院、外交部、新华社等单位。同年,参考研究部编制专题书目索引 17 个,其中社会科学方面的 9 个,科学技术方面的 8 个。

1974 年参考研究部的社科和科技两个参考组继续开展工作。咨询中最具代表性的是关于中越两国在北部湾划界的案例。1974 年 4 月 30 日北京图书馆接外交部国际司电话,要求查找 1933 年 4 月法属越南"九岛事件"的报道,社科参考组在民国时期出版的由国民政府参谋本部第二厅第四处编的《越南概观》中查到关于这个事件的记载。5 月 7 日外交部亚洲司来函委托北京图书馆查找"有关北部湾的四至(西段)、范围、概念"等资料。社科参考组从《世界大百科事典》和《人民日报》1964 年 8 月 6 日 3 版"东京湾小资料"中查到有关资料,当天答复。5 月 9 日外交部亚洲司又接来函要求继续提供包括陆地、海洋的中越边界问题资料,特别是要求北部湾的经纬度方面的资料。社科参考组当天提供组内编制的中外文有关资料目录 6 份,并查阅馆藏图书,从中选择法、英文图书 6 种借给对方。1974 年 8 月 15 日夜 9 点外交部亚洲司来电要求提供有关中法界约(1887 年)中、法文两种版本的原文。社科参考组当天提供《中外条约汇编》《海关中外条约》。1974 年 9 月 18 日外交部亚洲司来电要求提供"中越分界图照片",社科参考组查到《中法战时滇越边界图说》即"中越分界图照片"。此外,1974 年 5 月 7 日以来,社科参考组还组织人力系统地进行检索,历时一年长期跟踪并提供资料服务,围绕中越"勘界问题",在馆藏和中国科学院图书馆、北京大学图书馆等图书情报单位查阅了大量清光绪年间、民国时期的中、英、法图书和期刊,提供了中法越南界约方面的大量资料,所提供的资料有《光绪条约》,包括《光绪十三年(1887)中法续议界务商务专条》、《光绪二十年(1894)中法粤越界约》(原名广东越南界约)、《广东越南第一图界约》、《广东越南第二图界约》、《中法桂越界约》(旧称广西越南界约,共立界石 207 块)、《滇越界约》(保胜河口商定界牌共六十五牌)、《中国约章》(英文)、《法国远东条约》(法文)中的有关界约;《禹贡半月刊》《工商半月刊》《方志月刊》等民国时期杂志;查到英法绘制的《中越界图(光绪三年)》《广西中越全界图》等。此外,社科参考组还接受了关于世界经济危机问题等的咨询,并编制了书目;科技参考组也为四机部第十设计院设计生产显像管厂房编制了《洁净室资料目录》等。

1975 年参考工作继续开展,并为外事活动做出贡献。1975 年 5 月,菲律宾总统马科斯及其夫人访华前夕,北京图书馆接到外交部要求,为国家领导人接见马科斯总统及夫人以及宣传中菲友谊提供背景资料。接到任务后,参考咨询馆员借助《诸藩志》《南洋与东南洋群岛志略》等书查到明朝永乐十五年(1417),苏禄东国(现在菲律宾的一部分,在苏禄群岛上)酋长巴都葛叭答刺率其亲属及随从组成多达 340 余人的使团来中国访问的记载,参考咨询馆员通过《明史》《明实录》等史籍进一步落实了此事,又进一步在《(康熙)德州志》《(乾隆)德州志》"冢墓"条中找到关于此事的详细记载,以及明成祖命主事官员厚葬苏禄东王,并册封其长子回国继位等事迹。北京图书馆将咨询结果提供给有关方面,包括明成祖亲自撰写"苏禄国东王墓碑"全文和其他各史籍上的相关记载。咨询结果对中菲友好起到了极大的促进作用,得到了有关方面的肯定和表扬。1975 年 6 月 7 日,菲律宾总统马科斯正式访问中国。同日,《人民日报》发表了《中国和菲律宾的友好关系》,文中提到:"明太祖亦曾遣使赴菲访问。一四一七年,菲律宾境内苏禄的东王和西王曾亲自来中国访问,并互赠礼物。东王在中国病故,明朝永乐帝予以厚葬。"这段记述正是由北京图书馆提供的。1975 年 7 月 5 日,参考研究部再次并入阅览部,参考工作并未受到太大影响。

1976 年参考工作中的一大重点就是为毛主席纪念堂的建设提供参考资料。1976 年 9 月,毛泽东主席逝世,中央决定建设毛主席纪念堂。国家计委、中央工艺美术学院、北京市建筑设计院、中国科学院科学技术情报所、中央美术学院、毛主席纪念堂雕塑组绘画组、毛主席纪念堂工程指挥部、毛主席纪念堂专用设备组、七机部第一研究院、中国科学院感光化学所十多个单位,相继来馆要求协助查找有关纪念堂兴建等方面的参考资料。社科参考组的戚志芬、彭竹等翻阅了数百种各语种书刊,从中选出近 80 余种提供给有关部门。科技参考组非常迅速地查到了有参考价值的期刊论文 20 余篇,编辑成专题资料及时提供给有关领导机关,还破例为北京玻璃研究所代译了有关资料。文献研究室、外借组、复制组、期刊组、外文资料组也积极协助。北京图书馆为毛主席纪念堂提供的书刊资料内容广泛,涉及英、俄、法、德、意、保、罗、匈、日等 9 个语种,受到有关部门的重视和好评。北京市建筑设计院技术供应情报组来函反映说:

> 在为配合我院纪念堂设计组承担伟大领袖和导师毛主席纪念堂工程设计和总结过程中,我们曾先后通过你们借出书刊 7 次,40 余种,约 50 多本。我们利用你馆以及其他单位借到的部分书刊,在纪念堂工程方案设计阶段翻译、复制,并汇编了各专业的专题情报、参考资料 30 余篇、照片图集 6 册,并举办了国外同类建筑实例图片内展一次……这些为有关领导和设计人员了解国外同类建筑的形式和水平起到了一定的参考作用,你馆成为我组开展工作的三大资料来源之一。①

1976 年,十年动乱结束。社科参考组全年解答咨询 529 件,其中口头咨询 403 件,书面咨询 126 件,涉及史地、文学、艺术、政治、经典、科技史等多个方面。1977 年 5 月 24 日,邓小平发表了关于"尊重知识,尊重人才"的重要谈话,在这一方针的指引下,党开始确立一系列新时期知识分子方针和政策。在这一历史背景下,1977 年 6 月 9 日中共中央宣传口来函要求提供马、恩、列、斯、毛、周论知识分子的资料,社科参考组当天查到并提供《马恩列斯毛论知识分子问题》《毛主席论知识分子》《周总理关于知识分子问题的报告》等有关图书。

---

① 我馆为《毛主席纪念堂》兴建积极提供资料[J].北图通讯,1977(1):10.

1978 年,咨询解答工作进一步为思想解放做出了贡献。1978 年 8 月《红旗》杂志社委托北京图书馆查找关于破除迷信、解放思想方面的图书期刊文献,社科参考组组织人力,收集图书期刊报纸中有关破除迷信、解放思想方面的文献,编制了《书刊报中关于破除迷信解放思想篇目索引》,提供给红旗杂志社。当年参考研究部再次从阅览部独立,并保持独立建制至今。

1979 年社科参考组接受咨询 845 件,其中口头咨询 620 件,书面咨询 225 件(含外国咨询 4 件)。社科参考组接到两件党中央、国务院的直接咨询,都做到了准确、及时答复。一件是 1979 年 4 月美国商业部长布莱门撒尔访华,一日中午一点四十分,参考研究部接到财政部政策研究室电话告知下午四点钟邓小平同志要会见美国商业部长,为此需要查找我国和美国各自冻结另一方财产的法令,及我国当时惯行的外侨财产继承或转让的规定等。社科参考组在一个半小时内解决问题,得到了感谢和好评。另一件是 1979 年 9 月 30日,叶剑英在号召全国人民向着“四个现代化”的宏伟目标奋勇前进时,引用了“艰难困苦,玉汝于成”一句,当天毛著编委会急需“困难艰苦,玉汝于成”成语的出处,晚上就要广播印报,社科参考组在一个小时内查出其出处为张横渠(张载)的《张子全书·西铭》,遂将咨询结果提供给毛著编委会,于第二天见报。该年科技参考组解答口头咨询与辅导 813 次,书面解答咨询 120 余件,编制了《馆藏中文检索刊物卡片目录(草目)》共收录 400 种。此外,70 年代中期开始,科技参考组编制了《北京图书馆馆藏环境污染与变化书刊资料目录》一、二两辑和《北京图书馆馆藏计算机及其应用书刊资料目录》等。前者收录新中国成立后入藏的中、外文书刊资料 4000 余种,后者报道了 20 世纪 70 年代后入藏的书刊资料 5000 余种。其后又结合馆藏特点,编制了反映 1975 年以后新入藏的中外文参考工具书的《科技参考工具书综览》,并对全部近 6000 种工具书中的 2000 余种都做有一二百至上千字的简介。为使检索工具在使用上更为方便,科技参考组又对以上两个按分类编排的大小书目增编了辅助的标题索引。20 世纪 70 年代以来的科教参考组书目工作的一项新内容,是针对科研读者日常进行科技文献检索的需要,编制一些有关的书目或工具书,如《外文缩略语字、词典目录》(1973)、《俄文音译日文、拉丁文音译俄文科技期刊与连续出版物名称对照手册》(1978)与《拉丁文音译日文科技期刊与连续出版物名称对照手册》(1979)等。

1983年社科参考组接待读者1591人次,接待外宾132人次,受理咨询1441件,为重点读者解答咨询占全部咨询的76%以上。科技参考组科技文献检索室接待读者28712人次,受理咨询3281件。社科咨询中包括为中共中央办公厅、中央军委办公厅收集刘伯承、聂荣臻、叶剑英、徐向前四人照片,特别是发现了叶剑英在云南讲武堂、红军大学的照片,获得叶剑英本人肯定。科技咨询中包括协助秦皇岛跃华玻璃研究所查找有关玻璃生产的资料40余篇,解决了其在引进日本生产线中发生的问题,使该厂获得经济利益400余万元。

1984年全年,参考研究部共解答咨询4292件,其中社科咨询1124件(口头咨询755件);科技咨询3168件(口头咨询2905件)。

1985年社科参考组解答书面咨询283件,科技参考组解答书面咨询239件。社科咨询有上级紧急咨询4件,为文化部提供馆藏希腊、爱尔兰社会科学著作中文目录,通过文化部为马达加斯加驻华使馆提供馆藏马达加斯加中、西、俄文文献目录(1929—1984),为摩洛哥国家图书馆提供馆藏冯友兰教授著作目录收中西文著作112种,为联合国教科文组织提供中国少数民族语言研究汉著目录收录著作50种,论文500篇等。社科咨询中非常规定题委托服务项目15项,为军事科学院、北京文物管理局、国际关系学院、江苏镇江文物局等单位提供沈括研究论著索引、日军侵华暴行目录、长城历史资料索引等文献。科技咨询中非常规定题委托服务项目46项,为石油工业部计划司信息管理研究室提供研究石油工业开发对策的馆藏资料110种,受到用户好评。

1986年全年,共答复口头咨询2121次,其中社科咨询741人次,科技咨询1380人次。书面咨询共计553件,社会科学咨询室249件,科学技术咨询室275件,科技文献检索室6件,外文工具书阅览室5件,马克思主义研究资料室18件。

二、与各机构合作举办展览

1972年开始,为加强群众教育、普及参考文献知识,北京图书馆逐渐恢复了展览业务,尤其是 1975 年以后更是不间断地开办各类展览,并多次与各个机构合作在馆外举办展览,使参考文献走出了图书馆,充分实现了参考工作的社会效益。

1958 年北京图书馆与加拿大不列颠哥伦比亚大学图书馆交换取得加拿大政府出版物。1972 年夏天,为了便于各单位了解北京图书馆收藏未整理的加拿大政府出版物的情况,举办了《加拿大政府出版物展览》,受到有关单位欢迎。在此基础上。于 1972 年 11 月开始陆续调派三名工作人员整理这些资料,到 1973 年年中,已整理出书、刊、小册子、活页资料等 9972 册(份),有些单位已经开始查阅利用此项资料。1973 年 7 月,北京图书馆再次举办加拿大政府出版物展览并继续整理该项资料。这次参考文献推广工作取得了良好效果,此后经常来查阅的单位有外交部美大司、人民出版社、北京市建筑设计院、武汉大学襄阳分校、南开大学等。武汉大学襄阳分校两位同志曾连续用了一个多月的时间来查阅有关资料,他们认为这些资料对他们编辑《北美经济资料》一刊,很有帮助①。

1975 年 4 到 5 月北京图书馆举办"中国古代科技文献展览"。在 54 个展出日中,接待了全国 3489 个单位的观众 22830 人次,平均每天接待 422 人,最高的一天达 516 人。展览会为研究科技史上的路线斗争提供资料、解答问题,得到观众欢迎。不少单位来展览会抄录资料、查询问题,湖南省图书馆还建议将展览拿到湖南展出。这次展览会本着勤俭办一切事业的精神,充分利用废物,以旧代新,自己动手制作展览用品,全部展览费用仅 610 元,是历年来举办全馆性展览中最节约的一次②。当年 9 月,阅览参考部在有关科组的支持下举办了"环境污染与保护书刊展览"。该展览采取展览和开架阅览相结合、阅览和参考工作相结合的方式,深受读者和有关单位的欢迎。到 10 月 31 日止的 39 个展出日,共接待 2177 个单位的读者 3632 人次,平均每天接待 93 人次。许多读者要求延长展期和编制环境保护专题书目③。

---

① 国家图书馆档案,006 3—4 卷,《北京图书馆 7 月份工作简报》。

② 国家图书馆档案,006 3—5 卷,《北京图书馆 1975 年五、六月份工作简报》。

③ 国家图书馆档案,006 3—5 卷,《北京图书馆 1975 年 9、10 月份工作简报》。

1976 年 1 月北京图书馆与中国农业科学院图书馆、中国图书进出口公司、中国科学院图书馆等单位联合举办的"北京地区农业书刊资料展览"在北京农业展览馆展出。在展览的基础上编辑了有关书目①。1976 年 4 月和 5 月,北京图书馆学大寨服务组与中国农业科学院等单位在顺义县(现北京市顺义区)的张喜庄人民公社和木林人民公社联合举办"畜牧水产书刊资料展览",该展览得到了广大社员的热烈欢迎,在展览会上要求代买的图书达 40 多种 1000 多册②。1976 年 11 月中旬到 12 月底,北京图书馆筹办的"毛泽东思想胜利万岁"图片展览先后到顺义县木林公社、顺义县城和北京市无线电综合元件厂巡回展出,10000 多名工农兵群众和各级领导干部参观了展览,展出了 368 张图片和一批书刊资料,组成 60 余米的展线③。

1977 年 1 月 8 日北京图书馆举办的"敬爱的周总理永远活在我们心中"图片文献展览在馆内中厅展出,同时还复制一套展品到北京的一些工厂农村流动展出。展览共展出有关周总理的图片 230 余幅,有关周总理的文献资料 120 余种,来馆参观的读者共达 22000 多人,流动展览观众达 17000 余人次④。同年 7 月 13 日北京图书馆参加在大庆举办的"国外石油与石油化工书刊资料展览"。这次展览,通过直接送书到我国石油工业建设的第一线,为这些书刊资料进一步发挥作用开阔了视野⑤。1977 年 7 月,北京图书馆举办俄文科技情报资料展。7、8 月间,北京图书馆分别在上海、杭州与有关单位联合举办了"苏联科技情报资料展览",展出情报资料 800 余种,涉及农业、石油化工业、电工、机械、轻工、建筑、交通运输等各学科,这批资料是从他国引进的,在国内只有北京图书馆收藏。上海、杭州等地的许多专业工作者对展出资料十分重视,认真进行阅读、分析和鉴别,有 20 多个单位对化工、轻工、机电、造船等

① 陈源蒸.中国图书馆百年纪事:1840—2000[M].北京:北京图书馆出版社,2004:204.

② 国家图书馆档案,006 3—6 卷,《工作情况简报》(6),北京图书馆办公室编。

③④ 阅参部.《毛泽东思想胜利万岁》《敬爱的周总理永远活在我们心中》展览受到工农群众热烈欢迎[J].北图通讯,1977(1):6-7.

⑤ 李镇铭.我馆参加在大庆联合举办的《国外石油与石油化工书刊资料展览》[J].北图通讯,1977(1):33-34.

方面 40 多种资料进行了复制①。9 月 9 日,北京图书馆举办"纪念伟大领袖和导师毛主席逝世一周年图片文献展览",展览共分"东方红,太阳升""推翻三座大山""中国人民站立起来了""世界革命人民胜利的旗帜""伟大领袖和导师毛主席永垂不朽""誓将遗愿化宏图"六个单元,展出图片 300 多幅、文献图书资料 200 多件②。

1978 年 8 月中国对外友好协会和北京图书馆为庆祝罗马尼亚解放 34 周年,在北海公园悦心殿举办"罗马尼亚赠我国图书展",展出图书有社会科学、哲学、心理学、逻辑学、语言文学、民俗学、民间文艺、艺术、戏剧、体育、音乐、电影、史地及科学技术书籍共 16 个部分 238 种、305 册,图片 36 幅③。

1979 年 6 月北京图书馆和兰州地区图书馆协作委员会在兰州联合举办"外文科技书刊展览"。根据甘肃地区所独有的特点,在"外文科技书刊展览"中特别增加了敦煌学书刊部分。这次展出了 60 种中外文敦煌学、亚洲考古学、东方艺术、有关丝绸之路等方面的书刊以及有关西域、河西四地区的地方志④。为了加速农业现代化的步伐,中国科学院、国家农委和河北省革委会于当年 11 月联合召开了农业现代化综合科学实验基地工作会议。北京图书馆应会议的邀请,在会上举办了"外文农业科技图书资料展览",共展出联合国粮农组织出版物、加拿大政府出版物、台湾地区出版物、农业专题目录、新书通报等 914 种 924 册⑤。1979 年 11 月,为配合"全国外国现代哲学讨论会"在山西省太原市举行,北京图书馆从馆藏哲学书刊中选出了图书 246 种,期刊73 种,在会议期间组织了一个小型书刊展览,并在与会代表中间开展了借阅

---

①　王良惠.我馆在上海、杭州举办俄文科技情报资料展览[J].北图通讯,1977(1):36.

②　刘宣.我馆筹办《纪念伟大领袖和导师毛主席逝世一周年图片文献展览》[J].北图通讯,1977(1):14.

③　邹谨芳.对外友协与我馆联合举办《罗马尼亚赠我国图书展览》[J].北图通讯,1978(2):69.

④　安敏.敦煌书刊到敦煌——记专题书刊展览[J].北图通讯,1979(4):7-8.

⑤　任德明,王国文.举办图书资料展览,积极为农业科技人员提供资料——记《外文农业科技图书资料展览》[J].北图通讯,1979(4):4-5.

活动①。

1980 年 3 月为配合中国科学技术协会第二次会员代表大会的召开,北京图书馆与中国图书馆学会联合举办"学会协会出版物展览"。这次展览共展出国际上近 1000 个学会的出版物 1700 种,3700 册,为了使代表能了解整个书展内容,还印发了展览目录②。5 月,北京图书馆举办"刘少奇同志的革命生平及其著作展览",这次展览中有图片 170 幅、剪报 24 张和中外文著作 121 种、137 册,在展出的图书中《论共产党员的修养》就有 36 种不同版本,其中有太岳新华书店、陕甘宁边区新华书店、晋察冀新华书店、晋绥新华书店、解放社、群众书店等较早的版本,外文包括英、俄、德、法、西班牙、日、朝等国文字,展出期间每天约有上千人次参观③。

1981 年 3 月为了贯彻国务院有关能源改革的方针,向科研、生产单位提供能源方面的文献,中国科技情报研究所、北京图书馆、北京市劳动人民文化宫联合举办了"能源科技情报资料展览"。本次展览展出国内外书刊资料 4000 多册,还放映了有关能源的科教影片 13 场,总共接待了 6494 人次④。1981 年 9 月,北京图书馆与有关单位联合举办"鲁迅著作版本展览"。作为纪念鲁迅百年诞辰的活动之一,由鲁迅诞生一百周年纪念委员会发起,自 9 月 19 日至 10 月 10 日在北京鲁迅博物馆报告厅举办"鲁迅著作版本展览"。参加展出的有北京图书馆、版本图书馆、鲁迅博物馆和文物出版社等单位,并从北京大学、人民文学出版社及一些个人如戈宝权、孙用等处借来部分书籍,展出各种文本的鲁迅著作、翻译、辑录古籍、编选图籍等共 330 多个版本 1300 余册,另附部分回忆、研究、译论著作,共计约 2000 册书籍,这是国内外第一次鲁

① 并行. 记在太原举办的《外国现代哲学书刊展览》[J]. 北图通讯,1979(4):6-7.

② 陈实. 中国图书馆学会和我馆联合举办"有关学会协会出版物展览"[J]. 北图通讯,1980(2):37.

③ 胡昕. 我馆举办刘少奇同志的革命生平及其著作展览[J]. 北图通讯,1980(3):44.

④ "能源科技情报资料展览"在劳动人民文化宫展出[J]. 北图通讯,1981(2):48.

迅著作版本展览①。当年北京图书馆还与中国科学院生物物理研究所、北京纺织工业学会、北京市劳动人民文化宫等机构合作举办多次专题展览。

1982 年 12 月北京图书馆举办"柯棣华逝世 40 周年和爱德华逝世 25 周年展览"，展览分为"兄弟情谊，患难与共""以爱德华博士为首的印度援华医疗队""从广州到重庆""在延安""转战前线，救死扶伤""呕心沥血为新中国培育医疗人才""为中国人民解放事业鞠躬尽瘁""永远活在中国人民的心里""中印友谊万古长存"等 8 个部分，展出了 170 多幅历史文献和照片②。

1983 年 3 月北京图书馆与中共中央马恩列斯著作编译局、中央档案馆、中国革命博物馆联合举办的"马克思生平事迹"和"马克思、恩格斯著作在中国"展览会在中国革命博物馆开幕。王震、邓力群、朱穆之、蒋南翔、王惠德等领导同志参观了展览③。

1984 年 8 月北京图书馆、中国科技情报研究所等八个单位在北京市劳动人民文化宫联合举办"新技术情报图书资料展览"，展出的图书达 15000 多册（件），其中北京图书馆提供的图书资料近 800 种，大部分是较新和较有价值的资料，受到观众的重视和欢迎。仅兰德公司资料一项，复制的达 60 种。在 15 天的展出期间，接待观众近 10000 人。除了提供现场的优惠复制外，还提供了展览目录，放映了科技电影、录像 60 部④。1984 年 10 月，北京图书馆举办"三中全会以来的伟大成就图片图书展览"。这次展出的有图片 150 幅，图书 500 余册，其中包括马列主义政治理论、历史、文学艺术、科学技术、年鉴等五个部分，以国庆 35 周年献礼图书为主，还有上百种是近年获奖的优秀图书⑤。

---

① 纪念鲁迅诞生一百周年　"鲁迅著作版本展览"在京举行[J].图书馆学通讯，1981（4）：34.

② 令恪."柯棣华大夫逝世 40 周年、爱德华博士逝世 25 周年展览"[J].北图通讯，1983（1）：46－47.

③ 张白影.中国图书馆事业十年[M].长沙：湖南大学出版社，1989：906.

④ 胡昕.我馆举办新技术情报图书资料展览[J].北图通讯，1984（4）：3.

⑤ 贾维永.北京图书馆举办"三中全会以来的伟大成就图片图书展览"[J].北图通讯，1984（4）：47.

1985 年 4 月北京图书馆与文化部图书馆事业管理局、中国图书馆学会、民族图书馆联合举办的全国图书馆设备用品展览订货会在民族文化宫举办，14 个省、市、自治区和部委、解放军所属 47 个厂家和单位参展①。6 月，由北京图书馆、三联书店、读书杂志社共同主办的"傅雷家书墨迹展"于 6 月 4 日至 28 日在北京图书馆举行，展览包括傅雷家书、著译原稿、傅雷生平照片和各种版本的著译作品②。

1986 年 6 月北京图书馆参加"全国文化科技成果展览和技术交易会"。展览分电影、出版印刷、艺术、文物、图书馆共五个部分。图书馆展厅的展品选自全国 9 个省、自治区、直辖市。这些展品多由图书馆工作者自行研制，也有少数是图书馆工作者与有关单位合作研制的，其中北京图书馆与上海图书馆的计算机软件吸引了不少单位洽谈购买③。

三、报告会内容和形式逐渐丰富

1973 年开始，北京图书馆逐渐恢复举办讲座、报告会的活动，1977 年以后该业务开始常态化进行。这些报告会与不同机构合作，涵盖自然科学、人文科学、思想政治宣传教育的不同领域，其中尤以现当代文学相关的议题最多，也最受读者欢迎。会上，北京图书馆还就报告背景知识编纂了小册子和书目派发，帮助读者获取知识。这一活动受到读者广泛欢迎的同时，对图书馆公共教育职能的发挥起到了重要作用。

1970 年 8 月，中国共产党召开第九届中央委员会第二次全体会议号召"认真看书学习，弄通马克思主义"。1973 年 2 月，为了配合看书学习的深入开展，北京图书馆举办"马列著作"讲座，请北京大学等高等院校的教师，给北京市各级领导和 100 多个较大工厂的领导干部等进行讲解和辅导，帮助他们理解马克思主义的基本观点，以便从政治上、思想上、理论上深入批判修正主

---

① 张白影. 中国图书馆事业十年［M］. 长沙：湖南大学出版社，1989：927.

② "傅雷家书墨迹展"在京举行［J］. 北图通讯，1985（4）：71.

③ 柯寒. "全国文化科技成果展览和技术交易会"图书馆展厅介绍［J］. 图书馆学通讯，1986（3）：10.

义路线。这些干部和学习辅导员的很大一部分此后成为各单位"看书学习、批修整风"运动中的骨干力量①。这次讲座虽然起到了很好的宣传教育作用,但毕竟是特殊时期的特殊形式,并没有能够持续进行。真正成常态化地开展报告会,还要到 1977 年"文化大革命"结束以后。

1977 年初,北京图书馆阅览参考部两次召开在京的有关农业单位读者座谈会,中央及北京市的农业、农机系统的二十多个生产、科研单位的代表参加。会上充分肯定了北京图书馆自从第一次全国农业学大寨会议以来所做的工作,如举办农业书刊展览、编印《农业机械专题书刊目录》等,并就北京图书馆如何搞好农业藏书提出了许多宝贵建议②。1977 年 8 月,为了响应党中央关于培养和造就大批又红又专的建设人才的号召,让广大青年接受德育、智育、体育时,掌握更多的科学文化知识,激发向科学技术现代化进军,为祖国争光的雄心壮志,北京图书馆请资深教师和科技工作者举办了四次自然科学专题讲座活动,听讲者共 760 余人,以北京市城区高中生、科技爱好者为主,主要内容是数理化等基础科学的知识③。

1979 年 12 月,北京图书馆邀请著名作家丁玲在首都剧场与读者见面。这次见面会由北京图书馆研究员郑效洵主持,副馆长谭祥金也出席了见面会,共约 1100 多名读者和文学爱好者参加。在这次见面会上,丁玲向读者介绍了创作《杜晚香》的过程和体会,见面会上还组织了丁玲同志作品馆藏展览,共展出书刊 60 余种书刊,同时印发了丁玲小传及丁玲作品目录,受到了与会者的欢迎。最后由文艺工作者朗诵了丁玲作品的片断。中央人民广播电台在当晚即播发了消息,北京人民广播电台选播了丁玲报告的录音④。

---

① 北京文化、科学技术单位举办各种讲座 帮助干部工农群众提高理论水平增加科技知识[N].人民日报,1973 – 02 – 11(3).
② 陆世光.进一步做好为农业服务的工作——我馆召开农业单位读者座谈会[J].北图通讯,1977(1):34.
③ 培养又红又专的社会主义建设人才,我馆第二阅览室举办自然科学专题讲座活动[J].北图通讯,1977(1):36.
④ 任德明.我馆群众工作组举办作家丁玲同志与读者见面会[J].北图通讯,1979(4):80.

1980 年 2 月,北京图书馆和共青团中央在北京卫成区礼堂联合举办介绍老舍文学报告,报告会由北京图书馆研究员郑效洵主持,参加报告会的有 700 余人。报告会首先由老舍的夫人胡絜青讲话,然后请北京语言学院孙钧政向读者做了题为《老舍作品的语言》的报告,会中还发放了老舍小传及其作品目录①。6 月,北京图书馆在国家物资总局礼堂举办由罗章龙主讲的"回忆少奇同志早期革命活动片断"报告会,北京图书馆副馆长丁志刚主持,1600 多名听众出席。这次报告会有 30 多个单位录了音,中央人民广播电台在 6 月 24 日第一套节目中广播了这一消息②。8 月,北京图书馆邀请周汝昌作"关于《红楼梦》的情节与结构"的报告,由北京图书馆副馆长郭林军主持,共 1600 名听众出席③。12 月,北京图书馆请著名戏剧家吴祖光作了"我和戏剧"的报告,会后放映了由他改写的戏曲影片《花为媒》,新凤霞也参加了讲演会,在听众的再三要求下,新凤霞向到会者简单谈了她的近况和感想④。

1981 年 3 月,北京图书馆举办艾青主讲"谈诗歌创作"报告会,报告会由文化部图书馆事业局局长、北京图书馆副馆长丁志刚主持,首都文艺界、大专院校和其他有关单位共 1500 多人参加了报告会⑤。4 月,北京图书馆举办"伟大的革命现实主义作家——茅盾"报告会,文艺报主编孔罗荪主讲,会后 1300 余名听众观看了电影《林家铺子》,并向与会者分发了北京图书馆编辑的小册子,北京图书馆还举办了茅盾的图片和馆藏茅盾著作展览⑥。6 月,北京图书馆举办王蒙主讲"小说创作漫谈"报告会,王蒙结合创作体验谈了自己的小说

---

① 侯任.北京图书馆、共青团中央联合举办文学报告会——介绍作家老舍同志[J].北图通讯,1980(1):47.

② 侯任.北京图书馆举办报告会——"回忆少奇同志早期革命活动片断"[J].北图通讯,1980(3):44.

③ 胡昕.北京图书馆举办《红楼梦》学术报告会[J].北图通讯,1980(4):47.

④ 侯任.北京图书馆主办演讲会——剧作家吴祖光讲:"我和戏剧"[J].北图通讯,1981(1):48.

⑤ 群工组.北京图书馆主办报告会——著名诗人艾青谈诗歌创作[J].北图通讯,1981(2):40.

⑥ 文艺报主编孔罗荪同志主讲"伟大的革命现实主义作家——茅盾"[J].北图通讯,1981(3):45.

观,北京图书馆编了《北京图书馆馆藏作家王蒙著作选目》①。

1982 年 3 月,北京图书馆与首都图书馆联合举办报告会,邀请著名作家姚雪垠主讲"关于崇祯形象的塑造"②。

1984 到 1985 年,北京图书馆举办"面向世界"外国历史系列讲座。讲座由北京图书馆、商务印书馆、北京市历史学会联合倡议举办,自 1984 年 7 月初开始到 1985 年 6 月底结束,为期一年,每逢双月讲两次,单月讲一次,每讲为两小时,共分 17 讲。承担讲课任务的都是北京各大学和社会科学院世界史研究所的讲师、教授、专家和学者。讲座帮助听众了解了世界历史和人类发展规律,起到了很好的宣传教育作用③。

1985 年 5 月,北京图书馆团委召开《北国草》座谈会,作家丛维熙、韩少华,评论家张同吾和副馆长胡沙等老同志应邀与北京图书馆近 100 位青年一起座谈④。

1986 年,戚志芬分别为全国党校系统图书馆馆长培训班和全国省市公共图书馆馆长研讨班讲授参考工作。王丽娜为唐代文学研究会举办的唐代文学讲习班讲授"中国唐诗在国外的流传、影响、翻译以及研究"。

四、积极编纂联合目录

联合目录组在 1957 年成立后就编纂了大量全国性中外图书联合目录,"文化大革命"期间一度中断工作,1977 年后继续开展相关工作,1978 年 9 月成立《民国时期总书目》编辑组,1980 年 12 月相关业务划归参考部。联合目录编纂工作充分发挥了北京图书馆在全国图书馆中的龙头作用,对参考文献的系统汇集整理有重要作用。

1977 年 7 月中国科学技术情报所召开了全国科技情报检索刊物协作会议,经过协商决定由北京图书馆和中国科学技术情报所负责编辑出版 1978 年

---

① 作家王蒙主讲"小说创作漫谈"[J].北图通讯,1981(3):45.
② 简讯[J].北图通讯,1982(2):49.
③ 我馆举办"面向世界"外国历史讲座[J].北图通讯,1985(1):41.
④ 姚家华.北图团委召开《北国草》座谈会[J].北图通讯,1985(4):80.

全国预订外文期刊联合目录①。

1978 年 7 月北京图书馆参与编辑的《北京地区蒙文古旧图书资料联合目录(初稿)》完成。北京地区藏有蒙古文古旧图书资料的单位有 12 家,初步统计共有 676 种,占全国蒙古文古旧图书资料的一半左右,其中以北京图书馆、故宫博物院图书馆和民族文化宫图书馆的收藏较为丰富。在北京图书馆的倡议和主持下,北京图书馆、中国社会科学院、中央民族学院共同组织了《北京地区蒙文古旧图书资料联合目录》编写小组,经过八个月的努力于 1978 年 7 月完成了联合目录的初稿。当年北京图书馆还参加编辑了《全国古籍善本书总目录》《1911—1949 中文图书目录》《全国西文科技期刊联合目录》《鲁迅研究书目索引》②,并在当年 9 月成立了《民国时期总书目》编辑组,负责继续完成具有参考性质的联合目录《民国时期总书目》的编辑工作。

1980 年 3 月 21—25 日,第一次全国联合目录工作会议在北京召开,会议通过《建立全国联合目录报导体系的初步方案》和《全国联合目录工作协调委员会组织章程》两个草案。成立全国联合目录工作协调委员会,以北京图书馆为主任委员馆,中国科学院、上海图书馆、北京大学图书馆为副主任委员馆,天津、辽宁、四川、甘肃、广东等图书馆为常务委员馆,这标志着全国联合目录工作重新走上正轨。12 月 9 日,联合目录组改名书目组并划归参考部,此后参考部的联合书目事业发展更为迅速。同年联合目录组编辑的《西文参考工具书联合目录》正式出版。

1981 年由北京图书馆和中国第一历史档案馆(原故宫博物院明清档案部)合作编纂完成《全国满文图书资料联合目录》,这是我国第一部全国性的满文图书联合目录。全书共收录全国 18 个省、市、自治区共 50 余个单位的图书馆、博物馆、档案馆及高校研究机构图书资料室的满文藏书近 1000 种,石刻

---

① 彭鹏.我国联合目录组工作进展情况和有待解决的问题[J].北京图书馆通讯,1978(2):43.

② 谭祥金.北京图书馆当前工作中的几个问题[J].图书馆学通讯,1979(1):15.

拓片 700 余种,较全面地反映了我国满文藏书的概貌①。

　　1982 年北京图书馆参与编辑《北京现存彝族历史文献的部分书目》,这是继《全国蒙文古旧图书资料联合目录》和《北京地区满文图书资料联合目录》刊行之后的第三本少数民族文字图书目录。但该书目只收录了北京图书馆、民族文化宫、中央民族学院这三个单位保存的彝文典籍,共计 659 部。这部分典籍虽然无法反映彝族文化的全貌,但由于收录的典籍几乎全是明清两代的手抄本和木刻本,具有一定代表性②。同年,北京图书馆还加入了由北京大学图书馆牵头,中国科学院图书馆、清华大学图书馆、人民大学图书馆等六个单位合作的试验项目《建立全国联合目录报导体系的初步方案》。该项目计划利用计算机技术编制北京六单位西文新书通报,虽未经正式批准,但这方面的工作基本上符合《1980—1985 年全国联合目录选题规划》③。

　　1984 年北京图书馆运用新技术和新方法编辑了《1978—1984 年外文连续性出版物联合目录》。这个目录的编排、输入、输出,计划采用计算机技术,著录格式采用 AACR－II 与 ISBD(S)相结合的原则,由北京图书馆起草并制定了符合国际惯例的新型西文报刊著录条例④。

　　1986 年北京图书馆编纂了《图书馆学情报学书刊联合目录》,这一目录是北京图书馆图书馆学研究部在收集了北京等多个省、市共十多个图书馆(资料室)有关图书馆学、目录学、文献学和情报学书刊的编目资料的基础上,又补充了其他几个图书馆的有关馆藏而完成的。该目录计划分中文部分和外文部分两个分册,由书目文献出版社出版,其中中文部分收入书刊资料 5000余种,外文部分约收书刊 4000 余种⑤。

----

　　①　黄润华,屈六生.《全国满文图书资料联合目录》编辑手记[J].北图通讯,1981(2):26－27.

　　②　王梅堂.介绍《北京现存彝族历史文献的部分书目》[J].图书馆学通讯,1982(4):38.

　　③④　吴彭鹏.1980 年以来我国联合目录工作进展情况[J].北图通讯,1984(1/2):59－60.

　　⑤　《图书馆学情报学书刊联合目录》正在编纂中[J].北京图书馆通讯,1986(4):78.

五、恢复及增设多个专题参考阅览室

1973 到 1986 年北京图书馆参考机构调整中很重要的一项内容就是增设了多个专题参考阅览室,包括 1973 年率先恢复的科技文摘索引阅览室,1974 年开设的外文科技期刊开架阅览室,1976 年开设的毛泽东思想学习室等。这些专题阅览室对参考部工作的恢复起到了促进作用,尤其为科技参考组的工作提供了文献支撑。

1973 年北京图书馆重新开放科技文摘索引阅览室,该阅览室的前身是 1958 年创立的文献阅览室,在 1972 年底重新建立起来,1973 年 1 月开放阅览。当时选提 500 多种文摘索引刊物和少量必备的工具书,1978 年品种增加到 830 余种,常用词典和工具书增加到 490 种,涵盖中外文和各学科专业①。1982 年,科技文献检索室藏书中,中、外文检索刊物已近 1000 种。中文部分,凡纳入全国科技文献检索刊物体系的已全部入藏,同时还收有体系以外的不少检索刊物。外文部分,除《工程索引》(EI)、《生物文摘》(BA)、《金属文摘》(MA)、苏联《文摘杂志》与日本《科学技术文献速报》的各个分辑、法国《文摘通报》的数十个分册、WPI、CPI、ISTP 等等大型著名检索刊物和一系列专题文摘、索引刊物外,其他还有如美国的《科学引文索引》、德国的《国际期刊论文题录》等国内不多见的目录索引,还航邮订阅了美国最新的《化学文摘》(CA),在国内可谓首屈一指。除文摘索引刊物外,检索室藏书还设置了查阅检索刊物必备的工具书,包括四个方面:中、外文或多语文对照的科技综合或专科辞典,缩略语辞典,地名与姓名译名手册等;大型索引刊物的词表、专利分类表等;国内外的期刊目录,国内有关单位的图书、期刊、科技报告等的馆藏或联合目录;科技文献检索专业参考资料等。这些工具书总数已在 800 种左右。检索室还有馆藏的中、外文科技专题文献目录,约在 1000 种以上。科技文献检索室在 20 世纪 80 年代是国内同类型服务设施中较大的一个,1982

---

① 科技参考组.办好文摘索引阅览室,全心全意为科技读者服务[J].北图通讯,1978(1):14.

年度阅览人次已达 20000 余,超过"文化大革命"前的三分之一①。

1974 年 10 月建立了外文科技期刊开架阅览室,当时开架的国外工业技术类期刊共 1700 多种。随着形势发展和不断调整排架,尽可能利用空间,1978 年已扩增至 2600 种,占全部馆藏现刊的三分之一强。继外文期刊开架之后,1975 年 7 月又在综合期刊阅览室,根据室内条件将各类中文科技期刊实行开架阅览,从开始的 800 种发展到目前的 1700 种,占馆藏中文科技期刊的半数以上。各地科技人员利用开架阅览室这个阵地的人数日益增多。1977 年 10 月与去年同期比较,已增加了一倍左右。使用开架期刊照相复制的种、册数,也在不断增加,目前每天要接待读者 300 人次②。

1976 年 9 月 28 日,北京图书馆开放毛泽东思想万岁图书资料学习室。9 月 28 日至 10 月上旬接待 13000 人,平均每天近 1000 人。1979 年 11 月 12 日该室改为毛泽东思想研究室。

六、开创读者委托服务

读者委托服务或叫作定题委托服务、有偿咨询等,就是在参考工作中基于读者要求,参考工作人员在提供正常业务之外的代读者检索、编制文献目录索引、综述,提供文献汇编等。由于这项工作以前不在参考工作正常范围内,是代读者完成,所以会收取一定的费用。

1949 年后,北京图书馆对读者提供的各种服务,除照相复制收取工本费外,其他都是无偿的。对于开展读者委托服务,图书馆参考工作部门内部历来是有争论的,一些老的咨询馆员认为,这项工作有悖于传统参考工作"授人以鱼,不如授人以渔"的服务理念,也即帮助读者使用图书馆,学会检索方法和使用工具书解决问题。而反对者则以参考工作新人为主,他们认为随着国家建设事业的发展,有越来越多的读者要求能提供超出图书馆常规服务范围的定题委托服务,承揽这些服务,不但能满足读者的需求,而且能创造一些经

---

① 科技参考组.回顾与探讨——北图科技参考工作二十年[J].图书馆学通讯,1982(3):29.

② 成喻言.搞好科技期刊开架阅览工作[J].北图通讯,1978(1):17–18.

济收入,客观上能够提高咨询馆员的收入水平。

随着社会主义现代化建设,委托服务的需求量逐渐增加。这首先表现在委托复制业务上,从 1976 年开始,北京图书馆的来函复制业务有了很大的发展。1976 年我馆收到的委托复制是 550 封,1977 年是 1100 封,1978 年是 2400 封,1979 年是 3400 封,1980 年仅第一季度就达到了 1200 封,超过了 1977 年全年委托复制的总量。委托北京图书馆复制的单位包括党政军等领导机关及各科研和生产机构,委托单位分布的地区除了台湾省以外,包括全国各个省市,1980 年以来国内的中小城市、港澳地区和国外的来函也在不断增加①。1983 年北京图书馆开始试行非常规定题委托服务,仿照中央批准中央气象局的服务办法,全年共承办了 104 项为读者代查、代复制资料,或代编、代译资料和编辑书目等服务,受到读者欢迎。

1985 年 5 月,馆长办公会议批准《北京图书馆开展非常规定题委托服务的试行办法》,决定正式试行非常规定题委托服务,并规定了 10 条管理办法:

其一,本馆开展非常规定题委托服务的宗旨是:深入开发馆藏资源,进一步发挥本馆的潜力,更好地为发展国民经济和科学事业服务。

其二,本馆的非常规定题有偿服务业务的范围,主要包括常规图书馆服务业务(阅览、外借、馆藏目录及工具书检索咨询)以外的如下读者主动委托的服务项目:①根据读者委托的专题代查书刊资料;②根据读者委托的专题进行书目、索引及有关数据汇编等二、三次文献编辑工作;③代读者进行文献翻译及抄写工作;④代读者办理文献复制、装订及邮寄工作。

其三,为履行国家图书馆的职责,凡中央党、政、军、群部委以上的领导机关委托本馆办理的有关制定国家法律政策和处理国家内政外交的方面的咨询、文献检索、文献编辑等业务,都属于无偿服务

---

① 石酉先.发展中的来函委托复制业务[J].北图通讯,1980(4):27.

范围,由参考部承办。

其四,在读者服务工作中,遇到难于区分是常规还是非常规服务的界限时,都应先按常规服务处理。

其五,对虽属非常规专题服务工作,但读者不愿委托本馆办理而愿自己进行时,本馆各部门仍应热情接待,积极提供常规服务。

其六,非常规定题委托服务的收费标准,按本规定附件所定参考标准执行,每项收费数额都须事先与委托者商定,订立合同,然后着手进行。

其七,为了统一管理好全馆的非常规定题委托服务工作,由参考部、阅览部、第二阅览部和报刊部派员组成"读者委托服务组"。服务组的日常工作受参考部领导。服务组的职责如下:①承办非常规定题委托服务合同的洽谈及签署工作;②组织本馆有关部门完成合同中规定的服务项目;③负责服务项目的收费结算与分配工作;④定期总结服务效果,并向领导小组和馆领导汇报服务工作情况;⑤服务组不接办常规服务项目和中央党、政、军、群领导机关的非常规定题委托服务项目。

其八,为了协调全馆读者有偿服务工作,由参考部、阅览部、第二阅览部、报刊部及业务处负责同志组成领导小组,负责解决和协调有偿服务工作中出现的问题。

其九,财务管理制度:①服务费用的开票、记账、收费、结算、分配由服务组负责;②服务组应及时将现金和支票送财务科;③扣除复制、装订及使用设备成本后的劳务收入 50% 上缴馆财务,50% 交承办单位所在部(室);各部(室)按具体服务项目承办情况奖励有关科(组)或个人;④服务组的活动费用,根据费用的性质分别在馆业务费或行政费项目中报销。

其十,除馆领导批准的特殊有偿服务项目外,本馆的全部有关读者委托有偿服务业务都统一由服务组承办,其他任何部门和个人不准自行与读者洽谈有偿服务业务。

从以上十条规定看,馆领导对这项服务的开展还是比较谨慎的,其接谈、收费等只能由服务组负责,这就制约了它的发展,党政军领导机关的任务还是不能按照非常规定题委托服务对待。但是,这项服务的开展还是具有很大意义的,为以后全馆大规模开展非常规定题委托服务,积极鼓励创收埋下了伏笔。

从 1973 年到 1986 年,国家图书馆在继续发展旧有参考工作的基础上,在多个方面有所创新。一方面,旧有的参考业务如解答咨询、代编书目、举办展览和讲座等逐渐得以恢复和发展,并加强了与其他学术机构的合作,相关工作内容和形式都更加多样。另一方面,还针对专业读者的需要,恢复及增设了科技等方面的专题参考阅览室,并顺应市场经济发展潮流,从 1985 年起正式开设了读者委托有偿服务。

第四节　目录学专家杨殿珣

1984 年于北京图书馆参考研究部离休的研究馆员杨殿珣,从 1931 年起进入国立北平图书馆索引组工作,长期从事参考文献收集整理工作,1962 年他担任书目参考部主任,在解答咨询、编制书目方面做出更大贡献。他的代表作《中国历代年谱总录》及《续录》完成于 1979 年,这是他为参考工作编制的一部重要工具书。

一、生平介绍

杨殿珣(1910—1997),河北无极人。1910 年 3 月出生于一个清寒的农民家庭。1917 年入村塾小学,1924 年考入正定县河北省立第七中学,学制四年。毕业后在无极县国民党党务指导委员会工作一年。杨殿珣在友人的资助鼓励下,于 1929 年 8 月杨殿珣考入北京师范大学预科班,1931 年升入该校中文系本科。

同年,他得到同乡王重民推荐,来到国立北平图书馆索引组参加了编辑

《清代文集篇目分类索引》的工作。与此同时，他还在北平师范大学中文系学习，过着紧张的半工半读生活。他很快掌握了使用一般工具书的方法，对清代学术概况和馆藏清人文集概况都有了较多了解，这可以说是他从事参考工作的开端。此后，杨殿珣负责编辑了《石刻题跋索引》，这个索引收书 120 余种，并比较了各书版本的异同，仅编排卡片就达四万张。通过这项工作，杨殿珣了解了历代金石著作的概况，集录了有关宋人金石书的序跋考释，编了《宋代金石书考》《宋代金石佚书考》，又将散见在宋人笔记中的有关金石记载的条款编为《宋代金石杂录》。在此期间，他还在《图书馆学季刊》上发表了《跋四部丛刊本〈南雷文案〉》；在《国立北平图书馆馆刊》上发表了《跋缪辑集古录目》《石经论著目录》；在《中国博物馆协会会报》每期上发表有历史、考古、美术方面的新书介绍；在《考古》上发表《宋代金石书考》和《宋代金石佚书考》的目录部分。在国立北京图书馆工作的这五年，杨殿珣不仅在业务上取得累累的成果，同时还完成了大学的学业，这为他后来开展参考工作打下了基础。

1936 年，杨殿珣由国立北平图书馆派到北京私立木斋图书馆担任业务部主任，三个月后回馆。1937 年 5 月杨殿珣由索引组调到中文采访组任组长，此后他长期负责图书采访工作。除了日常工作外，他仍不忘对参考文献的整理工作，他特别留意于各类古籍的入藏，将目录与馆藏核对，检查还缺少什么需要补充。在检查方志时，编辑了《馆藏方志待访目》；在检查集部时，编辑了《馆藏川滇黔桂人所著诗文集目》和《清代文集分类索引续编拟收书目》等。抗日战争爆发后，1941 年日伪政府正式接管了国立北平图书馆。这期间杨殿珣的生活很艰苦，精神备受折磨，在抗日救国的思想感召下，杨殿珣利用图书馆的工作岗位，曾为中共地下工作者多次传递情报。新中国成立后，一位得到杨殿珣帮助的地下工作者曾向北京图书馆党组织反映过相关情况，80 年代后又向文化部反映，并开具证明。后来按公安部有关文件，定杨殿珣为新中国成立前参加革命工作，享受离休待遇。从 1937 年到 1945 年抗战胜利，杨殿珣陆续发表了《跋四部丛刊本〈南雷学案〉》《石经论著目录》《佛教石经目录》《宋代金石书目考》《宋代金石佚书考》《中国家谱通论》等论著，多是编制索引的副产品。

1945 年抗战胜利后,北平图书馆恢复了正常工作。12 月杨殿珣被聘为《图书馆》季刊编辑兼中文采访股股长。抗战胜利后,杨殿珣领导中文采访组逐一点收了 21 个单位移交给北京图书馆的中、日文图书总数达几十万册。这几年他发表的论文有:《中国年谱目录述评》《记〈知足斋丛书〉》《〈爨桐集〉跋尾》《跋〈嘉庆嘉定县志〉》《〈唐折冲府考〉读后记》《〈国榷〉跋》等。这期间的工作为日后他的年谱研究奠定了基础。1949 年北平和平解放,国立北平图书馆由人民政府接管。杨殿珣作为留用人员,从此正式参加革命工作,被任命为主任采访员。1950 杨殿珣到华北人民革命大学学习后,回馆担任采访部副主任。1959 年经文化部批准,派杨殿珣到民主德国参加世界书籍装帧艺术展览会,他圆满完成了任务。此时北京图书馆为了解决书刊的积压问题,成立了书刊清理委员会,左恭副馆长任主任,杨殿珣任副主任。

1962 年底,北京图书馆工作重点由普及教育转向为重点科研和生产建设服务,为此决定恢复参考工作为部级机构,将原属于阅览部的参考咨询组和科学文献索引组抽出成立书目参考部,下设社会科学参考组和科学技术参考组,杨殿珣被任命为主任。他上任后主持拟定了《参考工作条例》,编写了《参考部历年工作一览》等。参考工作要求有较高的语言译读和专业目录学知识以及一定的学术研究能力。杨殿珣以极大的热情投入了这一工作,他晚年回忆这段参考工作时说:

> 我除了督促各组做好业务工作外,有时候,还亲自答复一些读者的咨询。当然,是社科方面的。别人给读者的答复,我也经常要先看一看,防止发生一些问题。对于参考工作,我有很大的兴趣。当为读者解决了一个问题时,心中感到特别高兴。

1964 年,杨殿珣参加了第一中心图书馆委员会赴西北、西南参观团,他在参观中特别注意各高校图书馆的参考工作,回馆后在部内做了报告。"文革"前夕杨殿珣不再担任行政职务,专做参考咨询业务工作。

"文化大革命"开始后,一切业务工作停顿。1970 年,杨殿珣被遣回原籍,直到 1972 年才被请回馆里,负责解答有关古籍的咨询,"文革"后他被聘为中国图书馆学会学术委员,并被评为研究馆员。他回馆后编辑了《馆藏幼学读物目录》,参加编辑了《馆藏法家及进步思想家著作目录》等。当时,杨殿珣还考虑编制《馆藏中文参考工具书书目》和《中国丛书综录》补编,但可惜的是他的这些想法当时只试行了一下,未能实现。1984 年离休后,他继续在馆内协助参考部解答咨询等工作,1987 年被聘为北京市文史研究馆馆员。

二、《中国历代年谱总录》及其续录

除本职工作之外,1980 年杨殿珣编的《中国历代年谱总录》及其续录由书目文献出版社出版。他还在各种刊物上陆续发表了《谈谈中国古籍和古籍分类》《中国年谱概说》《略论王重民同志对于版本学的贡献》《王重民编著〈中国善本书提要〉后记》《军机处分次奏进应毁书籍单跋尾》《国立北平图书馆刊之回顾》《一部反映全国方志收藏情况的联合目录》《回忆在北图索引组工作的岁月里》《对袁同礼馆长的回忆》等文章。杨殿珣还兼任过《中国当代社会科学家》的责任编辑;《中国地方志联合目录》编审;《中国地震历史资料》编委;《中国古桥技术史》编委和《文献》丛刊编委、副主编等。

杨殿珣编《中国历代年谱总录》成书于 1979 年,1980 年由书目文献出版社出版。本书著录历代年谱 3015 种,反映谱主 1829 人。书中所录除标明为"年谱"者外,凡按年谱体例编制者,如编年、年记、述略、纪略、系年、系年要录、系年略、纪年、纪年录、行实录、年表、大事表、历年纪、寿图谱等,均予以著录。著述编年之类亦予著录,如《李义山诗谱》《王绂作品纪年》《张凤书画系年纪略》《颜习斋著述编年》《刘申叔著述年表》《巴金著译年表》等,兼及别集编年,如《稼轩词编年笺注》;对于考订人物生卒、行实、事迹之书及论文,虽与年谱体例有别,亦予收录,所收者如《彝军纪略》所记为黄鼎行实,《花甲闲谈》为张维屏回忆录,《南卓考》考及南卓生平,《胡震亨家世生平及其著述考略》考及胡震亨生卒年等,此外如清王鸣盛《蛾术编》、清俞正燮《癸巳存稿》等笔记也予收录。所录年谱下限至 1979 年。年谱一般以原书原题为准,原题如仅标"年谱"二字,则补以谱主名或号,所补部分另加括号;原题过于冗长,加以删略,原题在按语中说明,如《文山先生纪年录》,按语曰:"此谱原题《宋少保右丞相兼枢密使信国公文山先生纪年录》。"每一种年谱著录卷数、编者姓名、朝代、版本。谱主排列,以生年先后为序。同一谱主有两种以上年谱,以编者时代前后为序。谱主之生卒年,各家考订不一,于谱主下附录有关考订生卒或生平之书或论文。对于各家不同之处,亦在按语中说明。如李清照下各谱,《李易安年谱》按:"编至绍兴十七年止。"《李清照年谱》按:"此谱编至绍兴十三年止。"《李清照金石录后序作年考辨兼辨生年嫁年卒年》按:"此考谓李清照元丰七年生,绍兴二十一年卒。"《李清照事迹编年》按:"谓李清照卒年不能早于绍兴二十五年。"读者如未能找到原书,据此亦可知各谱所论生卒之概况。本书著录者,皆为杨殿珣亲手查阅或请人代查之年谱,故较为可靠,凡仅见他人著录而未见原书者,列入《待访年谱简目》。书后附《谱主姓名别名索引》,检阅方便。

年谱书目,此前有李士涛《中国历代名人年谱目录》、梁廷灿《年谱考略》、陈乃乾《共读楼所藏年谱目》、汪闽《馆藏历代名人年谱集目》、洪焕椿《浙江历代名贤年谱综录》、杭州大学图书馆《中国历代人物年谱集目》、《上海图书馆馆藏年谱目》等,与此书同时有来新夏《近三百年人物年谱知见录》等。各书限于体例,或仅录名人,或仅录一时、一地之谱主,或仅录一人、一馆之所藏,相比而言,杨殿珣书中所录最为齐全。如杜甫年谱共著录三十八种,孔子年谱多达一百二十余种。

此书《待访年谱简目》尚有遗漏,如清萧穆《敬孚类稿》卷五《跋近腐斋笔记残本》谓:"戊辰春,余以事到皖城,偶于书肆得《近腐斋笔记》两钞册,字画工整。阅之,即公自著历官年谱也。""公"指汪志伊。又据叶启釪《书林清话跋》,叶德辉有自订年谱。又宋慈褒《孙籀顾先生年谱序》曰:"亡友薛君储石,名钟斗,亦有《孙籀顾年谱》之作。"薛氏所编年谱稿本,藏瑞安孙氏玉海楼。此外,《孔子生卒年月》下标明孙应秋《玉芝堂谈荟》卷十四,孙应秋为徐应秋之误。瑕不掩瑜,上述缺憾并不妨碍杨殿珣在参考文献整理编目上的突出成就。

　　本章梳理了 1973 到 1986 年北京图书馆的参考工作的开展情况。这一时期,参考工作重新受到国家重视,得以恢复和发展。1973 年再次成立的"参考研究部",确立了为党政军服务的新方针。1978 年后,再次恢复的参考研究部成为国家图书馆的常设部门。1984 年实行了机构改革,确立了工作规范,在继续进行解答咨询、编制书目索引、开办展览报告会等基本业务的同时,还加强了与各个机构的合作,并开拓了读者委托服务。1984 年从北京图书馆离休的杨殿珣,在图书馆参考工作恢复的过程中起到了重要作用,他 1980 年出版的《中国历代年谱总录》及其续录是参考工作的重要工具书,他的经历和贡献很好地反映了北京图书馆参考工作在"文化大革命"后的恢复和开展。

第七章 加速发展:1987 年—1997 年

1987 年北京图书馆白石桥新馆落成,图书馆发展空间空前扩大,工作人员也有所增加。经过短暂的调整并再次明确职责定位后,北京图书馆的各项参考业务进入全面高速发展阶段,并圆满完成了重大项目《民国时期总书目》的编纂工作。同时北京图书馆参考工作机构还加强了参考理论探究和讨论,并在政府服务、数字化建设等方面孕育着新的变化。于 1989 年退休的参考专家戚志芬,在北京图书馆从事参考工作长达四十余年,是新中国图书馆参考工作筚路蓝缕走向全面繁荣的第一见证人,她的经历和经验,值得我们铭记和研究。

第一节 参考工作的制度调整

随着北京图书馆新馆正式对外开放,参考工作也在 1987、1991 和 1995 年做了三次较大的业务调整,机构得以重组,明确了参考工作的中心任务,确定了一系列岗位职责。这些调整为参考业务的顺利开展和高速发展提供了制度保障,下面对相关内容具体介绍。

一、参考部门在新馆重新"开张"

"文革"后期,北京图书馆新馆建设提上国家的议事日程,1975 年 3 月周恩来总理提议并批准兴建北京图书馆新馆。经过初步设计、调整投资概算、征用土地拆迁等程序,1982 年北京图书馆新馆建设工作被纳入国家"六五"期间重点工程;1983 年 8 月,开工奠基;1987 年 9 月,竣工交付使用。北京图书馆新馆是由 13 栋楼房组成的新馆建筑群,以地上 19 层、地下 3 层、61 米高的

214

书库为中心,环绕书库的 12 栋建筑既相对独立又紧密相连。

　　1987 年 10 月 6 日,北京图书馆隆重举行新馆开馆典礼暨开馆 75 周年纪念活动。时任国务院副总理万里为新馆剪彩,文化部部长王蒙发表讲话。北京图书馆馆长任继愈在讲话时强调,白石桥馆舍的落成与投入使用标志着"北图进入新的历史时期"。新馆的开馆,也给参考工作带来了更好的发展条件。1987 年 5 月,除文津街善本阅览室、黄城根北街报纸阅览室外,其他 17 个阅览室停止接待读者,准备搬迁。参考研究部对外服务窗口社会科学、科学技术两个咨询室以及科学文献检索室、工具书阅览室等也随之停止接待读者,参考研究部全体工作人员参加到新馆搬迁工作中。

　　1987 年 10 月 15 日,科技文献检索室在新馆正式接待读者。该室是在原科学文献检索室的基础上,增加了社会科学文献检索和计算机光盘检索业务而组成的,室藏刊物 1500 余种,图书 12 万余种。同日开始接待读者的还有工具书阅览室,该室是在原外文工具书阅览室的基础上,增加了中文工具书而成的,室藏书籍 3 万余册。马克思主义研究资料室也在同日开馆,室藏书籍 5000 余册。三个阅览室的情况如下:

　　科学文献检索室是以检索刊物为主向读者提供阅览、咨询服务的专题阅览室,位于大楼东一区二层,面积 800 平方米,分楼上、楼下两层,藏书 12 万册,有 94 个读者座位。科学文献检索室是图书馆收藏、查阅各种检索刊物的文库,以中、英、俄、德、法、日文的为主,开架阅览,并为读者提供咨询服务。该室建有光盘、微机检索系统,可为读者提供计算机检索服务。同时设有实习室,可为用户培训文献检索业务。该室还向读者提供文献检索的各种信息及可供利用的文献产品服务。

　　工具书阅览室藏书以工具书为主,是向读者提供阅览和咨询服务的专题阅览室。位于大楼中区三层,面积 800 平方米,开馆时藏书量可达 3 万册,有 50 个读者座位。该室主要收藏综合性的和专业性的参考工具书,如百科全书、类书、政书、字典、词典、年鉴、手册、指南、统计资料、书目、索引、图表和图谱。以中、英、法、俄、德、日文的为主。开架阅览,并为读者提供咨询服务。本室还开展关于工具书的调研工作,向读者提供有关工具书的各种信息和可供利用的文献产品。

马克思主义文献研究室是在新馆第一批接待读者的阅览室。它是向读者提供马克思主义研究资料的阅览和咨询服务的专业阅览室,位于中区四层,面积189平方米,设10个读者座位。向读者提供马克思主义研究方面的外文新书新刊、马克思主义经典著作,以及我国出版的有关马克思主义、社会主义、国际共产主义运动史、中国共产党党史方面的文献。此外,该室还备有本馆馆藏中有关社会主义、国际共产主义运动史、中国共产党史方面的外文书刊检索目录供读者参考。该室着重对马克思主义研究资料进行调查研究,向读者提供有关研究马克思主义的各种资料及其可供利用的文献产品。

1987年12月15日,新建的科学技术咨询室,改扩建的社会科学咨询室两个咨询室接待读者,同日接待读者的还有参考研究部报经第87次馆长办公会议批准成立的高技术文献研究室和软科学研究资料室,至此参考研究部的对外服务窗口全部在新馆开馆。

二、职责重订和机构改革

搬迁新馆前,参考研究部将自身职责定位为"北京图书馆开展参考咨询服务、编制书目索引、进行文献研究的主要业务部门",并据此开展下列几个方面的工作:结合国家各项事业发展的需要,调查研究国内外有科学参考价值的图书资料和外国研究中国的图书资料,向读者报道和介绍;结合国家各项事业发展的需要,编制书目、索引和联合目录;组织和管理文献研究室,向读者开放;为读者提供综合性和专题的参考咨询服务;调查研究国内外图书馆参考工作的理论和方法,促进参考工作的科学化、体系化;加强干部培训,提高干部的知识水平和业务素质,并根据参考工作的业务需要,组织和管理干部。

为了在新馆顺利开展工作,北京图书馆对参考研究部及所属机构进行了重新规划,规划的结果是参考研究部设4个组,即社会科学参考组、科学技术参考组、书目编辑组、全国联合目录编辑组,每个组之下又设若干个室级单位。社会科学参考组按学科或业务分工暂设马克思主义文献室、哲学文献室、社会政治法律文献室、经济文献室、文化教育文献室、语言文学文献室、历史文献室、地区文献室、图像资料室、社会科学参考工具书阅览室、社会科学咨询接待室等 11 个室。但是因为当时的实际情况和人员状况，马克思主义文献室、哲学文献室、图像资料室、社会科学参考工具书阅览室、社会科学咨询接待室等成立起来了，另一些则没有成立。科学技术参考组按学科和业务分工暂设第一文献室（包括数学、物理学、化学、天体科学、地球科学、环境科学）、第二文献室（包括生物、农业、医学）、第三文献室（包括工业技术、工程技术、航天技术、交通运输）、科学技术文献检索室、科学技术咨询接待室。科学技术参考组与社会科学参考组情况大体相当，大部分室没有能够建立起来。书目编辑组负责编制《民国时期总书目（1911—1949）》。全国联合目录编辑组负责编制中外文报刊联合目录，设外文连续出版物编辑室（兼管北京图书馆外文新书通报出版工作）、中文报刊联合目录编辑室。1987 年搬入新馆后，参考研究部还成立了高技术文献研究室和软科学研究资料室。读者委托服务组原属于业务处直接管理，业务上由参考研究部负责，搬到新馆后，全部划归参考研究部。

　　1988 年 1 月，参考研究部承担了软科学研究资料室的筹建工作，经过半年的筹备工作，于 7 月 1 日对外正式接待读者。在软科学研究资料室筹建期间，基本上完成了室内设施布局和资料征集工作，制定了《本室阅览证发放办法》，发放阅览证 130 个，撰写了《软科学室介绍》，邮寄征集软科学信函千余封，并与 400 个研究机构、500 名专家、64 家软科学期刊建立联系。到年底，共征集图书及期刊 3436 册，建立关键词、作者、机构三种检索系统 3547 种，贴卡片 35000 余张。

　　1989 年 1 月，参考研究部又向馆里报文筹建中国学文献情报中心。这是基于参考研究部工作人员长期调查中国学文献的专业积累提出的意见。中国学文献情报中心的筹建方针是建成一个能够掌握中国学文献发表、收藏情况，掌握中国学研究现状及动向，能够及时向国内外专家学者提供有关检索、咨询、情报服务，能够为中国学界与国内学术界的学术交流提供更高级服务的中心。服务对象为国外中国学界、国内学术界、教育界、文艺界、新闻、出版、图书资料等部门,以及社会团体和党政机关。工作任务主要有:调查中国学文献发表情况;调查国内中国学图书和重要论文、资料的收藏情况;调查流传国外的中国古籍及其他重要文献的收藏情况,建立适当规模的文献资料室,回答一般性咨询及进行更高级的研究工作和参考服务工作;调查各国中国学研究机构、研究人员及其研究成果和动态,建立调查档案;与各国中国学研究机构及人员建立经常性的直接联系,互相交换研究信息及成果;根据实际需要组织或接受委托组织中国学情报交流会或专题讨论会,组织国内专家对中国学研究成果进行评价和比较、分析;收集国内学术界对中国学家及其成果的反映,发表中国学研究动态,为促进中国学术界与中国学界的学术交流提供各种积极的服务工作。在筹备阶段暂称中国学文献研究室,归属于参考研究部社科参考组。经过半年多的筹备,1991 年 8 月中国学文献研究室成立。据估算北京图书馆有中国学图书约 5 万种,刊物约 200 种,其他各种文献资料 10000 余种,是国内收藏中国学文献最多的藏书单位。中国学文献研究室的成立有利于进一步开发利用这些珍贵馆藏,更好地为国内学术界和国外汉学界提供高层次的服务,促进国内外学术活动的开展与交流。中国学文献研究室隶属于文献研究组,成立时有研究人员 7 名,主要工作任务是建立基础目录、建立中国学家及中国学研究机构档案、与书目文献出版社合作编辑不定期刊物《国际汉学》、编辑各种馆藏或专题中国学文献目录索引等。1992 年 4 月,参考研究部中国学文献研究室主办的《国际汉学》不定期刊物第一期出版,该刊聘请著名汉学家弥维礼为顾问。

1991 年参考研究部在部内调研的基础上,再次明确了性质、任务、服务方式及机构设置。参考研究部的性质是落实北京图书馆为中央党政军领导机关的主要业务部门与服务窗口。它是通过开架阅览、解答咨询、文献检索、编制书目以及文献研究等方式为读者服务的图书馆业务机构。主要任务明确为四点:第一,参考研究部主要为国家生产、科研与学术工作服务,服务的重点是中央党政军领导机关与"四化"重点建设部门;第二,参考研究部以服务为中心,同时有重点的开展文献研究工作,以服务带动研究,以研究促进服务;第三,协助采访部门采选中外文书刊,搞好馆藏建设;第四,管理与办好科学文献检索组、参考工具书组、参考咨询组、文献研究组及各组所辖科学文献检索室、参考工具书室、社科咨询室、科技咨询室、马克思主义研究资料室、哲学文献研究室、中国学文献研究室、软科学研究资料室、民国总书目编辑室。主要服务方式是阅览服务、检索服务、咨询服务、编制书目服务、文献研究服务。

机构设置方面,参考研究部所辖组级机构有科学文献检索组、参考工具书组、参考咨询组(内设社科咨询室和科技咨询室)、文献研究组(内设哲学文献研究室、中国学文献研究室、软科学研究资料室、民国总书目编辑室、马克思主义研究资料室)。部分科组的职责如下:

①社科咨询组:辅导读者利用馆藏查找文献线索,解答读者咨询;根据读者需要编制中小型专题书目及汇编有关资料;接受读者委托,承担课题项目,开展定题服务;承担科研单位申报科研成果的文献查证工作。

②科学文献检索组:承担中外文检索刊物的搜索(采访)、加工整理(编目)及开架阅览;承办手工检索及光盘检索,提供检索服务;承担各单位申报科研成果的文献查证工作;辅导与培训读者使用检索工具;提供有关文献检索的信息和手段;编制读者需要的检索工具等。

③参考工具书组:承担中外文工具书与二次文献开架阅览的主要服务阵地,承担中文工具书及二次文献的收集、加工整理及中外文工具书的咨询工作;了解与掌握中外文工具书编辑与出版状况,为读者服务;编制与研究重要工具书,撰写述评、介绍;搜集与掌握我国二次文献的信息,编辑二次文献总目并建立相应的文献数据库。

④文献研究组:掌握与建立人文科学、社会科学与自然科学、科学技术等有关学科文献基本线索与数据库;根据需要解答专题咨询;撰写有关文献的综述、文摘及调研报告,编制专题文献汇编;根据国家与上级指示进行有关文献研究。

1992 年 7 月,北京图书馆馆长办公会议决定,成立北京图书馆文献信息开发领导小组,下设办公室,负责统一管理、规划、协调全馆的文献信息开发及对外有偿服务工作。1987 年划入参考研究部的读者委托服务组文献归信息开发领导小组领导。

1995 年 3 月,参考研究部再次做出机构调整,正式更名为参考辅导部,下设文献研究组所辖中国学文献室、哲学文献室、马列室、软科学室撤销,业务归并入社科参考组;原科技咨询室和科学文献检索组合并为科技参考组;原图书馆学研究组和图书馆学资料组合并为图书馆学研究辅导组,并入参考部;国际组织和外国政府出版物组纳入参考研究部建制;工具书组除原有工具书阅览室外,增设以年鉴为主的工具书第二阅览室。4 月,因为软科学资料室藏性质与中文资料室重合,且人员变动较大,参考研究部将 1988 年建立的软科学资料室移交阅览部中文资料室。1996 年在 1995 年机构改革的基础之上,细化"135"计划,即"一制三定五承包":目标管理制;定目标、定岗位、点编制;任务承包、岗位承包、课题承包、经营承包、内部工资总额承包。

第二节　参考工作业务的快速发展与总结提高

1987 到 1997 年,参考工作在硬件条件改善、制度规定完备的基础上,解答口头及书面咨询、举办展览等传统业务数量有较大提高,此外还编纂了多种大型书目索引、出版了参考理论研究论著、召开了参考咨询研讨会。在充分总结此前工作成果之余,北京图书馆的参考工作也在立法决策服务和数字化资源建设方面显现出新的发展趋向。

一、解答咨询数量急速增加

1986 年参考研究部共解答咨询 2674 件,1988 年正式在新馆开展工作以后,除 1993 年外,这一数字再也没有低于 5000 件,而且多次达到 9000 件以上,到 1997 年改立参考辅导部之后,解答咨询数量更多达 22445 件。咨询数量的增加充分说明了北京图书馆解答咨询业务前所未有的繁荣发展。

1987 年,由于搬迁新馆,5 月 1 日到 12 月 15 日闭馆,12 月下旬开始在新馆接待读者。共答复咨询 1160 件,其中书面咨询共计 335 件,口头咨询 805

件,有偿咨询 20 件。

1988 年全年共解答读者咨询和业务辅导 147735 人次,其中定题委托咨询 214 件,定题委托咨询多为中央国家机关和重点科研单位所委托。参考研究部解答咨询 5891 件。其中口头咨询 4973 件,以上咨询服务中包括有偿咨询 277 件。

1989 年,全馆解答咨询 92235 件,为重点服务对象提供 200 多次专题情报资料。参考研究部完成咨询 5022 件。其中,口头咨询 3923 件,信函咨询 876 件,有偿咨询 223 件。在社会科学方面为亚运会组委会提供有关各国城市环境、文明教育等方面的图片文献资料;为中央电视台国庆四十周年宣传活动提供历史文献资料;为国务院办公厅提供欧洲人权宣言及美国白皮书资料;为全国人大常委会提供世界发达国家议会制度、议员等法规资料;为中国电影资料馆提供日伪时期电影史料及照片;为广州文化出版社提供易经研究中西文目录;为香山、北海等 4 个公园提供编写园林史志资料;为国家教委提供"严家其"等 10 人近四年论著索引;为山西省武乡县文化局搜集复制高休鸿烈士遗作 6 种;接受邵文杰副馆长委托,为美国教授诺克斯提供中美早期贸易方面资料(中、西文),该教授在文中特提及得到北京图书馆的帮助,并寄来论文表示感谢;应澳大利亚驻华使馆要求,为其提供《爱丽丝漫游奇境记》中译本 20 多种,其中部分资料是馆外藏书,满足了该国卡洛丝基金会为迎接国际儿童年举办书展的需要。科学技术方面为北京卫星信息工程研究所提供有关卫星成像技术资料;为国家七五计划项目——水电工程筑坝技术〔75 – 17 – 3 – 3 – 3(A)〕子课题查新项目;为国家南极考察委员会提供确关资料;为中国人民解放军某部队提供有关金属锂技术及转让费用的合理性资料。

1990 年,全馆解答读者各类咨询 344356 件。参考研究部完成咨询 9349 件,其中包括口头咨询 8610 件,信函咨询 502 件,有偿服务 237 件。重要咨询有为亚运会组委会提供历届奥运会或亚运会主办城市环境布置、气氛烘托等形象资料 500 余种和大量文字资料;为亚运会文化展览会举办中国文化及文字发展展览提供有关中国文化发展的文字资料及历代古籍的版本书影;为宋庆龄基金会编辑《宋庆龄选集》提供有关宋庆龄的早期著作中英文版;为全国人大环境发展研究室提供"有害化学物质环境泄露的应急措施"课题相关资料。

1991年,全馆解答读者各类咨询110984件。参考研究部全年解答咨询8435件,其中包括口头咨询7431件、信函咨询529件、有偿服务475件。重要咨询有为配合中共中央总书记江泽民同志出访苏联,提供有关"斯大林专题书刊索引",收书65种、文章318篇,反映了国内斯大林研究成果,该咨询受到委托单位的赞扬与感谢;为中共中央对外宣传领导小组查找外国政府白皮书的封面形式,为我国政府出版关于中国人权状况的白皮书设计封面做参考,查到馆藏20余种外国白皮书;为全国人大常委会法制委员会查找钓鱼岛事件发生前后的国内外报纸上有关报道;为文化部编制《徽班进京200周年报刊文献汇编》,共辑录100余万字文献。

1992年全馆完成咨询161928件,其中包括口头咨询79586件、书面404件、目录34428件、阅览47510件。

1993年,全馆完成咨询116757件,其中包括口头3351件、书面475件、目录77019件、阅览35912件。参考研究部完成3826件,其中包括口头咨询3351件、信函咨询475件。重要咨询有受馆里委托,为中共中央对外宣传办公室编制《中国藏学书目》,收录1949—1991年我国出版的藏学图书约1500种,并撰写提要;为更好地为全国人大常委会服务,建立了法律文献室,积极开展为全国人大、最高人民检察院、国家工商局等单位的立法咨询20余件,包括为起草《反不正当竞争法》提供国外公平竞争的法律规定;关于国外回扣方面的法律规定,向中央领导提供长城公司有关报道;为中共中央文献研究室提供毛泽东与斯诺谈话的英文资料;为人事部提供国外图书馆员的职务职称管理制度;应中共中央文献研究室要求,参考研究部马列室工作人员为该单位提供有关《毛泽东选集》的中外文版本及善本书、刊30多种,为纪念毛泽东同志100周年诞辰,编辑大型画册《毛泽东》提供了文献支持。

1994年全馆完成各类型咨询142697件,其中口头咨询5549件、书面咨询548件、目录98112件、阅览38488件。参考研究部完成咨询6097件,其中口头咨询5549件、书面咨询548件、中共中央和国务院部委以上单位咨询50

余项。重要咨询有为 1995 年在北京召开的世界妇女大会接受了全国妇联的委托，制作"妇女研究中文数据库"，提供了 26000 多个数据，进行了分类和录入工作，成为会议"民间论坛"的主要参考资料；在八届全国人大期间，接受了 27 个部委的立法项目咨询课题，有外交的关于部引渡法、护照法，监察部的关于行政监察法、财产收入申报法，国家经委的关于反垄断法、商业秘密保护法、商会法，国家人防委的关于人民防空法，煤炭部的关于煤炭法，国内贸易部的关于拍卖法，新闻出版署的关于新闻法、出版法，民政部的关于社会救济法，国家体改委的关于经纪人法，全国人大财经委的关于外汇管理法、税法、破产法，财政部的关于国债法等的咨询；为珠海生化制药厂完成课题跟踪服务，课题检索 153 个、复制文献 2721 篇，该厂被评为"全国 100 家 21 世纪科技带头企业"，是其中的唯一生化制药单位，该厂厂长迟斌元对参考研究部的服务给予很高的评价；为三峡工程提供膨润土在废水处理及核辐射保护的应用资料。完成国家自然科学基金项目《国外自然科学人才问题综评报告》。

1995 年全年共解答咨询 8227 件，包括口头咨询 7743 件、书面咨询 484 件，其中中央和国务院部委以上单位咨询 50 余件。重要咨询有为江泽民总书记查找关于谭嗣同就义前的资料；为中央办公厅、中央政策研究室提供有关西藏问题的资料；为文化部举办的香港回顾展提供资料；为国家安全部提供美国殖民地收回的有关遗留问题的资料；为人事部提供省部级公务员培训的资料；为财政部、交通部、司法部、国内贸易部、中宣部、监察部提供有关所得税法、法人税法、公路法、航道法、船员法、法律援助、连锁店法、图书馆法、大众传播媒介法的资料；为地质矿产部提供塔里木盆地断裂系统不整合面控油作用研究的查新鉴定资料。

1996 年北京图书馆全年接待读者各类型咨询 124088 件，其中口头咨询 9869 件，书面咨询 530 件、目录 113689 件。参考辅导部解答咨询 10399 件，其中口头咨询 9869 件、书面咨询 530 件、中共中央和国务院部委咨询 35 件。重要咨询有中央外宣办下达的《中国藏学书目续编》；全国人大委托查找英美德法意等国议会制度、国外高新技术开发区立法情况；交通部委托查找航道法、水运法；全国供销合作总社委托查找合作社法；人事部委托查找国外执业资

223

格法；国务院特区办委托查找邓小平对外开放实践活动的资料；国家证监委委托查找 20 世纪 90 年代国内外股票、期货、证券资料；军事科学院委托查找纪念国外有关红军长征的图书资料等。科技咨询方面有国家重点建设项目辽河油田关于稠油加工技术资料；林业科学院委托查找激光遥控检测水稻资料；北京航空航天大学委托查找无损检测可靠性和寿命控制方法等。6 月《光明日报》公布国家重点建设项目后，向有关单位发函，主动开展服务。10 月与中国甲午战争博物馆共建爱国主义教育基地，建立"甲午战争研究资料中心"。

1997 年北京图书馆全年接待读者各类型咨询 123587 件，其中口头咨询 110706 件、书面咨询 681 件、目录咨询 12200 件。参考辅导部解答咨询 22445 件，其中口头咨询 21764 件、书面咨询 681 件、中央和国务院部委委托咨询 25 件。重要咨询有中共中央办公厅委托查找企业集团化资料；国务院新闻办公室委托查找《中法天津条约》《北京条约》中英文本；国务院法制局委托查找英美比等国行政救济资料；交通部法规司委托查找国外 BOT 资料。科技方面有中国科学院地质所委托查找中亚干旱与荒漠环境改造工程与文献资料；中国水产科学研究院委托查找鱼类病原微生物及藻类基因分子生物学与基因工程资料等。4 月参考部完成《关于北图申请国家级科技情报查新咨询单位的报告》，经馆里审定报送文化部科技司，11 月由科技司批转国家科委信息司审批。

二、新条件下的展览业务

1987 年搬入新馆后，馆舍面积的增加为举办展览提供了更好条件，展览场地问题终于得到解决，再也不需要为此和其他院校机构合办展览了，这也是此后举办展览增加的主要原因。

1987 年 10 月，举办"巴金文学创作生涯六十周年展览""软科学图书资料展览"。

1988 年 3 月与澳大利亚驻华使馆联合举办"澳大利亚历史图片展览"；5 月为庆祝罗马尼亚反法西斯斗争胜利 44 周年，举办"罗马尼亚现代图书展览",这次展出的书籍共 300 多种,内容包括政治、经济、历史、地理、科学、文化、艺术等方面,其中有罗马尼亚文版《邓小平文选》《红楼梦》《儒林外史》等;7 月与现代文学馆联合举办"冰心文学创作生涯七十年展览",展览大厅陈列着冰心一生许多珍贵照片、实物,以及其作品的不同版本,巴金特地从上海托人为展览送来了鲜花,表示祝贺;北京信息咨询交流活动日在北京图书馆新馆拉开帷幕,以技术咨询、技术转让、课题承包为主要内容;12 月举办"郑振铎诞辰九十周年展览",展览用 150 多幅珍贵的历史照片,通过编年体的方式,介绍了郑振铎光辉的一生,展览还展出了郑振铎著译和编辑的部分书籍,以及一些信件、手稿和家属根据他的遗愿向北京图书馆捐献的近十万种藏书的一部分。

1989 年 1 月举办"迎春民俗资料展览"。8 月与现代文学馆、人民出版社联合举办"老舍文学创作生涯展览"。这次展出了《老舍文集》《四世同堂》等小说、戏剧共 6 大类作品 110 部,计 160 余本,其中《龙须沟》和《茶馆》是中国话剧史中的经典作品;此外还展出部分作品的外译本及老舍生前用过的茶壶、眼镜、西装、皮鞋和衣物。10 月为庆祝德意志民主共和国成立 40 周年,增进中国和民主德国人民之间的友谊与相互了解,由两国文化部和通讯社联合主办的"德意志民主共和国图书图片展览"在北京图书馆举办。

1990 年 4 月,纪念列宁诞辰 120 周年"苏联图书展览"在北京图书馆开幕,这一展览展出图书近 2000 种,包括社会科学、自然科学、工程技术、文学艺术、青少年读物、语言文字和辞书工具书等各个类别,都是苏联当时出版的优秀读物;4 月举办土耳其现代绘画展,展览由文化部举办,共展出了 11 位土耳其画家的 31 幅作品。5 月以"生机盎然的沙漠"为题的澳大利亚丙烯风景画和手绘丝绸艺术服装展览在北京图书馆举行;8 月举办"土耳其海泡石——'白金'雕塑展",展出的 200 余件海泡石雕塑品全部来自土耳其爱斯基舍希尔省,该地区的海泡石的数量和质量居世界第一位,海泡石是一种矿物,能浮于水面,其中一种因呈白色而被称为"白金";8 月曹禺戏剧活动 65 周年展览在北京图书馆开幕,这是为庆贺杰出戏剧家曹禺 80 寿诞暨从事戏剧艺术 65 周年而举行的系列活动中的一项,展览陈列有曹禺著作的各种版本、外文译本和研究曹禺的专著,以及曹禺的部分手稿,其中最珍贵的当属曹禺为其处女作《雷雨》的初版本写的序言,上面还有此书的第一位编辑巴金的编辑手迹;9 月配合亚运会召开,在美术馆举办"中国期刊展";10 月举办苏联现代造型艺术展、芬兰徽章艺术展览。

1991 年 3 月举办"夏衍文学创作生涯六十年展览",展览搜集了夏衍同志生平照片二百多幅,以及他早期出版的各种剧本、小说、杂文集、译著的原版,以详尽的资料系统介绍了他坎坷不平的一生及奋斗历程;4 月举办"俄罗斯文化 1000 年"书展,这次展出的 1000 种图书中有中国读者熟悉的普希金、莱蒙托夫、果戈理及高尔基等名家的作品;6 月举办"印度图书展览",展览会有展品 800 多种,由印度 60 多家出版社送展,展出图书大部分为近几年的出版物,包括文学、艺术、地理、旅游、历史、哲学、宗教、科技、社科和综合等类;9 月举办纪念鲁迅图书资料展这个展览融著作与研究于一体,客观地再现了鲁迅先生的著述生涯和 70 年来有关鲁迅研究的概况,共展出图书 800 余册,其中包括 1938 年复社出版的《鲁迅全集》纪念本,鲁迅先生的手稿及国内和日俄英法等国家出版的有关鲁迅的研究文章、专著、刊物等;11 月举办丁玲生平与创作展览,这次展览 200 余幅图片及部分手稿、著作版本和实物,其中《太阳照在桑干河上》《在严寒的日子里》等手稿和一些历史照片,都是第一次与广大读者见面。

1992 年 2 月与现代文学馆联合举办的"中国现代作家巴金、冰心、老舍、丁玲创作生平展"在珠海、中山展出;6 月举办北京、东京书法联展,此次展览的全部作品将于当年晚些时候在日本东京日中友好会馆展出;7 月举办中国现代科学家展览,收录熊庆来、唐飞凡、梁思成、张孝骞等四位科学家的 200 余幅照片、手稿、实物等,生动展现了他们为祖国科学事业奋斗的一生;11 月举办阳翰笙生平与创作展览,展览以 200 余幅珍贵照片和书稿,形象地再现了这位我国文艺界元老大半个世纪的革命斗争经历和文艺创作生涯。

1993 年 1 月举办李长路书法展,1927 年参加革命的李长路不仅是一位具有独特风格的书法艺术家,也是一位很有建树的书法理论家和书法活动家,这次展出的书法作品有 120 多幅;5 月举办首届全国年鉴展览,我国年鉴出版事业迅猛发展,从 1978 年的 6 家增至目前的 640 家;6 月在胡风逝世八周年之际,由中国现代文学馆、北京图书馆等单位共同主办的"胡风生平与文学道路展览"在北京图书馆举办;9 月举办"邓稼先、梁希展览",展览通过 200 余件照片和实物生动展现了他们的一生;10 月举办"当代名家赠书展";12 月举办"罗马尼亚图书展览";举办"中国地方志展览";举办纪念毛泽东 100 周年诞辰展览,不仅展出了毛泽东办理借书证的介绍信,批阅圈点过的古书,还有他的在不同年代出版的著作近百册,以及毛泽东著作的外文版和国外友人的有关评论著作 60 余册,这些都是北京图书馆 50 年来收集的馆藏珍品。

1994 年 4 月举办"沙汀、艾芜生平与创作展览",展览通过 300 幅照片、百余册(件)书籍、手稿和实物向观众展现了他们的生平和创出历程;4 月还举办了大型摄影图片展览"讲真话,把心交给读者——巴金";6 月举办"中美合作所"军统集中营史实展览,展览以大量事实揭露了新中国成立前夕中外反动派在中美合作所集中营犯下的罪行,再现了一批中国共产党人和仁人志士为人民解放事业坚贞不屈、视死如归的英雄事迹,这次展览展出历史照片 480 余张、文物近百件、8 组雕塑模型和一部电视专题片《这座山属于历史》;10 月中国现代文学馆、北京图书馆共同举办的"臧克家文学生涯 65 年展览",展览以编年体形式,通过 200 多幅图片和部分著作版本、手稿及实物,介绍了诗人生活与创作的经历。

1995 年 6 月与中国现代文学馆、江苏张家港市烟草公司共同举办了"东渡情·陈白尘生平与创作展览"。

1996 年 8 月举办作为第六十二届国际图联大会重要组成部分的"第六十二届国际图联大会展览会",在 4000 平方米的展厅内,来自我国和世界 19 个国家(地区)以及国际机构的 110 家图书馆、厂商和出版社展示了他们的展品,规模远远超过上次国际图联大会展览会。本次展览会展示了我国图书馆事业的发展成就,作为国家图书馆的北京图书馆,展览面积近 100 平方米,分四个部分,全面反映了我国图书馆领域的最新发展。上海图书馆、深圳图书馆、清华大学图书馆也分别展出了各自的最新成果。此外,在书业界享有盛名的施普林格出版社、东贩株式会社、斯威茨公司、中国大百科出版社等 70 多家国内外出版社和发行商参加了本次展览会。本次展览会的展出内容充分体现了第六十二届国际图联大会的主题——"变革的挑战:图书馆与经济发展"。同历次图联大会展览会相比,80%的出版社和发行商都带来了电子出版物展品,此次展出的缩微、防盗、集装书架等图书馆设备,都是采用先进技术制作的新产品。本次展览会在国际图联大会历史上,第一次专设了电子图书馆展,集中展示信息数据化、计算机信息检索和查询、网络信息服务等新型的图书馆设备和系统。在展览现场,通过中网信息技术公司提供的国际互联网通道,可以连接国内外众多图书馆的数字信息服务系统,查看用户感兴趣的馆藏书目与文献资料。

1997年10月为庆祝北京图书馆新馆开馆10周年和建馆85周年,在庆典期间,陆续举办"前进中的中国国家图书馆""北京图书馆馆藏珍品展""古籍出版社重点图书展"等。

三、几部大型专题书目索引的编纂

因为空间和人员的充实,这时北京图书馆参考部终于得以编纂几部大型专题书目索引,其中的代表有《1522种学术论文集史学论文篇目分类索引》《孙中山研究总目》《新民主主义革命时期新文化运动回忆录索引》《中国藏学书目》及其续编和三编等。

周迅主编《1522种学术论文集史学论文篇目分类索引》由书目文献出版社1990年2月出版,由李小文和笔者协助编纂。该书辑录了从辛亥革命到目前出版的1522种学术论文集中的史学论文34146篇,分上、下两编,上编为史学综论,下编为专科史。各条目按编号、篇名、著者、出处等顺序列出,正文分类编排,附有当代史学家传记资料索引、书名索引、人名索引等附录。我国有关史学的目录索引相当丰富,尤其是近十年来,陆续出版了中国史、世界史及各种专科史的论文索引多种。但是以往出版的各种索引,往往侧重于报刊论文,较少注意论文集,或者采录甚少,或者全不采录,以致散见于各种学术论文集中的大批有价值的研究成果和学术资料,仍然很难检索。本书的编者是北京图书馆参考研究部社会科学参考组历史文献室的成员,在长年的文献研究和咨询服务中,每当需要查找这部分资料时,常苦于无从下手。经过三年的努力,三位参考工作人员终于将《1522种学术论文集史学论文篇目分类索引》奉献给读者。这部书能为广大史学工作者省摸索之苦,节翻检之劳。本书辑录范围包括国内出版的单篇学术论文的结集,一般不收个人文集与掌故笔记(少数以史学论文为主的例外),不收定期出版物,对于多次重版的论文集尽可能收最新版。本索引所收论文,包含中国与世界各国史。从时间上说,上溯远古,下及近现代(中国史大体止于1949年中华人民共和国成立,世界史大体止于1945年第二次世界大战结束);从内容上说,包含考古文物、历史地理、民族史及学术思想、政治与社会、经济、文化教育、语言文字、文学、艺术、自然科学与工程技术等各种专科史。文学、哲学史方面有部分专题论文集,或专论一人,或专论一书,主题明确,内容集中,不难查找,而数量甚多,为避免索引篇幅过钜,此类论文集即不予收录,仅在附录二《索引未收专题论文集一览表》中存其目以备查考。此外,"文化大革命"期间,出版了许多"批儒评法"之类的小册子,此类"论文集"内容互相重复,大同小异。为节约篇幅,本索引仅选录部分,以存历史之真,其余亦只在附录二中存其目录。本索引收有5个附录:本索引所收论文集一览表;本索引未收专题论文集一览表;当代史学家传记资料索引;书名索引;人名索引。本书主编周迅,1961开始在北京图书馆从事参考工作,她较早地在参考工作现代化问题上提出了较为系统的独特见解,发表有多种论著,1989年以后主持筹建了北京图书馆地方志和家谱文献中心,使之成为全国最大并具有世界影响的家谱、地方志文献基地。

苏爱荣主编的《孙中山研究总目》由团结出版社1990年3月出版。本书分孙中山著作目录、孙中山研究图书目录、孙中山研究论文目录、台湾香港地区孙中山研究目录、孙中山研究外文目录等五编,收录了1900—1988年中、日、英、德、法、俄出版或发表的孙中山著作及其研究性专著和论文,均附有内容简介。全书78万字,填补了研究这方面著作的一个空白。《孙中山研究总目》是一部由一次咨询而编制的书目。1986年11月12日是孙中山先生诞辰120周年。当年的4月9日,全国政协六届十二次常委会议通过了纪念孙中山先生诞辰120周年活动办法,准备在人民大会堂召开万人纪念大会;在中国革命历史博物馆举办孙中山生平事业展;在中山纪念堂举行孙中山先生塑像揭幕式;同时,《孙中山全集》亦将出版。北京图书馆充分依托文献优势,由苏爱荣拟出了展览选题计划。经参考研究部、北京图书馆两级领导审批,特筹备举办"孙中山先生生平事业展览"以纪念孙中山先生诞辰120周年,并将其作为北京图书馆的任务下达给参考部和第一阅览部。第一阅览部刘永为参加文字工作,群众工作组负责版面设计和布展,于1986年5月正式实施。经过精心筹备,该展览于1986年10月在北京图书馆文津厅展出,展期两个多月。本次展览共展出馆藏孙中山代表性著作和研究性著作263种326册,图片229幅,这次展览与同期在中国革命历史博物馆举办的"孙中山生平事业展"相比各有千秋,北京图书馆的展览以图书、图片资料丰富见长。这次展览的成功举办激励参考部成员完成一部正式目录,《孙中山研究总目》应运而生。《孙中山研究总目》不仅反映了北京图书馆的馆藏,还反映了编者知见的南京、上海、重庆、福建以及台湾、香港地区的图书馆馆藏。1990年12月《孙中山研究总目》荣获中国图书馆学会颁发的"二次文献优秀成果奖"。1991年1月22日,人民大会堂举行《我与政协五十年》《孙中山研究总目》首发式,中央人民广播电台、电视台作了专题报道。1991年1月23日《人民日报》第4版在报道中对《孙中山研究总目》作了如下介绍:"该目录是迄今以来最完整的一部书目,对促进孙中山研究和海峡两岸学术交流起了积极作用。"

曹鹤龙主编《新民主主义革命时期新文化运动回忆录索引》由华艺出版社出版1991年12月出版。本书收录我国1977年至1989年出版的1600多种报刊和1000多种图书中发表的关于新民主主义革命时期新文化运动回忆录的资料。

1994、1997和2001年,《中国藏学书目》及其续编、三编由外文出版社陆续出版,分别收录1949到1991年、1992到1995年以及1996到2000年出版的有关藏学研究的藏、汉、英文图书。《中国藏学书目》是国务院新闻办公室交办的任务,目的是全面系统地反映自1949年新中国成立以来广大藏学工作者的研究成果。该任务由北京图书馆牵头,参加单位还有中国版本图书馆、中国藏学研究中心、民族出版社等单位。项目于1993年启动,主要根据北京图书馆的馆藏,另外根据中国版本图书馆和中国藏学研究中心出版的图书加以补充,由北京图书馆参考研究部研究馆员马惠平担任主编,参加者还包括善本特藏部民族语文组等。为编写此书,在北京图书馆内专门开辟了一个办公室,集中汉、藏族同志,保证经眼所收录的每一本书,并仔细斟酌提要。首编费时一年多,得到了国务院新闻办公室领导的好评,此后原班人马又完成了续编和三编的编辑任务。首编收录了 1949 年 10 月至 1991 年 12 月期间中国近 200 家出版社正式出版的图书共 1497 种,其中藏文图书 663 种,汉文图书 813 种,英文图书 21 种,原版古籍未予收录,台、港、澳出版物未予收录。本书目所录图书包括反映西藏自治区和各省的藏族自治州、县的概况、哲学、宗教、政治、法律、经济、教育、语言、文字、文学、艺术、历史、考古、地理、天文、医药、卫生等各类图书,以及国内翻译出版的外国人撰写的藏学著述。藏文书目附汉、英译文,汉文图书附英译文,英文图书附汉译文,并编有《汉文书名索引》《汉文编著者索引》《藏文书名索引》《藏文编著者索引》《英文书名索引》《英文编著者索引》等六个索引,书后附有《藏学研究报刊参考目录》。续编收录 1992 年 1 月至 1995 年 12 月中国 100 余家出版社正式出版的图书共 716 种,其中藏文图书 297 种、汉文图书 411 种、英文图书 8 种,同时对 1991 年以前出版的图书做了少量的补充。三编收录 1996 年 1 月至 2000 年中国 100 余家出版社正式出版的图书共 956 种,其中藏文图书 429 种、汉文图书 520 种、英文图书 7 种,同时对 1996 年以前出版的图书做了少量的补充。

四、参考咨询专业研究与讨论

从 1987 到 1997 年,随着参考工作经验积累,北京图书馆参考研究部也完成了数部具研究总结性质的专书,并两次召开了参考工作理论与实践研讨会,这标志着参考工作日益受到重视,并在总结经验的基础上不断进步。

研究专书中的代表作是梁思睿、刘克俊主编的《科技参考工具书综览》和戚志芬编著《参考工作与参考工具书》,戚著在后文会有专节介绍,这里着重介绍前者。《科技参考工具书综览》于 1987 年 12 月由书目文献出版社出版。本书是北京图书馆科技参考组编辑出版的一本重要工具书。它收录 1976 到

1987年间国内外出版的参考工具书5785种,涉及中、英、日、俄、德、法各个文种,反映了科技参考组研究成果。全书分为上下两册,上册为中文篇,下册为外文篇。中文篇与外文篇均首先按书的类型分为百科全书,年鉴,辞典,手册,图册,公式,数据,表,统计资料,标准,规格,机构指南、厂商名录、产品介绍、人名录、工具书指南等十二大类,类型之下再按学科详细分类。外文篇内,每个专业细类的图书又依西文(英、德、法)、日文、俄文等文种顺序排列。全书之前有总目次,各篇之前,均有较详细的目录,目录中列于类目后的号码,是有关图书的顺序号。主题索引按学科分类编排,每个主题后的号码是图书的顺序号,按该书的文种分别写入中文简介部分、外文简介部分、外文书目部分3个栏目内。书末附有关于科技参考工具书的介绍性短文3篇及按学科分类编排的主题索引,因此使用起来非常方便。目录及主题索引中,都著录有关图书的顺序号,不注页数,按顺序号进行检索。查找时,可根据不同目的分别使用"目录"或"主题索引"。"目录"用于查找某种类型的工具书,"主题索引"用于查找某个学科的工具书,主题索引按学科详细分类,其中所列词条按级编排。如:"生物科学类"为一级标题,"动物学"为二级,"脊椎动物"为三级,"鱼类"为四级等,检索时可按类逐步缩小范围进行查找。如欲查找某种具体类目的图书,则可将目录与主题索引对照使用,例如要查找一本西文的有机化学辞典,则先从索引中查到"有机化学"词条,可见到其后列有十六本书的顺序号,其中九本是西文书,再从外文篇的目录中可以看到,外文辞典中关于数、理、化学类的顺序号包括有1710—1713和2515—2573,对照这九本西文有机化学书的顺序号,则可看到其中有两个号1712、2567是在外文辞典的顺序号范围之内,因此,只要翻阅这两本书的介绍即可,而不必一一查阅全部九个顺序号的书。

1989年8月,召开了参考工作理论与实践研讨会,这是我国图书馆界自20世纪10年代开展参考工作以来,第一次召开的共同探讨参考工作理论、总结参考工作实践经验的学术讨论会。这次会议由北京图书馆参考研究部、图书馆学研究部发起和召集,在北京市密云县举行,共有来自北京图书馆,上海、天津、黑龙江、吉林、辽宁、福建等省(直辖市)图书馆,沈阳、九江等市图书馆,北京大学、北京大学分校、清华大学、暨南大学、国防大学、第四军医大学、哈尔滨船舶工程学院、贵阳中医学院、黔东南师专等大专院校图书馆,中国科学院文献情报中心、中国科学院空间科学与应用中心图书馆资料室、中国军事科学院军事图书馆等科学研究图书馆,以及中国科学技术情报研究所、北京大学及武汉大学的图书情报系等单位的50名代表。参加这次研讨会的,还有《图书馆学通讯》《北京图书馆通讯》的主编和文化部图书馆司的代表。他们当中,有长期从事图书馆参考工作的老专家、长期从事图书馆学教学工作的老教授,也有年轻的参考工作者。

　　研讨会由北京图书馆参考研究部主任、副研究馆员曹鹤龙,北京图书馆参考研究部业务委员会主任委员、副研究馆员焦树安主持。曹鹤龙代表北京图书馆参考研究部和图书馆学研究部致开幕词和闭幕词。文化部政策法规司司长、研究馆员田大畏,文化部图书馆司副司长、中共北京图书馆党委副书记、研究馆员鲍振西,北京图书馆副馆长、研究馆员邵文杰,北京图书馆业务处长、研究馆员朱南,中国图书馆学会秘书长、研究馆员黄俊贵同志参加了研讨会开幕式,北京图书馆副馆长、编审杨讷同志参加了研讨会闭幕式。这次研讨会的召开,是为了交流各图书馆开展参考工作的情况,总结参考工作的经验,加强相互间的协作,推动图书馆参考工作理论和实践的发展。研讨会期间学术气氛浓郁,会议达到了预期目的。

　　这次研讨会涉及的内容十分广泛,讨论包括关于参考工作的规定性和方法论问题的探讨、关于参考工作和情报工作的共同性和不同性问题的论述、关于国外参考工作情况的介绍、关于参考工作现代化问题的思考、关于开展参考工作的多样化问题的分析、关于参考工作开展有偿服务的可能性和现实性问题的讨论、关于图书馆界加强协作推动参考工作发展的讨论、关于开展参考工作需要有一个良好的内部环境和外部环境的讨论等问题。这些问题切合当前图书馆开展参考工作所面临的理论和实践需要。与会代表各抒己见,尤其对以下几个问题讨论得较为深入。

　　关于参考工作的定义。什么是参考工作,这是与会代表关心的问题,讨论过程中提出以下七种定义。周迅提出参考工作是图书馆读者服务工作的一部分,它是针对特定的某一个或某一群读者的特殊需要而提供文献资料或文献信息的服务。黄俊贵提出参考工作是以文献为依据,通过个别咨询方式,向读者提供二、三次文献。赵世良提出参考工作是为读者利用文献提供直接帮助或指导。邱崇丙提出参考工作就是把文献转化为情报,介绍给读者,以推动科学研究。刘德城提出参考工作是以文献为基础,以读者和图书馆为中心,通过口头、通信和文字形式,传递知识,传递信息的智力劳动。焦树安提出参考工作是图书馆与读者之间的一种知识类型的信息转移的运动过程,它是以读者需要为线索,以信息载体为纽带,由馆员向读者揭示信息、传递信息、存储信息及向读者指示检索方法,并由存储信息中找出所需问题之结果的业务过程。戚志芬在《参考工作与参考工具书》中提出参考工作是图书馆为读者服务的一种,它是以客观社会需要为契机,以文献为纽带,通过各种方式为读者搜集、存储、检索、揭示和传递信息的业务过程。朱天俊教授就以上七种定义作了专题发言,对这七种定义进行了分析比较,将之归纳为:"参考工作是图书馆根据社会需要,向读者所开展的以文献情报服务为特征的读者工作。"对参考工作的定义,尽管认识不尽一致,但讨论所引发的思考,有利于参考工作人员更好地把握参考工作的本质内涵,有效推动参考工作的开展。

关于参考工作开展有偿服务的可能性和现实性问题。这一问题是自20世纪80年代后期新出现的一种现象。与会者对此持正反两派意见。反对有偿服务的同志,其理由有:①图书馆是文化单位,担负宣传和教育的职能,向读者收费会影响宣传和教育职能的发挥;②图书馆主要依靠馆藏提供服务,如果收费,会产生"靠山吃山、靠水吃水"的后果,不利于文献资源共享,对馆际关系产生不利影响;③开展有偿服务,会产生"一切向钱看"的不良倾向,降低参考工作水平,也会导致内部关系紧张,得不偿失;④图书馆开展有偿服务,根据不足,难于避免"乱收费、乱要钱"的现象发生。支持有偿服务的同志,其理由有:①有偿服务是在我国经历经济体制改革,商品经济成为主要社会经济形态的条件下出现的利用经济杠杆调节图书馆参考工作服务功能的一种新的服务方式。这一观点认为参考工作是一种脑力劳动,其劳动成果也是商品,它与其他商品一样,遵守商品经济中通行的等价交换的原则。因此,收费是合理的,不收费是不合理的。②有偿服务,就是利用经济杠杆确认服务者和被服务者双方的责任、权利和义务,既是对当事人的承认,也是对当事人的约束。③开展有偿服务,并不是要取消传统的、常规的、对读者的咨询服务,也不是要用前者来取代后者,而是深化参考工作,更好地为读者服务,更好地满足读者的需要。④有偿服务是指应该收费的必须收费,并不是指所有服务都要收费,不该收费的也乱收费。为了引导有偿服务健康发展,应制定正确的政策。⑤有偿服务在内部,是一种积极的促进因素,有利于搞活参考工作,有利于强化参考工作的服务效益。对有偿服务问题,在这次会议上一时很难统一认识,需要时间,也需要实践,还需要观念的更新。

关于图书馆界开展参考工作的协作问题也讨论得较为热烈,与会者一致希望北京图书馆参考研究部牵个头,成为开展参考工作的中心。具体建议有五条:第一,积极创造条件,在适当时候建立参考工作研究会,组织学术活动,推动我国图书馆参考工作的开展。第二,加强参考工作部门之间的联系,互通情报,彼此协助,建立参考工作信息中心。第三,举行各种工作会议或学术讨论会,交流情况,总结经验,探讨问题。第四,创办参考工作刊物。第五,先成立一个筹备班子,最好设在北京图书馆参考研究部,对以上所建议的几项工作进行筹备。这次研讨会为协调和发展我国图书馆参考工作带了一个好头,必将推动参考工作进一步发展。

1997年6月16—20日,北京图书馆又举办第二届全国图书馆参考工作研讨会。出席会议的有全国各省市自治区图书馆和北京大学、清华大学、北京师范大学图书馆等34家单位的代表37人。任继愈馆长出席会议并致开幕词,参考辅导部主任焦树安作了《积极推进参考工作两个转变,开创图书馆履行信息职能的新局面》的报告,参考辅导部副主任王绪芳就建立参考工作协作网设想做了说明。与会代表就图书馆参考工作如何更好地履行社会教育职能与信息职能,以及图书馆参考工作由传统方式向自动化方式过渡中相互支援、共同协作等问题展开了热烈研讨。会议收到论文30篇。会议闭幕时,常务副馆长周和平到会讲话,此次会议编辑印发了《图书馆参考咨询工作题录》,共收录文章 1048 篇。

五、参考业务发展的新趋向

1987 到 1997 的十年里,国家图书馆参考业务高速发展的同时,还孕育着一些新迹象,这标志着参考工作的发展方向。其中最值得注意的就是立法决策服务走向建制化以及参考资源的数字化建设。

在立法决策服务方面。1991 年 10 月 24 日,全国人大常委会副委员长王汉斌在人民大会堂约见了北京图书馆馆长任继愈、参考研究部主任焦树安,就北京图书馆为全国人大常委会立法工作提供咨询、研究服务等问题交换了意见,一致认为北京图书馆作为国家图书馆,其丰富的资料是为全国人大常委会提供咨询与研究服务的理想物质基础。王汉斌指出,全国人大常委会最重要的工作是立法工作,要做好这项工作,起到巩固社会主义制度的作用,就要深入、广泛的研究国内外立法状况,这就需要北京图书馆提供必要的咨询及研究服务。任继愈表示,北京图书馆一向把中央党政军领导机关作为工作的重点,北京图书馆有责任为全国人大常委会做好咨询服务工作。北京图书馆由此开始计划在参考研究部内建立政策法规文献研究室,专门为全国人大常委会及有关机构服务,这是 1998 年开始"两会"常规服务的先声。

在数字化资源建设方面的进展更为迅速。1987 年 5 月美国联机计算机图书馆中心(OCLC)与北京图书馆共同建立"民国时期总书目机读目录数据库",1988 年 9 月正式签约,第一批录入工作人员 5 人于 1988 年底赴美,第二批于 1993 年 4 月赴美。1995 年 3 月科技参考组所辖电子阅览室挂牌为读者服务,该电子阅览室开展光盘检索、联机检索、用户培训、咨询服务、阅览服务等项业务,是国内公共图书馆中的第一个电子阅览室。1995 年 4 月,联合国教科文总部合作项目"中国图书馆信息数据库"启动,11 月 18 日顺利完成,共收集到全国 3139 个图书馆的 15 万条数据。1996 年 11 月确定国情资料、国际组织出版物、查新工作和全国图书馆咨询网的建立与开发等业务发展方向。1997 年 7 月,签订《中国年鉴信息数据库》项目协议书,标志着中国年鉴信息数据库正式启动,同月开放第二电子阅览室。可以说,这一时期信息技术手段已经小范围应用在了阅览咨询服务、参考资料提供等多项参考业务当中。这一初步实践为日后将数字化手段广泛应用于参考工作中奠定了基础。

第三节 中国目录体系的重要补充——《民国时期总书目》

《民国时期总书目》是回溯性国家书目,由北京图书馆参考研究部编辑,书目文献出版社于 1986 年到 1997 年陆续出版。《民国时期总书目》以北京图书馆、上海图书馆、重庆图书馆的馆藏为基础编撰,收录了 1911 年至 1949 年 9 月间中国出版的中文图书 124000 余种,基本反映了民国时期出版的图书全貌,可以说是国家图书馆参考工作为中国目录史做出的最大贡献之一。

一、成书经过

中国历来比较重视由官修书目。汉代刘向编有《别录》二十卷,其子刘歆编有《七略》七卷,西晋荀勖编有《晋中经簿》十四卷,唐代毋煚编有《古今书录》四十卷,宋代王尧臣编有《崇文总目》六十卷,清代纪昀等人编有《四库全书总目提要》二百卷。这些都带有总书目性质,它们往往成为正史的艺文志、经籍志的前身,或为后者所师承。《民国时期总书目》继承了这一传统,民国时期作为一个历史阶段,已有必要对它进行全方位的研究。由于这一历史时期中国社会发生了巨大变化,《民国时期总书目》及其所著录的图书也就成了重要的书目文献。《民国时期总书目》上承《四库全书总目提要》和《清史稿·艺文志》,下接 1949 年以后的全国总书目,连接古今,为中国目录史补上了空缺的一页,成为中国连续性书目中重要的一环,具有显著的历史意义。

《民国时期总书目》的编制工作于 1961 年由文化部出版局发起,得到上海市出版局的支持,由文化部出版局版本图书馆和上海市出版文献资料编辑所派出 30 多位同志,以上海图书馆的藏书作基础,着手编制目录草片,经过三年多的辛勤努力,完成目录草片。此后上海出版文献编辑所继续在上海地区查补,将分类卡片另抄一份改排成书名卡片。"文革"开始后这项工作被迫停止。1973 年夏,经国务院出版口和上海市出版行政机关批准,把分存在上海图书馆和上海辞海编辑所的两套卡片移交北京图书馆,由北京图书馆继续完成民国书目编辑工作,但由于"文革"工作无法开展。1978 年北京图书馆成立专门机构——参考研究部书目编辑组继续编辑。

1978 年 9 月起,参考研究部陆续调入六、七名业务人员,参加联合目录组的业务工作。1979 年 12 月该组更名为书目组,隶属参考研究部。1982 年 11 月,文化部图书馆事业管理局召开公共图书馆事业规划会议,将《民国总书目》列为全国图书馆工作重点项目。为充实书目编制力量,1983 年参考研究部继续从本部门各科组抽调 9 人专职参加书目编制,另外还安排了 11 名兼职人员参与该项工作。通过这次增加人力,书目各分册的编辑责任基本落实。1984 年按照书目编制规模的扩大情况,继续选调人员,先后参加书目编制的参考研究部人员达 30 余人。1985 年书目组更名为《民国总书目》编辑组,直到 1991 年 9 月撤销。

搜集有关图书馆的书目成果,是编制《民国总书目》的必要准备。书目组经过调研决定,以民国时期出版业较发达的北京、上海两地为主,重庆作为抗战时期的后方中心,战时出版图书较多,也被纳入。因此,对北京、上海、重庆 3 个图书馆的藏书及所编书目进行调研摸底。结果表明北京图书馆的民国时期藏书目录有正编和简编两部分,上海图书馆已有 1973 年该馆和上海辞海编辑所移交的两套卡片,重庆市图书馆则有该馆与四川省图书馆编印的《抗战时期出版图书联合目录》,将这 3 个馆的藏书目录汇集起来,成为《民国总书目》编制的基础。

开始阶段书目编制工作进展缓慢,随着工作制度的逐步完善,项目开展也逐渐走上正轨。1982 年文化部将其列为全国图书馆工作重点项目,1983 年参考研究部也相应将书目编制工作列入部门重点工作项目,实行主编责任制,并确定了主编、副主编人选。分册的编制实行承包责任制,由参考研究部与分册负责人签订合同,纳入年度工作任务,根据学科分类及分册编制规模,配备专职人员,限定完稿时间。1984 年又完善主编责任制,建立总编室,任命了室主任。1987 年又专门制定了《〈民国总书目〉编辑人员职责》,对总编辑、分册主编、分册编辑人员的任命和职责,以及处理退稿的原则等问题,做出了具体规定。《民国总书目》的编制目标与规模,也是在编制过程中逐步调整。1985 年书目编制提速后,该组撰写了"出版说明",提出书目的编制目标是将书目按照学科分 20 册陆续出版。每册标明学科名称,每册正文后均附有书名索引,书目编制规模为 2000 万字。1988 年 5 月馆领导要求,书目编制要提高质量、加快速度。参考研究部根据所掌握的资料和编辑工作进展,将原计划的 20 个分册调整为 22 个,同时相应调整了各分册的类目。

在书目编制过程中,编辑组主要面对以下几大问题。第一是收书范围问题,作为对民国时期出版图书回溯性的"总书目",收书齐全是最基本的要求。调研结果表明,全部书目的十分之一(约 11000 种)分散在全国各地图书馆,受客观条件限制,无法收进书目,此外线装书和兄弟民族语文图书也未予收录。第二是选定分类法问题,鉴于书目开编时已普及《中国图书馆分类法》,编辑组原则上依据《中国图书馆分类法》确定书目分类体系,一、二两级大类目尽量保持原体系,必要时可自行设置类目。第三是条目排列问题,对不可再分细目的大量图书,以及儿童读物、课本和大型丛书等问题,编辑组做了具体规定和一定的技术处理。第四是内容提要问题,工作人员为大部分图书撰写了 200 字左右提要,从实际需要出发各有侧重。

1979 到 1982 年,书目编制取得初步成果,"语言文字""外国文学"两个分册编就初稿;中国文学、文学理论、艺术、哲学、史地、经济、法律、科技等 8 个分册开始汇编。1984 年 12 月,为解决经费不足影响进度的问题,北京图书馆向文化部图书馆事业管理局申请了专项经费。1985 年全国人大常委会副委员长胡愈之为书目题写书名,著名教育家叶圣陶、吕叔湘为书目作序,编辑组撰写了"出版说明"和"凡例"。1986 年,随着"语言文字""外国文学"两个分册正式出版,书目编制明显提速。1988 年 5 月,参考研究部要求 1991 年底完稿,1992 年上半年全部发稿。

北京图书馆编制出版《民国时期总书目》,是我国图书馆界、文化界、学术界和出版界的一件大事。它填补了我国现存文献的书目空白,与古籍书目、新中国成立后出版的国家书目一起,构成了我国完整的中文图书目录体系,不仅是我国图书馆事业的一项重要基本建设,也是学术研究工作不可或缺的检索工具,在国内外学术界都产生了较大影响。

二、体例及出版

《民国时期总书目》由田大畏任总编辑。田大畏(1931—2013)毕业于华北大学俄文系,1973年9月到1985年4月在北京图书馆历任俄文编目组组长、参考研究部主任、副馆长,后任文化部政策法规司司长,1994年2月离休。他曾获得中国翻译协会授予的"资深翻译家"荣誉称号和俄罗斯作家协会颁发的"高尔基奖"。其代表作品有译著《人间乐园》《古拉格群岛》《死魂灵》,专著《中国古典文学在苏联》《三国演义与民间文学传》等共数十部。

《民国时期总书目》依据《中文普通图书统一著录条例》著录,按《中国图书馆图书分类法》分类编排,同类图书多数按出版年月排列,多卷本或同一著者著作尽量排在一起,少数以著者或书名拼音字顺排列。所收图书大部分撰写了内容提要。所有图书都注有收藏馆代号,各分册附书名、音序索引和笔画检索表。全书按学科分成20卷出版,这20卷及各卷所收图书总数分别为:《哲学、心理学》收书3450种;《宗教》收书4617种;《社会科学总类》收书3526种;《政治》收书14697种;《法律》收书4368种;《军事》收书5563种;《经济》收书16034种;《文化科学》收书1585种;《艺术》收书2825种;《教育、体育》收书10269种;《中小学教材》收书4055种;《语言文字》收书3861种;《文学理论、世界文学、中国文学》收书16619种;《外国文学》收书4404种;《历史、传记、考古、地理》收书11029种;《自然科学》收书3865种;《医药卫生》收书3859种;《农业科学》收书2455种;《工业技术、交通运输》收书3480种;《综合性图书》收书3479种。《民国时期总书目》的分类,是为了适应这一时期图书的实际情况,在《中国图书馆图书分类法》的基础上适当加以变通。其中马克思主义、列宁主义、毛泽东思想未专门立类,而按内容分入有关各类,B类哲学、宗教分立,D类政治、法律分立,G类文化科学、教育体育、中小学教材分立,N类自然科学总论,O类数理科学和化学,P类天文学和地球科学与Q类生物科学合并为自然科学,X类环境科学空缺。这一分类结构在分类法体系的基础上,充分考虑了民国时期的图书概貌。

自1986年起至1997年,《民国时期总书目》由书目文献出版社陆续出版。美国联网计算机图书馆中心(OCLC)还与北京图书馆合作共同建立机读目录数据库,使该书为世界各国学者和有关用户提供方便。因此,《民国时期总书目》的出版不仅具有历史和现实意义,还具有世界意义。

三、特点和意义

《民国时期总书目》基本能够反映民国时期图书出版的概貌。第一,在这批图书中,社会科学和文艺书籍占了绝大多数,科学技术书籍仅占收录总数的11%。社会科学和文艺书籍中,又以文学、政治、经济的为多,这三部分的数量约占收录总数的45%。这种情况与民国时期的历史现实有关。从1911年到1949年这38年中,中国社会制度和社会思想发生了巨大的变化,民主革命首先要完成政治任务,为此就必然要涉及经济问题,而这一切又会在文学上反映和表现出来。文学、政治、经济书籍的大量出版,正是这一历史变化的反映。相对来说,作为一个长期战乱,并且工业基础薄弱的国家,科学技术很难得到长足的进步。在解放区出版的图书中,社会科学和文艺书籍所占比例尤大。第二,《民国时期总书目》所收的图书,也包括译成中文的外国著作。晚清以来,有识之士开始集中引进西方的文化科学,翻译欧美和日本的著作。民国时期这一趋势尤为突出,并进一步加强了对俄日图书的翻译或转译。翻译介绍的重点,仍然在社会科学、人文科学,以全部文学作品为例,翻译出版的外国文学作品约占24%,其中翻译的苏俄文学作品,有后来居上之势,占全部译作的27%以上。以工业技术图书为例,翻译和编译的图书约占10%。这批翻译图书的内容可以一定程度上反映出当时社会的普遍需要。第三,1911到1949年中国政治变化频仍,特别是抗日战争时期,解放区、大后方、沦陷区和各种伪政权共存,因而与政治有关的图书很多带有不同的政治立场。《民国时期总书目》对政治书籍或其他类书籍采取兼收并蓄的态度,不仅收录国共两党的出版物,也收录日伪出版的图书;不仅收录有关社会主义、共产主义的图书,也收录有关资本主义、帝国主义、无政府主义、法西斯主义,以及其他各种学说的图书；不仅收录新文学作品，也收录旧文学作品，甚至思想反动的作品。

《民国时期总书目》的编制也有一定缺憾。《民国时期总书目》是根据北京图书馆、上海图书馆、重庆图书馆的藏书编制的。上海、北京、重庆是民国时期的三大出版中心。上海是近代中国出版业最发达的地方，也是左联及出版界人士活跃的地方。北京是中国高等学府集中之地。重庆是抗日战争时期国民政府的陪都。这三地的图书馆藏书比较集中，成为《民国时期总书目》所收书目的主要基础。此外《中小学教材》分册，收录了人民教育出版社图书馆、北京师范大学图书馆部分藏书。全国其他重要图书馆，由于人力物力限制，尚未查对。《民国时期总书目》大多数分册均附有内容提要，要求编者经眼查核。这三家图书馆藏书中，对于有目无书不能亲眼看到者，工作人员也只能阙疑。线装书、少数民族文字图书，在著录项目上有一定特殊要求，与普通图书难以统一，亦暂未收录。三家图书馆漏藏或不入藏的少年儿童读物较多。台湾、香港地区及其他边远省份出版的图书收藏也不全。这些因素也影响了收录的完整性。

为了掌握这一时期出版的图书总量，《民国时期总书目》编辑室曾作过两次调查。首先，以《民国时期总书目》最早编成的《语言文字》《外国文学》两个分册，与平心主编《生活全国总书目》作了查对。《生活全国总书目》出版于1935年，收录全国新书店、学术机关、文化团体、图书馆、政府机构，以及私人所藏1911年以后出版的图书。从时间上看，《生活全国总书目》只限于民国前期的一个阶段；从范围上看，《生活全国总书目》虽也有选择，但重要的书籍收录较全。因此以相应的部分查对，仍可做出大致的估计。据副总编王润华先生判断，《民国时期总书目》的收书率，约在90%左右。其次，在编辑过程中，编辑组曾派人到南京、广州，以及东北地区做过一些查对，了解《民国时期总书目》的遗漏情况，这几个地区对于民国时期来说，相对较为重要，但查对结果所获甚微。这两次调查，仅限于部分地区和部分图书，自然不能算是精确的统计，但也可从另一个侧面说明《民国时期总书目》中重要的遗漏已经很少。

《民国时期总书目》以三家图书馆藏书为基础,对每种书以亲见为原则所做的详细著录,是对第一手参考资料的搜集整理,不仅具有代表性,而且有一定权威性,是做民国时期相关研究的重要学术工具书。

第四节　当代国家图书馆参考工作的奠基人——戚志芬

戚志芬是国家图书馆参考研究部研究馆员,当代国家图书馆参考工作的奠基人之一。她从 1946 年开始从事参考资料征集整理工作,1951 年成为北京图书馆参考咨询组最早的四位馆员之一,曾任参考研究组组长,1989 年退休。四十余年来她一直勤勤恳恳,在制定参考工作规章条例、编制专题书目索引和参考书目卡片、解答读者咨询、撰写研究专著等方面为国家图书馆参考工作做出了难以估量的贡献。下面谨从参考工作实践经历及参考理论研究两方面对她稍加介绍。需要特别说明的是,下面的内容以她的手稿本自传等为基础。

一、参考工作实践经历

戚志芬(1919—2013),1919 年 4 月生于山东威海。1943 年 7 月毕业于西南联合大学历史系。同年 8 月,到袁同礼担任主任的中日战事史料征辑会工作,任助理编纂,期间撰写论文“方腊与摩尼教”。1946 年 8 月中日战事史料征辑会解散,她随国立北平图书馆入京,在中文编目组工作,后转索引组,负责《西文书中中国人物图像索引》编辑工作。1951 年她曾负责整理鲁迅故居的藏书。

1951 年北京图书馆成立参考咨询组,她是最早 4 名参考馆员之一。1952 年参考组改组为参考研究组,张秀民先生担任组长,她担任副组长。1956 年起她任参考研究组组长,在国内率先制定了参考工作的一系列规范制度,如咨询条例、咨询档案管理办法、设计了最早的读者咨询登记卡、工作人员参考卡,成立了咨询室、研究室等,使北京图书馆的参考工作蓬勃开展,参考馆员也由最初的 4 人发展到 1963 年时的 22 人。1963 年 3 月以后,戚志芬担任副研究馆员、1987年以后担任研究馆员,一直从事参考工作。她解答的咨询涉及中西文各个方面。戚志芬对于参考工作的基础建设十分重视,1973年初,她亲自带人为1966年后进馆的西文社科简编书(包括英、德、法、西、意五种文字)打了一套卡片,加上后来改用大型分类法分编的新书卡片一起排了一套"国家、地区目录"。同时,搜集整理了一套馆藏的西文、俄文、日文工具书目录卡片,供咨询馆员日常使用,极大提高了工作效率。

四十多年中,戚志芬解答的咨询不胜枚举。这些咨询涉及古今中外,其中包括许多难度大或紧急的咨询问题,她常常为此加班,有时甚至熬夜。这些咨询中比较典型的有:从1953年起到1977年,二十多年间,经常为郭沫若同志查找资料,为此戚志芬与郭沫若结下了深厚的友谊,郭沫若曾在《管子集校》序言里特别对戚志芬表示感谢。此外,著名戏曲家曹禺、著名教授钱瑞升也多年向戚志芬咨询问题,查找书刊。毛主席纪念堂修筑前,她曾协助有关建筑设计单位查找古今各国首脑人物的陵墓资料和图片以及纪念性群雕、浮雕等图片资料几十种,为毛主席纪念堂建设提供了重要参考资料。

在工作实践中,戚志芬还编制了许多书目索引,例如:1963年她总编的《西文帝国主义的经济掠夺资料联合目录》,1965年的《哲学、社会科学外文参考工具书选目提要》,1974年的《西文有关苏联目录》,1980年的《外文有关美国书目》(包括西文、俄文等文种),她还主编了《西文有关美国参考工具选目提要》,由美国史研究会出版。

戚志芬从20世纪50年代起经常外出讲课,提携后进,曾到北京大学图书馆系讲授"参考工作",为哲学系讲授"外文工具书",为全国图书馆馆长会议讲授"参考工作",为军事院校讲授"外国的百科全书"等。

1977年11月至1982年3月,戚志芬被选为北京市第七届人大代表,1979年任中国图书馆学会学术委员会副主任、顾问,1986年6月起任中国对外文化交流协会理事,1987年至1989年担任《文献》季刊编委,1992年被评为文化部优秀专家,10月起享受政府特殊津贴。戚志芬还曾多次担任北京大学图书馆系研究生毕业论文答辩委员,1983年起担任北京图书馆职称评定委员会委员、副主任,文化部图书资料专业人员高级职务评审委员会委员。

戚志芬热爱祖国人民,追求真理,淡泊名利。她生活简朴,治学严谨,数十年如一日,孜孜不倦。戚志芬学识渊博,熟练掌握英语、俄语、日语、西班牙语、德语等语言。她在四十多年参考工作实践中,积累了丰富咨询工作经验,在参考咨询领域具有很高的知名度。她为人诚恳,在与同事和后辈交往中,凡有请教,无不竭诚相告,毫无保留,表现了博大的襟怀和学者风范。

戚志芬晚年回忆其所从事的参考工作时说道:

> 不管做什么工作,我都有一个信念,就是服从工作的需要,认真对待,对读者,要宁愿默默无闻地做他们的知心人,这样读者对你也会非常信赖,我一直到退休以后都还有一些以前问过问题的人找我给他查资料。
>
> ……
>
> 参考工作是个默默奉献的工作,我们编书目索引、写资料性的论文,从来不署个人的名字,都算集体成果,大家也都甘愿为人作嫁,当无名英雄。只有当我们知道因为我们查找的资料而使别人搞出什么科研成果或写出什么成品的时候,才感到由衷的高兴并且分享他们的喜悦。如果别人说一句"参考组对我们的帮助很大"的话,我们就会觉得自己被社会承认了,这比什么都高兴。而且我们也觉得这不是个人的,而是图书馆的,是提高图书馆声誉的。而别人对我们的一些感谢或感谢信什么的,我们就认为是最高奖赏了,所以我们做这个工作还是非常愉快的。另外象前面提到的,在工作中也可学到很多东西,有不少的收益,尤其在与读者联系时,教益更多,特别是专家学者……通过给他们查找资料,我们的知识也会增加。①

戚志芬 2013 年 8 月 15 日逝世,享年 93 岁。她为我们留下了宝贵的精神财富,为国家图书馆参考工作人员树立了榜样。

---

① 周玉玲.默默奉献 做读者的知心人——访北图研究馆员戚志芬先生[J].北京图书馆馆刊,1994(3/4):132-136.

二、参考理论研究的力作——《参考工作与参考工具书》

在日常繁忙的工作之余,戚志芬注重总结理论经验,并由此撰写了大量参考研究论文和专著。新中国成立初期,各地方图书馆纷纷向北京图书馆提出业务咨询,为此 1953 年戚志芬撰写了《北京图书馆如何管理图书》(附有各种表格),发送给各馆。次年 12 月,抽印了其中采编部分,起名《北京图书馆的采编工作》发给各馆,得到了广泛欢迎。1954 年,冯仲云馆长委托她撰写了《北京图书馆简介》,这是新中国成立后北京图书馆第一次印制简介向社会发放。1955 年,苏联《目录学》杂志和保加利亚目录学研究所请求北京图书馆提供中国目录事业方面的文章,戚志芬应邀撰写了《中国目录事业概况》一文,由文化部转苏联《目录学》杂志发表,首次向苏联系统介绍了中国的目录学现状。戚志芬发表论文数十篇,涉及图书馆和文史哲各个领域。1988 年她出版的《参考工作和参考工具书》是国内较早发表的有关参考工作著作,1991 年出版的《中国的类书、政书与丛书》一书在大陆和台湾几次再版,产生了较大影响。1989 年 5 月戚志芬退休后,依然笔耕不辍,1992 年起担任任继愈主编《中华大典》常务编委,此后直到 2006 年的 14 年间,为这项"中华人民共和国成立以来最大的一项文化出版工程"奉献了自己的力量。

戚志芬有关参考工作的诸多研究著作中最具代表性和总结意义的是 1988 年由书目文献出版社出版的《参考工作与参考工具书》。本书是国内较早出版的关于参考工作的专著,作者在工作日记中这样写道:

> 《参考工作与参考工具书》一书,82 年下半年开始写上编的初稿,半年后中断。83 年下半年又重新写,一边备课一边整理,到 85 年 6 月为止,全部书稿交出版社。前后用两年半的时间完成书稿,正文 48 万字(全书 52 万字)。这当中(84 年 9 月—85 年 6 月)还给职工大学讲 120 学时的课。所以这本书是我的工作成品,但更多是用业余时间拼搏出来的。

写这本书的时候戚志芬已经 65 岁了,她的这种工作精神确实令人感动。戚志芬根据参考工作发展特点,结合自己四十多年的参考工作经验和多年教学体会,从参考服务、参考工作管理和参考源涉及的一系列问题出发,全面、系统阐述了参考工作的各个方面。作者以此为脉络,将书分为上、下两编。上编主要从参考服务、参考工作管理这两个方面展开,内容侧重社会科学的参考工作。上编分八个章节,分别论述了参考工作的发展;参考工作的意义、地位和发展方向;参考工作的方式和内容范围;组织分工和机构的设置;解答咨询的方式、方法和原则;参考目录的编制;参考工作中的规章制度以及参考工作人员应具备的条件及其培养和使用。作者从古至今,从中到外,旁征博引,论述充分、翔实,颇有独到的见地,为我们全面了解参考工作的发展历史,提供了宝贵而又丰富的材料。下编专讲参考工具书,主要介绍以汉语编写和以英语为主的综合性及社会科学方面的工具书,如字典、词典、年鉴、手册、书目、索引、百科全书及工具书指南等。同时,对港台地区出版的工具书及外国出版的、取材于汉语的工具书,也酌量做了介绍。作者从图书馆参考咨询的角度出发,依据北京图书馆馆藏,系统、全面地评介了各类型工具书的特点、使用范围、出版年代及使用情况,内容翔实,选例精当,为工具书的选择、甄别和使用提供全面的指导。为了便于读者使用,书后还附有 8 个附录及书刊名索引。本书是戚志芬毕生工作的总结,可以说是参考工作领域集大成的著作,具有很高学术价值,对图书馆参考工作具有重要的指导意义,影响广泛。

1987 到 1997 的十年间,北京图书馆迁入新馆,迎来了崭新的发展机遇。根据业务需要调整完善了机构之后,北京图书馆解答咨询和举办展览的数量大幅增加,编纂了多种大型书目,集中力量完成了历时数十年的《民国时期总书目》编纂工作,并出版了多种专业著作,还召开了参考工作研讨会。北京图书馆参考工作在空前兴盛的同时,也在政府服务及数字化发展方面孕育着新变化,这为接下来十年的全面拓展转型埋下了伏笔。长期服务于图书馆参考工作的戚志芬 1989 年退休,她在工作实践和理论研究两方面的贡献值得后人学习研究。

第八章　开拓转型:1998 年—2008 年

1998 年,国家图书馆开始进行机构改革,原参考辅导部更名参考研究辅导部。在信息网络化大潮影响下,国家图书馆的参考咨询工作服务的主要对象、内容和提供参考文献的方式都发生了重大变革,在党政军参考服务、数字资源建设等方面实现了全面深化转型,并通过承办展览、解答咨询等传统业务继续服务社会。与此同时,参考研究辅导部进一步完善了组织建设,管理模式日益成熟,科研成果越发突出。改革带来变革,1999 年 12 月,国家图书馆成立立法决策服务部,与参考研究辅导部一个机构两块牌子。2006 年参考研究辅导部更名参考咨询部①。2008 年,立法决策服务部独立建制,国家图书馆的参考工作走向新时代。

第一节　参考工作的重新定位

履行国家图书馆职能,提供国家立法决策服务是自 1998 年开始国家图书馆参考工作强化的重心。新中国成立以来,北京图书馆一直履行着为国家立法、决策提供文献信息咨询服务的职责,多次承担并圆满完成了有关国家机关下达的文献信息咨询服务任务,对国家许多重大事件的决策和实施都起到了积极的作用。经过 1973 年到 1997 年的稳步发展之后,北京图书馆于 1998 年 4 月在总结了此前几年的改革实践的基础上,推出了《深化改革及业务格局调整总体方案》,从此国家图书馆业务领域内的改革全面铺开,内容涉及机构、机制和业务流程等各个方面。业务改革遵循六个"有利于"的原则,即"有

---

①　为行文方便,若无特指的需要,一般情况下使用"参考部"作为机构名称。

利于全面履行国家图书馆的职能,有利于理顺业务流程,有利于计算机网络技术与业务加工管理的紧密结合,有利于提供良好的读者服务界面,有利于社会效益与经济效益的充分发挥,有利于分类分层次管理和服务"①。

1998年4月10日,参考辅导部更名为"参考研究辅导部",原教育中心、首都联合大学北京图书馆分校并入参考研究辅导部,此时的参考部一个机构挂三块牌子。1998年4月27日,原哲学社科参考组更名社科参考组,原图书馆学研究辅导组更名图书馆学研究组,成立"信息研究与服务组"(对外称"北京图书馆信息咨询中心"),原教研室与教务办公室合并为教务研究室(培训辅导组),科技参考组、参考工具书组并入参考研究辅导部,国际组织外国政府出版物组划归采选编目部。经过几轮机构调整,北京图书馆的参考工作在传统读者咨询服务之外,强化了为国家领导人、"两会"代表委员和政府工作部门提供决策咨询的国家图书馆职能,同时在数字化资源建设、社会教育管理等方面发挥了更加重要的作用。

为党政军机关提供参考服务是这一时期参考工作的首要定位。1999年2月,北京图书馆正式更名"国家图书馆"。1999年12月,在原参考研究辅导部的基础上成立"国家立法决策服务部",与参考研究辅导部一个机构两个牌子,标志着国家图书馆为中央国家领导机关立法决策服务职能的进一步强化。2003年制定了四个为中央国家机关立法决策服务的相关规定,规范了程序和管理。2004年,在党的十七大提出"文化大发展、大繁荣"的背景下,国家图书馆为了提升整体实力,制定了"人才兴馆、科技强馆、服务立馆"三大发展战略,其中落实"服务立馆"的最重要一条就是:"建立面向国家立法与决策、重点教育科研单位,社会公众的多层服务体系。"为国家重要问题提供参考咨询成为国家图书馆参考工作的重心所在。2008年初,独立建制的立法决策服务部在国家图书馆正式成立,下设全国人大与政协服务组、中央国家机关服务组、海外中国学文献研究中心、法律文献组,从此立法决策服务在国家图书馆参考工作中的地位有了组织保障。

---

① 孙蓓欣.深化改革努力进取开创国家图书馆业务工作的新局面[J].国家图书馆学刊,1999(4):22–27.

实现业务的数字化转型是这一时期参考工作的另一重点。根据 1998 年 4 月《深化改革及业务格局调整总体方案》中"有利于计算机网络技术与业务加工管理的紧密结合"的要求,北京图书馆原自动化发展部与电子信息部合并成立信息网络部(又称"图书馆现代化技术研究所"),同时参考组下设"信息研究与服务组"(对外称"北京图书馆信息咨询中心"),全面推进参考咨询网站和数据库建设,并陆续开展了科技查新查证、企业信息服务等数字化服务,充分利用信息化手段,实现参考咨询业务全面升级。

读者服务方面,除了传统的解答咨询、代编书目之外,为实现《深化改革及业务格局调整总体方案》中关于"有利于提供良好的读者服务界面,有利于社会效益与经济效益的充分发挥"的要求,参考研究辅导部积极承办展览,并开展对读者和图书馆工作人员的辅导培训工作,进一步发扬了国家图书馆的社会效益。1998 年 5 月 18 日,北京图书馆正式对外开放剪报服务中心和文献提供中心,更加方便读者获取参考文献。

经过 1998 年的改革,国家图书馆的参考工作明确了服务于党政军、国家机关和国家领导人的中心定位,充分利用计算机网络技术升级参考咨询手段,并从实现社会效益出发增加了对业界和读者的服务项目。进一步明确定位之后,国家图书馆的参考咨询业务实现了全面更新换代。

第二节　参考咨询业务的更新换代

1998 到 2008 年,国家图书馆调整了参考工作的定位,并实现了业务转型升级,这主要表现在下述三个方面:一、党政军参考服务;二、数字资源建设;三、公共参考咨询服务。下面依次具体介绍。

一、党政军参考服务

早在新中国成立前,国家图书馆就曾为有关的国家机关提供决策咨询服务。1949 年以后,国家图书馆更是多次为党和国家重大问题决策提供了参考。但是,真正系统性、持续性地为政府服务,则始于 1998 年。1998 年初,北京图书馆开始提供"两会"服务;当年年底,江泽民主席视察北京图书馆,进一步推动国家图书馆政府服务事业的发展;1999 年国家图书馆在人事部首开部委分馆;2003 开始全年跟踪服务全国人大常委会和九个专门委员会的年度立法计划并与中共中央办公厅秘书局确立信息服务合作关系;2006 年部级领导干部历史文化讲座工作任务移交国家图书馆参考部承办,同时参考部还主动为国家重大决策提供参考文献,国家图书馆的这一系列参考工作获得了党和国家领导人的高度评价,下面对相关内容具体介绍。

1. 党和国家领导人咨询

国家图书馆的建设和发展一直受到党和政府的高度重视,承载着几代领导人的关怀。毛泽东、周恩来、邓小平等国家领导人都曾对国家图书馆参考咨询提出工作要求,从 1998 年到 2008 年间,江泽民、胡锦涛、李鹏、温家宝、李瑞环、李岚清、李铁映等领导人或来馆视察并作重要指示,或交付重要咨询任务,体现了党和政府对国家图书馆参考工作的重视与支持。国家图书馆积极履行职责,在多次完成党和国家领导人下达工作任务的同时,受到中央领导和有关单位的表扬与肯定。

1998 年到 1999 年,国家主席江泽民多次表达出对国家图书馆的重视,其中参考工作发挥了重要作用。在哈萨克斯坦的旧都阿拉木图,有一条用中国著名音乐家命名的大街,那就是冼星海大街。1943 年,冼星海从莫斯科辗转到达阿拉木图,在那里度过了他 40 岁生命历程中的最后两年半时间,在受到当地人民无微不至的关爱和照料后,冼星海获取了巨大的勇气和信心,创作了一大批激情涌荡的传世佳作。他在这一时期创作的《民族解放》《神圣之战》《满江红》等音乐作品,收集和改编了大量哈萨克民歌,成为用音乐传递中哈友谊的使者。为纪念这位伟大的音乐家,哈萨克斯坦在阿拉木图不仅命名了冼星海大街,还建造了冼星海纪念碑和修整了冼星海故居,以此见证中哈两国人民的友谊。1998 年,哈萨克斯坦盛情邀请出席五国元首会晤的江泽民主席,参加冼星海故居的揭牌仪式。为了更好地了解冼星海在哈萨克斯坦的经历,中央办公厅紧急委托文化部责成北京图书馆协查冼星海 1940 到 1945

年的工作和生活情况。北京图书馆的工作人员在接到任务后，便将相关资料汇编成册。这件咨询任务的完成，不仅为中哈人民的友好交往做出贡献，北京图书馆也因此受到了中共中央办公厅和文化部有关领导的好评。

1998 年 12 月，参考研究辅导部接到咨询任务，为迎接江泽民主席视察北京图书馆，馆领导要求全面整理江泽民主席及其随行人员著述的馆藏资料收录情况，并提交完整目录。接到咨询任务后，参考馆员克服了时间紧、任务重、责任大等困难，利用手翻、机检，在短时间内圆满完成任务。12 月 22 日下午，江泽民同志视察了北京图书馆，他是中华人民共和国成立以来第一位到图书馆视察的国家主席。视察时，北京图书馆把咨询产品提交到访的领导人，得到了他们的肯定。在此次视察中江泽民指出："社会的发展，人类的进步，都离不开知识。我们要在全社会倡导人们多读书，大兴勤奋学习之风。如果十二亿人民中，读书的人越来越多，大家的知识水平提高了，就会变成强大的物质力量，我们国家的富强和民族的振兴就大有希望。"1999 年 2 月，北京图书馆更名国家图书馆，并有幸在 4 月 16 日得到江泽民主席亲笔题写馆名。

胡锦涛主席也曾多次委托国家图书馆为其提供参考咨询服务。2000 年至 2001 年间，时任国家副主席胡锦涛于 2000 年 7 月 16 日至 30 日对缅甸、泰国、印度尼西亚、白俄罗斯、哈萨克斯坦等亚欧五国、2001 年 1 月 5 日至 19 日对叙利亚、伊朗、约旦、塞浦路斯、乌干达等亚非五国进行了国事访问。在准备出访之时，2000 年 7 月 11 日和 12 月 2 日主席办公室委托国家图书馆进行了对访问国政治、经济、历史、文化、社会等方面的概况查询。国家图书馆依据丰富的馆藏资源及互联网资源，遴选、综合最新数据及研究成果，概述了出访国的背景资料，为领导人的国务活动提供了文献参考。此后，国家图书馆为领导人的有关活动准备相关背景资料成为一项重要的咨询工作。国家图书馆地方志与家谱阅览室存藏有的《湘潭昭山宋氏石潭房七修族谱》，是台湾亲民党的创建者宋楚瑜先生的族谱。2005 年 5 月 12 日，胡锦涛总书记宴请宋楚瑜一行时，就将国家图书馆按照原大仿真印制的这套家谱，赠送给了宋楚瑜先生，当宋先生看到他父亲宋扬晖的名字载于其上时，万分感慨地称这是"最好的礼物",为此次会见画上了圆满的句号。

　　长江三峡工程是世界上最宏伟的水利水电工程之一。从最初的工程设想到工程正式启动的漫长岁月中,三峡工程载浮载沉,几起几落。1983年6月水利专业出身的李鹏任国务院副总理后,兼任三峡工程筹备领导小组组长,二十年间15次考察三峡,对三峡工程的筹备和建设倾注了大量的心血。2004年,《众志绘宏图——李鹏三峡日记》出版,再现了三峡工程建设的历史。成书之前,李鹏同志曾委托国家图书馆查询孙中山先生有关三峡工程的相关论述。图书馆的工作人员在孙中山先生的《建国方略》以及相关文章中整理出许多有关三峡建坝早期设想的资料,出色完成了咨询任务。

　　2003年8月21日,温家宝总理办公室请国家图书馆提供有关各国政要、名人在哈佛大学演讲的相关参考资料,参考馆员根据总理办公室的要求,快速进行了查检,并于当日提供三种图书交总理办公室参考。2003年11月,温家宝总理办公室再次来电,请国家图书馆提供历史上有关"和而不同"发生在中国古代的典型事例,并告知是为温家宝总理访问美国做准备。参考该资料馆员根据总理办的要求,从相关工具书中查找"和而不同"的含义、检索相关文章并入库进行事例查找,汇编成《"和而不同"参考资料》一份。该资料分为"历代名人论'和而不同'"和"历史上'和而不同'的案例"两个部分,总计3万余字,并于11月提交给温家宝总理办公室。2003年12月10日,温家宝总理在哈佛大学商学院波顿大厅(Burden Hall)向前来参加听讲的800多名听众进行了题为"把目光投向中国"(Turning Your Eyes to China)的演讲。在演讲的第三部分"明天的中国,是一个热爱和平和充满希望的大国"中,特别指出对中美关系发展、台湾问题和中美贸易关系等重大问题时应吸收传统思想智慧,用"和而不同"的观点观察、处理问题,不仅有利于我们善待友邦,也有利于国际社会化解矛盾。温家宝总理的报告引起了强烈的反响,"和而不同"这几个字一度成为当时报刊标题中出现频率最高的字眼。当现场记者评价温总理的报告引经据典时,温总理回答:"我身后有个国家图书馆。"这一咨询任务体现出国家图书馆参考咨询人员应对紧急重大咨询任务的能力和深厚的学科及业务功底,同时表明国家图书馆的文献信息服务在国家领导人重要国务出访,以及国家领导人在处理重大国际事务中,发挥了重要的、积极的作用。

2003年2月8日,时任全国政协主席李瑞环在出访坦桑尼亚前就委托国家图书馆查找马季、唐杰忠有关坦赞铁路的相声节目。国家图书馆参考馆员准备了1972年马季和唐杰忠根据铁道部第三铁路设计院业余文艺宣传队原作改编的对口相声《友谊颂》,为李瑞环主席参观坦赞铁路,提供了鲜活的参考文本。

2001年,时任国务院副总理李岚清在出访法国时向对方赠送的一件礼物,深深打动了堪称"中国通"的法国总统希拉克。这就是由国家图书馆制作的中法文合订礼品书《赵氏孤儿》。《赵氏孤儿》的故事在中国戏曲史上流传广泛,法国文学家伏尔泰曾将其翻译成法文,并改编成为新剧本搬上舞台。20世纪,我国学者又将其回译成中文。此书虽小,却是中法文化交流的一个重要见证。可以说,这种承载着民族文化的古籍图书,在国际交往中能起到很好的作用。除此之外,李岚清为办公室还委托国家图书馆参考咨询部进行了包括中法交往史、中法文化和文学等多类型的专题咨询。

1998年4月至2000年10月,中央政治局委员、中国社会科学院院长李铁映在国家图书馆进行学习和研究工作,委托国家图书馆为其完成有关民主问题、民族问题、宗教问题、人权问题等方面的专题性文献咨询服务。其中,以为民主问题研究课题组提供咨询的内容最为深入、持续时间最长、服务人员最多。课题咨询中有关西方民主政治运行机制的内容对于新时期我国社会主义市场经济环境下如何完善社会主义民主制度建设,对于中国共产党采取的"反腐倡廉、从严治党"的自我监督措施的落实,提供了重要的参考。2000年1月11日,中国社会科学院《民主问题》课题组致函国家图书馆馆长周和平同志,并随函"送上《论民主》书稿(送审稿)和《民主问题研究资料》各一本,请审读"。这也从一个侧面反映出国家图书馆参考工作对李铁映研究课题的重要作用。

2."两会"服务

国家图书馆为两会的服务始于1998年,这是国家图书馆在全国图书馆界率先推出的一种服务模式。为"两会"代表提供文献信息咨询服务,不但使与会代表在提案、议案过程中可以及时得到国家图书馆强有力的文献信息服务支持和保障,同时也增强了立法机关在立法、审议过程中的科学性和民主性。自国家图书馆"两会"服务开展之后,全国其他地方图书馆也开始了为地方"两会"的服务,可以说是国家图书馆开创了图书馆为两会服务的先河。

　　1998 年到 2008 年,是国家图书馆"两会"参考咨询服务形成常态化发展的重要起步阶段。1998 年,经馆业务处沟通,国家图书馆与全国人大信息中心取得联系,首次为"两会"代表委员参政议政提供服务。2 月 24 日,在全国人大、政协会议召开前夕,国家图书馆向"两会"推出为全国人大代表、全国政协委员提供信息咨询、免费复制、网上检索、阅览外借以及免费办理中、外文借书证等项服务,并将《北京图书馆概况及为两会服务项目介绍》发放至委员代表手中。为方便代表委员查询文献,在业务处设总机,各服务网点设有咨询电话,总值班室每日 17:00 至次日 8:00 均有人值班,并全年为"两会"提供各项服务。这一举措,开创了国家图书馆"两会"咨询服务历史,并一致持续至今①。

　　1999 年参考研究辅导部设立"两会"咨询服务处,国家图书馆以"服务用语规范化、工作程序制度化、答复咨询不过夜、咨询结果送上门"的工作准则,在会议期间推出的 24 小时咨询热线服务,当年完成了代表、委员 50 余次咨询服务,得了"两会"代表委员的信任和赞许。2000 年起,国家图书馆进驻全国政协委员驻地,直接为委员提供咨询服务。2001 年起,在"两会"召开期间,国家图书馆与全国人大信息中心密切合作,进驻人民大会堂和代表团驻地为"两会"代表直接提供文献信息服务,得到了"两会"代表的热烈响应。2002年开始与全国人大信息中心的合作得到进一步加强。2003 年,国家图书馆开始为全国人大常委会和全国人大各专门委员会的日常工作提供文献信息服务,服务内容涉及全国人大常委会在会议审议各项议题相关背景资料、各专门委员会立法准备、立法审议、法律修订等工作中提出的法律专题咨询服务。与此同时,国家图书馆还承担了全国人大常委会和全国人大各专门委员会委

---

　　①　北图宣传科.北京图书馆 1998 年 1—3 月大事记[J].北京图书馆馆刊,1998(2): 141 - 142.

员在立法准备、立法审议、法律修订等工作中提出的法律专题咨询服务。该项工作的开展,使家图书馆对中国的最高权力机构和立法机构——全国人民代表大会的服务由一年一度的"两会"服务转变为全年的常规化服务,标志着国家图书馆在为国家立法与决策服务进程中,又迈出了实质性的一步。

2004 年至 2008 年,国家图书馆总计为全国人大常委会和全国人大各专门委员会提供了涉及 585 个专题的各类相关资料和 1088 件专项信息专报及媒体舆情监测。2008 年,刚刚独立的立法决策服务部作为国家图书馆"两会"信息咨询服务工作的主要承担者,在做好常规服务工作基础上进一步拓展了为"两会"代表的服务领域,于"两会"前夕正式开启面向全国人大领导机关的"国家图书馆立法决策服务平台"试运行工作,为国家图书馆进一步完善平台建设、全面实现向中央和国家领导机关的推广服务,奠定了坚实基础。此后"国家图书馆立法决策服务平台"实现了由"两会"期间阶段性服务向全年常态化服务的转变。国家图书馆高质量、高效率的"两会"咨询服务模式,在全国图书馆界起到了积极示范作用,已从首都走向全国。

国家图书馆"两会"参考咨询涉及内容广泛,紧跟国计民生,及时为参政议政提供文献支撑,得到了多位代表委员的高度赞扬。1999 年"两会"期间,全国政协委员徐如镜要求提供有关美国非营利组织的起源、演变、发展的立法资料,参考馆员经过通宵检索、整理、打印、装订,次日就将咨询结果送到其家中。徐如镜委员对国家图书馆提供的服务非常满意,特地发函表示感谢,指出"在这么短的时间内,如此高质量地完成咨询,对于我们提高议政质量,更好地建言立论,起了极重要的作用"。2000 年"两会"期间,全国政协委员雷亨顺因撰写关于长江三峡工程堤区与库区统一规划、统一管理的提案所需,要求提供关于美国田纳西河流域开发与管理的相关资料,承办该项咨询的几位参考馆员通过系统检索和认真筛选,为其提供英文资料 89 篇、中文文献 5 篇。雷亨顺委员致信给国家图书馆"两会"咨询服务处深表感谢,信中说"承蒙你们的帮助,使我获得了许多十分重要的文献资料,资料帮助我充实和完善了关于长江三峡工程堤区与库区统一规划、统一管理的提案"。雷亨顺委员之后的"两会"期间,还曾多次向国家图书馆提出咨询请求,如要求提供有关人口迁移等专题的资料,这些咨询请求均一一得到满足。2002 年"两会"期间,全国人大代表梁燕君先后提出了 18 件咨询请求,涉及"国内外会展经济研究""各国物流产业占 GDP 总值的比例及相关研究""中国旅游业现状与前景分析"等方面,在之后几年的"两会"期间数次向国家图书馆提出多项专题的委托咨询,均得到满意的答复,梁燕君代表专门致函表示感谢。

为了更好地服务于"两会",国家图书馆在会前积极选定年度热点专题,并提前开展资料准备工作,集结成"两会"专题信息资料,确保代表委员所需资料及时满足到位,以便在大会召开期间,可以投入更多的精力在即时提出的专题咨询工作中,大大提高了"两会"咨询服务工作的效率,全国人大常委会办公厅信息中心特别致函对我馆的信息服务工作表示感谢。

3. 国家图书馆部委分馆

在中央机构建立国家图书馆部委分馆,是国家图书馆为中央国家领导机关提供立法与决策服务的方式之一。国家图书馆部委分馆模式是国家图书馆参考国外政府图书馆运作模式,并与中国图书馆发展实践相结合,以国家图书馆第一个部委分馆即国家图书馆人事部分馆成立为标志,于 1999 年正式创立的。国家图书馆部委分馆以自愿、平等为基础,以双方人力资源和文献信息资源的共建共享为手段,最终实现为中央机构大政方针制定和科学、民主决策提供全方位信息服务保障的目的。国家图书馆部委分馆的建立,是国家图书馆立法与决策服务从原有被动服务模式向主动和互动服务模式转变的开始,也是国家图书馆通过部委分馆进一步实现其立法与决策服务职能、直接服务于国家大政方针制定过程的标志。

截至 2008 年,国家图书馆先后与七个中央机构合作建立了部委分馆。成立分馆以后,国家图书馆部委分馆可提供资源共享、培训、馆际互借以及咨询等服务。

下面仅以国家图书馆人事部分馆(现名为:国家图书馆人力资源和社会保障部一分馆)为例,对部委分馆的情况稍作介绍。1998 到 2000 年,国家图书馆尝试在中央国家机关设立分馆,这一设想最初是借鉴了日本国立国会图书馆的支部图书馆制度,但人事部分馆的具体实行模式仍主要基于我国国情。国家图书馆人事部分馆由国家图书馆和人事部联合创办(与人事部图书资料室是一个机构,两块牌子)。该馆的机构设置、人员配备、财务和业务管理方面归人事部管理,国家图书馆进行业务指导和文献支持。人事部在立法决策中的信息需求,通过分馆传递到国家图书馆,由国家图书馆利用参考咨询专业优势迅速反馈给人事部。国家图书馆还对分馆提供信息咨询,专题文献借阅,代为采访、编目,代为加工数据库,代藏文献及代为培训人员等服务。国家图书馆人事部分馆面积仅300平方米,容纳藏书和设计保存量仅3万册,图书管理工作人员定编设计为3到5人,但依托国家图书馆丰富的文献信息资源和便捷的服务方式,采用网络信息技术进行管理,其设计功能相当于甚至优于国内一般中型图书馆的主要服务功能①。

在部委分馆合作中,除了业务培训、资源共享等外,日常的馆际互借、咨询服务是其重要内容。在咨询服务方面,为人力资源和社会保障部分馆完成国外"公务员制度""勋章制度""劳动就业""劳动争议解决""国外劳动争议调解与仲裁机构相关文献""金融危机背景下国外促进中小企业发展创造工作岗位的做法和经验""国外经济性罢工处理研究""国外国有企业高管薪酬"等咨询,为民政部分馆完成"社会募捐管理条例""志愿者与志愿服务"等咨询,为财政部分馆完成"国外政府对义务教育的投入""国外政府对动画、漫画、网络游戏产业的扶持政策"等咨询,为国家发展和改革委员会宏观经济分馆完成"近年来国有股减持方面的研究""新发展观和全面发展观"等咨询。国家图书馆为这些分馆所在部委相关领域的理论、法律、政策、制度的出台与制定提供了更为畅通、及时、有效的文献支持。

2008年,国家图书馆不仅在国家民政部档案馆建立国家图书馆民政部分馆,还与交通运输部初步达成筹建国家图书馆交通运输部分馆的意向。2008年9月2日,国家图书馆举办"国家图书馆部委分馆业务研讨会"。

4. 部级领导干部历史文化讲座

与部委分馆和"两会"服务一样,"部级领导干部历史文化讲座"也是这一

① 刘一平. 筹建国家图书馆人事部分馆的尝试[J]. 国家图书馆学刊,2000(1):16 - 20.

时期国家图书馆新开展的一项业务工作,是参考工作服务于国家立法决策的又一重要形式。2002年,由中央国家机关工委、文化部、中国社会科学院联合主办,国家图书馆承办推出了面向在京副部级以上领导的"部级领导干部历史文化讲座",旨在落实党中央、国务院关于加强领导干部学习的有关指示,帮助部级领导干部进一步了解中国和世界历史文化,拓宽人文视野,从总结历史中认识和把握社会发展规律,提高领导能力和执政水平。该讲座主要请学者选取人类发展历程中重大的历史文化问题及国内外重要的社会热点,突出历史文化特色,在此基础上形成了中外历史、哲学文化、民族宗教、文学艺术、时事政治、社会经济六大系列。自2002年1月启动至2008年6月底,共举办100场讲座,并陆续以图书和光盘形式按年度结集出版。

2002年1月12日,首期部级领导干部历史文化讲座在国家图书馆分馆开办,由国务院外事办公室主任刘华秋同志主讲,题目为《当前国际形势分析与展望》,讲座由文化部部长孙家正同志主持,国务委员、国务院秘书长王忠禹同志出席并讲话,114名部级领导干部听讲。2月23日,第二讲由中国人民大学教授、著名历史学家戴逸先生做题为《论康乾盛世》的讲座,来自中央国家机关各部委的125名部级领导干部听讲,国家图书馆馆长任继愈主持。开办前两年共举办讲座28场,其中2002年13场,2003年15场,听讲的部级干部3000余人次,据统计满意率达93.5%[①]。2003年3月,《部级领导干部历史文化讲座》一书由北京图书馆出版社(原书目文献出版社)出版发行,国务院副总理李岚清作序,高度评价了这一讲座的意义[②]。

2006年10月,部级领导干部历史文化讲座移交国家图书馆参考部承办。2007年,参考部以认真、严谨、负责的态度,全面分析总结该讲座以往的工作经验,制订了较为全面完整的管理流程和管理办法,并超额完成讲座计划内容,同时完成讲座门禁系统功能需求设计、系统更新,地台改造、背景板更新

---

① 张彦,张洁.拓展国家图书馆服务职能的新尝试——"部级领导干部历史文化讲座"两年回顾[J].国家图书馆学刊,2004(2):9–13.

② 尹鸿祝.《部级领导干部历史文化讲座》一书出版[N].人民日报,2003–03–05(2).

以及相应辅助设施的改造工作。2008 年再次超额完成计划,总计举办讲座 19 期,其中历史文化 11 期、艺术 4 期、时事政治及其他 2 期、参观 2 次。根据时事变化和部级领导干部的需求,在原部级领导干部历史文化讲座 2008 年策划方案基础上,及时调整讲座内容,出色完成了百期讲座及相关纪念活动,得到 10 余家媒体报道。

部级领导干部历史文化讲座作为国家图书馆参考咨询服务的新模式,开展以来不仅得到了领导的好评,而且发挥了国家图书馆的社会职能,扩大了参考工作的影响力。

5. “国图数据资料库”的信息报送工作

随着技术手段的进步,直接为党和国家主要领导人提供文献信息服务,是新千年以后国家图书馆参考工作的新进展,这就包括为国务院办公厅和中央办公厅提供信息的“国图数据资料库”(又称“中南海网站”)。

国图数据资料库于 2004 年 10 月 18 日开始正式为国务院办公厅提供服务。2000 年,由参考研究辅导部总牵头,善本特藏部、报刊资料部共同参加,国家图书馆共抽调 20 余人分 5 组对中共中央、国务院,全国人大与政协等领导机关开展调研,一方面为深入了解中央国家领导机关在法律、法规制订和大政方针决策中的信息需求,另一方面也是宣传国家图书馆为中央国家领导机关立法与决策服务的职能。在国务院办公厅调研过程中,国务院办公厅有关领导提出由国家图书馆建立一个在国务院办公厅内部网上运行、专为国务院办公厅领导服务的网站。随后,国家图书馆派出信息网络部和参考研究辅导部的专业人员实地考察和进一步了解需求,由参考研究部程真同志负责拟订了网站内容建设方案——《国家图书馆中南海网站计划》,并于 2001 年 7 月 26 日上报国务院办公厅秘书局。2002 年 10 月 15 日,经磋商,国务院办公厅同意国家图书馆的设计方案,国家图书馆正式启动“中南海网站”项目,由立法决策服务部(参考研究辅导部)牵头,信息网络部提供技术支持。2003 年 3 月初,国务院办公厅有关领导前往国家图书馆初步验收,考察了专用的软硬件平台和内容框架,观看了演示,对该项目的整体设计方案、内容和多媒体形式给予较高的评价。2003 年 6 月 5 日,“中南海网站”内开始在国务院办公厅系统小范围试运行。2003年8月份,国务院办公厅秘书局对网站内容进行第二次验收,并给予充分肯定。至2003年底,该项目已经按原计划完成1000万字、千幅图像以及2个多小时的视频资料的资料准备工作。2004年10月18该网站正式运行,受到中央政治局常委李长春等领导同志的关注。

国图数据资料库于2007年4月26日起向中央办公厅提供服务。早在2003年10月,国家图书馆作为中央办公厅秘书局的信息联系对口单位,就建立了信息报送工作机制,提供参阅资料,直接服务于中央政治局委员等国家领导人。国家图书馆参考咨询人员认真分析,主动搜集、整理并提出有可能成为社会热点问题的信息,定期报送。国家图书馆面向中央办公厅秘书局信息报送工作机制建立以来,在总计400余家为中央领导提供信息服务直报单位中,国家图书馆所提供信息的被选中量位居第三名,仅次于国家发改委和国家统计局。而为领导提供的信息条目当时被领导选中阅读的最高比例峰值,达当时月提供信息总量的1/10,并得到有关领导多次亲笔批示。国家图书馆也连续几年被评为中央办公厅信息直报单位先进单位。在此基础上,2006年11月30日国家图书馆副馆长张雅芳在中央办公厅秘书局参加"研究请有关单位定期向中办秘书局图书资料室提供最权威的书目排行即宏观分析数据等有关事宜"座谈会上适时介绍了国家图书馆中南海网站的建设情况,并希望该网站及其数字资源可以为中央办公厅提供服务。2007年4月18日,中央办公厅领导与国家图书馆就向中央办公厅开通中南海网站服务事宜具体沟通。2007年4月26日,该网站面向中央办公厅领导正式开通数据服务。

下面介绍该网站的具体内容。首先是网站名称,最初国家图书馆建议使用"中南海网站"作为网站名,但国务院办公厅领导认为国务院办公厅和中央办公厅的局域网是各自独立,且涉及保密问题,建议改为"国图数据资料库"。

其次是网站定位。该网站主要是为党中央、国务院的领导同志在大政方针决策中的信息需求提供服务,因此其基本的功能定位是为中央搜集文献信息,尤其是非官方专家学者、海外学者的文章,及至主流媒体不做报道的观点和异见。

再次是网站内容设置。该网站最初设计有六个栏目,随着服务的开展逐步增加,现包括以下栏目:一、世界各国背景资料库,主要收录为中央高层领导人出访、对外交往、处理国际事务,提供有关世界各国最新情况的准确、权威的背景资料;二、国际组织背景资料库,收录联合国及下属机构、其他政府间国际组织、非政府间国际组织的资料;三、世界遗产资料库,收录联合国教科文组织(UNESCO)发布的物质遗产、人类口述和非物质遗产的完整信息,并配以文字与图像;四、20 世纪大事典资料库,分类编纂二十世纪发生的重大事件、重要人物、重要著作;五、热点事件背景资料,收录部分当前热点问题,提供国际上的经验、国内学术界各种观点和意见、重要动态等相关背景资料;六、各国议会信息,全面收集世界 188 个国家议会的详尽信息;七、新书推荐,这是对国家图书馆 2003 年起编制《新书推荐》月刊工作的电子化补充,为了发挥国家总书库的优势,自 2003 年开始国家图书馆根据图书最新入藏情况,遴选出具有重要参考价值的最新图书供国家领导人参阅,"国图数据资料库"在此基础上分当代社会主义研究、哲学、宗教、政治、军事等 13 大类提供最新出版图书的消息,对每种推荐图书提供简介或书评,并配以封面书影。

"国家数据资料库"的建设与全面开通服务,是国家图书馆依托现代网络信息和多媒体技术,全面实现面向中央和政府最高决策领导层提供文献信息咨询服务的重要标志,极大地增强了国家图书馆为中央和国家领导机关的服务能力,是国家图书馆参考工作的重大创新。

6. 国家重大决策咨询

从 1998 到 2008 年,除了上述新开展并制度化的参考咨询服务之外,国家图书馆继续为国家各类重大问题的决策提供参考文献,及时有效地发挥了国家图书馆的职能,下面选取几个代表性的例子加以说明。

例一:打击"法轮功"邪教组织。1999 年 9 月 24 日,国家图书馆接到上级领导下达的提供有关"三大宗教演变过程、国外对于邪教组织处罚的法律规定及反邪教实例"的相关背景资料的重要咨询任务。该咨询需要从宗教与邪教的区别、国外法律中关于邪教认定的规定以及其他国家对于邪教所采取的具体措施、手段等几个方面着手进行查阅。在时间紧、任务重、难度大的情况下,国家图书馆参考咨询人员集中力量,全力以赴,经过多方面文献检索,并与美国国会图书馆、法国国家图书馆、德国国家图书馆、英国国家图书馆等多家文献机构联系,索取相关资料作为补充,编辑整理成《外国反邪教运动及立法情况——综述和参考资料》,供中央领导参考。该项咨询为中国政府打击"法轮功"邪教组织提供了有力的决策参考和文献支持,并从法律角度提供有力的例证,充分发挥了国家图书馆的立法决策服务职能。

例二:人事制度改革。2001年2月,国家图书馆接受中共中央组织部研究室的委托,为研究课题《我国十一届三中全会以来关于人事制度的改革》提供参考咨询,内容涉及围绕党的十一届三中全会以来干部人事制度改革的回顾、发展脉络和主要成就、基本经验;当前我国干部管理工作和干部人事制度改革面临的问题和矛盾;经济全球化、知识经济、加入WTO后我国的干部、人才工作面临的挑战和要求;经济体制改革对干部人事制度改革提出的要求;发展社会主义民主政治(政治体制改革)对干部人事制度改革的要求;我党自身建设与干部人事制度改革的关系等问题,这些咨询为江泽民同志在党的十六大提出深化行政管理体制改革,推进司法体制改革,深化干部人事制度改革提供了充分的、坚实的文献信息支撑和保障。

例三:钓鱼岛。钓鱼岛位于中国东海大陆架的东部边缘,在地质结构上讲是附属于台湾的大陆性岛屿,明代以来就归属中国版图。20世纪90年代,日本政府不顾中日双方的有关承诺,默许右翼团体到岛上建灯塔、立界碑,阻止我国渔民和军队的正常活动。2004年2月5日,日本政府外务省发表声明:"一旦中日在钓鱼岛爆发战争,日美要对钓鱼岛进行协防。"2004年3月24日,中国民间保钓联合会组织了出海登岛活动。此次行动获得巨大成功,七名中国公民成功登上钓鱼岛。2004年3月—5月,中央领导委托国家图书馆先后就"钓鱼岛历史沿革""中日双方矛盾的焦点""中国政府的态度""周恩来、邓小平有关该问题的论述"等进行了信息报送并被采用。后国家图书馆又专门编辑了《钓鱼岛问题资料汇编》(五卷本),这一工作受到上级领导的高度肯定。

例四:对《反分裂国家法》的监测报送。2005年3月14日上午,争取和平解决台湾问题、实现祖国和平统一的《反分裂国家法》在十届全国人大三次会议上以赞成 2896 票、弃权 2 票的结果,高票获得通过。在《反分裂国家法》颁布前后,国家图书馆应全国人大的委托对《反分裂国家法》进行了近 4 个月的媒体监测,最多时一日发送 30 余次,达到了 30 分钟一报送的实时监测。国家图书馆为中央国家立法决策提供的实时咨询已实现了全天候服务。这项服务得到了全国人大领导的高度重视和肯定。立法决策咨询服务也向着内容深入专题化、服务方式适时化迈出了重要一步。

例五:《汶川地震灾后重建信息专报》。2008 年 5 月 12 日四川汶川地震发生后,国家图书馆积极履行为中央国家立法与决策服务的职能,以敏锐的信息观察力和判断力,围绕灾后重建工作重点,主动推出《汶川地震灾后重建信息专报》。该专报以借鉴其他国家和地区的灾后重建经验为切入点,内容涉及受灾地区的经济、社会、文化、教育、医疗卫生等多方面的重建与复兴。自 6 月 24 日正式编制推出后,以每周 2—3 期的频率直接报送到 154 位中央领导,以及参与灾后重建的国务院组成部委的各级领导和灾区三省领导手中,总计 61 期。为党和国家科学、全面制定灾后重建整体规划提供了有效的信息支持和决策参考。该专报得到了报送部门的高度评价和温家宝总理的重要批示。

虽然,国家图书馆参考部对国家重大决策的贡献远非上面的几个例子所能涵盖,但仅以上案例就足以见到国家图书馆参考工作的重要作用,无论是关于领土主权、法规制度建设,还是社会突发事件,国家图书馆的参考咨询服务总是能够及时、准确、有效地提供上级所需信息,为国家制度建设和应急事件处理提供参考。

1998 年 4 月,国家图书馆发布的《深化改革及业务格局调整总体方案》中对参考工作的首要定位就是要有利于全面履行国家图书馆的职能,服务党政军机关、为国家重大决策提供参考。在此后的十年时间里,国家图书馆为中央国家机关所提供的服务从单纯为党和国家领导人及"两会"提供信息咨询和媒体监测,转变为建设部委分馆、建立数据资料网站、举办高层讲座等多种形式相辅相成的立法服务体系。这一阶段国家图书馆的立法决策文献信息咨询服务统计详见表 8 - 1:

表 8－1　国家图书馆立法决策文献信息咨询服务统计表①

时间	服务对象					
	中央国务院部委	国家领导人	"两会"咨询	中办专报	其他	咨询总量
1998	59	13	—	—	0	72
1999	119	19	65	—	111	314
2000	162	42	47	—	101	352
2001	103	49	45	—	91	288
2002	142	62	92	—	109	405
2003	184	25	49	43	5	306
2004	368	22	59	420	3	872
2005	959	35	24	113	0	1131
2006	930	20	28	48	0	1026
2007	860	9	12	11	0	892
2008	9115	29	74	6	20	9244
总计	13001	325	495	641	440	14902

　　总体而言,从 1998 年到 2008 年,国家图书馆为党政军服务的参考咨询业务呈稳定增长趋势。2008 年的咨询件数是 1998 年的 100 倍以上,即便剔除其中的《汶川地震灾后重建信息专报》,也增长了 10 余倍。其中,国务院各部委的咨询增速最快,国家领导人咨询经历了 2000 年到 2002 年的高峰后虽然有所减少,但仍基本保持在年均 20 件以上的水平,高于开设初期的 13 件。"两会"服务的变化并不显著,说明相关业务稳定开展。至于新开设的中办专报等业务在 2005 年后的锐减,反映出随着国图数据资料库等电子资源的投入使用,为党和国家领导人提供参考的主要方式也在发生转变,这也是信息化时代的大势所趋。

---

　　①　表中 2008 年的数据包括了当年 1 至 3 月,由立法决策服务部代管参考咨询业务时经手完成的"重点科研""一般读者"和前往社科咨询室咨询的"口头"咨询量。其中仅有关《汶川地震灾后重建信息专报》的咨询就有 8106 件。

二、数字资源建设

这一阶段，随着现代信息技术的发展，国家图书馆参考咨询服务的方式实现了转型升级。除了前面提到的面向中央办公厅、国务院办公厅的"国图数据资料库"之外，还在此基础上推出了面向中央和国家机关的"立法决策服务平台"，并开设面向研发机构的科技查新查证、面向商界的企业信息服务以及面向公众的各类数据库和网上咨询平台。国家图书馆参考工作紧跟时代潮流，全力打造并推出了技术先进、内容丰富、反应迅速的网络服务模式，取得了突破性进展。

1. 科技查新服务

参考工作数字化的前提条件是信息技术的进步。1997 年 4 月，国家图书馆面向全体咨询馆员进行了首次计算机培训，并给每个参考咨询馆员配发了电脑，供上网浏览，从此国家图书馆的参考咨询服务项目有了新发展，这在当时全国图书馆界可谓开风气之先。1999 年 1 月 11 日，国家图书馆千兆馆域网开通，成为国内首家使用千兆位以太网络技术的图书馆，标志国家图书馆的计算机网络技术已达国内领先、国际先进水平。1998 年 11 月，国家图书馆与北京大学、清华大学、中国科学院文献情报中心等签署协议，合作开展科技查新服务。2000 年，国家图书馆的以太网网络节点超过 3000 个，并与清华大学、北京大学、中国科学院等学术机构实现了 100 兆速率网络连接，连通国内四大骨干信息网络。

科技查新，简称查新，是指查新机构根据查新委托人提供的需要查证其新颖性的科学技术内容，按照《科技查新规范》（国科发计字〔2000〕544 号）操作，经过文献检索与对比分析，并做出结论。科技查新是科学研究、产品开发和科技管理等活动中的一项重要基础工作。科技查新是国家图书馆参考咨询早于 1995 年就开始的工作，1998 年国家图书馆为重点科研和生产单位完成专题咨询、科技查新、商情调研等 8082 件，但是多年来由于科技部系统的行业垄断，国家图书馆的科技查新查证工作始终未能获得科技部的正式授予。直到 2005 年 5 月，随着国家法律完善和政策调整，国家图书馆才正式成立"国家图书馆科技查新中心",从此国家图书馆开始正式纳入国家科技自主创新服务体系中。

2005 年成立的国家图书馆科技查新中心与国家图书馆参考研究部科技咨询室是同一个机构两块牌子。中心的 6 位工作人员均通过了科技查新培训及 DIALOG 国际联机培训,具备科技查新资质。这些工作人员分别具备机械、化学化工、生物、农业、计算机科学、物理、材料工程等领域的科技专业学科背景和科研企事业单位工作经历并有较高外语水平。国家图书馆参照科技部先前制定发布的《科技查新规范》,根据具体实践情况及相关部门的现行办法制定了《国家图书馆科技查新规范》,规范了查新的基本原则、查新人员、审核员、查新咨询专家的基本条件和职责、查新的基本流程、各学科技术领域查新的检索文献资源范围、查新的档案管理、查新质量控制管理办法、查新委托人的权利与义务、查新服务收费标准等各方面。

国家图书馆科技查新中心成立以后,国家图书馆的科技咨询服务迎来了发展契机。在科技查新中心正式成立之前,国家图书馆的查新业务已经有一定成长,2002 年完成的查新项目共 44 件,2003 年 50 件,2004 年 70 件,2005 年上半年 49 件,共计 213 件,年平均查新数量约 61 件①。2005 年国家图书馆科技查新中心正式成立以来,参考部以国家图书馆资源为基点,通过积极地宣传和咨询人员的努力,科技查新业务量增长迅速,委托科技查新的客户所涉及的社会层面也逐步丰富,2006 年科技查新总量比 2005 年增长了 47.7%。

国家图书馆科技查新中心充分发挥了参考工作的社会效益。科技查新项目的委托单位基本分为国家政府部门、科研院所、高校、公司企业四大类,服务于国家高端科技发展是参考部科技咨询服务的突出特征,其中上海卫星工程研究所、上海某航天军工集团、北京康比特威创体育新技术发展有限公司、中国文物局、中国文物研究所、中国安全生产科学研究院等国家高端科技研究单位和企业与国家图书馆查新中心签订了长期合作协议,特别是为上海

---

① 辜军,朱大南.国家图书馆科技查新工作的实践与发展［G］//詹福瑞.文津论丛——国家图书馆第八次科学讨论会获奖论文选集.北京:北京图书馆出版社,2005:223 - 225.

卫星工程研究所提供的卫星总体优化设计、卫星材料结构、卫星姿态控制技术、卫星温度控制技术、卫星环境工程、星载计算机(即卫星上的计算机技术及星务管理)等15个专题文献信息的提供获得了有关方面的高度赞扬。

国家图书馆科技查新中心的成立也推动了业内交流,扩大了国家图书馆参考工作的影响力。2005年6月,国家图书馆参考部工作人员参加了北京交通大学图书馆举办"在京部分单位查新工作新发展交流研讨会"。2006年4月28日,作为特别邀请单位,国家图书馆参考部主任亲自带队组成宣讲团,参加了"2006年度北京科技园区中小企业技术创新专项基金及国家创新基金项目申报辅导"政策宣讲会,大会发言中介绍了国家图书馆科技信息咨询服务的情况,特别以介绍科技查新为重点,并结合科技查新在"科技型中小企业技术创新基金"申报中的作用等进行了详细的讲解。2006年11月,参考部召开"北京地区图书馆及情报机构科技查新工作研讨会",邀请了27家科技查新的47位查新管理人员和业务人员在国家图书馆就科技查新工作的诸多方面展开研讨,体现出国家图书馆对参考咨询服务主体培养的重视和科技查新基础业务建设的深化。

2. 企业信息服务

国家图书馆企业信息服务中心(Enterprise Information Service of NLC)成立于1998年,隶属于国家图书馆报刊资料部,是在原报刊部剪报中心的基础上发展起来的。该中心依托丰富的国家图书馆馆藏资源开展各种信息咨询服务。随着互联网技术的不断发展,该中心开展了对平面媒体、网络媒体、广电媒体、社交平台、移动客户端等各类信息源的信息监测和采集服务。同时,中心还研发了分析指标,深入挖掘信息源特征及信息内涵,增加了公共传播效果评估、舆情分析与情报研究等深层次的咨询服务,为用户战略决策提供智力支持。为了适应现代用户对信息的深入化、多样化、个性化需求,中心定制研发了"国家图书馆企业信息服务平台"(Enterprise Information Service Platform of NLC),更及时、有效、便捷地为用户提供服务。平台通过信息雷达的自动跟踪与采集,将信息进行整合、分类和分析,并设置信息分类导航。同时,平台可为用户建立个性化信息门户,用户通过互联网可实时远程访、查询、下载和打印平台中所定制的信息。

国家图书馆企业信息服务中心是国家图书馆专门从事信息咨询服务的部门,其主要职能为承担馆内相关业务,负责一年一度的企业信息服务年会。2005 年企业信息服务年会的主题为"国家图书馆——中国企业的最大信息源",共 90 余家企业约 100 余人参加了会议。这次年会旨在为图书馆界、企业界、资源商搭建一个平台,使更多的中外企业了解并利用国家图书馆的资源和服务,提高其信息发现、获取和利用的能力,密切图书馆与企业之间的沟通、交流与合作,在介绍新产品、推广新服务的同时,寻找合作机会。会上北京大学谢新洲教授做题为"企业竞争战略与图书馆信息资源开发利用"的主题演讲。与会代表率先体验国图数字资源门户系统所带来的方便、快捷的一站式检索和信息获取的全新服务模式。国家图书馆还在报刊资料部设立了"企业信息服务中心",主要服务项目包括:媒体监测分析报告、行业和市场分析报告、文献提供服务、数据库制作等①。

2006 年企业信息服务年会的主题是"医药企业的信息发现与企业创新",由中国图书进出口(集团)公司协办,共 120 人参加了会议。会上国家知识产权专利局专利文献部部长李建蓉就《专利信息利用与企业技术创新》为题做主题发言。这次会议主要面向医药企业尤其是以研发为主的医药企业,是国家图书馆第一次举办的面向行业的会议,加强了图书馆与各资源商以及医药企业之间的彼此了解,为进一步提升国家图书馆参考工的企业服务水平奠定基础②。

2007 年的国家图书馆企业信息服务年会移师苏州,这与 2006 年国家图书馆与苏州工业园确立合作关系息息相关。2003 年,国家图书馆参考研究部最先与苏州科技园区独墅湖高教区图书馆建立文献信息服务合作关系,在此基础上,2006 年 11 月 15 日,国家图书馆与苏州工业园区独墅湖高教区管委

① 国家图书馆报刊资料部.发挥资源优势搭建信息平台——我馆举办企业信息服务年会[J].国家图书馆通讯,2005(28):1.

② 国家图书馆报刊资料部."2006 国家图书馆企业信息服务年会——医药企业的信息发现与企业创新"圆满结束[J].国家图书馆通讯,2006(29):2.

会签订协议,双方将以苏州独墅湖图书馆为载体,合作共建国内首家"国家数字图书馆实验馆"。国家图书馆重点指导苏州独墅湖高教区图书馆科技查新人员,并落实科技查新报告的审核工作。苏州工业园区管理委员会则责成独墅湖高教区管理办公室为该馆建设提供必要的经费保障和组织日常管理。随着合作的全面开展,双方将共同探索市场经济条件下数字图书馆为政府、教学、科研、企业和公众服务的新举措和新途径,共同构建既有利于高科技企业发展又有利于图书馆自身发展的新机制,提高开发专业信息服务产品的能力、开展优质信息服务的能力、促进产学研结合的能力①。

2007 年 11 月,在苏州市独墅湖高教区召开 2007 年全国图书馆企业信息服务年会,本次会议由国家图书馆和苏州独墅湖高等教育区管理办公室联合主办,由原来的"国家图书馆企业信息服务年会"扩大为"全国图书馆企业信息服务年会",150 余位来自全国各地的图书情报界、企业界人士和信息资源提供商代表参会。本次年会继续秉承图书馆为企业提供高效便捷信息服务的原则,以"基于知识发现的企业创新"为主题,邀请企业界和图书馆界、情报学领域的相关专家学者参会。为贯彻文化部领导在全国公共图书馆延伸服务经验交流会议上倡导的关于图书馆开展创新服务的精神,本次会议还邀请了全国图书馆情报界从事信息咨询工作的专家和同行交流经验,召开了"面向企业的图书馆创新服务模式"座谈会。

2007 年 11 月,依托国家图书馆宏富的数字资源,各种综合类数据库、企业名录类数据库、生物医药与化工类数据库、信息情报类数据库等数据库资源在独墅湖图书馆正式面向企业和个人免费开放,各界人士可以畅快体验全球优秀信息数据资源。11 月 16 日,还举办了"面向企业的图书馆创新服务模式"研讨会,国家图书馆参考工作与企业界的合作进一步深化②。

---

① 文化教育培训部.国家图书馆与苏州工业园区签署合作协议首家国家数字图书馆实验馆挂牌[J].国家图书馆通讯,2006(34):1.
② 国家图书馆企业信息服务中心.基于知识发现的企业创新——2007 年全国图书馆企业信息服务年会总结[J].国家图书馆通讯,2008(1):12 – 20.

3. 数据库建设

参考部针对参考工作中遇到的重点问题陆续建设了多个数据库,极大地方便了读者对参考文献的个性化需求。

1998 年,北京图书馆确定以建立现代化国家图书馆为目标,力行改革,其中的重要内容就是按照信息与网络技术发展需要进行业务重组,加强信息网络建设和信息开发,加大对数据库建设的投入,拓展网上服务项目和多种载体文献的信息资源开发①。同年,北京图书馆开始利用馆藏文献资源,建设"中国年鉴信息数据库""中国图书馆信息数据库"等数据库,并在 1999 年培训参考馆员使用先进信息手段的能力。"中国年鉴信息数据库"此后逐年完善,2000 年参考研究辅导部又成功立项《建立中国政府出版物报道系统实验项目》,后与香港市政公共图书馆合作开展中国政府出版物资料库项目,到 2003 年完成光盘 50000 条,目录共 12 期 7000 条,2001 年开始建设厂商名录数据库。2003 年和 2005 年又陆续建设"中外法律法规题名数据库"及"民国时期法律法规数据库"等。2006 年参考部在以往对政府出版物文献类型深入研究基础上,于 6 月举办"政府出版物与政府信息传播与利用"研讨会,来自国务院有关部门、国家档案局系统、政府公报编辑部和部分科研机构、大学法学院图书馆等 30 多家单位 50 多位专家、学者出席了本次会议,实现了政府机构、科研机构和大专院校在政府出版物研究领域的横向交流。2006 年还完成了"海外中国问题研究学术期刊数据库"建设的前期调研和初步建设工作,该数据库是参考研究部在"网上中国学导航""中国学家"等有关中国学研究领域的基础工作之上,进一步推出的在馆藏文献信息资源的开发与利用方面的有益探索。

国家图书馆的数据库建设还对图书馆管理和业界交流起到了积极作用。2002 年,国家图书馆完成了参考咨询档案数据库单机版的设计和部分咨询档案数据回溯的录入工作,并着手进行咨询档案数据库软件网络版的设计和调试工作,开始国家图书馆参考咨询档案的数字化管理。同年,参考部向新加

① 袁晞.国家图书馆的职能是什么? 世纪之交说北图[N].人民日报,1998 - 06 - 19(9).

坡国家图书馆提供提醒服务顺利实施,双方又在网页内容提供、数据库建设和培训方面进行了新的商谈,参考部科技参考组还与新加坡其他单位建立了信息服务合作关系。2005 年参考部正式启动国家图书馆二期工程虚拟参考咨询子项目,具体负责完成虚拟参考咨询系统的功能设计、性能设计、工作流程设计、协同工作方式方法确定及系统主机选定等工作。

4. 网上咨询台

2005 年,参考部首先将切入点放在对企业用户需求上,与中数创新有限责任公司合作面向中关村高新技术企业开设网上虚拟参考咨询服务。同时,有重点地与中关村部分高新技术企业用户进行座谈。通过这次实践,国家图书馆参考部积累了经验,充分认识到国家图书馆的信息服务内容和能力进一步拓展的必要性。

为适应信息化社会特点,更好地服务读者,2006 年国家图书馆参考部正式推出网上咨询台,这是对传统口头和信件咨询模式的重要革新和补充,得到了读者的热烈欢迎,使国家图书馆参考工作的社会效益得到进一步的发挥。

2006 年 5 月 29 日,参考部正式推出国家图书馆网上咨询台以来,该服务得到读者的积极响应,业务量快速上升。2006 年 6 月到 2007 年 12 月,网上咨询台点击数量从 49226 次增长到 123894 次,月平均数提高 46.8%;实时咨询数量由 4471 件上升到 10349 件,月平均数提高 35.1%;表单咨询总量也由 2006 年 1789 件上升到 3839 件,月平均数提高 25%。随着网上咨询和相应服务的推出,到馆读者数量呈下降趋势,网上参考咨询台拓展了数字环境下的国家图书馆的服务范围,创新了服务方式,使国家图书馆服务得到了延伸。同时,该项服务也有助于国家图书馆二期数字图书馆工程,为国家图书馆参考工作在数字化网络条件下实现广泛的业界联合奠定了良好的基础。

2007 年 4 月总咨询台正式划归参考部,参考部组织制订了总咨询台基本业务培训计划、岗位要求、开展业务研讨,先后进行人员培训 1 次,研讨 3 次,馆级协调会 1 次。同时根据总咨询台的业务特点,组织制订《国家图书馆总咨询台岗位要求》,创建总咨询台值班日志,规范了总咨询台业务工作。参考部形成咨询室、总咨询台、虚拟咨询台三种咨询服务形式并存的局面,咨询人员一方面要完成有深度的专题咨询,一方面要承担咨询室、总咨询台和虚拟咨询台的日常值班,咨询人员的业务素养得到进一步锻炼。

国家图书馆面向中关村管委会高新技术企业用户以及面向普通读者的两个网上咨询台的开通,共同构成了以充分利用信息资源、以现代计算机网络技术手段,服务于国家图书馆不同层面读者群的又一新服务模式。总咨询台划归参考部方便对多种咨询手段进行统一管理,为实现资源优化配置创造了条件。

5. 立法决策服务平台

技术进步带来了参考咨询业务升级,其中的代表就是立法决策服务平台的建设。早在 1998 年,国家图书馆就在全国最早组建“全国图书馆信息咨询服务网”,编印“网讯”,努力实践从传统参考工作向网络环境下参考工作过渡。2002 年 10 月,国家图书馆正式启动为国务院办公厅等领导机关提供信息服务的“国图数据资料库”,直接面向中央和政府最高决策领导层提供文献信息咨询服务。2008 年 12 月 12 日,国家图书馆正式推出面向中央和国家领导机关的“国家图书馆立法决策服务平台”。下面着重介绍这一平台的设立经过和内容。

1998、1999、2000 和 2006 年,国家图书馆参考部对中央国家领导机关进行了四次大规模文献信息需求的调研活动。调研中发现中央国家领导机关的立法决策工作对于信息的全面、及时、准确、有效存在迫切需求,而且随着中央国家机关对国家图书馆信息服务需求的逐年递增,传统立法决策服务中的“一对一”到馆服务等服务模式已经很难应对立法决策机构成倍上升的信息服务需求,因此国家图书馆面向中央国家领导机关的数字化信息服务势在必行。于是,参考部于 2002 年提出建立“中央国家机关信息服务系统”的设想,2006 年 10 月被国家图书馆正式确立为《2006—2010 年国家图书馆创新服务主要项目》之一,并于 2007 年 4 月正式启动该项目,与 TRS 公司合作,分三期完成平台建设,2008 年全国“两会”召开之际,平台开始试运行,2008 年 12 月,成功召开“国家图书馆立法决策服务平台发布会”,开始向中央政策研究室、人事部、劳动部、财政部、民航总局等单位开放立法决策服务平台。在立法决策服务平台建设的过程中,国家图书馆参考部在无匹配专业、无前人经验、无蓝本可循的困难下,充分整合文献资源,出色地推进了立法服务工作的数字化转型。

该平台设有"两会专题""民政新闻""国图观察""民航新闻"等11个专题类栏目,"各国背景资料""省市情资料库""新书推荐"等10个自建数据库栏目,以及"北大法律信息网""慧科中文报纸""方正电子图书"等9个外购数据库。平台所提供资料的文字总量达4000万字,图片1万余张。平台以中央和国家机关在文献信息方面的需求为基本服务内容,以国家图书馆丰富的数字资源和在信息服务方面的经验特长为依托,以数字化的方式提供个性化信息服务环境,实现了中央和国家领导机关立法决策服务由传统、特定的单一用户服务向数字环境下的不特定系统用户服务的转变,全面建成与中央国家机关互通有无的立法决策文献信息服务网络。

立法决策服务平台是国家图书馆参考工作深化履行立法与决策服务职能所进行的开拓性的探索和尝试,为满足中央国家领导机关的个性化服务需求创造了条件,提高了国家图书馆立法决策服务的能力,对于打造高素质的立法决策咨询服务团队具有积极意义。

三、公共参考咨询服务

国家图书馆参考工作长期以来所形成的传统就是"紧贴时代、服务公众"。1998年以后,国家图书馆在明确为国家机关提供服务职能的同时,也不忘强调社会效益与经济效益。1998年4月,培训中心并入参考研究辅导部。1999年12月,展览业务和人员也划归参考研究辅导部。2000年3月22日参考研究辅导部成立展览服务组。这一系列机构调整,为参考研究辅导部举办展览和讲座提供了便利。此外,国家图书馆在为解答公众咨询和提供参考文献等方面的工作也取得前所未有的成绩,充分履行了国家图书馆的社会职能。下面从展览和讲座、解答社会咨询及提供文献等方面具体介绍。

1. 展览和讲座

早在新中国成立前,展览就是国家图书馆向公众介绍专题参考文献的重要方式。1999 年初,该年的《国家图书馆工作要点》中就有"发挥社会教育职能,积极开展展览和培训工作"的要求。相关工作主要由参考研究辅导部承担,不仅体现出国家图书馆的社会教育职能,同时也是参考工作社会服务的组成部分。

从 1998 年到 2008 年,无论展览还是讲座的开展都取得了空前发展。详见表 8 − 2。

表 8 − 2　1998—2008 年国家图书馆参考部举办展览及讲座统计表

年份	展览(场)	讲座(场)
1998	2	11
1999	6	11
2000	6	26
2001	10	148
2002	6	192
2003	8	114
2004	13	83
2005	19	105
2006	18	124
2007	19	167
2008	43	197

从表 8 − 2 的数据可以看出,十年间国家图书馆展览的举办场数呈稳定增长态势,尤其是 2007 到 2008 年,增加了一倍有余。讲座的举办场数虽然有所波动,但是增长得更为显著,从 1998 年的 11 场,到 2008 年的 197 场,增长约18 倍,而且自 2001 年后,只有 2004 年较少,其他的 7 年全部超过 100 场。这些数据足以说明国家图书馆举办展览和讲座的成绩。从内容上,讲座主要包括部级历史文化讲座、文津讲坛及图书馆业务的专题介绍等,推动了国家图书馆文献资源及其文化内涵的推广和参考工作的开展。而展览则可在较长时间段中在弘扬中国古代文化、社会主义精神文明,宣传国家图书馆馆藏等方面发挥重要作用。

此外国家图书馆还通过电视节目使馆藏走上荧幕,产生了全国性影响。2005 年 1 月起,结合"保持共产党员先进性教育"活动,参考研究辅导部承担了中宣部下达的为"永远的丰碑"提供专题咨询服务的任务,该任务将一直持续到 2006 年 8 月,累计收集整理了 334 位革命英烈事迹材料,提供图片 3000 余幅、图书 1076 种类、期刊 146 种。电视节目"永远的丰碑"每天在中央电视台黄金时间热播,具体承担该项工作影视栏目制作的中央电视台的负责同志曾经对参考部咨询人员讲:"我们制作'永远丰碑'栏目所需要的文献资料有 90% 来自国家图书馆的支持"。

2. 社会咨询

国家图书馆参考工作起源于读者服务,社会咨询是其工作的主要组成部分。1998 年以后,在为党政军提供服务的同时,国家图书馆的社会咨询工作也取得了快速发展,仍首先通过数据说明。

1998 年共完成咨询 394934 件次,其中处理各类口头和书面的一般咨询 376642 件。1999 年共解答咨询 402770 件次,其中参考咨询 30608 件,目录咨询 372162 件。2000 年共解答咨询 60355 件次,其中为一般读者解答咨询 55507 件。2001 年共解答咨询 150374 件次,其中为一般读者解答咨询 139480 件。2002 年共解答咨询 230761 件次,其中为一般读者解答咨询 214197 件。2003 年全年,共解答咨询 261429 件次,其中为一般读者解答咨询 244508 件。2004 年全年,共解答咨询 306044 件次,其中为一般读者解答咨询 269510 件。2005 年全年,共解答咨询 280498 件次,其中为一般读者解答咨询 264093 件。2006 年全年,共解答咨询 294144 件次,其中为一般读者解答咨询 277139 件。2007 年全年,共解答咨询 296213 件次,其中为一般读者解答咨询 280005 件。2008 年全年,共解答咨询 298176 件次,其中为一般读者解答咨询 275113 件。

1998 和 1999 年的统计口径与此后不统一,这里无法详细分析。自 2000 年以后,国家图书馆参考咨询服务呈上升趋势,到 2001 年以后咨询数量一直没有低于 20 万次/年,而且 90% 左右的咨询主体都为一般读者。由此可见,国家图书馆参考工作服务社会公众的底色没有改变。需要特别说明的是,国家图书馆还与时俱进地丰富了读者参考咨询服务的手段,2002 年国家图书馆各阅览室继续深化读者服务内涵,如在工具书阅览室开辟了"新书园地"和"新书推荐"栏目,及时将每月到室《中文新书目》和《西文新书目》公布于新书园地,并对于一些学术价值较高或较热门的书撰写新书推荐材料,其中《中国年鉴阅览室月报》深受读者的欢迎。自 2006 年 5 月 29 日起,国家图书馆开通了网上咨询台,截至 2006 年的 12 月 31 日总点击次数已达 49226 次,浏览次数 14958 次,实时咨询 4471 件,表单咨询 1789 件,2007 年增速更快,这也逐渐成为社会咨询的重要方式。

服务读者过程中,国家图书馆参考部还高质量地完成了一批精品咨询,实现了社会效益和经济效益双丰收。下面仅对笔者所经手的三件分别面向公益机构、企业和政府文化部门的代表性咨询事例具体介绍:

例一,2005 年 3 月为中国红十字总会提供关于中国红十字总会历史和第一任会长的咨询服务。为解答这一咨询,笔者查找了第一历史档案馆相关档案、上海图书馆"盛宣怀专档"、晚清的邸报、民国初年红十字会早期出版物等相关期刊、报纸、图书等,确定盛宣怀是中国红十字会创始人,而非一直认为的吕海寰,厘清了清末红十字会起源时期的史料,解决了中国红十字会首任会长这一长期悬而未决的问题,提交了《中国红十字会第一任会长考辨》报告一份和大量包括光绪帝任命盛宣怀为红十字总会会长谕旨在内的档案复制件、早期报纸、期刊、图书的影印件等。中国红十字会会长彭珮云亲自听取了参考部的汇报,并把这一结论认定为中国红十字会官方结论。

例二,2006 年 10 月为北京红星酿酒股份有限公司提供关于北京二锅头传统酿制技艺的咨询服务。北京红星酿酒股份有限公司的前身是北京酿酒总厂,该公司是 1949 年由北京十几个酿酒作坊合组而成,对于此前的历史并不清楚。该企业重视企业文化建设,准备申报"中华老字号"、北京"非物质文化遗产"和国家级"非物质文化遗产"。参考部接到委托后,从北京白酒酿造历史入手,以翔实的史料证明了北京二锅头酒传统技艺肇始于元代,传承于明朝,兴盛于清朝,延续于民国,光大于当代,传承延续了长达 800 余年。这是参考部第一次在馆藏中围绕一个企业的历史系统搜集资料,咨询结果以及《"北京二锅头传统酿制技艺"论证报告》被该企业广泛应用于企业文化建设和宣传中,并借此一举获得了"中华老字号"、北京"非物质文化遗产"和国家级"非物质文化遗产"等荣誉称号。

例三,2008 年 1 月为北京市西城区文化委员会提供关于我国祭月礼制文献的咨询服务。西城区文化委员会为修复北京月坛,恢复祭月乐舞,举办中国古代祭月展览,委托参考部搜集相关文献。笔者首先查找得知明清两代礼制由礼部和太常寺分掌,通过清代官书《礼部则例》《太常寺则例》《律吕正义》及其续编,找到了有关祭月的规定、舞谱、乐谱及图谱等。明确古代祭月典礼的叫法应为"夕月仪";又利用数据库检索历代帝王祭月活动的相关记载,在民国期刊中查找到民国时期月坛情况的照片,将这些资料分类装订为三册"中国古代祭月资料"。这次咨询,系统收集了我国祭月礼制文献资料,特别是明清皇家祭月仪式的相关资料,填补了这一领域的研究空白。委托方对此次咨询的结果非常满意,表示了继续合作的意愿。

上述数据和事例充分说明了国家图书馆社会咨询服务在广度和深度上都达到了较高水平,充分发挥了国家文化机构服务社会的职能。

3. 文献提供

1998 年开始,馆内其他部门也陆续对外开展参考咨询相关业务,它们的工作以提供参考文献为主,代表性机构包括文献提供中心和剪报信息服务中心等。

1998 年 4 月 22 日《北京图书馆业务格局调整方案》出台,方案提出将新建北京图书馆剪报服务中心、北京图书馆文献提供中心等。4 月 27 日典藏阅览部外借组更名为外文图书外借组,对外称北京图书馆文献提供中心,报刊资料部成立"剪报组"(对外称"北京图书馆简报中心")、报刊信息咨询组。5 月 18 日剪报服务中心、文献提供中心对外开放。2000 年 3 月 22 日报刊信息咨询组与剪报组合并,对外称"国家图书馆剪报信息服务中心"。经 2002 年第 23 次馆长办公会议决定,2002 年在典藏阅览部下设文献提供组对外可称为"国家图书馆文献提供中心",在典藏阅览部增设参考工具书组、报刊资料部下设报刊信息咨询组(国家图书馆剪报服务中心)。

随着信息技术的普及,剪报业务逐渐实现了电子化,并在 2008 年以后转型为主要面向企业提供专题服务。国家图书馆的文献提供中心则依托国家图书馆馆藏资源和各类数据库取得进一步发展。作为全球最大的中文文献保障基地及国内最大的外文文献查询中心,该中心可为国家重点教育科研生产单位、广大图书馆界及个人用户提供多层次、全方位的专业化服务。具体业务包括文献原文提供、学科前沿定题服务、文献收集及复制业务等。

1998 到 2008 年,国家图书馆调整了参考工作的定位,逐渐推进了业务的转型升级,这主要表现为三点:首先,明确了党政军参考服务职能,通过为党和国家领导人及"两会"提供信息咨询和媒体监测、为国家重大议题提供参考、建设部委分馆和各国政府数据资料网站、举办高层讲座等多种形式,构建起集解答咨询、提供参考、宣传教育为一体的立法服务体系。其次,大力推进数字资源建设,开展了面向研发机构的科技查新查证服务、面向商界的企业信息服务,建设了面向公众的多种数据库和网上咨询平台,开设了面向国家机关的立法决策服务平台,使国家图书馆参考工作顺应数字化时代,提供个性化服务。再次,充分发挥社会服务职能,继续发展公共参考咨询服务。国家图书馆通过举办展览和讲座等介绍参考文献,在解答公众咨询方面确保和数量和质量双丰收、线下和线上齐头并进,除参考部外,文献提供中心和剪报信息服务中心等其他部门也可提供公众需要的参考文献。

第三节　国家图书馆参考工作的制度和理论创新

1998 年到 2008 年,随着国家图书馆参考工作的重新定位和业务的更新换代,参考工作的制度及理论创新也取得突破性进展。通过管理制度配合机构调整,国家图书馆制定了一系列岗位规定、实施细则、考核标准,并建立了行之有效的委员会机制,完善了制度建设。在理论方面,也充分结合信息化时代的特点,通过组织研讨会、申报科研项目,国家图书馆参考部在世界起到了带头的模范作用。下面具体介绍这一时期制度和理论创新的相关内容。

一、制度创新

自 1998 年始,随着国家图书馆机构改革的推进,参考工作的管理模式也渐趋规范,这首先表现在一系列规章制度的出台上。

1999 年,参考部编制《参考咨询工作手册》及《1999 年立法决策咨询服务年报》。2002 年 1 月,又制订了《2002 年参考部专业技术人员聘任补充条件》《参考部有关科研奖励办法及规定》,全员聘任工作增加了新的内容,除了按照馆里的有关规定操作外,还把撰写科研论文、参加学术会议、主持或参加各级课题研究项目作为专业技术人员聘任的重要条件之一,并设立参考部科研奖励基金,由此全员聘任工作在原有基础上有了新的提高,行政手段和经济手段双管齐下,推动参考部科研工作展开,为保持人才资源和业务优势创造条件。2004 年,文化体制改革被确定为国家图书馆在下一阶段的重点工作,参考工作中岗位设立和岗位聘任的科学化也被提上议程,参考部认真研究和分析参考部实际业务工作情况,制订了比较具有可操作性的《参考部专业技术岗位聘任实施办法》,从定题专业报告、陈述答辩、业务及学术研究、岗位培训、员工评分等多层次、多角度对每一位员工进行综合考评,有效地推进了参考部基础业务、科研学术、行政管理水平的进步,也为未来发展带来新的契机。2004 年底至 2005 年初,参考部完成岗位竞聘工作,并积极组织咨询馆员座谈,制定了《参考部岗位考核标准》和《参考部岗位考核评分细则》,相关文件中充分考虑了参考工作服务与研究并重的特点,将考核内容设置为业务工作、科研培训、同行评议及附加分四部分,增加了业务工作在考核当中所占的比例权重,使得岗位聘任与考核工作更具科学性,确保了 2005 年底岗位考核工作的顺利进行。2006 年,在此前《参考部岗位聘任实施办法》的基础上,经过参考部岗位考核领导小组以及部务会的认真讨论,参考部对《参考部岗位聘任实施办法》中的相关内容进一步修改、完善和补充,形成了《参考部 2006 年岗位考核方案》,确保了参考部 2006 年全员岗位考核工作圆满完成。2006 年的岗位管理和考核工作,进一步激发了参考咨询馆员的自省意识。到 2007 年初,总咨询台从业务处正式并入,参考部的业务范围有所扩展,随之制订了

《国家图书馆总咨询台岗位要求》,同年 11 月,参考部多位资深馆员共同编写完成了《国家图书馆参考咨询馆员资质认证教材》。

随着立法决策工作的空前发展和深化推进,2004 年参考部配合业务处着手制定或修改了《国家图书馆为中央国家机关立法决策服务条例》《国家图书馆部委分馆建设组织条例》《国家图书馆为中央国家机关立法决策服务保密守则》等一系列适用于服务中央国家机关的规章制度,建设起一套科学、完善的服务管理体系。此外国家图书馆参考部还积极与相关部委沟通,建立起一套信息服务反馈机制,从馆内和馆外两个方面规范中央国家机关服务工作。2008 年 1 月 1 日,国家图书馆设立法决策服务部,下设全国人大与政协服务组、中央国家机关服务组、法律文献组、中国学文献组、系统保障服务组,同时将文献提供中心并入参考咨询部,实现了资源优化配置。2008 年,作为新建制的立法决策服务部,为深化发展立法决策服务工作,认真分析制定了《立法决策服务部为中央国家机关立法决策服务保密工作》《立法决策服务部科研奖励暂行规定管理办法》《立法决策服务部关于员工年度休假的补充规定》,并完成《立法决策服务部 2008 年员工年度考核办法》的修订工作。上述规章为立法决策服务部管理提供了制度保障。此外,专业化的立法决策服务离不开国情咨询顾问委员年会、国情咨询专家委员会、国家图书馆信息联络员等制度,国情咨询顾问委员会和国情咨询专家委员会的成立为国家图书馆履行立法决策服务职能提供了有效工作机制,而国家图书馆信息联络员制度的建立和每年一次的工作会议,使国家图书馆与国务院政策法规制定部门形成了以信息联络员为节点的工作网络,推动了立法决策服务的深化发展。

从 1998 到 2008 年,国家图书馆管理方式和理念发生了全面而深刻的变革,规范化的管理体系得以逐步确立,这为参考工作的长远发展奠定了坚实基础。

二、理论创新

参考工作制度的创新激发了对相关理论的研究,这主要表现在参加科研项目、发表学术论文及主办研讨会三个方面。

参考部 2002 年制定《科研奖励办法及规定》，设立参考部科研奖励基金，把撰写科研论文、参加学术会议、主持或参加各级课题研究项目作为专业技术人员聘任的条件之一。2006 年进一步对参考部科研奖励办法进行修改和完善，制定《参考部 2006 年岗位考核方案》。这些措施激发了咨询馆员积极申报和参加各级科研项目，从 2002 年—2008 年，参考部参与的国家级科研项目包括：2002—2004 年开展的国家社科基金项目"国外人文社会科学核心期刊研究"，2004 年开展的致公党中央参政议政课题项目"公益性文化事业单位人事管理制度改革"，2005 年开展的国家社科基金重点项目"数字图书馆宏观管理"，2005—2007 年的国家社科基金项目"开放存取与图书馆的未来发展"，以及 2006 到 2008 年开展国家社科基金项目"基于读者需求的图书馆服务质量评价研究"。2002—2003 年和 2005 年参考部还分别参与了文化部课题研究项目"网上连续出版物研究"和"识字图书馆互操作问题研究"。

2002 年起，参考部主持的馆级科研项目逐年递增，其中于 2002 年至 2003 年主持馆级项目"国家图书馆参考工作发展战略研究"。2003 年申请馆级科研项目"建构国家图书馆网上参考咨询服务模式及可行性研究"（2003—2004）、文化产业研究（2003）及国图文化研究（2003—2004）。2005 年开展馆级科研项目"中文图书评价研究"、"中国学网络资源导航"、"《国家图书馆业务规范》及《参考咨询工作规范》"、"《中文法律文献藏用研究》子项目"、"参考咨询服务协议 QuIP/QATP 研究"（2005—2007）、"国家图书馆虚拟参考咨询知识库研究"（2005—2007）、"国家数字图书馆工程《虚拟参考咨询》子项目"（2005—2007）、国家图书馆分馆科研项目"法律文献藏用研究"（2005—2007）等。2006 年开展馆级科研及馆级青年基金项目"国家图书馆二期工程'馆际互借与文献传递系统子项目'""国家图书馆二期虚拟参考咨询软件功能需求"。2007 年开展馆级及馆级青年科研基金项目"图书馆网上参考咨询用户分析指标体系研究""国家图书馆员工职业倦怠的心理分析及其应对策略——MBI-GS 量表（1996 年版）的应用""世界主要国家议会图书馆综合情况调研""参考工作知识服务模式研究""国家图书馆参考咨询工作史研究""馆藏中国学文献评估""国家图书馆编目业务格局一体化可行性研究""国家图书馆青年人才培养模式探究""国家图书馆现代化指标体系概念模型研究""参考咨询馆员资质认证教材""数字图书馆评价体系研究"等。

此外，参考部咨询馆员还开展了多项自主科研课题，如2004年开展的"国图个性化服务研究"和"史学论文索引数据库"，2005年开展的国家863计划项目"数字城市空间信息共享应用政策与协议研究"及国家"十五"科技攻关课题"城市数字化综合应用示范研究"，2006年开展的中国科学院国家科学图书馆（现为中国科学院文献情报中心）科研项目"国外图书情报学科期刊运行机制研究"等。

随着科研项目的开展，关于参考咨询研究的论文也取得丰硕成果。2003年，参考部派员参加全国性学术会议和业务交流14人次，有9人次获得国家级优秀论文奖项，3人次获得馆级论文奖项。2004年积极探讨国内外最新参考工作理论和实践的发展趋势，发表研究论文11篇。2005年除推进国家图书馆二期虚拟参考咨询子项目外，参考部累计参加会议15人次，发表论文31篇36人次，主持或参加各级科研项目12个。2006到2007年，新开展15个科研项目，共发表论文21篇，2007年参考部科研项目申报获批数量位居全馆第一。2008年立法决策服务部新开展馆级重点科研项目"国内外政府决策咨询服务机构的发展战略与服务研究"。

除了承担科研项目和发表论文之外，国家图书馆参考部还组织召开了多次研讨会，发挥着业界龙头作用。1999年国家图书馆召开"参考咨询工作研讨会"，加强业务探讨。2003年4月召开"全国图书馆信息咨询工作学术研讨会"，来自全国19个省和直辖市43家图书馆的83位图书馆参考咨询专家出席，提交论文143篇。2006年11月召开"北京地区图书馆及情报机构科技查新工作研讨会"，27家机构的47位查新管理和业务人员参加研讨。2007年围绕着"馆藏中国学文献调研评估"和"国家图书馆参考咨询史"研究，国家图书馆参考部策划召开了"中国学文献研究、开发与服务座谈会"和"参考部部史研究座谈会"，中国社会科学院、北京大学等院校和研究机构的专家学者参加了会议。2007年11月国家图书馆主办第一届"北京地区参考咨询工作研讨会"，来自北京大学、清华大学等各机构参考咨询部门的负责人应邀参加了研讨会,并就各自系统图书馆参考工作的经验进行了深入交流。

1998 到 2008 年,国家图书馆根据参考工作特点制定了组织章程,完善了管理制度,并通过科研课题、发表论文和举办研讨会推进了相关理论研究,确保了工作的顺利转型。

本章梳理了国家图书馆参考工作 1998 年改革后 10 年间的发展历程。这一阶段国家图书馆参考工作的主要成绩可以概括为:新定位、新业务、新手段、新模式。定位上强化了作为国家图书馆为中央决策部门服务的职能;业务上拓展了国家领导人、“两会”、部委、中办、国办等主要服务对象;手段上加快了数字资源建设、改进了社会服务项目;模式上完善了制度和理论建设。这说明,国家图书馆参考工作实现了全面转型升级,这为后续工作的健康发展打下了良好基础。2008 年 4 月以后,立法决策服务部与参考咨询部各自独立办公,此前拓展的各项业务得到了进一步发展,国家图书馆的参考工作走向了全面繁荣。

参考文献

[1] 北京图书馆业务研究委员会.北京图书馆馆史资料汇编:1909—1949[G].北京:书目文献出版社,1992.

[2] 北京图书馆馆史资料汇编(二)编辑委员会.北京图书馆馆史资料汇编(二):1949—1966[G].北京:北京图书馆出版社,1997.

[3] 李致忠.中国国家图书馆馆史:1909—2009[M].北京:国家图书馆出版社,2009.

[4] 李致忠.中国国家图书馆馆史资料长编:1909—2008[M].北京:国家图书馆出版社,2009.

[5] 李致忠.中国国家图书馆百年纪事:1909—2009[M].北京:国家图书馆出版社,2009.

[6] 戚志芬.参考工作与参考工具书[M].北京:书目文献出版社,1988.

[7] 杜克.当代中国的图书馆事业[M].北京:当代中国出版社,1995.

[8] 詹德优.信息咨询理论与方法[M].武汉:武汉大学出版社,2005.

[9] 谢灼华.中国图书和图书馆史[M].3版.武汉:武汉大学出版社,2011.

[10] 范凡.民国时期图书馆学著作出版与学术传承[M].北京:国家图书馆出版社,2011.

[11] 卢海燕,李凡.书海津梁:国家图书馆立法决策服务[M].北京:国家图书馆出版社,2011.

[12] 孟化.国家图书馆与近代文化(1909—1949):从京师图书馆到国立北平图书馆[M].北京:人民出版社,2014.

附录一　国家图书馆参考工作大事记

1909 年

9 月 9 日,清政府批准学部《奏筹建京师图书馆折》,派缪荃孙充任京师图书馆监督。京师图书馆成立。

1911 年

京师图书馆开始筹建。

1912 年

5 月,江瀚任京师图书馆馆长。

7 月,《京师图书馆暂定阅览章程》18 条。

8 月 27 日,京师图书馆筹备就绪,于广化寺开馆接待读者。开馆不到半年,因为地理位置偏僻、馆舍面积狭小、周围环境潮湿等原因停办。

1913 年

6 月,在宣武门外的武阳会馆筹建分馆。

1914 年

6 月,京师图书馆分馆搬迁至宣武门外永光寺街民房。

1915 年

1 月,教育部派钱稻孙为分馆主任。

8 月 10 日,教育部核准《京师图书馆新闻杂志阅览室规则》。

1916 年

2 月,京师图书馆分馆迁香炉营四条西口洋楼,有房 22 间,约 330 平方米。

3 月 1 日,京师图书馆分馆正式开馆。

12 月 30 日,教育部批准《京师图书馆暂行办事规则》规定京师图书馆设目录、庋藏、总务三课。其中目录课负责:"关于图书解题事项""关于阅览人之招待及统计事项"。

1917 年

1 月 26 日,京师图书馆迁址方家胡同国子监南学旧址开馆。总计房屋 119 间,其中阅览室 12 间。

2 月,教育部指令第 64 号批准《京师图书馆修订暂行图书阅览规则》,延续了《京师图书馆暂行办事规则》。

1918 年

《京师图书馆分馆民国七年度年终工作报告·六、关于阅览人之接待事项》(《教育公报》第六年第三期)记载:"馆中对于阅览人,向属谨慎周妥,取纳书籍必求迅速,茶水火炉,必求温洁,遇有质问,必婉词答复。凡馆中未备之书,只在阅览人之要求正当,决无不速为购买或设法介绍。"这是京师图书馆最早开展参考工作的记录。

1922 年

12 月,教育部批准《京师图书馆修改暂行办事规则图书阅览规则及藏书流布暂行规则》延续了以前规定,只将"关于阅览人之招待及统计事项"中的"阅览人"改为"参观人"。

1923 年

3 月,《京师图书馆暂行办事规章》仍然延续了京师图书馆设馆长一人,馆长之下设主任一人；分设总务、目录、庋藏三课。目录课负责："关于图书解题事项""关于阅览人之招待及统计事项"。

8月，中华教育改进社议决将庚子退款的三分之一用来帮助中国发展图书馆事业。

1924 年

3月，教育部核准《京师图书馆暂行办事细则》，对图书馆的职责做了较大改动，目录课除负责编辑专务等外，去除了原来"关于图书解题事项""关于阅览人之招待及统计事项"。而在庋藏课职责之下增加了"对于阅览人应和颜接待，恳切引导"一条。

7月，京师图书馆分馆迁宣武门内头发胡同。

9月，中美两国政府协议共同组建"中华教育文化基金董事会"管理第二次庚子退款。范源濂为会长、孟禄为副会长。

1925 年

10月，中华教育文化基金董事会与教育部订立《合办国立京师图书馆契约》。

11月5日，聘范源濂为国立京师图书馆委员会委员长，推梁启超、李四光为正副馆长。以北海庆霄楼为筹备处。

11月，教育部令京师图书馆改名为国立京师图书馆，并暂移北海地方。方家胡同处以京师图书馆分馆为基础建京师第一普通图书馆，王丕谟任主任。

1926 年

本年，因国库支绌，教育部难以支付中华教育文化基金董事会《合办国立京师图书馆契约》中所应承担的经费，通知暂缓实行该契约。

3月，中华教育文化基金董事会在北京举行年会，决议自办图书馆，定名"北京图书馆"，聘梁启超、李四光为正副馆长，袁同礼为图书部主任，由范源濂、任鸿隽、周诒春、张伯苓、戴志骞等5人组成"北京图书馆委员会"。董事会拨开办费 100 万元,租北海庆霄楼、悦心殿、静憩轩、普安殿等处为馆舍。

1927 年

1 月 16 日,北京图书馆开馆阅览,并制订《国立京师图书馆阅览图书暂行规则》。它是我国第一个实行科学管理的大型图书馆,开创之初就十分重视参考工作,1927 年正式开馆接待读者。它设在北海悦心殿的大阅览室中就有"两壁列字典、辞书、年鉴、人名、地名辞书,参考用书约一千二百册"。

6 月,梁启超、李四光辞去北京图书馆正、副馆长职务。

7 月,中华教育文化基金董事会聘请范源濂、袁同礼为北京图书馆正、副馆长。改组北京图书馆委员会,委员有周诒春(委员长)、任鸿隽(书记)、李四光(会计)、张伯苓、戴志骞、袁同礼。

12 月,北京图书馆馆长范源濂去世。

1928 年

2 月,周诒春以北京图书馆委员会委员长兼代馆长。

5 月,北京政府解体,南京国民政府接管。北京改称北平。

6 月,国立京师图书馆由战地委员会接收封闭。中华教育文化基金董事会第四次年会,议决推请丁文江为北京图书馆馆长,因未到职,由袁同礼代理馆长职务。

北京图书馆委员会改组,委员有任鸿隽(委员长)、袁同礼(书记)、胡先骕(会计)、周诒春、丁文江、陈垣、张伯苓、戴志骞、叶企孙。

7 月,旧国立京师图书馆奉命改名"国立北平图书馆"。同月,北京图书馆改名为"北平图书馆"。

9 月,北平图书馆设参考科,这是国内公共图书馆中第一个参考工作专门部门。职员名录中记载参考科科员为:汪长炳、翟可舟。

10 月,北京图书馆改名北平北海图书馆。

1929 年

1 月 19 日,原北京图书馆馆长梁启超去世,遗愿将全部藏书捐献国立北平图书馆。

1 月,中华教育文化基金董事会决议裁撤北平北海图书馆副馆长一职,并推举袁同礼为馆长。

3 月,国立北平图书馆新馆开工建设。10 日,国立北平图书馆在中南海居仁堂举行开馆典礼,陈垣报告国立北平图书馆沿革及藏书情况,前馆长江瀚发表演说,并招待各界来宾参观。

5 月,教育部核准《国立北平图书馆组织大纲》规定国立北平图书馆,分总务、图书两部。图书部又分为庋藏、阅览、编订三股,对于参考工作没有提及。

6 月,中华教育文化基金董事会决议同意蒋梦麟提出的将国立北平图书馆与北平北海图书馆合组的建议。

8 月,国立北平图书馆与北平北海图书馆正式合并,在新馆舍落成之前,中南海居仁堂的国立北平图书馆称第一馆,坐落在北海的北平北海图书馆称第二馆。聘请蔡元培、袁同礼为新合组的国立北平图书馆正、副馆长。

9 月,教育部公布《合组国立北平图书馆办法》和《国立北平图书馆委员会组织大纲》10 条。

10 月,刘国钧为编纂部兼阅览部主任。

11 月,教育部核准《国立北平图书馆组织大纲》14 条:阅览部设参考、阅览、庋藏三组,其职掌:①关于阅览事项;②关于答复咨询事项;③关于图书出借事项;④关于书库保存事项。

本年,国立北平图书馆被国际联合会智育互助委员会委托为中国咨询机关。

本年,北平北海图书馆组织变动,设阅览部,主任任刘国钧。参考科改参考组,汪长炳任组长,组员爨汝僖。

1930 年

3 月,派爨汝僖等四人清点梁启超遗赠图书。

本年,参考组工作开展顺利:"本年度国内外来函咨询或请求代编书目者亦颇频繁。此项咨询之答复为参考组之主要工作。"

本年,国立北平图书馆阅览部主任刘国钧发表《图书馆内之参考事业》一文。

1931 年

5 月,国立北平图书馆新馆门前大街更名为"文津街"。

6 月 25 日,举行新馆落成典礼,中外人士 2000 余人参加,馆长蔡元培致开幕词,教育部代表蒋梦麟及中华教育文化基金董事会代表任鸿隽等致辞。树立石碑,碑文由蔡元培撰文、钱玄同书丹,以志纪念。

7 月 1 日,新馆正式开放接待读者。

本年,由国立北平图书馆参考组组长汪长炳编辑的《西文参考书书目》出版。

1932 年

5 月,国立北平图书馆参考组组长汪长炳赴美国哥伦比亚大学任交换馆员。

本年,国立北平图书馆西文编目组组长李钟履翻译的《图书馆参考论》开始在《图书馆学季刊》上连载。

1933 年

8 月,袁同礼致函国民政府外交部部长罗文干,送南沙群岛地图,为维护我国南海诸岛主权提供依据。

本年,为国民政府参谋本部及国防设计委员会提供"中国边务图籍录""九一八以来关于东北问题之中西文书籍及论文目录"等。

1934 年

2 月 8 日,开设工程参考阅览室。

7月,增设俄文阅览室。

本年,首次开设咨询台,负责解答读者口头咨询。

本年,继续编纂《国防边防图书目录》及《国防边防论文索引》。

本年,国立北平图书馆阅览部主任严文郁,参考组馆员邓衍林、丁瀯、万斯年,李兴辉任书记。

本年,刘国钧所著《图书馆学要旨》出版。

1935 年

本年,首次接受文献有偿提供,因为给国家资源委员会编辑及调查各项参考资料,接受编辑费国币 1500 元。

本年,国立北平图书馆阅览部王访渔任主任;莫余敏卿任参考组组长;馆员有邓衍林、丁瀯、王宜晖、万斯年 5 人;李兴辉为书记。

1936 年

3月,将俄文阅览室并入,设立苏俄研究室。

4月,原写经书库改设满蒙文研究室。

本年,因善本书籍南迁,原善本四库阅览室原址改设远东研究室,取西文、日文书关于远东问题者悉数集中一处,为研究参考者提供便利。

本年,国立北平图书馆参考组增加馆员许国霖,助理赵启明。

1937 年

7月,全面抗战爆发,北平沦陷。国立北平图书馆部分人员和典籍南迁,其余人员留平继续开馆,但读者人数减少。

本年,国立北平图书馆参考工作也受到较大冲击,但未中断。参考工作分为两部分,一部分留在北平维持馆务,正常开馆;一部分南迁,为国立长沙临时大学(后为西南联合大学)等学校提供服务。

1938 年

5 月,国立北平图书馆设立昆明办事处,原参考组组长莫余敏卿任主任,邓衍林暂代参考组组长。

8 月,国立北平图书馆昆明办事处开始独立运营。

本年,国立北平图书馆北平部分继续开展参考咨询业务,邓衍林暂代参考组组长,馆员有丁瀞、王宜晖、万斯年等,李兴辉任书记。

1939 年

1 月 1 日,国立北平图书馆昆明分馆与西南联合大学合组的中日战事史料征辑会在昆明地坛正式成立,抗战史料室设在昆明柿花巷 22 号国立北平图书馆昆明办事处。

4 月 10 日,根据国民政府教育部社会教育司函将国立北平图书馆昆明办事处升格为馆本部。此后,昆明本部被馆中同人称为"南馆",北平馆则称为"北馆"。

本年,国立北平图书馆南馆设立参考室,解答各项问题,或代编书目,或代制索引,或用通讯方法答复各地之咨询。

本年,国立北平图书馆北馆参考组编辑专题目录有《新疆问题图书辑佚》等 15 种参考书目。

1940 年

3 月 5 日,馆长蔡元培病逝。

4 月 16 日,馆委员会建议教育部及基金董事会以袁同礼升任馆长,1943 年教育部正式任命袁同礼为馆长(至 1948 年 12 月)。

本年,国立北平图书馆北馆参考工作除口头答复阅览人咨询外,还有编辑《中国国际关系书目(中、西、日文)》等 16 种参考书目。

1941 年

7 月起,国立北平图书馆南馆派馆员万斯年前往丽江地区采集文献约 15

个月。

本年,国立北平图书馆南馆重点购买参考工具书,以解学人燃眉之急;并采访西文书籍,以抗战史料、中国外交史料和战后经济建设参考资料三大类为主,协助中国经济建设协会制订战后的经济建设计划。

本年,国立北平图书馆北馆参考工作除口头答复阅览之咨询外还编辑有《欧战后之建设书目》及《中国科学史书目》2 种参考书目;解答的重要咨询有关于古今名人联语之参考资料等多件咨询。

1942 年

1 月,日美宣战,国立北平图书馆北馆被伪教育总署接收,改称"国立北京图书馆"。

5 月 1 日国立北平图书馆北馆恢复公开阅览,继续开展参考工作。

6 月,印行《国立北京图书馆概况》介绍:阅览部下设参考组,其职责是"凡关于书籍版本及特种专门书籍目录相咨询者,均就本馆所藏或见知所及详为答复以供参考"。

本年,施行的《国立北京图书馆暂行组织大纲》规定参考组职责有以下三项:阅览人对于目录或参考书不明其用法时参考组职员应详细说明其使用法或检查法;阅览人如有问题口头咨询者,参考组应根据咨询范围尽力协助其搜集资料解决疑难;馆外有来函咨询有关图书馆或书籍等问题时本组应尽力代为搜集资料,编辑各种答案,参考书目交由文书组正式答复。

本年,《国立北京图书馆阅览暂行规则》施行,其第十八条规定"如有特殊咨询事件请随时至出纳柜问讯处接洽"。

1943 年

1 月,爨汝僖在重庆任编纂兼总务主任。

3 月,南馆以 10 万元购买云南那土司家藏明清写本及刻本 500 余册。

11 月 1 日,南馆成立图书目录编印委员会,制订《图书目录编印委员会规则》,余家骥担任主席,委员有傅增湘、顾子刚、赵万里等。

本年,国立北平图书馆北馆参考组继续开展参考工作,据该年度《国立北京图书馆馆务报告》:"本馆特设参考组,派有专员。凡阅览人或馆外人对于书籍种类、内容以及阅览手续有所咨询时,均就见闻所及,或以书面,或用口头,尽量答复,并辅导阅览人使用目录及参考书。"

本年,国立北平图书馆北馆阅览部主任王访渔,参考组组长丁濬。

1944 年

4 月 4 日,教育部同意袁同礼关于收购那土司家经典的原则意见。

本年,国立北平图书馆北馆参考工作继续随时答复阅览人口头咨询各项简单问题。各处函请代为搜集之参考资料主要有关于甲骨文字之西文参考资料、研究原始社会之西文参考资料等。

1945 年

4 月,战时文物保存委员会成立,袁同礼任委员。徐鸿宝主编《甲午以来流入日本之文物目录》。

8 月 15 日,日本宣布无条件投降,抗战胜利。南迁人员回馆。

9 月 17 日,教育部派沈兼士到北平接收国立北平图书馆。

11 月 12 日,袁同礼到北平,主持馆务。

12 月 29 日,袁同礼呈文报告抗战留平 63 名员工仍留馆供职。

1946 年

5 月 4 日,西南联合大学宣告结束,中日战事史料征辑会同时结束。

6 月 28 日,国民政府公布《国立北平图书馆组织条例》。

10 月,撤销昆明、重庆两办事处。

本年,《国立北平图书馆组织条例》:在阅览组下设立参考股,莫余敏卿担任股长。

本年,大阅览室新增中西文参考书 700 余种。

本年,参考组工作恢复咨询、辅导工作。编辑《抗战期间所出版之中文参考书举要》和《有关中国之西文书中人像索引》。

1947 年
5 月 14 日,召开抗战胜利后第一次馆务会议。

7 月 4 日,袁同礼致函张全新,请代编俄文图书目录。

12 月,顾子刚捐赠中文图书 85 种。

1948 年
5 月 16 日,在北海静心斋举办"抗战史料展览"。

12 月 21 日,袁同礼离开北平,馆务由王重民代理。

本年,《图书季刊》办至 9 卷 2 期后停刊。

1949 年
1 月 30 日,北平和平解放。北平市军事管制委员会和北平市政府进城办公。

2 月 9 日,北平联合办事处函秘字第 274 号,派钱俊瑞、陈微明赴国立北平图书馆联络商讨交接事宜。

2 月 13 日,中国人民解放军北平军事管制委员会令第 112 号,派尹达、王冶秋、马彦祥为代表接管国立北平图书馆。此时,国立北平图书馆员工总计 145 人(职员 93 人、练习生 3 人、技工 8 人、工友 41 人)

2 月 21 日,办公阅览时间改为 9 时至 17 时。

2 月 28 日,成立新文化阅览室,陈列"五四"以来新文化书籍。

3 月 5 日,北平市军事管制委员会文化接管委员会决定任命王重民为国立北平图书馆代理馆长。

5 月 2 日,改办公阅览时间改为 8 时至 17 时 30 分。

5 月 4 日,举办"五四"史料展览。

5 月 30 日,制订《研究室规则》,恢复研究室的使用。

7 月 7 日,举办"七七"抗日战争史料展览。

8月27日,华北高等教育委员会指令第1083号,同意聘张申府为参考股股员,9月2日到职。

8月31日,接管北平松坡图书馆和悦心殿,改为北平图书馆分馆,并于9月1日开馆,公开阅览。

9月7日,举办"美帝侵华史料展览"。

9月27日,华北高等教育委员会通知,所属单位名称有"北平"字样一律改用"北京",暂用旧印信。"国立北平图书馆"自即日起改名"国立北京图书馆"。

10月1日,中华人民共和国成立。中央人民政府设文化部,文化部下辖文物事业管理局,负责全国文物、博物馆、图书馆事业,郑振铎、王冶秋任正副局长。

10月10日,举办"鲁迅先生生活、作品展览",按鲁迅所生活的年代,分为五个时期展览。

10月31日,撤销华北高等教育委员会,国立北京图书馆转隶文化部。

12月22日,举办"庆祝斯大林七十寿辰展览"。

12月22日,举办"帝国主义侵略亚洲展览"。

1950年

1月23日,苏联档案专家米留申作"苏联图书馆概况"报告。

2月1日,上海办事处结束,爨汝僖回馆。

2月7日,举办"纪念'二七'京汉铁路工人大罢工展览"。

2月16日,文化部令文密字第196号,颁发"国立北京图书馆印"一枚,原"国立北平图书馆印"作废。

3月8日,举办"中国妇女生活展览"。

3月,举办"从猿到人"展览。

6月18日,为纪念高尔基逝世14周年,与苏联对外文化协会联合举办"高尔基生活作品展览"。

7月4日,将中日战事史料征辑会资料列为专藏。

8 月,北京图书馆正式成立参考咨询组。

10 月 4 日,举办"庆祝开国周年纪念展览"。

12 月 17 日,为纪念太平天国起义一百周年,与北京大学文科研究所联合举办"太平天国革命史料展览"。

1951 年

3 月,文化部文物局责成北京图书馆工作人员整理鲁迅故居藏书。

4 月 20 日,文化部副部长周扬在政务院 81 次政务会议上做"1950 年全国文化艺术工作与 1951 年计划要点的报告",指出"有重点地整理与改革旧有的博物馆、图书馆,使其成为推行群众教育的重要工具"。

6 月 6 日,文化部文物局抗字 1236 号通知,转文化部新发"北京图书馆印",要求将原印销毁。

6 月 8 日,北京市政府复函同意在文津街院内建设展览厅。

6 月 8 日,文化部拨交北京图书馆许广平捐赠鲁迅稿本、抄本等 57 种。

6 月 26 日,王重民向文化部呈文要求北京图书馆对外联系仍沿用"国立北京图书馆"(National Library of Peking),文化部批复同意。

9 月 22 日,文化部 27 次会议决定:文物局与科普局合并组成"社会文化事业管理局",该局负责图书馆工作。

10 月 9 日,北京大学同意,并报文化部文物局批准,北京图书馆聘请刘国钧兼任研究员。

本年,参考咨询组不仅随时解答一般的或学术性的问题(全年参考单位 134 个,咨询问题 233 件),而且也主动地搜集当前重要的各方面需要较多的文献目录,以备提供读者或各机关参考。

本年,完成了《太平天国革命史参考目录》和《马克思恩格斯列宁斯大林论著中文译本目录》。

本年,张全新(副馆长)兼任参考辅导部主任,张申府为研究员,参考部下设参考咨询股、群众工作股、编译股和科学工作方法研究股。参考咨询股股长王树伟,群众工作股股长马同俨,编译股股长张秀民。

1952 年

8 月 11 日,北京图书馆组织机构进一步改革,在馆长领导下设办公室、阅览参考部、采访部、编目部、善本特藏部和苏联阅览室 4 部 2 室,19 个科组,并重新任命了科组以上干部。其中,阅览参考部主任为贾芳,阅览参考部下设参考研究组等 4 个组。参考研究组组长张秀民,副组长戚志芬。

9 月 29 日,举办"中国印本书籍展览",展出中国各代印本上千种。

本年,参考咨询组改名为参考研究组,重新组织,制定条例,大力开展答复咨询和编制书目索引工作。

本年,参考工作的学科范围包括自然科学、应用技术、哲学、社会科学。编制书目索引包括两种情况:一是以书目索引形式答复咨询,这类书目索引都是复写的,集中留档存查;一是配合中心任务、科学研究,主动地有计划地编制的,经过铅印或油印分赠给有关单位和科研工作者。当年共解答咨询问题 308 件。

1953 年

1 月,为满足读者需求,延长开馆时间至 21:30。

5 月 5 日,举办"马克思诞生 135 周年纪念展览"。

10 月 18 日,举办纪念屈原演讲会,郭沫若做题为"屈原的生平及其著作《离骚》"的主旨演讲。

12 月 24 日,政务院第 199 次会议批准《文化部 1953 年工作报告》,并对今后图书馆工作做了批示。

本年,参考研究组组长张秀民负解答问题及编辑专题;副组长戚志芬负责政治经济方面的解答;刘汝霖负解答工程,编辑专题;组员李希泌答文史方面的问题;组员龙顺宜编专题目录。全年解答咨询问题 6049 次。

本年,编辑专题目录如《马、恩、列、斯、毛经典著述及其研究目录》《荣获斯大林奖金作品目录》等。

1954 年

1 月 16 日,文化部社管局 1954 年第二次局务会议讨论 1954 年工作计划,其中确定"北京图书馆的办馆方针是:为人民服务,为经济建设服务,为科研工作服务,逐步向列宁图书馆的方向发展"。

1 月 21 日,举办"纪念伟大革命导师列宁逝世 30 周年展览",文化部部长沈雁冰为开幕式剪彩。

2 月,开始实行读者登记制度,全年登记长期读者 21453 人,其中学生 7880 人,占 36.7%;市民 2234 人,占 10%;工人 265 人,占 1%;其他为军人、文教、技术工作者和机关干部。临时登记读者 42037 人,全年到馆读者 265664 人,阅书人数 163063 人,阅览图书 577037 册,平均每人 3.5 册。

5 月,举办屈原作品朗诵会。

7 月 2 日,文化部发布《关于加强与改进公共图书馆工作的指示》,其中明确公共图书馆的任务中有:"以图书、资料、书目和索引为本地区的党和政府机关、财政经济部门,科学文教机关和其他机关、团体服务。"

7 月,任命丁志刚、左恭为副馆长。

9 月,冯仲云馆长调水利部工作。

本年,共解答问题 1485 件(包括查找资料在内),阅览辅导 6622 起。

1955 年

5 月 4 日,为纪念世界文化名人席勒、密茨凯维支、孟德斯鸠、安徒生举办"世界文化名人作品展览"。

7 月 2 日,文化部向全国公共图书馆发布了《关于加强与改进公共图书馆工作的指示》,阐明了我国图书馆事业的性质及其在社会主义建设中的地位和作用,进一步明确了图书馆事业为无产阶级政治服务,为社会主义建设服务,为工农兵服务的方针,阐述了工农兵读者与广大学生、干部、知识分子的关系,明确两者不可偏废,明确图书馆担负着普及与提高并举的任务。

7 月 12 日,任命王一飞、左恭为副馆长。北京图书馆副馆长排名:王一飞、丁志刚、张全新、左恭。

12 月,文化部副部长丁西林兼任北京图书馆馆长。

本年,与中国土木工程学会联合举办"纪念我国杰出的铁路工程师詹天佑逝世 35 周年展览会"。

本年,参考研究组组长张秀民,副组长戚志芬,研究员刘汝霖、汉佛语,组员龙顺宜、王敬、关振泽、朱家濂、丁克刚,见习员张增辉。

全年,解答咨询 1716 件,阅览辅导 10522 次;编印参考书目 20 种,因限于印刷条件,未能及时印出,尚有已编就的书目 7 种。

1956 年

3 月,制定《阅览规则》12 条。

4 月,北京图书馆参考研究组在《图书馆工作》1956 年第 2 期发表《北京图书馆的参考工作如何为科学研究服务》一文,总结了参考工作几年来为配合科学研究所进行的主要工作。

4 月,戚志芬在《图书馆工作》1956 年第 2 期发表《图书馆应积极配合科学研究工作》。

5 月 25 日,成立科学顾问委员会,聘请专家、教授 27 人担任顾问,负责解答读者提出的专门性问题。

6 月 20 日,制订《北京图书馆十二年(1956—1968)工作规划纲要(草案)》(修订稿)。

6 月,根据文化部指示,部分业务人员实行研究员制度,张申府、刘汝霖、丁潚、张秀民、李钟履等分别被定为研究员、副研究员、助理研究员。

6 月,刘汝霖在《图书馆工作》1956 年第 3 期发表《我作参考咨询工作的一些体会》。

7 月 5 日,文化部在京召开全国图书馆工作会议,提出《明确图书馆的方针和任务为大力配合向科学进军而奋斗》的报告,讨论图书馆为科学研究服务问题。文化部副部长兼北京图书馆馆长丁西林、文化部副部长刘芝明出席会议并讲话。

7 月 22 日,《人民日报》发表中国科学院副院长、图书馆馆长陶孟和的文章《图书馆要为科学家服务》。

7月,北京图书馆举办纪念世界文化名人萧伯纳诞生100周年、易卜生逝世50周年展览会和演讲会。展出有关他们的书刊300种和生平图片100张。中国青年艺术剧院院长吴雪作专题报告。

8月28日,《人民日报》发表社论《向科学进军中的图书馆工作》。

10月9日,为纪念鲁迅逝世20周年,举办鲁迅图片展览。

本年,参考研究组组长张秀民,副组长戚志芬,研究员刘汝霖、汉佛语,副研究员顾子刚,组员龙顺宜、王敬、关振泽、朱家濂、丁克刚,见习员张增辉。同年,戚志芬任参考研究组组长,张秀民专任研究员。

本年,北京图书馆编印北京图书馆《馆藏农业书刊目录》《馆藏日文农业图书目录》《馆藏林业书目》《馆藏畜牧书目》等。

全年,解答咨询1800件,阅览辅导14632次,编印参考书目9种。

1957年

1月15日,成立购书小组,由赵万里、张申府、杨殿珣等组成。

2月,成立学习委员会,主要成员有左恭、张全新、赵万里、张申府等。

2月,北京图书馆编译的《图书馆如何为科学研究服务》一书由中华书局出版(第一辑2月出版、下册5月出版)。

年初,北京图书馆将参考研究组扩编为参考研究部,下设科学技术参考组和社会科学参考组,张申府任主任。科学技术参考组下设科学技术文摘索引参考室,社会科学参考组下设咨询室。后成立未及半年的参考研究部被撤销,原设于该部下的两个组又划归阅览部。

6月,全国图书联合目录编辑组开始筹备工作。这个组是由北京图书馆书目索引组进行筹备,先后由中国科学院图书馆、清华大学图书馆以及北京图书馆抽调干部共同组成的。根据原订任务,从编辑西文期刊联合目录着手。该组还草拟了"建立卡片目录中心,征集西文卡片目录办法草案"。

9月1日,北京图书馆等单位在北京联合举办"外国科学技术书刊展览会",展出37个国家近年出版的科学技术著作17000种、科学期刊4000多种、科学产品样本 1500 种。此外,还展出各种类型的缩微阅读器。

9 月,北京图书馆对全国各个图书馆在新中国成立后编制的书目索引进行了较全面的调查,调查范围包括已编、现编、拟编三个部分。截至 1957 年底,全国各类型图书馆已编单行本书目索引 2364 种。

10 月,为纪念十月革命 40 周年,举办图书、图片展览。

11 月,根据《全国图书协调方案》,成立了"全国联合目录编辑组",附设于北京图书馆内,由中国科学院图书馆、清华大学图书馆和其他图书馆抽调干部共同组成。在 1957 至 1966 年的 9 年间,共出版全国性和地方性的联合目录 300 余种,其中较重要的有:《全国西文期刊联合目录》《全国中文期刊联合目录》《全国日文期刊联合目录》《全国俄文期刊联合目录》《中国古农书联合目录》《中医图书联合目录》《中国丛书综录》等。

本年起,定期出版《书目月报》。

1958 年

1 月 15 日,据国务院编制委员会〔国编办字第 2 号〕文,同意成立全国联合书目编辑组,作为全国中心图书馆下面的办事机构,附设在北京图书馆。

1 月,北京图书馆编译的《书目资料的利用与宣传》由中华书局出版。

3 月 25 日,全国省、市、自治区图书馆工作跃进大会在北京举行。

5 月 13 日,制订《北京图书馆五年(1958—1962)工作计划》。

6 月,在中国共产党成立 37 周年纪念活动中,北京图书馆向毛泽东、刘少奇、周恩来、朱德等中央领导同志发出个人借书证 305 个。

7 月,全国图书联合目录编辑组编辑的《全国西文新书联合目录通报》创刊,分为哲学、社会科学和自然科学、技术科学两个部分。内容是报道全国各大图书馆新编西文图书,便利科研工作者、图书馆工作者以及其他读者掌握西文新书情报。1961 年改名为《全国西文新书联合通报》,1967 年停刊。

8 月 9 日,周恩来总理在北戴河向北京大学图书馆学系教授邓衍林询问图书馆事业发展情况,并做出了重要指示。

9 月 15 日,北京图书馆开展群众性的编书目运动,104 人参加,另有 6 人参加校对、誊印和装订工作,共编书目81种。

10月,北京图书馆编印《馆藏解放区出版文艺作品书目》。

10月,李钟履编《图书馆学书籍联合目录》由中华书局出版。书中收录清末至1957年各图书馆入藏的图书馆学著作,并标明馆藏地。

11月1日,国家科学规划委员会和国家技术委员会在北京召开全国科学技术情报工作会议。参会代表350多人,国务院副总理聂荣臻接见了与会全体人员。

11月13日,《人民日报》发表社论《做好科学技术情报工作》。

12月20日,北京图书馆将馆藏中外文科学文摘、索引和科技情报、快报等资料200多种汇集,对读者开辟了科学技术文献阅览室。

12月,举办马克思诞生140周年纪念展览。

本年,北京图书馆参考书目部包括参考组和书目组两个组。除日常解答咨询、编制书目索引外,还参加大型展览搜集材料、陈列和编制说明工作。

全年,解答读者咨询问题2000余件,编制参考书目212种。

1959 年

2月1日,成立马列主义毛主席著作阅览室。阅览室的藏书包括马、恩、列、斯经典著作的中文、俄文版,马克思、恩格斯著作的德文版,毛主席著作的各种不同版本及译本(包括外文译本和兄弟民族语文本),党的文学以及运用马克思列宁主义观点阐述问题的一般著作和有关人民公社的资料等,约5000册。该室于1960年9月28日撤销。

2月,戚志芬在《图书馆学通讯》1959年第1期上发表了介绍文章《北京图书馆》,对北京图书馆当时的情况进行了全面的介绍。

2月28日,北京图书馆开展"让读者满意"运动。

2月,李钟履编《图书馆学论文索引》(第一辑)由商务印书馆出版,书中收录新中国成立前全国期刊报纸上刊载的图书馆学、目录学方面的论文5000余篇。

3月,北京大学图书馆学系师生编写的《大跃进中北京地区的图书馆》由北京出版社出版。

5 月 28 日,中国科学院图书馆举行参考文献工作方法介绍座谈会,召集一部分即将开展参考文献工作的所、馆同志参加,介绍编印《馆藏目录》《新书快报》的具体做法和经验。

5 月,北京图书馆与首都图书馆合编《北京地方文献联合目录》。目录收录北京、上海、南京等 13 个图书馆所藏的 9 大类 200 余种文献,并附说明和索引。

10 月 1 日,"反右倾"运动开始,次年 2 月结束。

10 月,中华人民共和国成立十周年时统计,新中国成立后所编全国性和专题性联合目录 79 种,其中全国性联合目录 39 种,主要有《全国中文期刊联合目录》《全国西文期刊联合目录》《全国日文期刊联合目录》《全国俄文期刊联合目录》《全国西文图书联合通报》《中国地方志综录》《中国丛书综录》等。

11 月 13 日,制定《北京图书馆八年(1969—77)工作规划(草案)》。

12 月,中国科学院图书馆编印《馆藏俄文参考书目录》《馆藏西文参考书目录》《书目参考工作文献目录》《中国科学院各图书馆所编书目总录》。

本年,全国图书联合目录编辑组编制的《全国西文期刊联合目录》出版。共收录 168 个图书馆所藏西文期刊 20270 种。

本年,北京图书馆举办"马克思列宁主义在中国的传播和发展"展览。

本年,北京图书馆主编的《中国古农书联合目录》出版。共收录北京图书馆等 25 个图书馆所入藏的古农书 643 种。

本年,北京图书馆与中医研究院联合编辑《中国中医书联合目录》。

全年,解答咨询 3201 件,编制参考书目 453 种。

1960 年

1 月,北京图书馆编印的《书目月报》自本月起改为《北京图书馆新书通报》,仍为月刊,并分"人文科学"与"自然科学、技术、农业、医学"两册出版。

2 月 5 日,北京图书馆派出馆长和部门主任 50 人,分成若干小组参加登门拜访读者活动,共拜访了 88 个单位,

2月,北京图书馆最近编印的新书目有《十年来我国社会主义经济建设成就资料》第一分册(总论、交通运输、财贸)、第三分册(农业),《全国地质学图书联合目录》《中国针灸联合目录》《中国医史联合目录》。

7月,举办"外国哲学、社会科学情报资料展览"。

11月11日,参考咨询组与书目索引组合并成立参考书目组。

12月29日,文化部副部长钱瑞生来馆检查工作,指示:"北京图书馆应成为党和国家实现科学规划、攻破尖端、实现技术革命和培养科学理论队伍的重要服务机关。"

本年,参考组特辟咨询室,有专人值班,室内陈列部分常用的中外文工具书,接待读者来面谈他们在图书资料上遇到的疑难问题,并可利用本室的工具书查找所需资料或提供线索。室内有专线电话,全市机关、学校、科研单位或个人读者都可用电话提出咨询。

全年,解答咨询问题3412件,编制专题参考书目索引101种,其中印行31种。

1961年

1月,《图书馆》季刊创刊(1964年停刊)。

2月20日,成立科学研究服务组,由康鸿禄、鲍振西负责,先后与国家科委和国防科工委等14个部、委、院及其所属的38个科研生产单位建立了工作联系。

7月4日,制定《北京图书馆研究室暂行简则(草案)》。

9月28日,举办"纪念鲁迅先生80周年诞辰展览"。

9月,北京图书馆和卫生部中医研究院主编的《中医图书联合目录》出版。

12月,全国图书联合目录编辑组编的《全国中文期刊联合目录》(1933—1949年)由北京图书馆出版。全书收录中文期刊19115种(包括补遗951种)。解放区出版的期刊未包括在内。

12月,全国图书联合目录编辑组编辑出版《全国俄文期刊联合目录》。全书收录143个图书馆1958年底前入藏的俄文期刊2485种。

全年解答咨询 2231 件,其中包括社会科学咨询 2046 件,科学技术咨询 185 件;编制各种专题书目 61 种。

1962 年

2 月,副馆长左恭参加国家科委在广州召开的全国科技工作会议。

5 月,举办纪念毛主席《在延安文艺座谈会上的讲话》发表 20 周年图书、图片展览。

9 月,《中国丛书综录》全部由上海图书馆编纂完成并公开出版。它是我国收录丛书最多的丛书目录,包括北京、上海、南京等 41 个主要图书馆所藏历代丛书 2797 种,古籍 38891 种。

10 月 16 日,杨殿珣任参考书目部主任。

本年,成立了科技参考组,原有的参考组改为社会科学参考组。

全年解答咨询 1693 件,编制书目 50 种。

1963 年

2 月 10 日,为配合全国农业会议的召开,北京图书馆等单位在会议现场举办"农业科学文献展览"。

年初,巴拿马运河事件爆发时,新华社和世界知识出版社曾向北京图书馆借书,编辑出版了《巴拿马运河问题参考资料汇编》。

3 月 18 日,举办"馆藏外文冶金期刊展览"。

3 月 15 日,召开扩大馆务会议,左恭传达周总理对于六个工作会议代表的讲话,聂荣臻在全国农业科技会议上的讲话,重点报告了《关于图书馆工作十年规划(草案)》的要点及对北京图书馆的有关要求。

5 月 17 日,副馆长张全新调离。

5 月 17 日,北京图书馆馆务会议决定成立"图书馆学研究部"。

7 月,为纪念曹雪芹逝世 200 周年,在故宫文华殿举办展览会,北京图书馆等全国 40 家单位提供了展览资料。

9 月,北京图书馆参考部在《图书馆》1963 年第 3 期发表《中国历代农具

图一览表》。

10 月 27 日,为纪念曹雪芹逝世 200 周年,北京图书馆和北京文联等单位举办报告会,邀请吴祖缃教授主讲。

12 月,戚志芬在《图书馆》1963 第 4 期发表《发挥馆藏图书资料潜力,为社会科学研究工作服务》。

12 月,北京图书馆马龙璧在《图书馆》1963 年第 4 期发表《关于科学技术文摘索引参考室工作的几点体会》一文,指出北京图书馆的"科学技术文摘索引参考室"原名"科技文献阅览室",是 1958 年为了适应读者在技术革新、工具改良以及攻克科学技术的尖端方面的需要而设置的。

全年解答咨询 1878 件,编制参考书目 82 种。

1964 年

3 月 2 日,中央批准北京图书馆建设新馆。并指示"目前可以先选定地址,进行设计,何时开工待研究长期计划和北京市规划再定"。

3 月 3 日,中文、西文统一编目组的编制分别划归中国人民大学图书馆和中国科学院图书馆。

3 月,举办"馆藏亚非拉国家和地区哲学、社会科学期刊展览"。展览共展出 27 种文字的期刊 730 种。

5 月,国际问题研究指导小组和国务院外办决定设立国际问题文献研究所,设在北京图书馆内,委托北京图书馆领导。

6 月 19 日,北京图书馆馆务会议通过 1964 年 5 月修订的《北京图书馆阅览通则》《北京图书馆读者领取阅览证办法》《北京图书馆办理本市机关团体图书外借规则》。

7 月,参考书目部又举办了《支援越南人民反帝爱国斗争图片展览》,展出了越南的图书。

11 月 25 日,为庆祝阿尔巴尼亚解放 20 周年,与外文书店联合举办"阿尔巴尼亚人民共和国书刊展览"。

全年解答咨询 1618 件,完成参考书目 47 种。

1965 年

8 月 1 日,毛主席著作阅览室重新开放。

10 月 10 日,文化部将群众文化文化事业管理局和文物事业管理局合并为图书馆、博物馆文物事业管理局。北京图书馆归该局领导。

12 月 11 日,文化部〔文厅物字第 1271 号〕文,同意北京图书馆不再入藏工业标准专利文献,并将馆藏工业标准、专利文献及科技报告等中外科技资料调拨给国家科委科技情报研究所。

全年解答咨询 1276 件,完成或基本完成编制书目 5 种。

1966 年

5 月 16 日,中共中央政治局扩大会议通过《中国共产党中央委员会通知》(即"五一六通知")。

6 月 6 日,为配合"文化大革命",北京图书馆正式开辟"文化大革命"参考阅览室。

6 月 12 日,开辟科技书刊阅览室,陈列检索工具书、外文科技新刊等。

6 月 16 日,中国人民解放军工作队进驻北京图书馆,队长张希望、政委黎明。自即日起中共北京图书馆委员会停止活动,党政领导权归工作队。

8 月 4 日,《北京图书馆新书通报》停止出版。

9 月 10 日,成立革命文献部,采集各种"文化大革命"期间印刷品。到 1968 年 8 月,共入藏 230 箱。

9 月,中国人民解放军驻北京图书馆工作队撤离。成立北京图书馆"文化革命委员会",各部成立"文化革命小组"。

1967 年

5 月 14 日,中共中央发出《关于无产阶级文化大革命中保护文物图书的几点意见的通知》。

5 月 24 日,中央文化革命小组成立文艺组图博文物口。

12 月 18 日除柏林寺和报库部分开馆外,即日起闭馆参加运动。

12月,中国人民解放军北京卫戍区司令部奉国务院、中央军委和中央文化革命小组命令,对北京图书馆实行军管,建立军事管制委员会,王子璋、谢谦为正、副主任。

1968 年

12 月 22 日军管会奉命撤离。

12 月 23 日中国人民解放军、首都毛泽东思想宣传队奉命进驻北京图书馆。队长先后有朗杰、刘木辛、刘学勤、张德厚、杨志新等。

本年,在军管会领导下,成立办事组和第一、二清查专案组。撤销原有部处科组机构,全馆分为四个连。

1969 年

9 月 29 日,成立北京图书馆"革命委员会"。

9 月,第一批 63 名职工下放湖北咸宁文化部"五七"干校,进行劳动锻炼。

本年,全馆共有 489 名员工,在京 408 人,去干校 70 人,11 名新来大学生去山东部队锻炼。

1970 年

5 月 17 日,第二批 260 名职工下放湖北咸宁文化部"五七"干校劳动锻炼。

5 月 18 日,留京人员 163 人,编为 4 个排、10 个班和一个直属班。

1971 年

5 月 3 日,北京图书馆恢复开馆。

7 月,成立核心领导小组。

8 月 13 日,中共中央〔1971〕43 号文件,转发国务院《关于出版工作座谈会的报告》。其中第九条指出:"图书馆担负着宣传马克思主义、列宁主义、毛泽东思想,为三大革命运动服务的重要任务。要加强对图书馆的领导,充分发挥它的作用。目前,很多图书馆停止阅览的状况应该改变。要积极整理藏书,恢复阅览。要根据图书内容、借阅对象和工作需要,确定借阅办法,并加强读书指导。"这个文件对于"文革"中受到破坏的图书馆工作恢复和整顿发挥了一定作用。

12 月 30 日,核心领导小组决定将组织机构调整为办公室、政工组、阅览部、采访部、报刊部、总务科。

1972 年

2 月 5 日,业务部门恢复为采编部、阅览部、善本部、报刊部。

5 月,下放湖北咸宁文化部"五七"干校的干部陆续回馆工作。

8 月以后,参考部的两组先后恢复。

1972 年底,重建"科技文摘索引阅览室"。

本年,由于以尼克松访华为契机的中美建交,使我国的国际交往进入了一个新的阶段。外交活动提出了不少研究课题都需要北京图书馆的参考部门予以协助,在这种情况之下由于中央领导同志的直接过问才使北京图书馆参考部门得以恢复。

1973 年

1 月,科技文摘索引阅览室正式开放接待读者。该室开架陈列了 1966—1973 年有关科技方面的文摘、索引等 410 种,合订本 3500 余册,单本 12000 余册。

2 月 14 日,国务院业务组决定,撤销图博口领导小组,建立中共国家文物事业管理局临时委员会。

5 月 23 日,国家文物事业管理局批转《关于北京图书馆主要服务对象的请示报告》。《报告》中规定:"根据北京图书馆的特点,所处的地位和工作条件,应以党、政、军领导机关,科研部门和重点生产建设单位为主要服务对象,同时适当开展一般读者阅览工作。"该报告明确:"恢复该馆的参考咨询部门,充实适当数量有业务专长的干部,加强解答关于书刊资料咨询问题。要密切和有关部门、单位的联系。加强调查研究,及时了解科学技术的新发展,有计划有目的地积累资料,主动地向有关部门、单位及时提供书刊、目录、资料等。"

本年,重新建立参考部,改名为"参考研究部",许觉民为主任。参考部共有工作人员 23 人,分为社会科学参考组与科学技术参考组两个组。

本年,共解答咨询 360 多件(包括口头咨询),参考部共编制专题书目索引 17 个。

1974 年

4 月,《北京图书馆外文新书通报》从 1974 年第一期起改出分册,增加中译名,并调整赠送范围。

12 月,北京图书馆编译《国外图书馆工作》(参考资料),介绍国际图书馆联合会概况。

1975 年

7 月 5 日,北京图书馆临时党委决定原阅览部和参考部合并成立阅览参考部。

本年,在参考部内设立专门为中央服务的文献研究室,加强对于文献的研究工作。

本年,北京图书馆举办"中国古代科技文献展览"。

1976 年

1 月 7 日,北京图书馆、中国农业科学院图书馆、中国图书进口公司、中国科学院图书馆等联合举办的"北京地区农业书刊资料展览"在北京农业展览馆展出。在展览的基础上编辑了有关书目。

7 月 28 日,北京图书馆因唐山大地震闭馆。

8 月 23 日,地震后恢复开馆及各项业务。

9 月 28 日,毛泽东思想万岁图书资料室开放。1979 年 11 月 12 日改为毛泽东思想研究室。

11 月,北京图书馆把"四人帮"及其写作班子所写的 171 篇文章编成索引,提供读者查阅批判之用。

本年,北京图书馆与国家建委情报所共同编印《地震民用建筑国外文献目录》。

1977 年

1 月 8 日,举办"敬爱的周总理永远活在我们心中"图片文献展览。

1 月,业务办公室编辑的《北图通讯》(试刊)创刊。

1 月,《北图通讯》1977 年第一期发表文章《我馆为"毛主席纪念堂"兴建积极提供资料》。

4 月,《北图通讯》1977 年第四期文章《社科咨询举例——菲律宾国与中国友好交往》。

7 月 4 日,延长开馆时间至晚 8 点。

8 月,全国图书联合目录编辑组恢复工作。该组是 1957 年根据国务院批准的"全国图书协调方案"的规定,在全国第一中心图书馆委员会领导下成立的,附设于北京图书馆。

9 月 9 日,举办"纪念伟大领袖和导师毛主席逝世一周年"图片文献展览。

本年,在北京图书馆的启发和参与下,由内蒙古图书馆、内蒙古语文研究所、内蒙古大学、内蒙古师范学院等单位共同编写《全国蒙文古旧图书联合目录》。

社科参考组全年解答咨询 529 件,其中口头咨询 403 件、书面咨询 126 件。

1978 年

7 月 15 日,国家文物局批准试行《北京图书馆研究人员定职和升职暂行办法》,规定:全馆工作人员根据业务水平,经过考核,可分别授予助理研究员、副研究员、研究员等职称,并具体规定各级研究人员必须具备的条件。

8 月 22 日,与中国人民对外友好协会共同举办"罗马尼亚赠书展览"。

9月9日,召开全馆落实政策大会,宣布部分人员复查及平反结论。

9月,成立《民国时期总书目》编辑组,负责继续完成具有参考性质的联合目录《民国时期总书目》的编辑工作。

9月,科技参考组在《北图通讯》1978年第3期发表《办好文摘索引阅览室 全心全意为科技读者服务》一文。

9月,社科参考组在《北图通讯》1978年第3期发表《关于社科参考工作的基本任务及如何加强的意见》一文。

9月,彭鹏在《北图通讯》1978年第3期发表《我国联合目录工作进展情况和有待解决的问题》。

本年,文献研究室初步选定了课题,其中包括英美参考工具书,美中关系文献,苏联有关中国古典文献的研究等。

社科参考组全年共答复咨询1322件,其中口头1118件、书面204件;编制小型资料目录15个。

本年,社科参考组咨询室实行以总值班与轮流值班相结合的工作方法。

1979 年

1月13日召开第二次落实政策大会,宣布部分人员的复查和平反结论。

11月15日,马列主义毛泽东思想学习室改为马列主义毛泽东思想研究室。

本年,社科参考组1979年全年接受咨询845件,其中口头咨询620件、书面咨询222件(内有外国咨询4件)。

1980 年

3月15日,北京图书馆为配合"中国科协第二次代表大会"在北京举办"有关协会出版物展览"。展出1000个学会协作出版物1700种3700册。

3月21—25日,第一次全国联合目录工作会议在北京召开,会议通过《建立全国联合目录报导体系的初步方案》和《全国联合目录工作协调委员会组织章程》两个草案。成立全国联合目录工作协调委员会,以北京图书馆为主任委员馆,中国科学院、上海图书馆、北京大学图书馆为副主任委员馆,天津、辽宁、四川、甘肃、广东等图书馆为常务委员馆。

4 月 30 日,咨询馆员邓衍林逝世,享年 72 岁。邓衍林生前为北京大学图书馆系教授、中国图书馆学会学术委员会委员。

6 月,北京图书馆参考部的创始人之一、著名图书馆学家刘国钧在北京逝世。刘国钧生前为北京大学图书馆系主任、教授。

7 月 31 日,召开馆长办公会议,听取了参考研究部的工作汇报,形成《关于加强参考研究部工作的几点意见》。

8 月 1 日,举办"庆祝中国人民解放军建军 53 周年"图片展览。

10 月 31 日,举办"纪念中国伟大的文学家蒲松龄诞生 340 周年图片展览"。

11 月,文化部成立图书馆事业管理局,副馆长丁志刚兼任局长。

12 月 9 日,联合目录组划归参考部,改名书目组。联合目录组编辑的《西文参考工具书联合目录》出版。

本年,社科参考组编辑的《鲁迅研究资料目录(1918—1949)》交人民出版社出版。

本年,杨殿珣编的《中国历代年谱总录》及其《续录》由书目文献出版社出版。

1981 年

1 月 13 日,文化部部务会议决定,北京图书馆在对外交往中使用"中国国家图书馆"馆名。

1 月 30 日,国务院国发 21 号文件,批转文化部、国家档案局、国家人事局制定的《图书、档案、资料专业干部业务职称暂行规定》。

3 月 10 日,北京图书馆与中国科技情报研究所联合举办"能源科技情报资料展览"。

9 月 19 日,为纪念鲁迅百年诞辰,北京图书馆及版本图书馆等单位联合举办"鲁迅著作版本展览"。

9月,社科参考组编辑《中国电影资料目录(1949—1979)》由中国电影出版社出版。

12月,社科参考组编辑《延安解放日报人名索引》出版。

1982 年

1月,《北京图书馆外文新书通报》改为胶印出版,自1982年起扩大发行。

2月19日,北京图书馆党委决定田大畏为参考部主任。

4月19日,北京图书馆与中国科学院等单位联合举办"纪念达尔文逝世一百周年展览"。

7月,文化部任命杜克为图书馆事业管理局局长。

本年,北京图书馆举办"季米特洛夫诞生100周年展览"。

1983 年

3月14日,《马克思恩格斯著作在中国》大型展览在革命博物馆举办,该展览由北京图书馆、中共中央马恩列斯著作编译局、中央档案馆共同举办,其中北京图书馆以参考部为主,负责收集材料、征集展品等。展品以实物为主,共1442件,各种马恩著作中译本1342件,有关文件、文物、照片、图表99件,按时间分为三大部分。

4月7日,馆务会议决定2号楼改为计算机用房。

9月23日,新馆工程奠基,邓小平题写馆名。

全年,解答咨询4722件,其中社科参考组解答咨询1441件,科技参考组解答咨询3281件。

1984 年

2月,戚志芬在《图书馆学通讯》84年第一期上发表《社科参考工作建设和发展之我见》一文。

3月9日,馆党委通过部处机构设置方案和干部任命名单,曹鹤龙任参考部副主任。

4月28日,文化部〔文党字第49号〕通知,田大畏任北京图书馆副馆长。

8月2日,与中国科技情报研究所等单位联合在劳动人民文化宫举办"新技术情报图书资料展览"。

9月3日,经过短暂筹备的"科技咨询接待室"正式成立。

10月,制定《北京图书馆各部处工作职责范围及部(处)主任(处长)工作职责(实行)》。

12月1日,马克思主义文献阅览室正式开放,开架阅览,它是在原马列著作研究室的藏书基础上整理和补充而成的。

本年,在馆长和业务处支持下,社参和科参两个业务组开始有偿服务试点。

本年,社参和科参两个业务组经过调整,按学科设置了十二个文献室,有些已经逐步开展文献研究工作。

本年,《民国时期总书目》总编室成立。

本年,参考研究部下分社科参考组、科技参考组、科技文献检索室、民国总书目编辑组、全国联合目录编辑组5个科组,共有92人。管理委托服务组,并筹备综合参考工具书组。

全年,共解答咨询4292件,其中社科咨询1124件,含口头咨询755件、书目咨询369件;科技咨询3168件,含口头咨询2905件、书目咨询263件。

1985 年

3月12日,曹鹤龙任文化部党史征集工作领导小组成员。

3月底到5月初,"印度医疗队在中国"赴印展出,令恪负责。征集有关照片700张,制作展板54块,展出照片254张。撰写说明书一份,译成英文,编制索引一份、大事记一册、剪报一份、起草发言稿一份(7000字)。代表团在印度受到各界人士的关注,印度总统、副总统、总理及所到印度各邦首席部长接见代表团,电台、电视台及主要报纸作了广泛报道。印中协会编印发行了《印度医疗队在中国》展览纪念册。展览的成功,加深了两国人民的友谊。

4月1日,原由全国联合目录编辑组负责的《外文新书通报》编辑工作划归外文采编部。

5 月,科技文献检索室实行业务工作负责制。

5 月,成立读者委托服务组,业务归参考研究部代管。

6 月 4 日,与三联书店和读书杂志社联合举办"傅雷家书墨迹展"。

6 月,田大畏调文化部工作。

11 月 1 日,原阅览部外文工具书组划归参考研究部。

全年,解答参考咨询 522 件,其中社科参考组解答咨询 283 件,科技参考组解答咨询 239 件。

1986 年

1 月 24 日,参考部召开"纪念戚志芬同志从事图书馆工作四十周年座谈会"。

2 月 7 日,进行图书资料专业人员任命试点。

2 月,曹鹤龙任参考部主任。

3 月 22 日,成立图书资料专业职称评审委员会,戚志芬任副主任,周迅、朱光暄等任评委。

6 月 20 日,原参考部主任张申府逝世,去世前为北京图书馆研究员、全国政协委员、中国农工民主党中央顾问。

8 月,《民国时期总书目·语言文字分册》由书目文献出版社出版,这是《民国时期总书目》正式出版的第一个分册。

11 月 12 日,与阅览部合作举办《孙中山先生生平事业展览》,为期一个月。展线 45 米,展框 10 个,展板九块,展出图书 326 册。

全年,共答复口头咨询 2121 次,其中社科咨询 741 人次,科技咨询 1380 人次;书面咨询 553 件,其中社会科学咨询室 249 件,科学技术咨询室 275 件,科技文献检索室 6 件,外文工具书阅览室 5 件,马克思主义研究资料室 18 件。

1987 年

5 月 1 日,除文津街善本阅览室、黄城根北街报纸阅览室外,其他 17 个阅览室停止接待读者,准备搬迁。

5 月 3 日,任继愈任北京图书馆馆长。

7 月 1 日,新馆落成。

10 月 6 日,举行新馆落成典礼,国务院副总理万里剪彩。

10 月 6 日,举办"巴金文学创作生涯六十周年展览"。

10 月 15 日,科技文献检索室正式接待读者。该室是在原科学文献检索室的基础上,增加了社会科学文献检索和计算机光盘检索业务而成的。

10 月 15 日,工具书阅览室正式接待读者。该室是在原外文工具书阅览室的基础上,增加了中文工具书而成的,室藏三万余册。

10 月 15 日,马克思主义研究资料室正式接待读者。

10 月 15 日,与国家科委等单位联合举办"软科学图书资料展览"。

10 月,焦树安编著的《比较哲学导论》由中国文化书院出版。

11 月,梁思睿、刘克俊主编的《科技参考工具书综览》由书目文献出版社出版。

12 月 15 日,科学技术咨询室接待读者。

12 月 15 日,社会科学咨询室接待读者。

12 月 25 日,第 87 次馆长办公会议决定成立高技术文献研究室、软科学研究资料室。

全年,共解答咨询 1160 件,其中口头咨询 805 件、书面咨询 335 件。

1988 年

1 月 2 日,联合目录组由参考部划归报刊资料部。

1 月 28 日,召开有偿服务和经营活动研讨会。

2 月,戚志芬著《参考工作与参考工具书》由书目文献出版社出版,全书共52 万字。

3 月 4 日,与北京历史学会联合举办"华夏人物系列讲座",共 18 讲。

3 月 8 日,与澳大利亚驻华使馆联合举办"澳大利亚历史图片展览"。

3 月 9 日,举办"民族知识系列讲座",共 28 讲。

5 月 10 日,为庆祝罗马尼亚反法西斯斗争胜利 44 周年,举办"罗马尼亚现代图书展览"。

6 月 25 日,举办"音乐的奥秘"专题讲座,共 4 讲。

7 月 12 日,与现代文学馆联合举办"冰心文学创作生涯七十年展览"。

9 月,我馆与 OCLC 共同建立"民国时期总书目机读目录数据库"正式签字,该项目是在 1987 年 5 月由美方提出,经过论证,在本月正式完成。拟将由我馆派人负责录入工作,第一批人员 5 人将于年底赴美。

12 月 8 日,举办"郑振铎诞辰九十周年展览"。

本年,读者委托服务组由业务处划归参考部。

全年,共解答咨询 5891 件,其中口头咨询 4973 件、书面咨询 918 件。

1989 年

1 月 30 日,举办"迎春民俗资料展览"。

2 月 7 日,馆长办公会议决定重新任命干部,曹鹤龙被任命为参考研究部主任。

4 月,与北京历史学会联合举办"华夏人物系列讲座"(第二部分),共 10 讲。

8 月 20 日,与现代文学馆、人民出版社联合举办"老舍文学创作生涯展览"。

8 月 23 日,在北京密云召开"参考工作理论与实践研讨会",与图书馆学研究部共同组织,是新中国成立以来第一次专门探讨参考工作理论,总结参考工作经验的学术研讨会,有北京、上海、天津、辽宁等省图书馆和北京大学、清华大学等大学图书馆的代表 53 人参加。文化部和中国图书馆学会有关领导与会。

本年,戚志芬退休。

全年,共解答咨询 5022 件,其中口头咨询 3923 件、信函咨询 876 件、有偿服务 223 件。

1990 年

3 月,苏爱荣主编《孙中山研究总目》由团结出版社出版。

5 月,周迅主编《1522 种学术论文集史学论文篇目分类索引》由书目文献出版社出版,全书 200 余万字。

9 月 2 日,配合亚运会召开,在美术馆举办"中国期刊展"。

本年,社科咨询室为亚运会组委会提供历届奥运会或亚运会主办城市环境布置、气氛烘托等形象资料 500 余种和大量文字资料。

本年,科技咨询室为全国人大提供"有害化学物质环境泄露的应急措施"课题相关资料。

全年,解答咨询 9349 件,其中口头咨询 8610 件、信函咨询 502 件、有偿服务 237 件。

1991 年

5 月,为配合江泽民总书记出访苏联,提供"斯大林专题书刊索引"收书 65 种,文章 318 篇,反映了国内斯大林研究成果,受到委托单位的赞扬与感谢。

5 月,调整部领导班子,焦树安出任参考部主任。

9 月 23 日,举办"纪念鲁迅先生诞辰 110 周年图书资料展览"。

10 月 24 日,全国人大常委会副委员长王汉斌约见馆长任继愈、参考研究部主任焦树安,商讨在北京图书馆设立"政策法规文献研究室"。

12 月,曹鹤龙主编《新民主主义革命时期新文化运动回忆录索引》由华艺出版社出版。

全年,解答咨询 8435 件,其中口头咨询 7431 件、信函咨询 529 件、有偿服务 475 件。

1992 年

4 月 4 日,参考研究部计算机全员培训正式开课,培训将持续两个月,这在该部历史上是第一次。

4月17日,参考研究部中国学文献研究室主办的不定期刊物《国际汉学》第一期出版。该刊聘请著名汉学家弥维礼为顾问。

5月25日,参考研究部主任焦树安赴日本考察。

1993 年

4月9日,第二批赴 OCLC 工作人员启程,开始为期一年的《民国时期总书目》录入工作。

5月14日,应中共中央文献研究室要求,参考部马列室工作人员为该单位提供有关《毛泽东选集》的中外文版本及善本书、刊30多种,为编辑纪念毛泽东同志100周年诞辰的大型画册《毛泽东》提供了文献支持。

5月18日,与年鉴研究会联合举办"全国首届年鉴展览"。

6月5日,举办"胡风生平与文学道路展览"。

6月5日,举办"中国古代书籍史展览"。

8月17日,制定公布《北京图书馆关于加强信息开发管理的有关规定》《北京图书馆信息开发收益分配的暂行规定》。

9月16日,与中国科学技术协会联合举办"中国现代科学家系列——邓稼先、梁希展览"。邓稼先为两弹元勋,梁希为著名林学家,展览共收录二人珍贵历史图片、实物200余件

9月20日,第17次馆长办公会议听取关于制止乱收费的报告。

10月,工具书阅览室对年鉴、名录实行闭架管理。

本年,参考研究部建立法律文献室。为全国人大等完成立法咨询20余项。

12月23日,举办"北京图书馆馆藏毛泽东著作版本展览",以纪念毛泽东100周年诞辰。

12月,以参考研究部为主体举办"毛泽东与中国哲学"学术讨论会。于光远、李锐、张岱年等30余位学者出席。

全年,解答咨询8435件,其中口头咨询3351件、信函咨询475件、有偿服务475件。

1994 年

4 月 5 日,举办"沙汀、艾芜生平与创作展览"。

4 月 27 日,文化部任命谭斌为北京图书馆党委书记兼副馆长,主持工作。

9 月,为在北京召开的世界妇女大会提供"妇女研究中文数据库",该数据库共收录 26000 多个数据,成为此次会议"民间论坛"的主要参考资料。

10 月 12 日,参考研究部主任焦树安赴俄罗斯圣彼得堡参加"中国,中国文明与世界,历史、当代与前景"第五届国际学术讨论会。

12 月 22 日,在文化部召开的全国公共图书馆评估总结大会上,参考研究部科学文献检索组获图书馆工作先进集体奖。

本年,为珠海制药厂完成课题检索 153 个,复制文献 2721 篇,该厂是二十世纪科技带头企业之一,参考研究部的跟踪服务得到该厂厂长迟斌元的高度评价。

本年,完成国家自然科学基金项目《国外自然科学人才综评报告》,由文献研究组王淑芬完成。

全年,共解答咨询 6142 件,其中口头咨询 5549 件、书面咨询 548 件。

1995 年

3 月 1 日,电子阅览室挂牌为读者服务。开展光盘检索、联机检索、用户培训、咨询服务、阅览服务。

3 月底,参考研究部更名为参考辅导部,原参考部文献研究组所辖中国学文献室、哲学文献室、马列室、软科学室撤销,业务归并入社科参考组;原科技咨询室和科学文献检索组合并为科技参考组;原图书馆学研究组和图书馆学资料组合并为图书馆学研究辅导组,并入参考部,国际组织和外国政府出版物组纳入参考部建制;工具书组增设工具书第二阅览室(年鉴阅览室)。

4 月 8 日,软科学资料移交中文资料室。

4 月,启动联合国教科文总部合作项目"中国图书馆信息数据库"。11 月 18 日顺利完成,共收集到全国 3139 个图书馆的 15 万条数据。

8 月 15 日,经第 24 次馆长办公会议批准《北京图书馆关于信息开发与有偿服务的若干暂行规定》及其配套文件《北京图书馆关于信息开发与有偿服务暂行收费标准》、《北京图书馆涉外文献开发的规定》(修订稿)、《北京图书馆员工违反信息开发有关规定的处罚条例》发布实施。

本年,马惠平任主编《中国藏学书目》由外文出版社出版,收录 1949 至 1991 年中国出版的 1497 种有关西藏的图书。

全年,共解答咨询 8279 件,其中口头咨询 7743 件、书面咨询 484 件。

1996 年

5 月 17 日,举办"1996 年度图书馆服务宣传周"。

6 月,《光明日报》公布国家重点建设项目后,参考辅导部向有关单位发函,承担主动服务。

7 月 2 日,组织召开"全国图书馆辅导工作研讨会",全国 30 多个省市图书馆馆长、辅导部主任与会。

9 月 17 日,第 22 次馆长办公会议决定成立馆藏信息开发协调小组,焦树安任小组成员。

10 月 18 日,与中国甲午战争博物馆共建爱国主义教育基地,建立"甲午战争研究资料中心"。

11 月 20 日,确定国情资料、国际组织出版物、查新工作和全国图书馆咨询网的建立与开发等业务发展方向。

11 月 25—30 日,举办全国"科技文献和科技服务"辅导班,计有全国 30 多个省市图书专业人员与会。

本年,在 1995 年机构改革的基础之上,细化《"135"计划》,即"一制三定五承包":目标管理制;定目标、定岗位、点编制;任务承包,岗位承包,课题承包,经营承包,内部工资总额承包。

全年,接受中央和国务院部委咨询 35 件。

全年,共解答咨询 10399 件,其中口头咨询 9869 件、书面咨询 530 件。

1997 年

4 月,参考辅导部完成《关于北图申请国家级科技情报查新咨询单位的报告》,经馆里审定报送文化部科技司,11 月由科技司批转国家科委信息司审批。

5 月 4 日,电子阅览室开展网络信息延时服务,延时服务时间为每周日至周五 17 时至 22 时。

5 月 19 日,参考辅导部举办为期一周的"分类主题一体化标引"辅导班,来自馆内外的 80 多人参加。

6 月 16 日,举办第二届全国图书馆参考工作研讨会。出席会议的有全国各省市自治区图书馆和大学图书馆等 34 家单位的代表 37 人,收到论文 30 篇。

7 月 14 日,第二电子阅览室开放。

7 月,参考辅导部与馆里签订《中国年鉴信息数据库》项目协议书,标志中国年鉴信息数据库正式启动。

10 月 10 日,为庆祝建馆 85 周年,举办"前进中的中国国家图书馆""北京图书馆馆藏珍品展"等。

12 月 18 日,首届"北京图书馆读者服务工作会议"召开。

本年,马惠平任主编《中国藏学书目续编》由外文出版社出版,收录 1992 年至 1995 年中国出版的 700 余种有关西藏的图书。

全年共解答咨询 22445 件,其中口头咨询 21764 件、书面咨询 681 件。

1998 年

2 月 4 日,馆长办公会议决定,自 2 月 7 日起取消周六和法定节假日闭馆,改为全天开馆。网上服务改为 24 小时,简化读者入馆手续,大力开展特色专题服务和特种服务,提高文献利用率。

2 月 24 日,为纪念《共产党宣言》发表 150 周年,协助中央电视台拍摄大型文献纪录片《共产党宣言》。

3 月,经业务处沟通,与全国人大信息中心副主任王桂芬取得联系,主动为

"两会"代表和委员参政议政提供服务。开创国家图书馆"两会"咨询服务历史。

3月,在全国"两会"召开前夕,北京图书馆向"两会"代表、委员提供阅览外借,咨询和文献查询复制、网上查询以及免费办理中、外文借书证等服务。办证服务贯穿全年。

3月4日,与北京市历史学会联合举办"华夏人物"系列讲座,共18讲。

3月5日,为纪念周恩来100周年诞辰,举办馆藏周恩来同志文献展,共展出珍贵资料、照片近百种,包括周恩来早期著作的印本、手稿、出访照片(1983年国务院拨交北京图书馆的外国政府礼品),邓颖超送给北京图书馆周恩来私人藏书《二十四史》等。

3月23日,张秀民先生将其代表作《中国印刷术的发明及其影响》手稿捐献给北京图书馆。

4月10日,经过一个多月的精心准备,深化改革工作揭开帷幕,在充分调查研究基础上《北京图书馆深化改革和业务调整总体方案》《机构改革方案》《干部任用制度改革方案》正式出台。"参考辅导部"更名"参考研究辅导部"。将原北图教育中心更名为培训中心,与首都联合大学国图分校并入参考研究辅导部。参考研究辅导部挂教育中心、首都联合大学国图分校牌子,一个机构三块牌子。由典藏流通部与阅览部合并成立典藏阅览部。

4月22日,《北京图书馆业务格局调整方案》出台,按该方案将新建北京图书馆剪报服务中心、北京图书馆文献提供中心等。

4月27日,典藏阅览部外借组更名为"外文图书外借组",对外称"北京图书馆文献提供中心"。报刊资料部成立剪报组(对外称北京图书馆简报中心)、报刊信息咨询组。哲学社会科学参考组更名为"社科参考组"。图书馆学研究辅导组更名为"图书馆学研究组"。成立"信息研究与服务组",对外称"北京图书馆信息咨询中心"。教研室与教务办公室合并为教务研究室,并入参考研究辅导部。国际组织外国政府出版物组由原参考研究辅导部划归图书采选编目部。

5月18日,剪报服务中心、文献提供中心对外开放。

5月25日,举办"1998年北京图书馆宣传服务周",主题为"实施科教兴国战略,推动知识经济发展"。

6月10日,第12次馆长办公会议听取业务处"关于全馆咨询服务工作使用馆藏文献情况"的汇报。为了更好地开展咨询服务,加强文献管理,决定为参考人员统一办理"咨询工作证"。

10月8日,"刘少奇光辉业绩展览"开幕。

11月4日,北京图书馆邀请43家图书情报单位负责人就文献资源共建共享问题进行专题讨论。

12月22日,中共中央总书记、国家主席江泽民视察北京图书馆。江总书记指出:"社会的发展,人类的进步都离不开知识,我们要在全社会倡导人们多读书,大兴勤奋读书之风。"江总书记对北京图书馆的视察,在全国图书馆界引起强烈反响,极大地鼓舞了图书馆工作者的事业心和工作热情。

本年,组建"全国图书馆信息咨询服务网",编印"网讯",努力实践从传统参考工作向网络环境下参考工作过渡。

本年,参考研究辅导部(培训中心首都联合大学国图分校)下设社科参考组、科技参考组、图书馆学研究组、参考工具书组、教务教研室(培训辅导组)、信息研究与服务组。主任刘一平(1998年4月聘任),副主任卢海燕(1998年4月聘任)、马惠平(1998年4月解聘)。在典藏阅览部下设外文图书外借组(对外称北京图书馆文献提供中心)。报刊资料部下设报刊信息咨询组和剪报组。

年底,《国家图书馆1998年工作总结》:"参考咨询部门完成中央国家机关部委以上咨询委托项目210件,是历年来最多的。为重点科研和生产单位完成专题咨询、科技查新、商情调研8082件,处理各类口头和书面的一般咨询376642件。此外,为了更好地为党中央、国务院服务,我馆积极运作与中共中央办公厅、国务院办公厅实现联网。"

全年,共解答咨询23271件,其中口头咨询22371件次、书面咨询900件次。

1999 年

年初,北京图书馆《1999年工作要点》第5点为:加强参考咨询工作,强化为中央决策部门服务职能。

1月11日,国家图书馆千兆馆域网开通。成为国内图书馆界使用千兆位以太网络技术的首家,标志国家图书馆采用的计算机网络技术已达国内领先、国际先进水平。

2月10日,经1999年第5次馆长办公会议决定,正式启用"国家图书馆"及"中国国家图书馆"称谓。

3月1—20日,为了使参加九届全国人大二次会议代表、全国政协九届二次会议委员能够及时利用国家图书馆的文献信息资源,为其参政议政和完成提案、议案提供帮助,设"两会"咨询服务处,为"两会"开展24小时服务,提出"咨询结果不过夜,咨询结果送上门"。"两会"期间,承接人大代表4人4次,政协委员56人61次咨询;提供复制文献3544页,检索1500余条目录,下载125个文件。办理借书证196个,还接待了代表、委员来馆参观、阅览,夜间处理代表、委员各类电话咨询多件。编写咨询服务简报七期。受到全国政协的两次表扬。

4月15日,全国政协办公厅致函国家图书馆,对"两会"期间为与会委员提供全天候免费提供文献资源服务表示感谢。

4月16日,召开"为中央国家机关立法决策服务座谈会"。全国人大、全国政协、中央各部委、国务院各部委、中央军委和社会团体等65家单位81位代表与会。加强与重点服务对象沟通,根据需求开展有针对性的服务,拓展新领域,增加新内容。

7月6日,国家图书馆人事部分馆开馆仪式在人事部举行。文化部部长孙家正、人事部部长宋德福分别在仪式上讲话,对国家图书馆与人事部以分馆的形式建立资源共享关系给予充分肯定。

9月24日,参考研究辅导部成立"国情研究中心",对外称"国家图书馆中国国情研究中心",不定行政级别。

10月21日,参考辅导部组织召开"参考咨询工作研讨会"。

12月6日,经1999年第29次馆长办公会议决定,参考研究辅导部挂"国家立法决策部"牌子。撤销技术服务部,其展览业务归参考研究辅导部。

年内,着手调研"中央国家机关图书馆现状与发展"。

年内,编制《参考咨询工作手册》。

年内,编制《1999 年立法决策咨询服务年报》。

本年,参考研究辅导部(国家立法决策部培训中心首都联合大学国图分校)下设社科参考组、科技参考组、图书馆学研究组、参考工具书组、教务教研室(培训辅导组)、信息研究与服务组、国情研究中心(9 月 24 日成立)。主任刘一平(1999 年 12 月解聘),副主任卢海燕。在典藏阅览部下设:外文图书外借组(负责文献提供工作)。报刊资料部下设:报刊信息咨询组、剪报组。

全年,共解答咨询 402770 件次,其中参考咨询 30608 件,含口头咨询 29550 件、书面咨询 1058 件;目录咨询 372162 件,含口头咨询 348452 件、代查目录 23710 件。

2000 年

3 月,设"两会"咨询服务处,为参加全国"两会"的代表、委员参政议政服务。为"两会"代表、委员检索 1055 条目,提供 332 篇论文,复印原文 4587 页,办理借书证 127 个;接待政协委员 40 人次,提供咨询 36 件;接待人大代表 7 人次,提供咨询 11 件;并提供《黄河防洪资料汇编》一册(14 万字);接到代表、委员表扬信 2 封,电话表扬 3 次。

3 月 22 日,图书馆学研究组由参考辅导部划归图书馆发展研究院。

3 月 22 日,原报刊信息咨询组与剪报组合并,对外称"国家图书馆剪报信息服务中心"。

3 月 22 日,在参考辅导部下设"展览服务组"。

6 月 22 日,撤销参考辅导部国情研究中心。

7 月 7 日,国家图书馆人事部分馆举行揭牌仪式,标志着中央国家机关分馆模式的诞生,这是促进资源共享,更好为中央机关服务,强化履行国家图书馆职能的新举措。

7 月 7 日,国家图书馆宏观经济分馆开馆,这是国家图书馆的第二个部委分馆。

7月25日,由国家图书馆主办的"国家图书馆为中央国家机关立法决策服务暨国家图书馆人事部分馆成立一周年"座谈会在京举行。全国人大常委会副秘书长苏秋成及中共中央、国务院、全国政协等40家单位的45位负责人与会。

10月8日,开展对中央国家机关信息需求情况为期20多天的调研,通过调研初步了解了中央国家机关的信息需求情况、信息需求保障系统的整体情况以及计算机网络配备情况等,参考研究辅导部向馆领导提交了对中央国家机关服务的改进意见和机构调整方案。

10月10日,俄罗斯国家图书馆副馆长和参考编目部主任访问我馆。

本年,参考研究辅导部(国家立法决策部培训中心首都联合大学国图分校)下设社科参考组、科技参考组、参考工具书组、教务教研室(培训辅导组)、展览服务组(3月22日成立)、信息研究与服务组、国情研究中心(6月23日撤销)。主任马小林(2000年8月聘任),副主任卢海燕(2000年1月聘任)。在典藏阅览部下设:外文图书外借组(负责文献提供工作)。报刊资料部下设:报刊信息咨询组(2000年3月22日由原报刊信息咨询组与剪报组合并,对外称国家图书馆剪报服务中心)。

全年,共解答咨询60355件次,其中为一般读者解答咨询55507件。

2001 年

3月,设"两会"咨询服务处,为参加全国"两会"的代表、委员参政议政服务。开始与全国人大信息中心合作,在"两会"召开期间参考研究辅导部派人直接进入人民大会堂,面对面地为"两会"代表、委员提供服务。"两会"期间国家图书馆"两会"咨询服务处共为代表、委员提供课题咨询45件,在人大会堂发放宣传材料5000份。国家图书馆的服务受到全国人大、全国政协机关的高度评价和代表、委员的赞扬。

5月23日,国家图书馆劳动和社会保障部分馆开馆,是国家图书馆建立的第三中央国家机关分馆。

7月,召开第三次"为中央国家机关立法决策服务座谈会",全国人大、中共中央部委、国务院部委等单位代表参加会议。

9月17日,信息研究与服务组对外更名"国家图书馆信息咨询中心"。

年内,制定了《参考咨询工作手册(草案)》。在总结参考咨询工作经验的基础上,对参考咨询工作的基本概念、工作程序、主要做法、工作质量、收费标准及参考咨询人员的基本条件、素质要求等做了认真的归纳总结和全面确定,将参考工作纳入制度化、规范化的轨道。该手册成为国家图书馆参考咨询人员的工作守则和国家图书馆参考咨询规范化管理的重要组成部分。

年内,与武汉大学与合作举办图书馆学硕士研究生班,共有10位图书馆员被录取为硕士研究生。

本年,参考研究辅导部(国家立法决策部培训中心首都联合大学国图分校)下设社科参考组、科技参考组、参考工具书组、教务教研室(培训辅导组)、展览服务组、信息研究与服务组(国家图书馆信息服务中心)。主任马小林,副主任卢海燕。在典藏阅览部下设外文图书外借组(国家图书馆文献提供中心)。报刊资料部下设报刊信息咨询组(国家图书馆剪报服务中心)。

全年,共解答咨询150374件次,其中为党和国家领导人解答咨询238件(一般咨询125件、代检索课题95件、编制文献18件),为中央国家机关解答咨询1453件(一般咨询1239件、代检索课题212件、编制文献2件),为重点科研单位解答咨询9203件(一般咨询8226件、代检索课题890件、编制文献87件),为一般读者解答咨询139480件(一般咨询131744件、代检索课题6045件、编制文献1691件)。

2002 年

1月,制订《参考部科研奖励暂行规定》《2002年参考部专业技术人员聘任补充条件》。

3月,设"两会"咨询服务处,为参加全国"两会"的代表、委员参政议政服务。

12月,应国务院办公厅领导的需求,完成"中南海网站"的设计。

年内,完成了参考咨询档案数据库单机版的设计和部分咨询档案数据回溯录入工作,开始国家图书馆参考咨询档案数字化的管理。

年内,根据文化部外联局领导的要求,承担并设计制作了我国其后几年对外宣传的"汉字——从甲骨文到计算机"展览,至10月底,完成英文版、阿文版、法文版的设计和制作。

年内,与武汉大学与合作举办图书馆学硕士研究生班,共有10位图书馆员被录取为硕士研究生。

本年,参考研究辅导部(国家立法决策部培训中心首都联合大学国图分校)下设社科参考组、科技参考组、参考工具书组、教务教研室(培训辅导组)、展览服务组、信息研究与服务组(国家图书馆信息服务中心)。主任马小林,副主任卢海燕。在典藏阅览部下设外文图书外借组(国家图书馆文献提供中心)。报刊资料部下设报刊信息咨询组(国家图书馆剪报服务中心)。

全年,共解答咨询230761件次,其中为党和国家领导人解答咨询92件(一般咨询39件、代检索课题34件、编制文献19件),为中央国家机关解答咨询2020件(一般咨询1573件、代检索课题320件、编制文献127件),为重点科研单位解答咨询14452件(一般咨询12318件、代检索课题1836件、编制文献298件),为一般读者解答咨询214197件(一般咨询206394件、代检索课题6073件、编制文献1730件)。

2003 年

年初,文献检索室并入报刊资料部。参考工具书组并入典藏阅览部。

3月,设"两会"咨询服务处,为参加全国"两会"的代表、委员参政议政服务。

年初,根据全国人大信息中心的要求,开始为全国人大常委每两个月一次的常委例会提供文献信息服务。内容涉及常委会审议立法主题的所有背景资料、法律基本概念和定义以及与之相关的文献资料。该项工作的开展,标志着国家图书馆在为国家立法决策服务进程中迈出了实质性的一步。全年总计为全国人大常委会提供1076个文件,约3800万字。

4月17日,与中国图书馆学会用户研究与服务专业委员会合作,召开"全国图书馆信息咨询工作学术研讨会"。来自全国 19 个省(含直辖市)21 个市 43 家图书馆的 83 位图书馆参考咨询领域的专家和业务骨干(包含国家图书馆 22 人)参加了会议,会议递交论文 143 篇。

6 月 3 日,设在国务院办公厅的局域网开始试运行。并完成"各国背景""国际组织""世界遗产""二十世纪大事典""热点问题"等数据库的建设,总计 1100 万字。国务院领导两次亲临审查,对该项工作给予高度的评价。

年内,根据馆领导指示,策划"部处主任、馆级领导新知识学习培训计划"。

12 月 17 日,与中组部正式签订合作协议,这是中直机关中以准分馆的形式与国家图书馆合作的第一家单位。

本年,参考研究辅导部(国家立法决策部培训中心首都联合大学国图分校)下设社科参考组、科技参考组、参考工具书组(经 2002 年第 23 次馆长办公会议决定划归典藏阅览部)、教务教研室(培训辅导组)、展览服务组、信息研究与服务组(国家图书馆信息服务中心)。主任马小林(2003 年 1 月聘任,7 月调任),副主任卢海燕(2003 年 1 月聘任)、王磊(2003 年 1 月聘任)。在典藏阅览部下设文献提供组(经 2002 年第 23 次馆长办公会议决定,对外可称为"国家图书馆文献提供中心")、参考工具书组(经 2002 年第 23 次馆长办公会议决定在典藏阅览部增设)。报刊资料部下设报刊信息咨询组(国家图书馆剪报服务中心)。

全年,共解答咨询 261429 件次,其中为党和国家领导人解答咨询 25 件(一般咨询 1 件、代检索课题 5 件、编制文献 19 件),为中央国家机关解答咨询 996 件(一般咨询 626 件、代检索课题 108 件、编制文献 262 件),为重点科研单位解答咨询 15900 件(一般咨询 14115 件、代检索课题 1529 件、编制文献 256 件),为一般读者解答咨询 244508 件(一般咨询 239312 件、代检索课题 1366 件、编制文献 3830 件)。

2004 年

1 月,国家图书馆的"两会"服务已作为图书馆为党政机关立法决策提供服务的一种成功模式而得到广大公共图书馆的高度重视和积极响应。上海图书馆、浙江省图书馆、江西省图书馆等许多省级公共图书馆都先后与国家图书馆联系,探讨"两会"服务经验,并在各自省份的"两会"期间开展了类似的服务。

3月,设"两会"咨询服务处,为参加全国"两会"的代表、委员参政议政提供服务。

10月18日,中南海网站在国务院正式运行,该网站受到中央政治局常委李长春、国务院副秘书长徐绍史和文化部副部长周和平等领导同志的关注。

2003年12月,应中共中央办公厅秘书局的要求,国家图书馆与中共中央办公厅建立信息服务合作关系,明确将国家图书馆作为中办秘书局的信息联系对口单位,建立信息报送工作机制,直接为中办秘书局的内部刊物——《参阅资料》提供信息服务。全年提供各类潜在热点问题7921件,其中722件被中办秘书局领导所认可,101件被选用并直接刊载于其内部刊物中。参考部报送信息的采用率在全国400余家中办信息直报单位中位居第3位,仅次于国家发展改革委员会和国家统计局。

年内,完成《国家图书馆为中央国家机关立法决策服务条例》《国家图书馆部委分馆建设组织条例》《国家图书馆为中央国家机关立法决策服务保密守则》的制订工作。

年内,完成Question point和CDI相关虚拟参考咨询应用系统的研究和测试工作。

年内,与中数创新责任有限公司合作,正式开通面向中关村管委会高新技术企业用户服务的网上咨询台。

本年,参考研究辅导部(国家立法决策部培训中心首都联合大学国图分校)下设社科参考组、科技参考组、教务教研室(培训辅导组)、展览服务组、信息研究与服务组(国家图书馆信息服务中心)。主任卢海燕,副主任王磊。在典藏阅览部下设:文献提供组(国家图书馆文献提供中心)、参考工具书组。报刊资料部下设:报刊信息咨询组(国家图书馆剪报服务中心)。

全年,共解答咨询306044件次,其中为党和国家领导人解答咨询42件(一般咨询5件、代检索课题14件、编制文献23件),为中央国家机关解答咨询 807 件(一般咨询 157 件、代检索课题 111 件、编制文献 539 件),为重点科研单位解答咨询 35685 件(一般咨询 33743 件、代检索课题 1522 件、编制文献 420 件),为一般读者解答咨询 269510 件(一般咨询 261386 件、代检索课题 4802 件、编制文献 4304 件)。

2005 年

2004 年底 2005 年初,制定《参考部岗位考核标准》和《参考部岗位考核评分细则》,确保 2005 年底岗位考核工作的顺利进行。

1 月,结合"保持共产党员先进性教育"活动,承担完成了中宣部下达给参考研究辅导部的为《永远的丰碑》提供专题咨询服务的任务,由此制作的电视节目每天在中央电视台黄金时间热播后,在全国引起广泛的影响。

3 月,设"两会"咨询服务处,为参加全国"两会"的代表参政议政服务。

5 月,"读者服务周"期间,国家图书馆科技查新中心成立,科技部奖励办主任贾丰与国家图书馆党委副书记、副馆长张雅芳共同为中心剪彩、揭牌。国家图书馆科技查新中心的成立,标志着国家图书馆开始正式纳入国家科技自主创新服务体系当中。

年内,完成国家图书馆与武汉大学联合培养图书馆学硕士研究生班和研究生课程进修班的全部教学内容。

年内,与北京大学信息管理系合作,开设北京大学信息管理专业研究生课程班。

年内,与南京大学信息管理系合作,联合培养博士研究生。

年内,与北京师范大学合作,开设专(高)升本学历教育班。

本年,参考研究辅导部(国家立法决策部培训中心首都联合大学国图分校)下设社科参考组、科技参考组(国家图书馆科技查新中心经 2005 年第 13 次馆长办公会议决定成立国家图书馆科技查新中心,与参考研究辅导部科技参考组一个机构两个牌子)、教务教研室(培训辅导组)、展览服务组、信息研究与服务组(国家图书馆信息服务中心)。主任卢海燕,副主任王磊。在典藏阅览部下设:文献提供组(国家图书馆文献提供中心)、参考工具书组。报刊资料部下设：报刊信息咨询组（国家图书馆企业信息服务中心）。

全年，共解答咨询 280498 件次，其中为党和国家领导人解答咨询 88 件（一般咨询 45 件、代检索课题 7 件、编制文献 36 件），为中央国家机关解答咨询 694 件（一般咨询 92 件、代检索课题 133 件、编制文献 469 件），为重点科研单位解答咨询 15623 件（一般咨询 13766 件、代检索课题 1801 件、编制文献 56 件），为一般读者解答咨询 264093 件（一般咨询 256872 件、代检索课题 4418 件、编制文献 2803 件）。

2006 年

3 月，设"两会"咨询服务处，为参加全国"两会"的代表、委员参政议政服务。

3 月 6 日，召开本年第 2、3 次馆长办公会议，对机构进行调整。参考研究辅导部更名参考咨询部，下设社科参考组、科技参考组（国家图书馆科技查新中心）、信息研究与服务组（国家图书馆信息咨询中心）。将原属参考辅导部的教务教研室（培训辅导组）、展览服务组两个科组撤销，相关职责和人员划归新成立的文化教育培训部、参考辅导部原有的培训中心、首都联合大学国图分校两块牌子撤销，参考咨询部保留国家立法决策服务部牌子。

4 月 28 日，参考咨询部宣讲团，参加"2006 年度北京科技园区中小企业技术创新专项基金及国家创新基金项目申报辅导"政策宣讲会，正式推出国家图书馆为中小企业创新基金服务项目。

5 月，正式启动中央国家机关信息需求情况调研计划。全部调研计划的实施，历时两个半月共有 97 人次分成 5 个调研小组，对 49 家中央国家机关的 56 个部门进行了调研。

5 月 29 日，国家图书馆网上咨询台正式开通。

6 月 13 日，国家图书馆民航分馆签字揭牌，正式成立。

6 月 22 日，举办《政府出版物与政府信息传播与利用》研讨会。

10 月，正式承办部级领导干部历史文化讲座工作任务。

11 月 1 日，"交流·协作·共进 ——为国家立法与决策信息服务工作研讨会"在国家图书馆召开。共有来自中共中央、全国人大、国务院以及最高人民法院系统的 36 家信息服务机构的 59 位代表参加了研讨会

11 月 8 日,召开"北京地区图书馆及情报机构科技查新工作研讨会",在京 27 家科技查新的 47 位查新管理人员和业务人员在国家图书馆就科技查新工作的诸多方面展开研讨。科技部奖励办副主任贾丰参加会议并讲话。

年内,与中共中央办公厅机要局、中央政策研究室等单位,初步拟定了长期合作协议。

全年,共解答咨询 294144 件次,其中为党和国家领导人解答咨询 72 件(一般咨询 46 件、代检索课题 3 件、编制文献 23 件),为中央国家机关解答咨询 1068 件(一般咨询 77 件、代检索课题 122 件、编制文献 869 件),为重点科研单位解答咨询 15865 件(一般咨询 13858 件、代检索课题 1669 件、编制文献 338 件),为一般读者解答咨询 277139 件(一般咨询 271802 件、代检索课题 2110 件、编制文献 2627 件)。

2007 年

年初,总咨询台正式划归参考咨询部。制订《国家图书馆总咨询台岗位要求》,创建总咨询台值班日志。

4 月 26 日,应中央办公厅的紧急要求,正式面向中央办公厅开通中南海网站数据服务。至此,国家图书馆"中南海网站"的建设与开通,全面实现面向中央和政府最高决策领导层的服务。

4 月 28 日,参考咨询部宣讲团,参加"2006 年度北京科技园区中小企业技术创新专项基金及国家创新基金项目申报辅导"政策宣讲会,正式推出国家图书馆为中小企业创新基金服务项目。

5 月,策划、组织成立"法意文津"研究小组,旨在对数字环境下图书馆发展中的法律问题开展研究。

10 月,举办"国家图书馆馆藏中国学文献资源的收藏、开发和服务"研讨会。来自中国社会科学院、北京大学、北京外国语大学、中国人民大学和北京语言大学的专家学者参加了会议。

11 月,主办第一届"北京地区参考咨询工作研讨会",来自北京大学、清华大学、国家科技图书馆、冶金工业信息标准研究院、解放军医学科学院图书馆、中国科学技术信息研究所和首都图书馆的参考咨询部门的负责人应邀参加了研讨会。

11 月,中央办公厅秘书局图书馆根据中办领导的指示精神,主动提出建立中央办公厅秘书局图书馆与国家图书馆的点对点视频专线,以满足中办领导决策制订过程中的适时信息需求。并于当月按期完成线路铺设、设备配置、专线联通。

11 月,完成《国家图书馆参考咨询馆员资质认证教材》的编写工作,卢海燕、王磊、李凡、边晓利、辜军为该教材编写组成员。

12 月,正式启动国家图书馆立法决策信息服务平台前期准备工作。

本年,旨在扩大国家图书馆立法决策咨询服务影响力、提高中央国家领导机关信息获取能力的"走进政府计划"启动并付诸实施。当年,该计划被评为国家图书馆创新服务奖"二等奖"。

本年,参考咨询部(国家立法决策部)下设社科参考组、科技参考组(国家图书馆科技查新中心)、信息研究与服务组(国家图书馆信息服务中心)。主任卢海燕,副主任王磊。在典藏阅览部下设文献提供组(国家图书馆文献提供中心)、参考工具书组。报刊资料部下设报刊信息咨询组(国家图书馆企业信息服务中心)。

全年,共解答咨询 296213 件次,其中为党和国家领导人解答咨询 56 件(一般咨询 35 件、代检索课题 4 件、编制文献 17 件),为中央国家机关解答咨询 1023 件(一般咨询 57 件、代检索课题 90 件、编制文献 876 件),为重点科研单位解答咨询 15129 件(一般咨询 13209 件、代检索课题 1505 件、编制文献 415 件),为一般读者解答咨询 280005 件(一般咨询 274717 件、代检索课题 2140 件、编制文献 3148 件)。

2008 年

1 月 1 日,国家图书馆设立法决策服务部,下设全国人大与政协服务组、中央国家机关服务组、法律文献组、中国学文献组(海外中国学文献研究中心)、系统保障服务组。

1月1日,参考咨询部下设读者证卡组、综合咨询组、社科咨询组、科技咨询组(国家图书馆科技查新中心)、企业服务组(国家图书馆企业信息服务中心)、文献提供组(国家图书馆文献提供中心)、复制组。

2月26日,与克罗地亚驻华大使馆联合举办"多彩的克罗地亚"摄影展。

3月3—18日,"两会"期间,积极为人大代表、政协委员参政议政服务,进一步拓展服务领域,国家图书馆立法决策服务全国人大平台试运行。"两会"期间,全国人大信息中心多次致电国家图书馆对"两会"服务表示感谢。

3月23日,"纪念冯仲云诞辰100周年"座谈会在北京举行。副馆长陈力代表国家图书馆发言,介绍了冯仲云在担任国家图书馆馆长期间的贡献。

3月,为保证"两会"服务,由立法决策服务部在3月"两会"服务结束前代管参考咨询业务。

4月7日,举办"洁白的丰碑:纪念傅雷百年诞辰展览"。

6月28日,"部级领导干部历史文化讲座"举办第100期。

8月25日,国家图书馆民政部分馆成立暨国家图书馆立法决策服务民政部平台开通仪式在民政部举行。

9月25日,与英国国家图书馆联合举办"1860—1930:英国藏中国老照片"展览。

11月17日,与波兰国家图书馆联合举办"钢琴诗人——肖邦生平展"。

12月12日,举行"国家图书馆立法决策服务平台暨中央国家机关立法决策服务研讨会"。

全年,共解答咨询298176件次,其中为党和国家领导人解答咨询31件(一般咨询13件、代检索课题3件、编制文献15件),为中央国家机关解答咨询7704件(一般咨询52件、代检索课题65件、编制文献7587件),为重点科研单位解答咨询15328件(一般咨询14178件、代检索课题368件、编制文献782件),为一般读者解答咨询275113件(一般咨询271186件、代检索课题273件、编制文献3654件)。

附录二 戚志芬先生主要著译目录

1. 鲁迅先生作品在苏联　　　　　光明日报　　　1953 年 10 月 19 日
2. 北京图书馆如何管理图书　　　（油印本）　　　1953 年 12 月
3. 北京图书馆简介　　　　　　　（铅印本）　　　1954 年 4 月
4. 北京图书馆 1953 年工作概况　（铅印本）　　　1954 年
5. 北京图书馆的采编工作　　　　（油印本）　　　1954 年 12 月
6. 中国目录事业概况　　　　　　苏联目录学杂志 1955 年
7. 北京图书馆介绍　　　　　　　图书馆工作　　　1955 年第二期
8. 图书馆应积极配合科学研究工作 图书馆工作　　　1956 年第二期
9. 介绍几种年表和历表　　　　　图书馆工作　　　1956 年第二期
10. 创造发明家的故事　　　　　　工人出版社　　　1958 年
11. 中国的书目工作　　　　　　　苏联目录学杂志 1959 年
12. 中心图书馆介绍——北京图书馆 图书馆通讯　　　1959 年第一期
13. 犹太人民的歌手——肖洛姆·阿 光明日报　　　1959 年 3 月 2 日
    莱罕姆
14. 清代女算学家王贞仪　　　　　光明日报　　　1960 年 3 月 9 日
15. 清代女算学家王贞仪　　　　　中国妇女　　　1960 年第 13 期
16. 鲁迅作品在国外　　　　　　　新建设　　　　1961 年第 10 期
17. 中国丛书目录史的新页　　　　光明日报　　　1962 年 2 月 4 日
    ——评《中国丛书综录》　　　　　　　　　日本《大安》杂志
    　　　　　　　　　　　　　　　　　　　　　1962 年翻译转载
18. 世界诗歌宝库中的珠玑　　　　图书馆　　　　1962 年第 2 期
    ——杜诗外文译本略记
19. 鲁迅书简读后——随笔之一　　图书馆　　　　1962 年第 2 期
20. 二十五史　　　　　　　　　　前线　　　　　1962 年第 14 期

21. 发挥馆藏图书资料潜力为社会　　图书馆　　　　　　1963 年第 4 期
　　科学研究工作服务

22. 音容宛在、遗教犹存——回忆　　图书馆通讯　　　1979 年创刊号
　　郭老与北图二三事

23. 西文美国参考工具书选目提要　　文献　　　　　　1979 年 1—16 期连载

24. 参考工作的点滴回忆——怀念　　北图通讯　　　　1982 年第 3 期
　　刘汝霖同志

25. 参考工作的零星回忆——怀念　　图书馆通讯　　　1982 年第 3 期
　　左恭同志

26. 孙中山和菲律宾独立运动　　　　近代史研究　　　1982 年第 4 期

27. 岛国图书传友情　　　　　　　　图书馆通讯　　　1983 年第 1 期

28. 宋代四大书之一 ——太平御览　　文史知识　　　　1983 年第 4 期

29. 古今图书集成及其编者　　　　　文献　　　　　　第 17 辑

30. 苏联农村的流动图书馆　　　　　文化部油印本
　　（和李哲民等同志合译油印本）

31. 敦煌学文献目录（和张铁弦合编）　文物出版社　　　1964 年
　　　　　　　　　　　　　　　　　（遗失）

32. 中国史地要籍（和张铁弦合编）　1965 年中国青年 "文化大革命" 期间
　　　　　　　　　　　　　　　　出版社约稿　　　遗失

33. 访菲观感　　　　　　　　　　　参考工作　　　　第 2 期

34. 社科参考工作的建设与发展　　　图书馆通讯　　　1984 年第 1 期
　　之我见

35. 参考工作和参考工具书　　　　　书目文献出版社 1988 年

36. 中国的类书、政书和丛书　　　　商务印书馆　　　1991 年
　　　　　　　　　　　　　　　　商务印书馆(台北)1994 年

37. 中国的类书、政书和丛书　　　　商务印书馆　　　1998 年
　　（增订本）

38. 工具书—— 一把金钥匙　　　　　大学生　　　　　1991 年第 11 期

39. 袁同礼先生与中日战争史料　　　北图通讯　　　　1989 年第 1 期
　　征辑会

40. 为图书馆奉献一生的袁同礼先生　北京图书馆馆刊 1992 年第 1 期

（注：本目录由戚志芬晚年自拟）